뉘른베르크,

나치와
정신과 의사

뉘른베르크, Nürnberg

나치와 정신과 의사

악마와의 두뇌 게임,

괴링에

빠져들다

잭 엘하이 지음
채재용 옮김

아마존크로스

추천의 글

실로 많은 사람들이 악해야 성공한다는 말을 하면서 악을 마치 특별한 것으로 생각하며 살아가고 있다. 그런데 질문을 조금만 바꿔보자. 악한 자들과 그들이 모인 집단이 왜 성공적으로 어떤 지점에 도달할 수 있는가를 우리는 제대로 이해하고 설명할 수 있을까? 악함의 끝, 사이코패스, 소시오패스, 나르시시스트 들을 미친 자의 범주에 넣으면서 우리와 완전히 다른 자들로 취급하면 문제는 해결될까? 아니다. 결국 우리의 허점만 더 키울 뿐이다. 악은 결코 특별하거나 정신이상적인 모습으로 우리에게 다가오지 않는다. 오히려 평범하면서도 보편적인 얼굴과 방법으로 우리를 괴롭힌다. 우리 안에 늘 존재하는 매우 사소한 욕심과 콤플렉스, 그리고 공포와 불안을 건드려 우리를 장악한다. 그러니 악을 방어하고 막기 위해서는 그 방식을 반드시 이해해야 한다. 우리가 아직도 역사 속에서 기억하고 있는 나치 전범들의 모습은 그 과정을 들여다볼 수 있게 한다. 그래서 이 책은 인간의 삶과 관계에 대한 더없이 중요한 공부가 될 것이다.

김경일
인지심리학자 / 아주대학교 심리학과 교수

진료실에서는 가장 내밀한 마음들을 듣는다. 진료실 밖 그 누구에게도 꺼내놓을 수 없던 그 이야기들을 계속 들으며 나는 확실히 알게 되었다. 모두의 마음속엔 어두운 부분이 있다는 사실을. 우리 모두 선과 악이 섞여 있는 존재들이며 악인에게도 선한 면이, 평범한 이에게도 악한 면이 있다. 그렇기에 악은 특수한 인간들만의 질병이 아니라 평범한 인간들의 가능성이기도 하다.

히틀러의 후계자였던 괴링은 가족을 진심으로 사랑하고 동물에게 정서적 애착을 느끼지만 그 외의 사람들에게겐 더없이 차갑다. 나치 수뇌부들과 매일 대화하며 심리를 분석한 정신과 의사 켈리는 다방면에서 완벽함을 보여주지만 가정에선 독재자의 모습으로 변해간다. 이 둘처럼 모든 인간은 모순적이고, 이 사회 역시 모순적이다. 세상을 그저 선과 악으로 나누어 단순하게 바라보면 마음이 더 편할 수 있다. 하지만 그 모호함을 견뎌내며 진실을 직시하는 이가 더 성숙한 삶을 만들어 나간다는 것을 나는 알고 있다. 그렇기에 괴링과 켈리의 만남을 다룬 이 책을 통해 독자들 모두 그 불편함을 정면으로 바라보길 바란다. 각자의 그림자를 마주하는 불편한 여정을 통해 결국은 더 성숙해진 자신을 만나게 될 테니 말이다.

김지용
유튜브 〈뇌부자들〉 크리에이터 / 정신건강의학과 전문의

에스텔 엘하이와 아널드 E. 애런슨 박사께
사랑과 감사의 마음을 담아

일러두기

1 도서는 『 』, 신문, 잡지, 저널은 《 》, 영화, TV 프로그램, 기사, 수필은 〈 〉로,
  시는 「 」로 구분했다.
2 독자의 이해를 돕기 위해 주요 개념이나 한글만으로 뜻을 이해하기 힘든
  용어의 경우에는 원어를 병기했다.
3 본문의 각주는 모두 옮긴이 주이다.

Contents

주요 인물

뉘른베르크 교도소 직원

- 버턴 앤드러스Burton Andrus ― 대령, 지휘관
- 존 돌리부아John Dolibois ― 대위, 복지 장교
- 구스타브 길버트Gustave Gilbert ― 중위, 심리학자
- 더글러스 맥글래션 켈리Douglas McGlashan Kelley ― 소령, 정신과 의사
- 하워드 트리스트Howard Triest ― 통역관

뉘른베르크 피고인

- 카를 되니츠Karl Dönitz ― 해군 제독 겸 히틀러가 지명한 후계자
- 한스 프랑크Hans Frank ― 나치 점령하 폴란드의 총독
- 빌헬름 프리크Wilhelm Frick ― 내무 장관
- 한스 프리체Hans Fritzsche ― 독일 선전부 고위 관리
- 발터 풍크Walther Funk ― 경제 장관
- 헤르만 괴링Hermann Göring ― 제국 원수 겸 루프트바페Luftwaffe* 총사령관
- 루돌프 헤스Rudolf Hess ― 총통 대리
- 알프레트 요들Alfred Jodl ― 국방군 최고사령부 작전참모장
- 에른스트 칼텐브루너Ernst Kaltenbrunner ― 보안경찰 및 보안정보국 최고책임자
- 빌헬름 카이텔Wilhelm Keitel ― 국방군 최고사령부 참모총장
- 로베르트 라이Robert Ley ― 독일노동전선 총재
- 콘스탄틴 폰 노이라트Konstantin von Neurath ― 외무 장관(1938년까지)

---

* 1935년 헤르만 괴링이 창설을 주도한 나치 독일 공군으로 제2차 세계대전 기간 공중전 수행을 담당했다. 루프트바페는 독일어로 공군을 뜻하며 여전히 독일 공군을 이르는 말이기도 하다.

- 프란츠 폰 파펜Franz von Papen —독일 부총리
- 에리히 레더Erich Raeder —독일 해군 총사령관
- 요아힘 폰 리벤트로프Joachim von Ribbentrop —외무 장관
- 알프레트 로젠베르크Alfred Rosenberg
  —나치당 인종주의 이론가 겸 동부 점령지 제국 장관
- 프리츠 자우켈Fritz Sauckel —강제노동 모집 총책임자
- 얄마르 샤흐트Hjalmar Schacht —제국은행 총재 겸 경제 장관(1937년까지)
- 발두어 폰 시라흐Baldur von Schirach —히틀러유겐트 지도자
- 아르투어 자이스-잉크바르트Arthur Seyss-Inquart
  —오스트리아 총리 겸 네덜란드 제국판무관
- 알베르트 슈페어Albert Speer —무기·탄약 담당 군수 장관
- 율리우스 슈트라이허Julius Streicher —《돌격수Der Stürmer》편집장

국제군사재판소International Military Tribunal 관계자

- 윌리엄 "와일드 빌" 도너번William "Wild Bill" Donovan —수석검사 특별보좌관
- 로버트 잭슨Robert Jackson —미국 측 수석검사
- 제프리 로런스 판사Judge Geoffrey Lawrence —국제군사재판소 재판장

더글러스 맥글래션 켈리의 가족

- 찰스 맥글래션Charles McGlashan —할아버지
- 준 맥글래션 켈리June McGlashan Kelley —어머니
- 조지 "닥" 켈리George "Doc" Kelley —아버지
- 앨리스 비비언 "두키" 힐 켈리Alice Vivienne "Dukie" Hill Kelley —아내
- 더그·얼리샤·앨런 켈리Doug, Alicia, and Allen Kelley —자녀

1

집

켈리 가족은 캘리포니아주 버클리 북쪽 켄싱턴 언덕의 하이게이트 로드에 자리한 넓은 지중해풍 저택에 살았다. 붉은 기와지붕은 멀리 잔물결 치는 샌프란시스코만을 굽어보듯 높이 자리했고, 더 가까이에는 네 단의 마당과 돌길을 지나 레드우드와 과일나무가 우거진 비탈 아래로 선셋 뷰 공동묘지의 묘비가 서 있었다.

켈리 가족의 U자형 집 중앙 안뜰에는 작은 회전목마와 아이들용 수영장이 있었다. 현관문을 열면 왼쪽에 주방이 있는 복도로 이어졌고, 박사는 그곳에서 커다란 오븐과 패스트푸드점에서 쓰는 철판, 고기 분쇄기를 이용해 가족의 식사를 만들었다. 주방은 냉동고가 딸린 식료품 저장실로 통했다. 한때 맏아들은 윙윙거리는 그 냉동고 위에 앉아 도끼로 아버지를 죽일 생각을 한 적이 있었다.

현관 복도 오른쪽에는 1958년 새해 첫날 끔찍한 장면이 벌어진 욕실이 있었고, 그 너머로는 벽난로와 긴 소파, 박사 자신의 초록색 가죽 의자가 놓인 거실이 이어졌다. 바닥에는 카펫이 깔렸고, 손님들이 모일 수 있도록 가구는 벽 쪽으로 붙여두었다. 가끔 켈리 박사는 그곳에서 맏아들과 놀이를 했다. 아이는 잠시 방을 비워야 했고, 그사이 박사는 커피 테이블 위의 연필을 살짝 옮겨놓곤 했다. 아이가 돌아오면 무엇이 달라졌는지 찾아내야 했다.

거실 너머에는 켈리 박사와 두키의 침실이 있었고, 창밖으로는 600 평 남짓한 대지의 뒤편이 내려다보였다. 아이들은 복도에서 몰래 들어가 숨을 수 있는 작은 벽장에서 부모의 다툼을 엿듣곤 했다.

거실에서 검은색으로 마감한 계단이 2층으로 이어졌다. 위층 복도는 키 큰 창으로 햇빛이 가득 들었고, 러그 아래 숨겨진 총알 자국이 나무 바닥에 흉터처럼 남아 있었다. 복도는 켈리 박사의 공연용 마술 도구와 소품을 숨겨둔 벽장을 지나 끝에서 그의 집무실로 이어졌다.

집무실 창밖으로는 골든게이트해협과 알카트라즈섬 교도소의 감시탑이 어우러진 빼어난 경관이 펼쳐졌다. 켈리 박사가 의자를 창 쪽으로 돌려 앉으면, 알카트라즈에 시선을 멈추고 뉘른베르크의 또 다른 감옥에서 보낸 몇 달을 떠올렸을지 모른다. 그의 책상은 말끔히 정돈돼 있었다. 수납장과 작은 실험실에는 뼈톱, 실험대, 막자사발과 막자, 알코올 버너, 눈금 실린더와 비커, 각종 결정 표본, 유리 슬라이드에 고정된 식물 표본, 사람의 머리뼈 두 개, 그리고 유독성이 강한 화학 약품들이 보관돼 있었다.

아이들은 지하층 침실에서 잤다. 켈리 박사의 잠자리 인사가 어떤 모습일지 몰라 두려워했다. 계단에서 삐걱거리는 소리가 들리면, 주어진 몇 초 동안 그의 기분이 어떻든 마음을 다잡아야 했다.

마지막 말다툼은 주방에서 시작됐다. 둘이 다투면 두키는 대개 핸드백을 챙겨 하루를 집 밖에서 보냈다. 하지만 이번에는 달랐다. 켈리 박사가 울부짖으며 주방에서 뛰쳐나와 계단을 쿵쾅거리며 올라 집무실로 들어갔다. 문이 쾅 닫히며 도자기 문받침이 넘어져 산산이 부서졌고, 깨진 파편이 계단으로 우수수 쏟아졌다. 몇 분 뒤 그는 무엇인가를 손에 감춘 채 모습을 드러냈다. 계단을 내려와 무대처럼 거실을 내려다보는 계단참에 멈춰 서서, 아내와 아버지, 아이들을 공포와 혼란에 빠

뜨리는 한마디를 외쳤다. 그러고는 무엇인가를 입에 넣고 꿀떡 삼켜버
렸다.

뜨리는 한마디를 외쳤다. 그러고는 무엇인가를 입에 넣고 꿀떡 삼켜버
렸다.

2

몽도르프레뱅

작은 파이퍼 L-4Piper L-4 Grasshopper[*] 비행기는 꿈쩍도 하지 않았다. 승객은 단 한 명, 제1차 세계대전의 전투기 에이스이자 한때 공포의 대상이던 루프트바페 총사령관, 살아남은 제3제국Third Reich^{**}의 최고위 인사 헤르만 괴링이었다. 그의 체중 탓에 비행기는 안전하게 이륙할 수 없었다.

괴링에게는 낯선 잠깐의 휴지기였다. 몇 주 동안 그는 쉼 없이 이동했고, 불확실성과 위험 속에 있었다. 애지중지하던 사냥용 별장이자 연회용 저택인 카린할Carinhall을 비우고 떠났다. 자신은 영웅적 결단이라 여겼지만 나치 정부의 통솔권을 맡겠다는 발언 이후, 그는 히틀러의 명령으로 강제 구금 생활을 견뎌야 했다. 하지만 얼마 지나지 않아 마르틴 보어만Martin Bormann이 독일군에 자신을 제거하라고 지시했다는 사

---

  *   미국 파이퍼 항공(Piper Aircraft)에서 만든 경비행기 '파이퍼 컵(Piper Cub, J-3 계열)' 을 미 육군이 군용 연락기로 개조해 운용한 기체다. '그래스호퍼(메뚜기)'라는 별칭은 짧은 이착륙과 가벼운 기동성에서 나온 말로 전쟁 중에는 연락·정찰·관측, 특히 포병 사격 관측 같은 임무에 널리 쓰였다.

**   1933년부터 1945년까지 히틀러와 나치당이 지배한 나치 독일을 가리키는 말로, 나치가 과거 신성 로마 제국(제1제국)과 독일 제국(제2제국)에 이어 천년 제국을 건설하겠다는 야망을 담아 자신들의 국가를 지칭한 명칭이다.

실을 알게 됐고, 친위대Schutzstaffel, SS[*]의 구금에서 급히 빠져나왔다.

　파이퍼기에 탑승하기 48시간도 채 남지 않은 시점, 즉 독일이 항복하기 하루 전인 1945년 5월 7일, 괴링은 무너져 가는 전선을 넘어 미군 지휘부에 편지를 보냈다. 나치 독일의 붕괴가 임박했음을 인정하고, 연합군이 제국의 새 정부를 구성하는 일을 돕겠다고 제안한 것이다. 미육군 로버트 I. 스택Robert I. Stack 준장은 발신자의 대담함에 혀를 내둘렀으며, 곧 병사들을 태운 지프 행렬을 이끌고 체포에 나섰다. 그들은 오스트리아의 라트슈타트 근처에서 괴링의 차량 대열을 따라잡았다. 괴링은 방탄유리가 장착된 메르세데스 벤츠에 타고 있었다.

　운전사가 괴링을 살짝 건드리며 말했다. "미군입니다, 제국 원수 각하." 괴링은 아내 에미"Emmy" Göring 쪽으로 몸을 기울이며 말했다. "왠지 느낌이 좋아." 스택이 미군 차량에서 내려오자, 두 사람은 거수경례를 주고받았다. 한때 유럽에서 가장 막강한 권력을 누린 부부였던 괴링과 그의 아내는 전쟁의 끝자락에 와 있었다. 에미는 눈물을 흘렸다. 피난민으로 가득한 도로에서 이뤄진 적 장교들과의 이 만남에 대해 그녀는 훗날 "우리에게 분명 극도로 고통스러운 순간이었다"라고 적었다.

　스택은 유럽 주둔 연합군 최고사령관 드와이트 D. 아이젠하워Dwight D. Eisenhower 장군의 야전 사무소로 전화를 걸어 괴링의 체포를 알렸다. 자신을 독일 지도자들 가운데 가장 카리스마 있고 국제적으로도 가장 존경받는 인물이라 여겼던 괴링은 아이젠하워가 머지않아 석방을 명령할 것이라 믿었다. 미군 병사들은 괴링과 가족을 첼암제Zell am See[**] 인근의 피슈호른성Castle Fischorn으로 호송했다. 그곳에서 괴링은 가족

---

[*]　나치당 경호 조직에서 출발해, 나치 독일에서 경찰·보안·정보와 준군사 기능을 담당한 핵심 권력 조직. 하인리히 힘러가 지휘했으며 강제수용소 운영과 홀로코스트 등 전쟁 범죄에 깊이 관여했다.

[**]　오스트리아 잘츠부르크주에 위치한 도시.

이 2층 방에 자리를 잡는 동안 자신을 체포한 이들과 농담을 주고받았고, 이어 스택과 함께 저녁을 먹었다. 그는 에미에게 다음 날 아이젠하워를 만나러 떠나지만 곧 돌아오겠다고 말했다. "하루이틀 더 걸리더라도 걱정하지 마시오." 잠시 생각하더니 덧붙였다. "솔직히, 다 잘될 것 같아. 그렇지 않소?"

괴링은 키츠빌의 미 제7군 본부에서 하룻밤을 보내며, 그곳에서도 신변 보장을 요구하고 아이젠하워와의 면담을 재차 요청했다. 그러나 그를 체포한 이들은 그런 만남이 성사될 가능성은 낮다고 전했다. 그럼에도 스택과 참모들은 괴링에게 많은 예우를 베풀었다. 괴링은 미군 병사들과의 환영 자리에서 샴페인을 마셨고, 기념사진을 찍고 기자회견도 했다. 그는 자신이 믿어 의심치 않던 국가의 고위 대표로서 마지막 대접을 받았다.

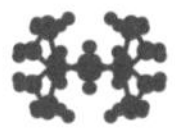

다음 날 아침, 회색 루프트바페 제복 차림의 괴링은 인근 활주로 가장자리로 이송돼 파이퍼기의 비좁은 객실에 올랐다. 하지만 그 비행기는 곧 120킬로그램이 넘는 거구를 수송할 수 없다는 사실이 드러났다.

누군가 조금 더 큰 파이퍼 L-5를 구해 왔고, 그 기체는 나치 포로를 실을 만한 마력을 갖추고 있었다. 괴링이 뒷좌석에 몸을 겨우 밀어 넣자 또 다른 문제가 생겼다. 배가 너무 나와 안전벨트를 끝까지 당겨도 채워지지 않았다. 괴링은 느슨한 끈을 들어 보이며 어깨를 으쓱하더니, 조종간을 잡고 있던 미 육군 항공대 보 포스터 대위에게 독일어로 "다스 구트(괜찮소)"라고 말했다. 그러고는 태연하게 팔꿈치를 창밖으로 뻗어 동체에 괴고 있었다. 포스터가 활주로로 기체를 굴려 나가자 비행기는 곧 이륙했다.

파이퍼기는 미 제7군 소속 정보 장교들이 대기하고 있는 독일 아우크스부르크까지 55분간을 비행했다. 가는 동안 괴링과 포스터는 독일어와 영어를 섞어 쓰며 아래 펼쳐진 풍경에 대한 이야기를 나눴다. 괴링은 자신이 알아보는 비행장과 공업시설들을 가리키기도 했다. 다른 이야기들도 이어졌다. 독일이 제트기 개발을 언제 시작했느냐는 포스터의 물음에, 괴링은 "아주 늦게"라며 웃음을 터뜨렸다. 제국 원수는 재치 있고 붙임성이 있었다. 포스터는 어깨 총집에 45구경 권총을 차고 있었지만, 만약 포로가 숙련된 조종사라는 이점을 살려 좁은 조종석에서 기체 장악을 시도했다면 포스터는 조종간과 계기반에서 손을 뗄 수 없어 방어가 불가능했을 것이다. 세계에서 가장 유명한 전쟁포로와 그를 호송하는 조종사, 두 사람은 서로에게 무방비였다.

착륙하자 포스터는 괴링에게 빈 비행 보고서에 서명을 부탁했다. 1시간가량 그렇게 밀착해 함께한 경험은 그의 마음을 뒤흔들었다. 포스터는 훗날 당시를 이렇게 회고했다. "우리 장교 중 한 사람이 붙잡혔다면 저런 모습이었겠구나 싶었습니다. 전쟁에 대한 내 관점이 바뀌었다고까지는 못 하겠지만, 세상에는…" 그는 말을 흐렸다. "글쎄요, 우리가 이 잔혹한 사람들에 대해 알고 있다고 믿어온 모든 것을 나는 의심하게 됐습니다."

제국 원수의 아내 에미와 5세 딸 에다는 프랑코니아에 있는 가족 소유의 벨덴슈타인성Veldenstein Castle으로 옮겨졌다.

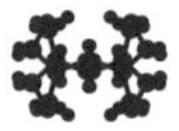

아우크스부르크에서 괴링의 특권은 박탈됐다. 경비 인원은 그가 아끼던 제국 원수 지휘봉을 압수했다. 상아로 된 약 2.3킬로그램짜리 봉으로, 황금 독수리와 백금 십자가가 양각되어 있고 다이아몬드 640개가 박혀 있었다. 1940년에 히틀러가 하사한 물건이었다. 그럼에도 괴링은 장교 식당에서 음식과 술을 대접받았고(아마 심문에 협조적으로 만들려는 의도였을 것이다), 미군 병사들의 경외심 어린 시선을 즐겼으며, 국제 언론의 관심도 받았다. 그는 반나치 성향의 남동생 알베르트Albert Göring와 마지막으로 이야기를 나누기도 했다. 알베르트는 전쟁 중 체코 저항세력을 도왔고 박해받는 유대인들도 자주 도운 사람이었다. 괴링은 그에게 자신이 아마도 오랫동안 구금될 것임을 넌지시 내비치며 이렇게 말했다고 한다. "너는 곧 자유로워질 테니 내 아내와 아이를 부탁한다. 잘 가거라."

아이젠하워는 괴링이 요구한 "일대일" 면담을 계속 묵살했고, 곧 괴링은 5월 20일 또 한 번의 이송을 준비해야 했다. 수행원 한 명을 동반할 수 있게 되자 그는 오랜 보좌관 로베르트 크로프를 택했다.

목적지는 룩셈부르크의 몽도르프레뱅이었다. 그곳에는 미군이 애시캔Ashcan이라는 암호명으로 운영하던 심문소가 있었다. (영국 역시 이와 비슷하게, 자국의 적 포로 수용소 중 하나에 더스트빈Dustbin이라는 이름을 붙였다.) 괴링은 목적지를 듣고 잠시 기분이 나아졌을지도 모른다. 몽도르프는 프랑스와 독일 국경 사이에 끼어 있는 오래된 온천 마을로, 포도밭과 공원, 꽃밭, 고급 호텔로 유명했기 때문이다. 그러나 그가 도착하기 전에, 나치 포로 이송을 준비하던 미군 병사들은 화려하지만 쇠락해 가던 팰리스 호텔의 집기를 모두 빼내고 객실엔 짚 깔개를 올린 접이식 침대만 남겨놓았다. 도시 풍경을 즐길 수 있던 창유리와 샹들리에도 치워지고, 대신 쇠창살과 강화 처리를 한 플렉시글라스*가 설치됐다. 게다가 병사들은 호텔 주위에 울타리를 두르고 기관총으로 무장한 네 개의 감시탑을 세웠으며 곧이어 대형 조명등과 높이 4.5미터의 전기

---

* 　투명한 열가소성 소재(폴리메틸 메타크릴레이트, PMMA)의 상품명으로, 일반명은 아크릴 판.

철조망, 추가로 기관총 진지까지 마련했다.

그런 경비 시설이 더해지고 나니, 애시캔의 신임 지휘관 미 육군 대령 버턴 C. 앤드러스Burton C. Andrus는 그 옛 호텔의 새로운 용도가 무엇인지 비밀로 하기가 어려웠다. 그래도 그는 비밀을 지키려 했다. 다른 나치 거물들이 속속 들어오고 있었다. 가장 먼저 도착한 이들 중에는 독일 해군 대제독 카를 되니츠도 있었다. 그는 나치 독일의 마지막 국가 원수였고, 히틀러가 괴링에게 앙심을 품고 끝내 후계자로 지명한 인물이었다. 뒤이어 독일군 총사령관 빌헬름 카이텔과 그의 부관 알프레트 요들, 정신적으로 불안정했던 독일노동전선German Labor Front 총재 로베르트 라이가 왔다. 라이는 포로가 된 뒤 먹고 마시는 데에는 관심을 보이지 않았지만 여성 접견만은 집요하게 요구했다. 전 폴란드 총독 한스 프랑크는 이미 수감 중 두 차례 자살을 시도한 바 있었고, 나치당 이론가 알프레트 로젠베르크는 전쟁 막바지 폭음 끝에 삔 발목을 회복 중이었다. 독일 중앙은행 총재 얄마르 샤흐트는 전쟁 기간 히틀러에 반대하다가 결국 강제수용소에 갇혔다. 악명 높은 반유대주의 신문 《돌격수》의 발행인 율리우스 슈트라이허는 바이에른 알프스에서 풍경화가인 체하며 자유의 마지막 나날을 보냈다. 마침내 앤드러스는 몽도르프에서 독일군 고위 장교와 정부 고위 관료 52명을 관할하게 되었다. 그는 포로들에 대한 외부의 공격을 우려했다고 회고했다. "포로들을 구하려는 광신적 나치들이 들이닥칠 수도 있었고, 전쟁 중에 당한 가혹한 처우 때문에 나치만이 아니라 모든 독일인을 증오하던 룩셈부르크 시민들이 습격할 수도 있었다." 다하우 강제수용소Dachau concentration camp*의 참상을 겪고 살아남아 몽도르프에서 요양 중이던 룩셈부르크

---

*   1933년 3월 뮌헨 인근 다하우에 설치된 나치 독일 최초의 공식 강제수용소. 초기에는 주로 정치범을 수감했지만 점차 수감 대상이 확대되었고, 친위대가 운영하면서 강제노동·폭력·학대가 체계화되었다.

인 176명 역시, 나치 지도자들을 린치하고 싶어 한다고 해서 마냥 비난할 수만은 없는 이들이었다.

앤드러스는 임무를 진지하게 받아들였다. 광이 나는 헬멧과 금속 테 안경, 딱 부러지는 말투와 곧은 자세까지 군인다운 태도의 전형이었다. 그는 나치 수감자들에게 자신을 지휘관으로 받들어 예를 갖출 것을 요구했다.《타임Time》에서는 그를 "가슴이 부풀어 오른 파우터 비둘기**를 닮은 통통하고 작은 체격"이라고 묘사했지만, 실제로는 워싱턴주 출신으로 마른 체형의 수구*** 애호가였고 키 178센티미터에 체중은 약 73킬로그램이었다. 제1차 세계대전 중 기병 장교로 공을 세웠고 조지아주 포트 오글소프의 군 구금시설 소장으로도 복무했다. 그가 부임하기 전 그곳의 규율은 엉망이었다. 탈옥이 잦았고, 유죄가 확정된 살인범들은 앤드러스의 표현을 빌리자면 "캥거루 법정"이라 불린 자체 재판을 통해 감옥 규칙을 좌지우지했다. 조지아의 죄수들은 기선 제압이라도 하듯 폭동을 일으켜 독방동을 난장판으로 만들었다. 그는 난동 주동자들에게 어질러 놓은 것을 직접 치우게 하고, 독방을 설치하고, 새로운 행동 수칙을 작성했다. 이어 경비병들에게 탈주를 시도하는 자가 있으면 사격하라고 명령했다. 그 뒤로는 기강이 잡혔다.

제1차 세계대전이 끝난 뒤 앤드러스는 캘리포니아의 프레시디오 오브 몬터레이Presidio of Monterey 기지로 배속되어 교정과 정보 업무를 맡는 장교로 복무했다. 1920년대에는 필리핀에서 기병대를 지휘했다. 동료들의 눈에 그는 딱딱하고 풀 먹인 셔츠처럼 빳빳하며 권위적이었고, 규정에서 벗어나는 것을 용납하지 않는 인물이었다. 미 육군은 그 성향이 제2차 세계대전이 끝날 무렵 최고위 나치들을 맡을 소장에게 딱 맞

**　　　가슴을 크게 부풀리는 품종의 비둘기.

***　　　물에서 진행하는 구기 종목으로 두 팀이 공으로 득점하는 경기.

는 자질이라고 판단했다.

괴링은 비행장에서 자신을 태워 온 껌을 씹어대는 미군 경비병들의 무례함에 몹시 언짢은 얼굴로 애시캔에 도착했다. 루프트바페 제복 차림에 비지땀을 흘리며 그는 앤드러스의 사무실로 갔다. 앤드러스는 첫 대면부터 그가 마음에 들지 않았다. 그는 괴링을 "호화로운 생활에서 불어난 군살이 상의 아래서 출렁일 정도로 그는 거대한 인상이었다"라고 평했으며, "아양이나 떠는 천박한 자"로 보았다고 덧붙였다. 괴링은 지휘관의 곱지 않은 시선을 받으며 속으로 부글거렸다.

보좌관 크로프와 함께 괴링은 자기 이니셜이 새겨진 여행가방 열두 개와 커다란 빨간 모자 상자를 들고 왔다. 교도소 직원들은 반입 금지품을 찾으려고 오후 내내 그 짐을 샅샅이 뒤졌다. 보석이 박힌 군용 메달, 다이아몬드와 루비 반지, 갈고리 십자 문양이 새겨진 장신구, 준보석으로 장식된 커프스 버튼, 제1차 세계대전 철십자 훈장, 실크 속옷, 군복 네 벌, 침실용 슬리퍼, 찜질용 물주머니, 안경 네 개, 시가 커터 두 개, 그리고 수많은 시계와 장식핀, 담배 케이스가 나왔다. 괴링은 현금 8만 1,268라이히스마르크도 챙겨두었는데, 이는 지금으로는 약 100만 달러에 해당한다. 그는 보석 수집가로서 본 것 중 가장 큰 에메랄드가 박힌 반지가 하나 있다며 으스댔다. 그 보석은 대략 길이 2.5센티미터, 폭 1.3센티미터였다. 이 반짝이는 전리품 가운데 상당수는 점령지에서 약탈해 온 물품이었다.

커피 캔과 괴링의 옷 솔기 속에는 황동 바이알vial* 세트가 숨겨져 있었고, 그 안에는 맑은 액체와 흰 침전물이 담긴 작은 유리 캡슐들이 들어 있었다. 치명적인 청산가리였다. 내무 장관이자 독일 경찰총수였던 하인리히 힘러Heinrich Himmler는 물론, 어쩌면 국민계몽선전부 장관 요

---

* 　주로 유리나 플라스틱으로 만든 작은 용기로 액상 의약품이나 분말, 알약 등을 보관하는 병을 말한다.

제프 괴벨스Joseph Goebbels까지도 포함해 많은 나치 고위 인사들이 이미 그런 캡슐로 목숨을 끊었거나, 머지않아 그렇게 할 참이었다. 괴링은 보좌관 크로프에게 감방 어딘가에 청산가리 캡슐을 적어도 한 알은 숨겨두었다고 털어놓았다.

지휘관은 괴링을 감방으로 보냈다. 그 방은 한때, 아마 벽지와 전망 좋은 창까지 갖춘 호화 객실이었지만 이제는 허술한 탁자와 의자, 베개조차 없는 침대만 남아 있었다. 앤드러스의 말로는, 괴링이 그 의자에 처음 앉자마자 의자가 산산이 부서졌다고 한다. 앤드러스는 "그가 탁자에 앉았더라도 즉시 무너졌을 것"이라며 "수감자가 탁자 위에 올라서 목을 매지 못하도록 애초에 그렇게 만들었다"라고 덧붙였다. 자살 방지 차원에서 포로들에게는 길이 약 10센티미터의 신발끈만 지급했는데, 그 끈은 목을 조르기에도, 신발을 제대로 묶기에도 턱없이 짧았다.

초진에서 괴링은 심한 과체중으로 확인됐다. 맥박은 분당 84회였고 불규칙했으며, 호흡은 빠르고 얕았고, 손이 떨렸다. 검진 의사는 "건강 상태가 무척 나빠 보였다"라고 기록했다. 괴링은 과거에 심장발작을 겪은 적이 있다고 말했다.

처음에 괴링은 경비병들을 무례하게 대했고, 범죄 피의자로 수감된 것에 격분했다. 교도관들 앞에서 기립하고 거수경례를 하며 뒤꿈치를 딱 하고 맞부딪치는 동작에도 비아냥을 섞었다. 그러면서도 아이젠하워에게는 항의를 계속했다. 몽도르프에서 받는 대우가 "독일 최고위 장교이자 원수인 나로서는 몹시 충격적이다"라고 불평했다. 개인 소지품을 거의 모두 빼앗고 전등도 문고리도 없는 방에 둔 것에 불만을 가졌으며, 훈장과 제국 원수 지휘봉까지 압수당한 건 굴욕적이라고도 했다. 또한 하위 계급의 연합군 장교들이 자신을 모욕한다고 했고, 무엇보다 개인 시종 크로프를 잃은 것에 화를 냈다. 연합군 당국은 크로프를 다른 곳으로 보내 전쟁포로 신분으로 노역에 배치했다. 크로프가 몽도르프를 떠나기 직전, 괴링은 눈시울을 붉혔다. 크로프는 마지막으로 베개 하나를 훔쳐 주었지만 그 베개는 미군이 곧바로 회수해 갔다. 괴링은 아이젠하워에게 자신이 몽도르프에서 가족을 만나러 나갈 수 있도록 비행기를 보내달라는 요청도 했고, 크로프를 복귀시키거나 다른 독일 병사를 개인 시종으로 붙여달라고도 했다. 하지만 연합군 사령관은 응답하지 않았다. 대신 앤드러스는 몹시 격분해 포로들을 호되게 질책하며 이렇게 말했다.

소지품 도난이나 기타 인권 침해를 주장하는 편지는 굳이 막을 생각이 없다. 그러나 불편이나 편의의 부족, 혹은 모욕이나 그대들이 마땅히 받아야 한다고 여기는 예우에 관한 의견을 늘어놓는 편지는 무익할 뿐 아니라 권한 있는 이들에게 혐오감만 줄 것이다. 지휘관과 그 상급자들, 연합국 정부들, 그리고 세계 각국의 국민들은 독일 정부와 군인들, 관료들이 저지른 잔혹 행위를 잘 알고 있다. 그러한 행위를 저지르거나 가담한 자들이 더 편의를 봐달라고 호소해 봐야, 이미 받고 있는 경멸만 더 키울 뿐이다.

그러한 질책에도 불구하고, 괴링은 교도소에 대해 지겹도록 비판적인 태도를 보였으며, 특히 음식에는 온갖 흠을 잡았다. 앤드러스는 수감자들에게 나가는 식사가 경비병들 식사와 견주어도 뒤지지 않는다고 주장했다. 교도소 일과에 따라 괴링과 다른 수감자들은 이른 아침에 기상해 아치형 출입구가 있는 어두운 식당에 7시 30분까지 모여 수프와 시리얼, 커피로 아침을 먹었다. 점심은 보통 완두콩 수프와 소고기 해시*, 시금치였고, 저녁은 달걀 가루와 감자, 차로 마무리했다. 모든 포로는 숟가락을 하나만 배급받았고 담배는 직접 말아 피웠다. 앤드러스는 식사 자리 배치까지 지시해 사이가 나쁜 포로들을 일부러 나란히 앉히기도 했다. 앤드러스의 말에 따르면, 어느 날 식사를 받아 든 괴링은 급식을 맡은 독일군 포로에게 투덜댔다. "이 음식은 내가 개들에게 주던 것만도 못하군." 그러자 그 포로가 이렇게 받아쳤다. "그렇다면 당신은 루프트바페에서 당신 부하로 복무하던 우리에게 주던 것보다 개들에게 더 좋은 걸 먹였던 게죠."

사실 여부가 분명치 않은 이 일화는 앤드러스가 괴링을 얼마나 못마땅해했는지를 보여준다. 과거와 현재를 막론하고 나치의 수많은 적들이 그랬듯, 앤드러스도 괴링을 영화에서 흔히 볼 수 있는 전형적인 인물로 착각했을지 모른다. 영국의 뉘른베르크 조사관 에어리 니브Airey Neave가 "수많은 영화에서 값비싼 식탁에 앉아 살인자 무리를 이끄는 뚱뚱한 남자"로 묘사한 바로 그런 천박한 조정자로 본 것이다. 그러나 니브가 깨달았듯, 괴링은 "영화 속 어떤 인물보다 훨씬 더 교활하고 위험했다".

체포 당시 52세이던 헤르만 괴링은 독일령 남서아프리카, 지금의 나미비아에서 판사이자 식민지 관리였던 아버지의 아들로 태어났다. 제1차 세계대전 때 괴링은 독일군 비행 에이스로 활약했다. 그는 한 차례 격추되기도 했지만, 적기 22대를 격추하는 공을 세웠다. 전쟁 막바지에는 자신이 지휘하던 편대를 이끌고 독일로 귀환하면서 연합군에 대한 항복을 거부해 전설적인 존재가 되었고, 그 공적을 인정받아 당시 독일의 최고 군사 훈장인 푸르 르 메리트Pour le Mérite 훈장을 받았다.

---

*　　　잘게 썬 고기와 다진 감자를 섞어서 튀긴 요리.

　　괴링이 아돌프 히틀러Adolf Hitler의 연설을 처음 접한 것은 뮌헨대학교 학생이었던 1920년대 초였다. "협박에는 총검이 뒷받침되어야 한다." 괴링은 히틀러의 메시지를 그렇게 기억했다. "그게 바로 내가 듣고 싶던 말이었어. 그는 독일을 강하게 만들고 베르사유 조약Treaty of Versailles*을 박살 내는 당을 만들고자 했지. 나는 속으로 이렇게 말했어. '좋아, 그게 내가 원하는 당이야! 베르사유 조약 따위 박살 내버려, 젠장! 바로 이거지!'" 진로가 막막하고 독일 군대 해체에 대한 울분을 품고 있던 괴링은 히틀러가 민족주의와 반유대주의, 반공주의를 뒤섞어 내세운 사상을 맹목적으로 받아들였다. 그는 독일에 수립된 바이마르 공화국에 대한 증오를 드러내고 그것을 무너뜨리는 데 가담하며, 뒤이을 정권에서 권력을 쥐기 위해 국가사회주의 운동을 지지했다. 당시 나치당은 규모가 작고 새로운 일원들에게 열려 있어 금세 지도부로 오를 수 있는 상태였다. 당은 젊었지만, "그 말은 곧 내가 금방 그 안에서 한자리하는 큰 인물이 될 수 있다는 뜻이었지"라고 괴링은 훗날 말했다. 기회주의와 개인적 권력욕이 부추긴 그의 계획은 결국 현실이 됐다. 그의 어머니는 이렇게 예언했다. "헤르만은 위대한 인물이 되거나 그렇지 않으면 거물급 범죄자가 될 거야!"

　　나치 운동의 기초를 다지던 히틀러는 괴링의 충성과 전쟁 영웅이라는 이력이 얼마나 유용한지 알아보았다. 그는 괴링을 나치당의 준군사 조직인 돌격대Sturmabteilung, SA, 이른바 갈색 셔츠단의 지도자로 발탁했다. 이는 훗날 괴링이 국가사회주의 지도자로서 거머쥐게 될 수많은

---

*　　1919년 6월 28일 프랑스 베르사유 궁전에서 제1차 세계대전 종결을 위해 연합국과 독일이 체결한 핵심 평화조약이다. 이 조약은 독일이 전쟁 책임을 인정하도록 했고 영토 상실(알자스-로렌 반환 등), 군비 축소(징병제 폐지, 육군 10만 명 제한), 해외 식민지 포기, 막대한 전쟁 배상금 같은 가혹한 조건을 부과했다. 그 결과 독일 사회에 굴욕감과 불만이 누적되었고, 이는 이후 유럽 정세와 제2차 세계대전의 배경에도 영향을 주었다.

직위와 영예의 서막이었다. 역사학자 유진 데이비슨Eugene Davidson은 "히틀러에게 괴링은 상류 중산층 출신의 전사로서 사업가들과 전직 육군 장교들의 존경을 얻을 수 있는 존재였고, 무엇보다도 변함없는 충성을 지닌 인물이었다"라고 평했다. 이후 바이마르 정권의 압박을 받자 괴링은 독일을 떠나 몇 해 동안 이탈리아와 스웨덴에 머물며 멀리서 나치당의 성장을 지켜보았다.

1927년 히틀러는 제국 의회 의원 배출을 눈앞에 둔, 한층 강화된 나치 조직으로 괴링을 다시 불러들였다. 나치가 집권 세력으로 떠오른 1932년 이후 당의 최고 조직가가 된 괴링은 정권의 악명 높은 조치들을 기획하거나 중요한 역할들을 수행했다. 1934년 룀 숙청[**]에서는 히틀러에게 위협이 되던 경쟁 세력인 돌격대 지도부를 제거하는 데 핵심 역할을 했고, 비밀경찰 게슈타포를 조직했으며, 나치 반대자들을 수용할 강제수용소 체제를 구축하는 데도 관여했다. 또한 히틀러가 제국 의회 방화 사건의 책임을 정치적 반대자들에게 뒤집어씌운 1933년에는 그들에 대한 박해를 주도하기도 했다. 그 외에도 1930년대 내내 괴링은 히틀러와 자신에게 위협이 된다고 판단한 수많은 나치 당원과 군인들에게 누명을 씌우는 일, 독일 유대인의 시민권을 제한하는 뉘른베르크법Nuremberg Laws[***] 제정, 유대인 말살을 합법화한 각종 결정들, 그리고 히틀러와 긴밀한 관계 속에서 추진한 독일의 전쟁 준비 구상 등 수많은 사안에서 핵심 역할을 했다. 나치 독일이 저지른 최악의 범죄들에

[**]　　1934년 6월 나치 정권이 에른스트 룀을 비롯한 돌격대 지도부와 정적들을 급습해 처형한 사건으로, 히틀러가 정권 내 잠재적 경쟁 세력을 제거하고 권력을 공고히 한 대규모 숙청을 가리킨다. 일명 '장검의 밤(Night of the Long Knives)'으로도 불린다.

[***]　1935년 9월 15일 뉘른베르크 전당대회에서 공포된 나치 독일의 대표적 반유대주의 법이다. 핵심은 제국 시민법(Reich Citizenship Law)과 독일 혈통과 명예 보호법(Law for the Protection of German Blood and German Honor)으로, 유대인을 시민권에서 배제하고 독일인과의 결혼·성관계를 금지했으며, 혈통 기준으로 '유대인' 범주를 규정해 이후 박해의 법적 근거가 되었다.

이처럼 깊숙이 관여한 탓에, 미국 측 뉘른베르크 수석검사 로버트 잭슨 Robert Jackson은 훗날 이렇게 말했다. "괴링의 두툼한 손가락이 끼어들지 않은 파이가 없었다.*" 법정 통역들이 잭슨의 말을 독일어로 옮기느라 애를 먹자, 괴링은 폭소를 터뜨렸다.

제2차 세계대전 무렵 괴링이 가진 직함의 수는, 히틀러의 장황한 존칭들을 제외하면 나치 가운데 단연 최고였다. 그는 제국 의회 의장, 히틀러 부재 시 총통 대리, 프로이센 수상, 제국 항공 장관 겸 루프트바페 총사령관, 경제 장관, 비밀 내각 평의회 위원, 거대한 공업 콤비나트인 '헤르만 괴링 국가 군수품Hermann Göring Works'의 총수, 육군 원수, 제국 국방 평의회 의장, 제국 산림 및 수렵 최고 책임자 같은 직함들을 차례로 거머쥐었다. 그중 그가 가장 아꼈던 경칭은 제국 원수였다. 6성 장군에 해당하는 이 계급은 200년 전 외젠 드 사부아Eugene of Savoy 공에게 단 한 번 수여된 것이 전부였다.

권한 면에서 히틀러 다음이었던 그는 1935년 총통의 공식 후계자로 지명됐다. 그는 임무에 엄청난 에너지를 쏟아 나치 정부에 없어서는 안 될 존재가 되었고, 동시에 약탈과 부패로 막대한 부를 축적했다. 많은 나치 간부들과 달리 괴링은 익살스러운 모습을 내세워 전쟁 초기에 병사들과 조종사들의 호감을 샀다. 그는 의전과 화려한 복장, 훈장을 무척 좋아했다. 외교 회담에 정장이 관례이던 시절에도 미국 대통령 허버트 후버Herbert Hoover를 만날 때 붉은 실크 셔츠 차림에 에메랄드 핀으로 고정한 목스카프를 두르고 나타난 적이 있었다. 첫 아내의 이름을 딴 프로이센 시골의 대저택 카린할에서는 길들인 사자를 기르고, 16세기 전사처럼 창과 투구를 갖춰 손님 앞에 나타나고, 호화롭게 꾸민 장난감 기차를 운행하고, 카우보이와 인디언 영화들을 보았으며, 유럽 전

---

*　'온갖 일에 다 끼어들어 자기 손을 안 뻗친 데가 없다'는 뜻의 영어식 비유.

역의 박물관과 개인 수집가들에게서 약탈한 미술품을 진열했다.

전황이 독일에 불리해지고 루프트바페가 무너지자, 괴링의 익살스러운 행동도 점점 매력을 잃어갔다. 히틀러에 대한 그의 영향력은 줄어들었고, 조언자로서의 가치도 약해졌다. 그 자리는 주로 하인리히 힘러, 요제프 괴벨스, 알베르트 슈페어, 마르틴 보어만 등이 대신 차지했다. 그는 점점 은둔해 전선과는 멀찍이 떨어져 지내며 사냥을 하고 미술품을 약탈하고 장난감 같은 것들을 가지고 노는 데 더 많은 시간을 보냈다. 독일이 항복했을 때 그가 지닌 수많은 직함 가운데 남은 것은 제국 원수뿐이었다. 히틀러의 처형 명령을 서면 확인 없이 집행하기를 주저한 게슈타포 수장 에른스트 칼텐브루너 덕분에 괴링은 간신히 목숨을 건질 수 있었다.

괴링의 짐을 수색하던 경비병들은 정체를 알 수 없는 작은 알약이 엄청난 양으로 쌓여 있는 것을 발견했다. 괴링이 도착한 직후 한 경비병이 고급 가죽 여행 가방을 들고 와 앤드러스에게 말했다. "대령님, 이건 직접 보셔야 할 것 같습니다." 앤드러스가 가방을 열어보니, 그의 말대로 "내 평생 본 것 중 가장 많은 알약"이 들어 있었다. 자세히 살펴보니 대략 2만 정이었다. 그는 곧바로 괴링을 사무실로 불러들였다. 괴링의 설명은 이랬다. 심장병 치료를 위해 하루에 40정을 먹는 것이 자신의 습관이라는 것이다. 그러나 이 알약들은 정상적인 심장병 치료와는 거리가 멀었다. 전쟁이 끝날 무렵, 괴링이 비축해 둔 알약의 양은 앤드러스를 놀라게 한 양보다 훨씬 더 많았다. 체포될 때 알약을 그렇게 많이 갖고 있는 건 수치스러운 일이라고 여겨, 알약 상당수를 변기에 쏟아버렸던 것이다.

앤드러스는 알약의 성분과 효능에 대한 괴링의 말을 곧이곧대로 믿지 않았다. 그는 표본을 워싱턴의 FBI 국장 J. 에드거 후버Edgar Hoover에게 보냈고, 후버는 이를 미 공중보건부 산하 마약연구국에서 약물 중독 연구를 개척한 네이선 B. 에디Nathan B. Eddy 박사에게 전달했다. 에디의 분석 결과, 그 알약에는 심장약이 아니라 파라코데인이 들어 있다는 사실이 확인됐다. 후버의 말에 따르면 파라코데인은 효과적인 진통제이자 "미국에서는 사용되지 않는 비교적 희귀한 마약"이었다. FBI는 파라코데인의 중독성이 모르핀과 비슷하다고 판단하고 몽도르프 교도소 측에 괴링의 투약을 갑작스럽게 중단하지 말라고 경고했다. 후버는 괴링의 회복 경과를 계속 보고해 달라고 요청했다. (괴링은 FBI의 분석 결과를 알지 못했겠지만, 훗날 FBI 요원 두 명이 워싱턴의 FBI 박물관에 전시할 물건을 구하러 몽도르프에 왔을 때 후버가 자신에게 관심을 두고 있음을 알아챘다. "그 유명한 FBI 박물관에 내 물건이 전시된다고? 존 딜린저John Dillinger의 총, '베이비페이스 넬슨'의 가면 옆에? 정말 환상적이군!" 그는 이렇게 외치다 문득, 그 부탁이 의미하는 바를 깨닫고 멈칫했다. "아하, 난 이미 기소된 몸이지. 악명 높은 범죄자. 나중에 미국 아이들은 FBI 소장품 속 사악한 제국 원수의 기념물을 보고 몸서리치겠지." 결국 요원들은 괴링을 구슬려 군용 견장 하나를 받아냈다.)

괴링이 비축해 둔 알약은 독일 생산 업체들에서 끌어모은 것으로, 전 세계에서 유통되던 합성 파라코데인 거의 전량에 가까운 규모였다. 이 약은 독일 제약사들이 40여 년 전에 개발한 것으로, 유효 성분이 아편 성분과 화학적으로 같은 계열에 속하는 중추신경 억제제였다. 20세기 초 독일의 한 제약 저널에는 이렇게 적혀 있었다. "파라코데인은 코데인과 모르핀 계열 사이의 빈틈을 메운다. 파라코데인을 코데인과 마찬가지로 소량 투여하면, 종종 코데인보다 더 강하게 작용한다. 코데인과 비교해 이 약은 훨씬 강한 진정 효과를 가진다."

괴링은 이미 약물에 중독된 상태였다. 그는 갈증을 채우기 위해 약사들에게 자신만을 위한 저용량 정제를 따로 조제하게 했다. 알약 한 개에는 약물 10밀리그램이 들어 있었고, 다섯 알이면 모르핀 65밀리그램에 해당하는 마약 효과를 냈다. 평균적인 사람을 충분히 마취시킬 만한 양이었다. 전쟁 말기, 괴링은 업무나 회의 도중에도 잠깐씩 자리를 비우고 그 알약을 입에 털어 넣곤 했다.

앤드러스는 교도소에 약물 중독자가 있는 상황을 용납하지 않았다. 5월 26일, 괴링이 몽도르프에 온 지 엿새째 되던 날 그는 교도소 의무진인 독일인 의사 루트비히 플뤼커Ludwig Pflücker와 미군 군의관 윌리엄 "클린트" 밀러William "Clint" Miller에게 괴링이 파라코데인을 끊도록 서서히 복용량을 줄이라고 지시했다. 두 사람은 우선 하루 복용량을 38정으로 제한했고, 5월 29일에는 18정으로 더 줄였다. 불안에 휩싸인 괴링은 지급받은 알약을 하나하나 세기 시작했다. 앤드러스는 교도소 기록에 이렇게 적었다. "못마땅해하는 기색만 보였을 뿐 그 밖의 반응은 없었다." 이틀 뒤 괴링은 기관지염에 걸렸고, 몽도르프 의무진은 금단 과정을 일시 중단했다. 밀러는 앤드러스에게 "제 판단으로는 이 환자의 복용량을 더 줄이거나 약을 완전히 끊을 경우 극도로 심각한 정신적, 육체적 반응이 나타날 겁니다"라고 보고했다. 괴링의 금단 치료는 그 후로 몇 주가 지나서야 다시 시작됐다.

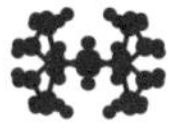

괴링의 금단이 아직 끝나지 않았을 무렵, 8월 초에 새로운 장교 한 명이 몽도르프에 도착했다. 그는 몽도르프로 발령을 받기 전까지, 유럽 전구*에 있는 미 육군 제130 종합병원에서 정신과 자문의로 근무하며 수천 명의 미군을 대상으로 한 정신과 진료를 총괄하고 있었다.

소년 같은 인상에 탄탄한 체격, 갈색의 곱슬머리, 남자답게 잘생긴 얼굴을 한 그 신참 장교는 캘리포니아 출신 의사 더글러스 맥글래션 켈리 대위였다. 그는 미 육군에서 3년간의 의무 복무를 마무리해 가던 참이었다. 몽도르프에서의 그의 임무는 괴링과 다른 나치 수감자들이 최종 처분을 받을 때까지 재판을 치를 수 있도록 그들의 정신 상태를 유지시키는 일이었다.

부임 후 기본 정리를 마친 켈리는 몽도르프에 있던 나치 고위 인사들을 차례로 만나기 시작했다. 첫 검진 대상은 괴링이었다. 아마 괴링은 이 신참 정신과 의사가 예상과 달리 냉담하고 학구적인 기색이라고는 전혀 없다는 걸 곧 눈치챘을 것이다. 켈리는 목소리가 크고 직설적이었고, 말을 강조할 때면 숱 많은 눈썹을 위아래로 자주 움직였다. 그는 먼저 병력을 살피는 일부터 시작해 초기 진찰을 부드럽게 풀어나갔다. 켈리는 악명 높은 이 환자에게서 무엇이 나올지 짐작하지 못했다. 훗날 켈리는 이렇게 적었다. "괴링에 대해선 별의별 말이 다 있었다. 마키아벨리식 악당이라는 평에서부터 뚱뚱하고 무해한 거세남이라는 평가까지. 대체로 그는 훈장과 영광, 재물만 좇아 하루를 보내는 히틀러의 단순한 위성쯤으로 여겨지곤 했다."

몽도르프 교도소에서 가장 악명 높은 수감자를 이미 잘 알고 있던 직원이 한 사람 있었다. 정보 부서에서 일하던 미 육군 장교이자, 정직한 인상에 붙임성 좋은 룩셈부르크 출신의 미국 시민 존 돌리부아 John Dolibois였다. 소년 시절 그는 가족이 오하이오주 애크런으로 이주하기 전에, 그랜드 호텔이 한창 번성하던 때 그곳을 찾아간 적이 있었다. 1945년 5월부터 교도소에서 근무하던 그는 독일에 있는 친척들을 보호하기 위해 수감자들에게 자신을 존 길렌이라고 소개했다. 돌리부

---

*   제2차 세계대전 당시 미군을 중심으로 한 연합군이 유럽 대륙에서 독일 및 그 동맹 국들을 상대로 벌인 모든 군사 작전 구역을 말한다.

아는 수감자들 사이에서 일종의 "약한 고리"로 알려졌고, 스스로 복지 장교 역할을 맡아 그들의 문제와 요구를 들어주고 하소연을 받아주었다. 물론 정기적으로 포로들을 심문하는 군 심문관들에게 넘길 유용한 정보를 얻기 위한 포석이기도 했다. 많은 나치 수감자들은 자신들이 범죄로 재판받는 일은 없을 것이라고 믿었기에 비교적 거리낌 없이 자신의 이야기를 털어놓았다. 돌리부아는 이렇게 회상했다. "포로들의 입을 열게 하려고 인위적 수단을 쓸 필요는 없었습니다. 오히려 입을 다물게 하는 게 힘들 때가 많았죠. 애시캔에 있던 남자들 대부분이 말하고 싶어 했습니다. 며칠 동안 아무도 심문하러 오지 않으면 소외감을 느꼈죠." 독일어에 능통한 데다 마이애미대학교에서 심리학 학위를 받은 그는 독일어에 서툴렀던 켈리에게 최적의 통역관이었다.

사교적인 괴링은 사회적 자극에 굶주려 있었다. 그는 의사의 관심을 반겼고, 초기 면담에서 자기 몸을 얼마나 꼼꼼히 살피는지 자랑했다. 괴링은 독일 전체에서 자기 체격이 가장 훌륭하다고까지 단언했다. 켈리는 그가 "피부에 난 흉터와 잡티 하나까지 세세하게" 설명했다고 썼다. 그러면서 의무 기록의 초안을 잡아나갔다.

- 출생 시 체중 약 5.4킬로그램. 비만 아님(어릴 적에는 마른 편). 1923년에 체중 증가 시작.
- 1916년 11월 16일 격추로 오른쪽 옆구리 총상, 금속 파편과 좌석 내장재 조각 박힘. 1917년 1월까지 입원. 16센티미터 흉터. (…)
- 1923년 뮌헨에서 허벅지 총상, 1923년 11월 9일부터 1924년 3월까지 입원.
- 그 시기에 모르핀 자가 주사 시작. 퇴원 후 6개월에서 3년가량 주사 및 경구 복용.

켈리는 괴링과 함께 애시캔에 도착한 산더미 같은 짐에도 호기심이 동했다. 그는 수감자가 챙겨 온 세면도구와 온갖 장신구에 깊은 인상을 받았다. 기록에 따르면 로션과 바디 파우더는 있었지만, 소문과는 달리 화장품은 보이지 않았다. 그런데 괴링의 보물 가운데 켈리의 시선을 진짜로 사로잡은 것은 반지 세 개였다. 켈리는 그 반지들을 "그야말로 거대한 장신구들이었다"라고 썼다. 하나에는 커다란 루비가, 다른 하나에는 푸른 다이아몬드가, 또 다른 하나에는 에메랄드가 박혀 있었다. 괴링은 포로가 되기 전까지 "그날의 기분에 가장 잘 어울리는 색을 고를 수 있도록 이 반지들을 늘 지니고 다녔다"라고 켈리에게 말했다. 켈리는 괴링의 소지품 중에서도 특히 거대한 에메랄드에 주목했다.

괴링은 자신의 건강 상태와 체력, 그리고 스포츠맨으로서의 뛰어난 능력을 자랑스레 늘어놓았다. 그는 켈리와 수감용 침대에 나란히 앉아 이렇게 말했다. "나는 늘 운동을 해왔소. 전쟁 막바지 몇 해를 빼면 스키, 사냥, 등반에 많은 시간을 보냈지." 괴링은 현실의 위험은 결코 자신을 위협할 수 없다고 믿는 듯했다. 젊은 시절 오스트리아 알프스에서 눈사태가 자기 주변을 휩쓸고 지나갔을 때 동료들은 안전한 곳으로 달아났지만 자신은 가만히 서서 눈사태를 지켜봤다고 했다. 또 배가 폭포 절벽 가까이까지 떠밀려 갔던 어느 날에는 공포에 질린 친구들을 꾸짖은 적도 있다고 했다. "떨어지면 어차피 죽는 거야. 우리가 할 수 있는 건 아무것도 없다고. 그런데 뭘 그리 호들갑이야?"라고 친구들에게 소리쳤다는 것이다.

켈리가 개인적 습관을 묻자, 괴링은 식욕이 좋고, 술은 절제해 마시며, 가끔 시가를 피운다고 답했다. 켈리는 이렇게 기록했다. "성생활은 정상이며, 1920년대에 체중이 늘어난 뒤에도 달라진 점이 없다고 주장했다."

그다음으로 켈리는 괴링의 약물 중독에 대해 물었다. 괴링의 설명에 따르면, 25년 전 그는 악명 높은 뮌헨의 "맥주홀" 폭동에 가담했다. 히틀러와 초기 나치당원들이 바이에른주 정부를 장악하려다 실패한 사건이었다. 이미 히틀러의 최측근 참모였던 괴링은 반란을 계획하는 데 관여했고, 시민들을 위협하고 관공서를 점거한 돌격대를 조직했으며, 바이에른의 고위 관리 구스타프 폰 카르Gustav von Kahr가 연설 중이던 뮌헨의 한 맥주홀에 군중을 몰아넣었다. 24시간에 걸친 인질극과 혼란 끝에 나치와 바이에른주 경찰은 뮌헨 시가에서 총격전을 벌였고, 그 결과 20명이 죽고 다수가 다쳤다. 히틀러와 지지자들은 궤멸됐고, 괴링은 허벅지에 총상을 입었다. 상처가 감염되면서 그는 몇 달 동안 병원 신세를 졌고, 그사이 약물 의존이 뿌리내렸다. 의사들은 그의 다리를 치료하면서 통증을 줄이기 위해 모르핀을 반복 투여했다. 상처는 점차 아물었지만 모르핀에 대한 그의 욕구는 사라지지 않았다. 주사가 끊기자 그는 암시장에서 모르핀 알약을 구했다. 폭동에 가담한 탓에 독일에서 추방된 그는 항공 컨설턴트 자리를 알아보던 중 1924년 첫 부인 카린Carin Göring과 함께 스웨덴으로 이주했다.

중독은 그를 따라붙었다. 그는 다리 통증이 더 이상 견딜 수 없을 만큼 심해졌다고 하소연했고, 실직으로 할 일이 없다 보니 삶의 목적을 잃은 듯 무력감에 빠졌다. 모르핀 복용량은 더 늘어났다. 약물은 때때로 그를 망상에 사로잡히게 하고, 신뢰하기 어려운 사람으로 만들고, 수다스럽고, 극도로 흥분하게 하며, 자기 과신에 빠뜨리고, 불면증에 시달리게 했다. 모르핀은 그의 감정에 불꽃처럼 불을 붙여 분노와 폭력의 발작을 일으켰다. 그는 아파트 안에서 가구를 집어 던졌다. 모르핀은 그의 호르몬 분비를 과도하게 자극했고, 체중은 약 136킬로그램까지 불어났다. 제1차 세계대전의 날렵하고 매력적이던 비행 영웅은 기괴할 만큼 비대해진 모습으로 변해 있었다.

괴링은 카린의 삶을 지옥으로 만들었다. 의사들은 그가 자신은 물론 타인에게도 위험하다고 평가했다. 카린은 남편을 아스푸덴 병원에 강제 입원시켰고, 당시의 중독 치료 관행에 따라 스웨덴 의사들은 모르핀 접근을 갑자기 제한해 버렸다. 순순히 입원했지만 괴링은 앞에 놓인 고통을 예견하지 못했다. 의사들은 모르핀을 더 달라는 요구를 거부하고 남자답게 금단을 견디라고만 했다. 통증과 갈망, 좌절에 분노한 그는 간호사를 폭행하고, 병원 약품고를 털려 했으며, 자살하겠다고 협박하기도 했다. 결국 그는 구속복을 입은 채 더 가혹한 시설로 옮겨졌다. 롱브로 정신병원이었다.

괴링은 롱브로에서 보낸 석 달 동안을 뒤죽박죽 섞인 끔찍한 영상들만으로 기억했다. 간호 인력은 그가 자신을 해치지 못하도록 벽과 바닥에 완충재를 댄 방에 묶어두고 며칠씩 그대로 방치했다. 모르핀이 완전히 끊긴 채, 금단의 참혹한 증상을 고스란히 견뎌야 했다. 아내의 보살핌 아래 퇴원했지만 그는 금세 다시 중독에 빠졌고, 이내 다시 롱브로로 돌아가 또 한 차례 금단 치료를 받아야만 했다. 1927년에는 독일에서도 같은 치료를 반복했고, 1928~1929년 겨울에는 인후통을 치료하기 위해 마지막으로 모르핀을 한 번 더 맞는다. 그 뒤로 1930년 카린이 사망하고, 나치가 독일에서 권력을 잡아가는 몇 년의 기간 동안은 약물 사용을 끊을 수 있었다.

가끔 다이어트 약과 수면제를 쓰긴 했지만, 괴링은 약물 중독에서 벗어난 듯했다. 그러나 1937년에 변화가 찾아왔다. 치통 때문에 다시 의존 상태로 되돌아간 것이다. 치과의사는 신경과민과 불안이 통증의 원인이라고 판단했고, 파라코데인 한 병을 건네며 통증이 가실 때까지 2시간마다 두 알씩 복용하라고 했다. 닷새 뒤 통증도 가라앉고 약도 떨어지자, 모르핀 욕구가 다시 고개를 드는 걸 억누르려던 괴링은 참지 못하고 더 달라고 요구했다. 치과의사는 의존 위험을 경고하며 거절했지만, 괴링은 금세 다른 공급처를 찾아냈고 곧 하루 열 알씩 복용하기 시작했다.

괴링은 치과의사가 경고한 신체적 의존성과 정신적 의존성에 귀를 기울였어야 했다. 파라코데인은 그에게 황홀감을 주지는 않았지만, 낙관성과 경계심, 사교적 매력을 끌어올리는 데는 도움을 주었다. 약은 그의 기분을 희열과 우울 사이에서 널뛰게 했고, 자기중심성과 호언장담, 요란한 차림새와 외모 취향을 한층 부풀리는 듯했다. 그는 집 안 곳곳의 고풍스러운 베네치아 유리 그릇에 알약을 채워두고, 욕구가 일 때마다 손쉽게 집어 먹을 수 있도록 했다.

제국 원수는 켈리에게, 1940년까지는 비교적 저용량으로 파라코데인을 복용했지만, 전시 스트레스가 겹치면서 하루 160개까지 먹기 시작했다고 말했다. 전쟁 후반에 그 경악스러운 복용량을 줄이긴 했지만, 독일의 패색이 짙어지자 다시 조금씩 늘어났다. 켈리는 진료 노트에 "체포 당시 그는 하루 약 100개를 복용했다고 진술했다"라고 썼다. 최대 1일 권장 복용량의 약 세 배에 달하는 양이었다. 하지만 켈리는 이렇게 덧붙였다. "그리 놀랄 만한 용량은 아니었고, 어느 시점에서도 그의 정신 기능에 영향을 줄 만큼은 아니었다."

켈리는 금단을 서두르기 위해 괴링의 체력과 기량에 대한 자존심을 자극했다. 그에게 당신은 남들보다 강한 사람이니 금방 끊을 수 있다고 암시하는 일이 얼마나 쉬운지도 깨달았다. 괴링은 이런 부추김에 열띤 반응을 보였고, 구체적으로 묻지 않으면 다리 통증이나 다른 금단 증상을 숨기기도 했다. 켈리는 괴링의 파라코데인 복용량을 서서히 줄여나갔고, 8월 12일에는 그가 약을 완전히 끊은 상태가 되었다.

의사는 괴링을 심리적으로 다루는 법을 배워가고 있었다. 하지만 오히려 자신의 생각에 그가 어떤 영향을 미치고 있는지는 알지 못했다. 괴링은 금단의 불편을 숨겨, 자신의 파라코데인 중독이 경미하며 거의 중독이라고 할 것까지도 없다고 켈리에게 확신시켰다. 켈리는 그것을 중독이라기보다 "습관"에 가깝다고 판단하기에 이르렀다. 그는 이렇게 적었다. "손과 입으로 무언가를 하고 싶은, 자신이 익숙하고 좋아하는 행동을 반복하려는 욕구였다. 흡연자들이 매일 아침 책상 위에 담배와 담뱃잎을 챙겨두듯, 괴링도 책상 위에 작은 알약 100개가 든 병을 올려놓곤 했다. 회의나 토론 중 그는 손을 뻗어 병을 열고, 알약 몇 알을 손에 털어놓은 뒤 입에 넣어 천천히 씹으며 이야기를 이어갔다." 그리고 켈리는 이렇게 덧붙였다. "그의 중독은 그리 심한 편은 아니었다고 말할 수 있다."

그러나 몽도르프에서 다른 이들이 들은 이야기는 달랐다. 금단 과정에서 괴링이 앤드러스 지휘관에게 머리가 아프고 잠을 잘 수 없다고 호소했다는 것이다. 그는 예전처럼 복용량을 다시 늘려달라고도 요구했다. 냉담한 앤드러스는 기록에 "그가 금단 과정 내내 응석받이 아이처럼 칭얼대고 불평했다"라고 남겼다.

아편계 약물에 대한 괴링의 오랜 의존 병력과, 전쟁 중 스트레스가 높을 때마다 파라코데인 사용을 줄이려다 번번이 실패한 이력을 생각하면, '중독이 약했다'는 켈리의 평가는 공허하게 들린다. 1930년대와 1940년대에 괴링이 파라코데인 복용량을 방대할 정도로 늘린 이유는 다리 통증이 아니라 누적된 불안감 때문이었다. 오늘날 미국 마약단속국Drug Enforcement Administration은 파라코데인을 스케줄 II 등급 물질로 분류하는데, 이는 복용이 의존성을 유발할 수 있어 법으로 제한되는 약물이라는 뜻이다. 윌리엄 버로스William Burroughs의 소설 『벌거벗은 점심Naked Lunch』에 등장하는 마약 중독자 윌리엄 리도 파라코데인을 자신이 즐겨 찾는 약물 중 하나로 언급한다.

제국 원수는 의사의 지시를 따르는 척하면서도 켈리의 직업적 자존심을 치켜세우며 이를 자신에게 유리하게 이용했다. 켈리는 자신이 괴링을 잘 이끌어 금단 과정을 진행시켰다고 만족했지만, 정작 누가 누구를 이끈 것인지는 불분명했다. 두 사람이 관계를 맺은 초기 몇 주 동안 켈리는 괴링이 히틀러 치하 독일에서 출세하는 동안 갈고닦은 능력을 제대로 알아보지 못했다. 괴링은 사실을 숨기고 사람을 조종하며, 주변 사람들의 속내를 영리하게 꿰뚫어 보는 데 능했다. 그는 평범한 중독자가 아니었다.

상습적인 파라코데인 복용을 끊는 동안, 괴링은 체중 감량에서도 켈리의 도움을 받았다. 다섯 달에 걸친 감량 프로그램으로 괴링은 체중을 약 27킬로그램가량 줄일 수 있었다. 켈리가 이 감량을 시도한 이유는 괴링의 심장을 보호하기 위해서였지만, 환자에게는 다른 명분을 내세웠다. 살을 빼면 더 보기 좋아진다는 것이었다. 돌리부아는 이렇게 말했다. "그는 다시 루프트바페의 영웅처럼 보이고 싶어 했다. 제1차 세계대전의 전설적인 리히트호펜 비행대에서 훈장을 숱하게 단 그 에이스 말이다." 괴링은 체중 감량 프로그램에 동의해 식사량을 줄였다. 또한 죄수복과 제복의 수선도 요청했다. 바지 허리는 15센티미터를 줄여야 했다. 켈리는 이렇게 밝혔다. "이런 배려는 괴링의 외모를 챙겨주려는 것이 아니었다. 수선을 하지 않으면 바지를 도무지 걸칠 수가 없었기 때문이다."

건강이 눈에 띄게 좋아지자, 괴링은 자신을 체포한 자들에 대한 적대감을 다소 누그러뜨렸고 성격도 한결 부드러워졌다. 그렇다고 불안이 사라진 것은 아니어서 가끔은 경비병들이 자신을 살해할 음모를 꾸민다고 의심하기도 했다. 그는 혼자 있는 것을 몹시 싫어했는데, 어느 밤에는 독방에서 혼자 맞은 거센 뇌우 때문에 처음에는 심장발작처럼 보이는 증세까지 보였다. 하지만 의사는 단순한 심계항진(가슴 두근거림)이라고 진단했다. 점차 그는 체포되기 전 유럽의 광대한 지역을 주무르던 자신만만하고 노련한 권력 정치의 플레이어, 헤르만 괴링 본래의 모습으로 돌아가고 있었다. 한결 편안해지고, 말도 많아졌으며, 그리고 그의 말을 한마디도 놓치지 않고 끈기 있게 들어주는 강렬하면서도 묘하게 안도감을 주는 정신과 의사에게 점점 더 매혹적인 존재가 되어 갔다.

뉘른베르크,

나치와
정신과 의사

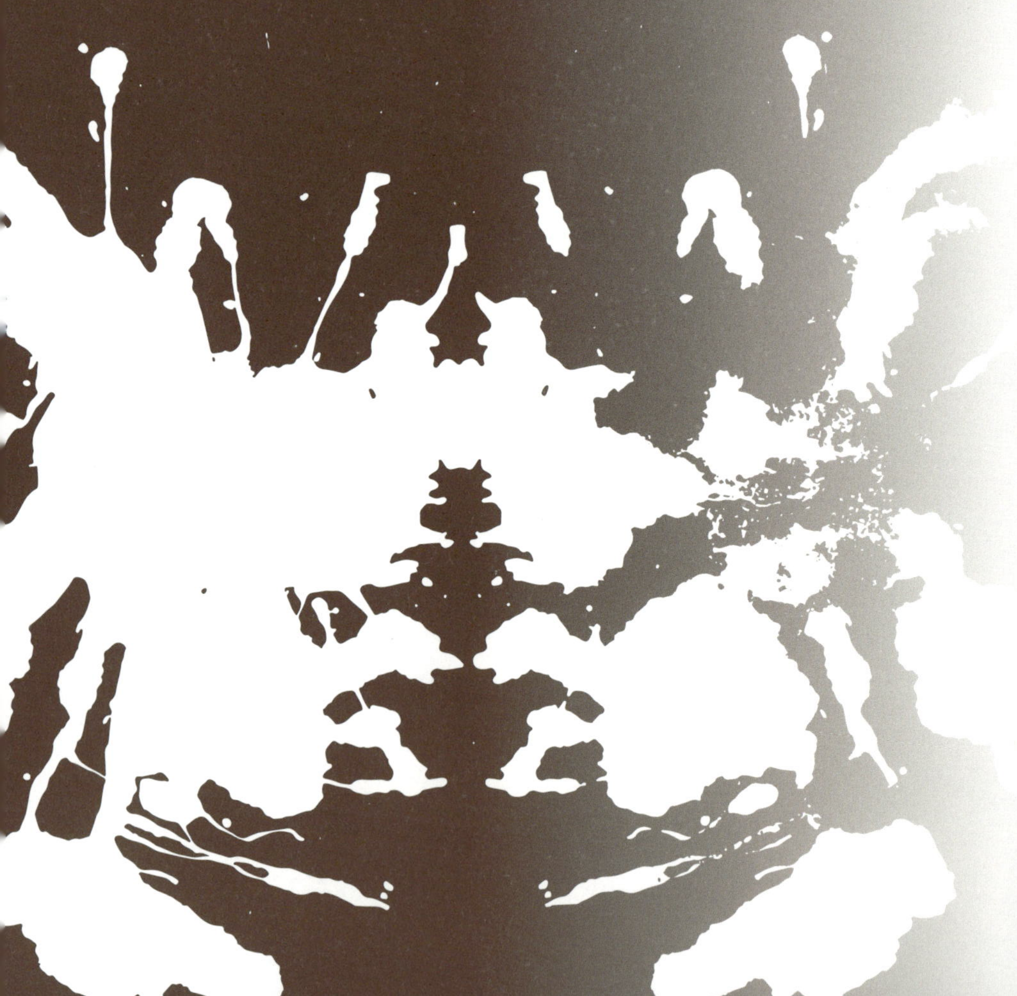

3

정신과 의사

　더글러스 켈리가 애시캔의 드라마 속으로 발을 들였을 때, 그는 전쟁
범죄자들을 다뤄본 경험이 전혀 없었고 약물 중독자가 겪는 금단 증
상을 치료하는 데도 거의 전문성이 없었다. 그 임무는 1945년 8월 4일,
미 육군 사령부에서 새로운 명령을 받으면서 뜻밖에 주어졌다. "룩셈
부르크시에서 남쪽으로 약 16킬로미터 떨어진 작은 마을 몽도르프레
뱅의 팰리스 호텔에 있는 밀러 대위와 접촉하라. 밀러 대위가 임무에
관한 구체적인 지시를 줄 것이다"라는 내용이었다. 켈리는 이 명령이
자신의 삶을 전혀 새로운 방향으로 내던질 줄은 알지 못했다.

　그 이전 두 달 동안 수많은 정신과 의사와 다른 분야의 의사들이 몽
도르프로 가서 최고위급 나치 포로들을 면담하고 그들이 보인 행동 양
식의 원인을 밝혀보겠다며 허가를 신청했다. 그중 한 사람인 미국의 정
신분석가 존 밀레트John Millet는 "독일인들의 성격과 특유의 욕망에 관
한 정보를 더하고 싶다"라고 했다. 나치들을 인터뷰하려 했던 이들 중
에는 단지 그들의 시간을 조금 할애받는 것만으로는 만족하지 않는 이
들도 있었다. 의학 사학자 대니얼 픽Daniel Pick은 이렇게 적었다. "일부
는 아에 그 가해자들의 뇌를 해부하자고 제안하기까지 했다. 그러려면
뇌 조직을 손상시키지 않도록 가슴에 총을 쏴서 처형해야 했다." 미군

은 이 외부 인사들의 신청을 모두 거절하고, 그런 영예를 애초에 자청하지도 않았던 자신들의 인력 가운데 한 사람을 발탁했다.

그것은 누구나 탐낼 만한 임무였다. 20세기 최악의 범죄자들로 널리 알려진 자들과 직접 마주할 기회였기 때문이다. 여러 정신병원에서 감독자로 일하는 동안 켈리는 일탈적 행동에는 종종 불가사의하면서도 대단히 흥미로운 근원이 있음을 배웠고, 이 임시 수용소에서의 근무 역시 자신만의 목표를 세우고 임했다. 그는 나치 지도자였던 수감자들에게서 공통된 결함, 즉 악행을 서슴지 않는 성향의 흔적을 찾아내고 싶었다. 그들의 행동을 설명할 공통된 정신질환이나 정신의학적 원인이 있었을까? 그들의 끔찍한 범죄를 설명해 줄 '나치 성격'이라는 것이 존재했을까? 켈리는 그 답을 밝혀내려 했다. 켈리는 훗날 이렇게 썼다. "유럽이 폐허가 되고 수백만 명이 죽었으며 현대 문명이 거의 파괴된 이 참상이, 이런 혼란을 초래한 힘이 무엇이었는지에 대해 올바른 결론을 끌어내지 못한다면 아무 의미 없이 끝나고 말 것이다. 우리는 나치가 어떻게 성공할 수 있었는지를 반드시 배워야 한다. 그래야만 그런 악이 다시는 되풀이되지 않도록 막을 수 있다."

켈리는 괴링을 보자마자 그에 대한 또렷한 인상을 갖게 되었다. 다른 나치 수감자들과의 만남을 통해 그는 괴링이 "지적인 인물이었기에 의심의 여지 없이 감옥에서 가장 뛰어난 인물이었음"을 알아차렸다고 의무 기록에 남겼다. "그는 정신적으로 잘 발달했고 전반적으로 균형 잡혀 있었다. 걸을 때 살이 출렁이는 것이 망토에 가려 잘 보이지만 않는다면, 거대하고 힘이 넘치는 체격이었고, 멀리서 보기엔 제법 그럴듯한 용모를 갖춘 아주 강하고 역동적인 인물이었다." 그러나 독방에서 나눈 첫 대화에서 정치, 전쟁, 나치즘의 부상에 대해 가볍게 이야기를 주고받은 뒤에 켈리는 괴링의 어두운 면도 보게 되었다. 전 제국 원수였던 그는 무자비했고 자기애가 강했으며, 가까운 가족과 친구를 제외한

타인에게는 냉혹할 만큼 무관심했다. 괴링에게서 공존하던 이 상반된 성질, 즉 호감 가는 면모와 사악한 면모의 결합은 오히려 켈리의 관심을 더욱 자극했다. 수많은 사람의 삶을 짓밟아 없애고도 매력과 능력, 영민함을 두루 갖춘 바로 그런 남자만이 켈리가 절실히 파헤치고 싶었던 인간 영혼의 영역으로 그를 이끌 수 있었다.

　과도한 야망은 켈리 집안에 대대로 흐르는 기질이었다. 켈리의 어머니 준June의 본가인 맥글래션McGlashans가는 캘리포니아에서도 손꼽히게 영특하고 괴짜 기질이 강한 집안이었다. 켈리는 그들의 파란만장하고도 호사스러운 집안 내력을 자랑스러워했다. 그들은 말 그대로 보통 사람들과는 거리가 먼 이들이었고, 성취에 집착하고 온갖 것을 모으는 데 몰두했으며, 무엇보다 자기 자신을 기리는 건물과 기념물을 세우는 데 열중했다. 가문의 가장은 찰스 페이엇 맥글래션Charles Fayette McGlashan이었다. 그는 7세 때 위스콘신에서 캘리포니아로 건너와 그곳에서 성장해 열정적인 형사 변호사이자 신문 발행인, 자연 애호가, 여러 특허를 가진 발명가, 아마추어 역사학자가 되었다.

　20세기 초, 찰스 맥글래션의 집은 푸른 보석 같은 타호호Lake Tahoe 위편, 시에라네바다산맥 자락에 자리한 북부 캘리포니아의 험한 산골 소도시 트러키Truckee를 내려다보는 언덕 꼭대기에 있었다. 집은 개양귀비와 수레국화, 라일락 덤불에 둘러싸여 있었고, 운모가 박혀 반짝이는 높은 석조 기단 위에 우뚝 서 있었다. 흰 그리스식 기둥과 햇빛에 반짝이는 높은 아치형 창을 지닌 2층 건물은 보는 이의 눈길을 단번에 사로잡았다. 트러키 주민들은 달빛이 비치는 눈 위로 솟아오른 그 기묘한 집의 마법 같은 풍경, 반짝이는 전구 불빛으로 환히 빛나던 창가를 오래도록 기억했다. 방마다 이야기를 품은 보물들이 가득했다. 페르시아 양탄자, 에디슨 음반으로 가득 찬 진열장, 조각상과 기념품, 심사숙고해 고른 가구들로 채워져 있었다.

"우리 집은 언덕 위에서 마치 노래라도 하듯 돋보였지. 웨딩 케이크만큼이나 눈에 띄었어." 켈리의 사촌 한 사람이 이렇게 회상했다. 찰스 맥글래션은 집의 원형 홀 안 푹신한 검은 가죽 안락의자에 자주 몸을 맡겼고, 그 앞에는 장관을 이루는 산봉우리 하나가 한눈에 들어왔다. 작은 다리 하나가 집에서 이 지역의 기이한 자연물 가운데 하나인 '흔들바위Rocking Stone' 꼭대기에 세운, 집과 비슷한 양식의 원형 탑으로 이어졌다. 흔들바위는 살짝 밀기만 해도 앞뒤로 기우뚱거리는, 섬세한 균형 위의 16톤짜리 거석으로 유명했다. 예전에는 워쇼 부족 사람들이 그 바위 아래에 식량을 저장했는데, 바위가 흔들리면 먹이를 노리던 짐승들은 겁을 먹고 물러났다고 한다.

탑에는 맥글래션이 모은 방대한 소장품이 보관되어 있었다. 나비 표본 2만 점, 인디언 골동품, 그리고 미국사에서 악명 높은 비극 가운데 하나와 관련된 유물들이었다. 1845~1846년 겨울, 서부로 이주하던 몇몇 가족이 눈보라에 갇혀 트러키 인근의 얼어붙은 산중에서 몇 달을 보내야 했다. '도너 파티Donner Party*'로 알려진 이 무리 가운데 많은 이들이 죽었고, 구출되기 전까지 살아남은 사람들은 굶주림 끝에 가족들의 시신을 먹을 수밖에 없었다. 맥글래션은 근처 산중에 흩어진 그 일행의 야영지들을 돌며 남은 흔적을 여러 해 동안 모았다. 그리고 참사의 가장 비극적인 몇 달이 벌어졌던 도너호Donner Lake에서 동쪽으로

---

*   1846년 미국 중서부에서 캘리포니아로 이주하던 개척자 집단으로, "도너리드 원정대(Donner-Reed Party)"로도 불린다. 수많은 사고로 인해 지연된 이들은 1846~1847년 겨울 시에라네바다산맥에서 폭설에 갇혀 대규모 아사와 사망자가 발생했다. 일부 생존자들이 극한 상황에서 식인을 했다는 기록 때문에 미국 개척사에서 특히 비극적 사건으로 기억된다.

불과 5킬로미터 떨어진 곳에 집을 지었다. 흔들바위 위의 박물관 탑에는 섬뜩한 유물이 여럿 보관돼 있었다. 일행의 화덕 터 한 곳을 뒤져 찾아낸, 희생자 한 사람의 새끼발가락 뼈 같은 소름 끼치는 유물들도 있었다. 이처럼 기묘한 조합의 두 건물이 함께 서 있는 곳은 시에라네바다산맥 어디에도 없었다.

수년 동안 맥글래션은 말을 타고 이 일대를 누볐다. 위용 있는 체구에 기품 있게 뒤로 훤히 드러난 이마, 다소 공격적인 눈빛까지 지닌 사내였다. 그는 중간중간 말을 세워 표본으로 삼을 나비를 쫓곤 했다. 한 번은 친구에게 이렇게 말했다. "산속 초원을 내게 주게. 세상의 대도시들은 자네가 다 가져가게. 도시에서 지위와 돈, 명성을 놓고 다투느니 트러키 초원에서 나비나 쫓겠네. 작은 연못의 큰 개구리? 그게 딱 내 격이지."

그러나 찰스 맥글래션은 결국 명성과 논쟁을 좇는 일을 멈추지 못했다. 그는 기자로서 유타까지 건너가 1857년 모르몬교도들이 저지른 마운틴 메도스 학살Mountain Meadows Massacre을 둘러싼 여러 논쟁의 실마리를 추적했다. 20여 년 뒤에는 도너 파티 생존자 제임스 F. 브린James F. Breen을 만나면서, 지역 사람들 다수가 차라리 잊히기를 바랐던 그 비극의 이야기에 평생 집착하게 되었다. 도너 파티 이야기에서 동료들의 죽음을 앞당겼다는 의혹으로 '악당' 취급을 받던 루이스 케제버그Lewis Keseberg가 특히 그의 흥미를 끌었다. 정말 많은 이들의 믿음대로 그는 그렇게 사악한 인물이었을까? 맥글래션은 새크라멘토에서 그를 찾아내 인터뷰했고, 그의 결백을 확신하게 되었다.

맥글래션은 도너 파티 가족들의 썩어가는 오두막 터를 찾아내는 책임을 맡았다. 31세에 그는 생존자들을 상대로 진행한 수십 건의 인터뷰를 바탕으로 권위 있는 저작 『도너 파티의 역사History of the Donner Party』를 썼는데, 이 책은 지금까지도 절판되지 않고 있다. 이후 수십 년 동안 그는 오두막 터 중 한 곳에 도너 참사 희생자들을 위한 대형 기념비 건립 사업을 주도해 마침내 결실을 보았다. 다른 이들에게 도너 파티의 비극은 시에라 지역에 어떤 특별함도 주지 못하는 그저 섬뜩한 공포담이었을지 모른다. 그러나 맥글래션에게 그것은 훨씬 더 개인적인 의미를 지닌 일이었다. 그는 이주민들이 겪은 슬픈 사건을 오늘의 기억 속에 되살리는 일이 자신과 가문에 명예를 가져오는 일이라고 생각했고, 그 참혹한 겨울을 자신의 과업으로 떠맡았다. 게다가 도너 파티에 관한 자신의 연구를 한 인간 참사에 대한 획기적인 해석일 뿐 아니라 자신의 가치와 성취를 입증하는 증거로까지 여기게 되었다. 맥글래션의 후손들도 이를 받아들였다. 그 집안이 남들과 구별되는 이유는 자기네 땅 가까이에서 벌어진 그 인간 참사의 섬뜩한 사실들과 촘촘히 얽혀 있기 때문이었다. 맥글래션 일가는 도너 파티가 결코 잊히지 않도록 했고, 그에 응답하듯 도너 파티는 맥글래션 가문의 정체성을 이루는 토대가 되었다. 강력하면서도 기묘한 상호 의존 관계였다.

모든 것을 집어삼키는 듯한 이 과업은 맥글래션의 가족에게도 대가를 치르게 했다. 아내 노나Nona는 남편의 잦은 부재와 일에 대한 집착을 못마땅해했다. 맥글래션은 집에 있을 때조차 어딘가 멀게 느껴졌고 신경이 곤두서 있었다. 게다가 사소한 구실만 있어도 도너 파티의 오두막터로 산길을 올랐고, 수십 년 전 그 혹독한 겨울을 떠올리며 폐허가 된 토대와 그루터기 사이에 앉아 있기를 즐겼다. 그는 도너 파티 오두막의 통나무에서 떼어 낸 나뭇조각을 모아 작은 바이알에 담고, 그것을 병당 1달러씩 팔아 도너 기념비 건립 자금을 마련하기까지 했다. 딸들 가운데 한 명은, 노나가 가족을 위해 차린 식사 자리에 맥글래션이 없을 때면 "아버지의 빈 접시가 어머니 눈앞에서 점점 커져 식탁 전체를 꽉 채우는 것만 같았어요"라고 회고했다. 또한 노나는 말년에 이렇게 토로했다. "사실 저야말로 도너 파티의 최대 희생자였어요."

어쨌든 맥글래션의 박학다식한 관심사는 여러 방면으로 뻗어 있었다. 정계에선 1884년 캘리포니아주 하원의원으로 선출됐고, 곧 악명 높은 반중 연맹의 의장을 맡았으며, 노동당의 주지사 후보로도 지명됐다. 생물학 분야에서는 켈리의 어머니 준과 함께 나비 한 종을 발견했고, 그 종은 멜라타이아 맥글래샤니Melataea macglashani로 알려지기도 했다. 맥글래션의 일중독을 모르는 이들 눈에 그는 세심하고 공손하며, 영민하고 감수성도 풍부해 보였다. 그뿐만 아니라 최면을 거는 듯한 눈빛과 흰 머리, 권위를 풍기는 콧수염을 지녔고, 청중 앞에서도 완전히 여유로웠다. 할리우드 연예 산업이 자리 잡기 전의 캘리포니아에 '황제 가문'이라 부를 만한 집안이 있었다면, 맥글래션은 분명 그중 한 가문이었을 것이다.

딸 준은 아버지를 따라 법조계로 들어섰고 캘리포니아 변호사 자격을 취득한 최초의 여성 중 한 사람이 됐다. 부녀는 몇 해 동안 함께 변호사로 일했으며, 법정 방청객들은 준이 아버지의 불꽃 같은 언변과 설득력을 물려받았다고 평했다. 맥글래션은 같은 내향인이었던 준에게 자신의 동기를 타인에게 이해시키려 애쓰는 일은 무의미하다고 가르쳤다. 왜 그런지 굳이 설명하려 들지 말고, 옳다고 믿는 일을 그냥 해보고 사람들이 따라오는지 지켜보라고 했다. 그러나 이런 태도는 다양한 의견의 가치를 깎아내리고 타인과 관계를 맺는 일의 중요성을 외면하는 오만한 방식이었다.

찰스 맥글래션은 법과 정부, 역사와 과학 분야에서 많은 찬사를 받았고, 주변 대다수의 눈에 위대한 인물이었다. 그는 대중의 칭찬을 먹고 살았다. 공개적으로 도전이라도 받으면, 이를테면 도너 파티 기념비 건립위원회가 비문 문구를 그의 표현과 다르게 바꾸기라도 하면, 곧장 지지를 거두고 깊이 앙심을 품곤 했다. 준 역시 겉으로 빛나 보이는 공적 모습 뒤에 감춰진 아버지의 어둡고 침울한 기질을 갖고 있었다. 그녀는 분노를 병에 담듯 눌러 담고 긴장을 애써 억누르곤 했다. 법정 변론을 앞두고는 주먹을 너무 꽉 쥐어 손에 피가 배어날 지경이었다. 그리고 아버지처럼 기운이 바닥나면 혼자 칩거하며 기력을 회복하곤 했다. 1909년 준은 트러키의 치과의사이자 파트타임 변호사였던 조지 "닥" 켈리George "Doc" Kelley와 결혼하며 아버지의 사무실을 떠났다. 닥은 호인이기로 유명했고, 소박한 일들에 열정을 쏟으며 마을의 공공 활동에 푹 빠져 살았다. 본래 준의 한 자매에게 구애했던 인물이기도 했다. 몇 년 동안 준은 카운티 부지방검사로 계속 일했고, 그 일 때문에 변호사였던 아버지와 법정에서 맞붙는 일도 있었다. 맥글래선 가족 가운데 한 사람은 이렇게 회상했다. "강철이 부딪히고 칼날이 맞부딪히는 소리에 배심원과 증인들이 의자 끝으로 몸을 내밀었지요. 두 사람은 세련되고도 정교한 방식으로 서로를 깎아내리며, 깊고 강렬한 경멸을 드러내는 모습을 보였고, 그 과정에서 양쪽 모두의 극적 본능을 한껏 끌어올렸습니다."

1912년 8월, 준은 아들 더글러스 맥글래선 켈리를 낳았다. 가족은 1919년 트러키에서 샌프란시스코로 이주했고, 닥은 9번가와 어빙가가 만나는 사거리에 치과를 열어 50년 넘게 일했다. 어린 더글러스는 준의 열정적인 사랑과 보호 속에 자랐는데, 그런 모습은 속 편한 친구처럼 곁에 머무르던 닥의 태도와 완전히 대조적이었다. 준에게 아들은 맥글래선 가문의 화신이었다. 준은 점점 남편을 상냥하기만 하고 보잘것없는 사람으로 여기게 되었지만, 아들은 달랐다. 학생 시절 더글러스는 지적 활동에 푹 빠져 있었다. 지역 과학 전시용 입체 모형 제작을 돕고, 별자리를 설명한 카드를 팔고, 야생화를 채집하고, 우표를 모으고, 책은 닥치는 대로 폭넓게 읽었다. 이 무렵 그가 남긴 메모에는 자신의 별자리인 사자자리에서 태어난 사람들의 속성이 이렇게 적혀 있다(그리고 더글러스는 분명히 그 속성을 자신에게도 그대로 대입했을 것이다). "넘치는 활력, 용기, 퉁명스러움, 예의범절에 시간을 낭비하지 않음, 행동파, 에너지, 진취성, 결코 무기력하지 않음, 완고함, 매우 예민함, 정열적, 어쩌면 천재 (…) 대체로 어떤 자리를 택하든 그 자리에서 정상까지 올라감."

일찍부터 성숙했던 이 소년은 지적 판단에 점점 더 확신을 갖게 되었고, 자신감 넘치는 태도로 주변을 압도했으며, 곧 스탠퍼드대학교 심리학자 루이스 터먼Lewis Terman의 눈에 띄었다. 터먼은 캘리포니아의 지능이 높은 아동들의 삶을 추적하는 연구를 막 시작하던 참이었다. 아들의 뛰어난 지적 자질을 잘 알던 준은 아들을 데리고 터먼의 각종 검사와 평가 모임에 빠짐없이 참석했다. 더글러스의 검사 결과 IQ는 135를 웃도는 높은 수치로, 연구에 참여할 자격을 충분히 갖추고 있었다. 이후 40여 년 동안 그는 특별히 똑똑한 아이들이 특별히 똑똑한 어른으로 자라나는지를 알아내려는 터먼의 연구 일환으로, 터먼과 정기적으로 서신을 주고받았다. 터먼은 피험자들이 성인이 되어가는 과정을 면밀히 추적했는데, 1,444명의 아동 가운데서도 더글러스를 특히 흥미롭고도 수수께끼 같은 사례로 여기게 되었다.

열다섯 무렵의 더글러스는 이미 야생화, 균류, 지의류 표본을 모았고, 곧 이글스카우트가 될 보이스카우트 부대의 리더였으며, 고등학교 토론 동아리에 참여하고 식물학 동아리 회장도 맡았다. 또 벌목 현장과 학교 식당에서 일하며 돈도 벌었다. 그는 지적 추구에 누구보다 열정적인 '지적 괴물'이었다. 성공하고, 지식을 모아 분류하고, 눈앞에 닥치는 모든 도전을 제압하지 않고는 못 배기는 사람이었다.

훗날 심지어 더글러스의 어린 자녀들조차, 그가 시도하는 모든 일마다 통달하려 하고 그 실력을 남들이 인정해 주기를 바란다는 사실을 알아차렸다. 10대 무렵 그는 무대 마술을 취미로 삼았다. 남에게 강한 인상을 남기려는 소년에게 더없이 잘 맞는 취미였다. 카드 마술이든 다른 트릭이든 일루전이든, 무대 마술사는 관객이 어디를 볼지, 무엇을 보았다고 믿게 할지를 통제한다. 잡지와 입문서에서 배운 간단한 트릭에서 출발한 더글러스는 점점 더 복잡한 일루전 마술로 나아갔다. 캘리포니아대학교 버클리 캠퍼스의 의예과 학생이 되면서 마술에 대한 그의 관심은 한층 깊어졌다. 학교 신문은 그가 가능한 한 많은 동급생을 끌어모아 홍보하고 선보인 마술 묘기를 흥미롭게 보도했다. 그중에는 눈을 가리고 두건을 쓴 채 자동차를 몰고 캠퍼스를 돌아다니는 묘기도 있었다. 버클리 경찰 국장은 이를 승인하긴 했지만 "켈리 본인과 도심 구간을 지나는 차량 모두에 위험한 묘기"라고 평할 만큼 아슬아슬하다고 보았다. 켈리는 공개 시연에서 해리 후디니Harry Houdini를 본떠, 우편 자루나 철제 해상용 궤짝에 갇힌 채 수갑을 풀고 탈출하는 묘기를 선보였다. 각종 클럽 행사와 만찬에서 마술을 공연했고, 손기술 실력을 홍보하는 명함도 직접 찍어 돌렸다. 훗날에는 샌프란시스코 마술인 협회 회장을 지냈다. 켈리 자신이 나중에 말했듯이, 마술사로 일하는 경험은 공연자의 자신감을 키워주고 관객에 대한 일종의 우월감을 느끼게 한다. 그는 남의 암시에 잘 따르고, 주의를 온전히 내어주며, 관찰을 통해 결론을 이끌어 내도록 훈련된 잘 교육받은 사람들일수록 트릭이 예상을 벗어날 때 가장 크게 놀란다는 사실을 곧 깨달았다. 동시에 일루전의 그늘도 보았다. 관객은 경이로움에 환호하지만, 마술사는 그것이 그저 속임수, 교묘한 기만에 불과하다는 사실을 알고 있었다.

더글러스는 성장하면서 점점 더 어머니의 강한 성격을 닮아갔고, 아버지의 영향권에서는 멀어져 갔다. 닥은 어린 더글러스가 무엇을 읽는지, 시간을 쏟던 과학 실험이나 보이스카우트 활동이 어떤지 거의 묻지 않았다. 지적으로 더글러스는 뭐든 빨아들이는 스펀지이자 미친 듯이 돌진하는 황소 같은 아이였지만, 닥은 아들의 열정을 잘 이해하지 못하는 듯했다. 게다가 맥글래션 가문과 견주어 보면 닥은 모든 면에서 성취가 한참 못 미치는 사람이었다. 자기 일을 성실히 해나가고 특유의 쾌활한 성격을 드러내 보이는 것만으로도 만족하는 사람이었는데, 바로 그런 모습 자체가 위대한 인물에게서 보이는 집요하고 맹렬한 추진력이 결여되어 있음을 보여주는 증거이기도 했다. 더글러스는 아버지의 솔직함과 선량함을 보며 그것이 오히려 그를 약해 보이게 만든다고 생각했다. 맥글래션 가문 사람들은 인생을 흘러가는 대로 내버려두는 법이 없었다. 그들은 정상에 오르고, 상황을 장악하고, 우월함을 주장해야 직성이 풀렸다. 그들은 자기 영역을 지배했다. 더글러스는 이런 삶의 방식을 준에게서 그대로 흡수했고, 이후로 평생 단 한 번도 그 길에서 벗어나지 않았다.

찰스 맥글래션은 1931년 1월 6일 세상을 떠났다. 임종 무렵 그는 와병 중이었던 딸 준을 보고 싶어 했다. 3년 후 노나도 그 뒤를 따랐다. 몇 년 지나지 않아 트러키에서 장관을 이루던 맥글래션의 집은 화재로 전소했고, 불길을 피한 흔들바위의 탑은 철거되었다. 가장 안타까운 것은 그 바위가 더는 흔들리지 않게 되었다는 점이었다. 관리인들이 사고를 막겠다며 바위 아래 틈을 메워, 위태롭게 흔들리던 바위가 방문객을 덮치지 않도록 한 것이다. 그곳을 감싸고 있던 마법은 완전히 사라졌다.

더글러스 켈리는 캘리포니아대학교 버클리 캠퍼스 의과대학에 진학해 24세에 졸업했다. 키 174센티미터에 혈색 좋고 건장한 그는 원래 신경외과를 지망했지만, 자신의 손이 그 분야를 감당하기에는 너무 작다고 생각했다. 그래서 정신과로 방향을 틀었다. 어쩌면 집안의 말대로, 맥글래션 가문이 모두 좀 별나다는 걸 누구보다 잘 알았기 때문이었을지 모른다. 그는 이 분야에서 두각을 나타내 컬럼비아대학교에서 1년짜리 록펠러 연구 펠로십을 따냈고, 이를 발판으로 1941년 컬럼비아대학교 의과대학에서 의학 박사 학위를 취득했다. 그는 뉴욕 정신병원

New York Psychiatric Hospital에서 장시간 연구에 매달렸다. 뉴욕에서의 연구는 정신의 작동에 관한 새로운 사상들을 그에게 열어주었고, 연구 주제 또한 매우 광범위했다. 그는 동료들과 함께 알코올 섭취에 대한 민감도를 판별하는 피부 반응 검사를 고안했는데, 알레르기 반응을 측정하는 기존 검사와 비슷한 방식이었다. 또한 만월이 정신질환자들의 행동에 미치는 영향처럼 난해하고 기묘한 주제에도 손을 대, 그 결과를 《정신분석 리뷰The Psychoanalytic Review》에 보고하기도 했다.

그의 경력에 더 큰 영향을 준 것은 비교적 새로 도입된 로르샤흐 잉크 반점 검사였다. 이 검사는 대칭적이고 추상적인 잉크 무늬가 있는 표준화된 열 장의 카드를 피검자에게 보여주고, 그에 대한 반응을 숙련된 임상 전문의가 해석함으로써 환자의 정신의학적 상태에 대한 통찰을 얻도록 고안된 것이었다. 카드들 가운데 일부는 회색조로만, 일부는 여러 색으로 되어 있었다. 잉크 반점 자체는 아무것도 말해주지 않는다. 그러므로 피검자가 그 안에서 본 것은 자기 내면의 모습이 투사된 결과일 뿐이었다.

당시 한 잡지는 이렇게 설명했다. "보통 사람이라면 잉크 반점 한 장에 두 개에서 다섯 개의 반응을 보인다. 열 개 이상이면 야심을 나타낸다. 성공에 대한 강한 추진력, 순전히 질만으로는 충분하지 않을 때 양으로라도 성공하겠다는 단호한 결심을 뜻한다. 반응이 두 개 미만인 경우, 특히 그 반응이 모호하고 불분명하면, 자기 안에 갇혀 아이디어와 상상력이 부족한 사람으로 본다. 그러나 반응 수가 적더라도 또렷하고 명확하며 정확히 보고되었다면, 유능하고 자신감 있는 사람임을 드러낸다. 그는 자신이 무엇을 원하는지 알고 그걸 향해 나아간다." 약 1시간 동안 진행되는 검사에서 평가자는 피검자가 잉크 반점에 대해 한 말을 한마디도 빠뜨리지 않고 기록했다. 그 내용뿐 아니라 피검자가 그림 전체를 보았는지 일부만 보았는지, 동물과 인간, 환상적 존재 등 어떤 형상을 몇 개나 식별했는지도 면밀히 살폈다. 속임수는 불가능하다고 켈리는 믿었다. 아무리 감추고 왜곡하려 해도 피검자의 성격은 어떤 반응 속에서도 드러나기 때문이었다.

1921년 스위스 정신과 의사 헤르만 로르샤흐Hermann Rorschach가 도입한 잉크 반점 검사는 개인의 성격을 탐구하는 도구로서 정신의학에서, 나중에는 심리학에서도 상당한 영향력을 얻게 되었다. (이 검사는 오늘날까지도 심리학에서 높은 위상을 유지하고 있다.) 1960년대에 표준화된 로르샤흐 자료 해석법이 자리 잡기 전까지, 검사의 가치는 결과에서 결론을 이끌어 내는 해석자의 경험과 숙련도에 달려 있었다. 켈리는 미국에서 로르샤흐 검사를 옹호한 선구자 가운데 한 사람인 브루노 클로퍼Bruno Klopfer를 만나 직업적으로도 가까워졌다. 여러 증언에 따르면 켈리는 로르샤흐 결과를 해석하는 능력이 특히 탁월한 인물이었다. 켈리는 이렇게 썼다. "이 방법은 언제나 진단을 돕는 보조 수단으로만 생각해야 하며, 그것만으로 완전하다고 여겨서는 안 된다. 이 기법은 올바르게 사용될 경우, 객관적인 진단 방법을 하나 더 제공해 정신과 의사가 활용할 수 있는 진단 도구를 늘려준다." 그는 로르샤흐 결과를 모으는 일을 얇은 파이 한 조각을 베어 내는 것에 비유하며 이렇게 말하곤 했다. "그리고 파이를 먹어본 사람은 누구나 알듯이, 작은 조각 하나만으로도 파이 전체가 어떤지 충분히 짐작할 수 있다."

로르샤흐 검사는 결국 정신질환 진단을 넘어, 정부와 군, 기업은 물론 예비 직원의 성격 유형을 파악하려는 사람, 보안 인가 신청자, 적성에 맞는 진로를 찾는 이들까지 두루 활용하는 도구가 되었다. 다만 켈리가 이를 앞장서 보급하던 1930년대와 1940년대 초만 해도 로르샤흐 검사는 아직 보편화되기 전 단계였다. 1942년 그는 클로퍼와 함께 『로르샤흐 기법The Rorschach Technique』을 출간했는데, 이 책은 검사를 시행하고 해석하는 법을 상세히 다룬 안내서였다. 이 책에서 켈리는 임상 환경에서 로르샤흐 검사를 사용하는 방법을 중점적으로 다뤘다.

켈리를 사로잡은 또 하나의 분야는 막 떠오르던 일반 의미론 연구였다. 이 분야는 1933년, 괴짜로 이름난 공학자이자 물리학자이며 한때 폴란드 백작이기도 했던 알프레드 코르지브스키Alfred Korzybski가 제시한 것이었다. 그는 대머리에, 탐색하듯 날카로운 눈빛을 지녔고, 레슬러 같은 손을 갖고 있었으며, 길쭉한 홀더에 낀 담배를 자주 만지작거렸다. 위엄 있는 풍모의 코르지브스키는, 특히 사람들 사이의 관계에서 어리석음을 줄이고 온전하고 이성적인 사고를 되찾게 해 줄 것이라 믿었던 새로운 사고 방식을 제안했다. 그가 크게 중시한 원리는 "시간결속time-binding"이었다. 인류가 한 세대에서 다음 세대로 집단 지식을 전해 축적하는 능력을 뜻한다. 감정적이고 비이성적인 사고는 이 시간결속을 어렵게 하거나 아예 불가능하게 만들어 인류의 진보를 가로막는다. 코르지브스키는 이런 생각을 영향력 있는 저서 『과학과 이성: 비아리스토텔레스적 체계와 일반 의미론 입문Science and Sanity: An Introduction to Non-Aristotelian Systems and General Semantics』에서 체계화했는데, 이 책의 상당 부분은 집 서재에서 원숭이 두 마리를 무릎 위에 앉혀놓은 채 집필했다.

켈리는 이러한 생각을 정신의학에 적용하고 싶어 코르지브스키와 그가 제시한 새 학문의 열렬한 신봉자가 되었다. 켈리가 보기에 일반 의미론은 고차원적 사고를 전달하고 보존하는 방식을 연구하는 학문이었다. 그는 이렇게 설명했다. "이 소통은 자유롭고 상호적이어야 한다. 그렇지 않으면 사람과 국가 들은 동물적 상태로 퇴행해 스스로를 파괴하게 될 것이다. 고차원적 사고를 지키고 발전시키는 일이야말로 인간과 동물을 구분하는 주된 차이다." 켈리는 일반 의미론을 임상 정신의학에 적용하는 여러 방안을 모색했다. 동물은 자극에 반응은 하지만 그에 대한 이성적 설명을 할 수 없다. 반면 인간은 원인과 정황, 해

법을 이해함으로써 자신의 행동을 바꿀 능력이 있다. 예컨대 한 병사가 전장의 위험에 조건화되어 큰 소리만 들리면 몸이 마비될 만큼 극심한 불안을 느끼게 되었더라도, 일반 의미론을 활용한 치료는 그에게 그런 소리가 전장 같은 특정한 환경에서, 포격이나 총성과 같은 특정한 출처에서 날 때에만 실제로 위험하다는 점을 납득시킬 수 있다. 이성적 사고는 종종 감정적 반응이 낳는 해로운 결과를 극복할 수 있다. 이와 비슷하게 유능한 토론자는 공격적으로 맞서는 대신, 상대의 말을 주의 깊게 듣고 감정적 사고가 개입된 지점을 정확히 짚어내며, 상대가 그런 식으로 행동하도록 몰아가는 요인이 무엇인지 파악함으로써 설득할 수 있다. 켈리의 견해에 따르면, 타인을 움직이는 신호를 이해할 때 갈등을 푸는 일은 훨씬 쉬워진다.

　켈리의 마술에 대한 열정은 점점 더 깊어졌다. 1930년대 중반에 이르러 그는 권위 있는 미국 마술사 협회의 임원이 되었고, 마술 전문지 《제니GENII》에 여러 편의 교육용 글을 실었다. 그중 한 글은 속임수 셔플을 사용해 관객이 모르게 한 벌의 카드에서 네 장의 에이스를 뽑게 하는 방법을 설명했다. 그는 또 다른 묘기들도 소개했다. "켈리 갬블 트로피 트릭Kelley Gamble-Trophy Trick"(또 다른 카드 마술), "시티 데스크 트릭City Desk Trick"(멘탈리즘 묘기), "렛 힘 게스Let Him Guess"(소도구를 쓰는 트릭) 같은 것들이었다. 켈리는 이렇게 썼다. "심리학이라는 말이 누구의 입에나 오르내리기 훨씬 전부터, 마술사들은 그 원리를 '미스디렉션misdirection'이라는 이름으로 사용했다."

　그는 코르지브스키에게 마술에 대한 흥미를 불러일으켰고, 코르지브스키는 일반 의미론의 원리를 설명할 때 종종 마술을 비유로 들었다.

코르지브스키에 따르면 마술은 그 작동 방식을 이해하는 순간 더 이상 우리를 속이지 못한다. 셸 게임shell-and-pea game도 완두콩을 껍질 안에 어떻게 숨겼는지 알게 되는 순간 마법을 잃는다. 코르지브스키는 이렇게 말했다. "결국 구조의 문제다. 당신도 알다시피 과학이란 모두 구조를 탐구하는 일이다. 어떤 것의 구조를 이해하면 우리는 기만과 자기기만을 피할 수 있다. 그래서 나는 전쟁을 포함한 일상의 경험과 언어의 구조를 설명하려 애쓰고 있다. 하지만 그 구조는 맨눈에는 쉽게 드러나지 않는다."

더글러스 켈리는 뉴욕에서 3년간 수학하며 로르샤흐 검사를 활용한 알코올 중독자 평가를 주제로 컬럼비아대학교 학위 논문을 썼다. 이 기간 그는 여러 성격 및 직업 적성 검사를 받았다. 한 직업 적성 평가에서는 심리학자, 건축가, 엔지니어 같은 직종에 대한 적합도 항목에서 낮은 점수를 받았고, 부동산 중개인과 농부, 인쇄공, 음악가, 작가처럼 비교적 혼자 하는 일에 가장 잘 맞는다는 결과가 나왔다. 그러나 켈리는 강한 자신감을 바탕으로 이런 권고를 개의치 않았고, 1941년 다음 진로를 정하면서 샌프란시스코 정신병원San Francisco Psychopathic Hospital의 정신과 병동 책임자를 맡았다. 이 병원은 캘리포니아대학교 의과대학과 협력 관계에 있었으며, 그는 이곳에서 정신의학 강사직도 겸했다.

가족과 절친들이 있는 베이 에어리어Bay Area*로 돌아온 켈리는 미국 정신의학계에서도 유례를 찾기 힘든 형태의 작업 치료Occupational Therapy**를 개척해 주목받았다. 그는 환자들에게 마술을 가르쳤고, 이는 많은 다른 형태의 치료보다 정신질환자의 재활에 더 효과적이라고 주

---

*   미국 샌프란시스코시를 중심으로 하는 광역 도시권이다. 샌프란시스코와 오클랜드, 또한 그 위성 도시를 포함한 샌프란시스코만의 해안 지역을 가리킨다.
**   환자가 일상생활 동작이나 수공예, 놀이, 직업 활동 등을 수행하도록 돕는 치료법으로 기능 회복과 정서적 안정, 사회 복귀를 목표로 한다.

장했다. 1940년 《작업 치료와 재활Occupational Therapy and Rehabilitation》에 실은 글에서 그는 마술사의 지능과 상상력이 관객을 즐겁게 하는데 얼마나 중요한지, 눈이 아니라 마음이 어떻게 속는지, 그리고 그를 가장 매료시킨 무대 마술의 성격을 논했다. "다른 어떤 오락도 이렇게 적은 연습으로 이토록 효과적으로 선보일 수 없다. 한 번의 수업만으로도 쉬운 도구 마술 몇 가지는 능숙히 보여줄 수 있다. 그런데 이렇게 쉽게 배울 수 있는 기발한 마술을 통해 얻는 성취감은 더 어려운 공연에 도전하고 싶게 만든다. 그렇게 해서 점차 완성된 마술가가 지닌 진정한 기술과 섬세함을 몸에 익히게 된다."

우울증, 조현병, 신경증 환자에게는 작업 치료로 안성맞춤인 마술이 환자의 자존감을 회복시키고 집단 속에서 자신을 돋보이게 하며 소외감을 막아준다고 켈리는 믿었다. (같은 이유로 편집증, 과대망상, 자의식 과잉을 겪는 이들에게는 부적절하다고 보았다.) 그는 한 신문 인터뷰에서 이렇게 말했다. "마술은 관객을 속일 때마다 환자에게 우월감을 주죠. 그 결과 약간의 과시 성향을 자극하기도 하는데, 이는 수줍고 내성적인 성격에는 대단히 유익한 요소로 작용합니다." 치료 수단으로서 마술은 상황에 맞춰 적용하기 쉽고 비용이 적게 들며, 자살 위험이 있는 환자에게도 안전했다. 그는 환자들에게 셸 게임 속임수를 완성도 높게 구사하는 법, 골무를 사라지게 하는 법, 잘라놓은 끈을 다시 이어 붙이는 법, 그 밖의 살롱 마술들을 가르치느라 몇 시간씩 매달렸다. 그는 이렇게 단언했다. "이런 묘기들은 머리를 쓸 필요도 없고 잘못될 일도 없다." 켈리는 특히 타인과 대화하는 것이 두려워 일을 할 수 없게 된 한 영업 사원을 마술을 곁들인 치료로 회복시킨 일을 큰 자랑으로 여겼다. 한 기자는 이렇게 썼다. "그 영업 사원은 세 가지 트릭을 숙달해 다른 환자들에게 선보인 뒤 자신감을 되찾아 일터로 돌아갔다."

이 치료법은 다른 의미의 '마술'도 낳았다. 켈리가 언론의 주목을 받게 된 것이다. 매체들은 그가 손기술, 즉 마술을 치료에 도입한 이례적 시도를 앞다투어 기사화했다. 샌프란시스코에서 그는 정신의학 전반의 쟁점을 설명하는 단골 대변인으로 자리 잡았다. 다루는 주제는 매우 다양했다. 정신질환이 유행처럼 번지는데도 환자 치료를 위한 시설과 예산이 턱없이 부족하다는 문제, 정신적 사유로 입대 심사에서 탈락하는 지원병들의 높은 비율, 제1차 세계대전 이래로 정신 치료를 필요로 해 온 수많은 참전 군인들에게 어떻게 정신 의료 서비스를 제공할 것인가 하는 문제 등이었다.

또한 신문들은 로르샤흐 검사나 다른 진단적 접근을 거부하는 환자들을 어떻게 진단할 것인가를 놓고 샌프란시스코에서 그가 벌인 노력도 대대적으로 다뤘다. 켈리가 특히 선호한 비자발적 진단법 가운데 하나는 이른바 자백약truth serum으로 불린 소듐 아미탈sodium amytal(아모바르비탈나트륨)을 신중하게 투여해 환자의 저항을 무너뜨리는 방식이었다. 마취제이자 진정제로 통상 사용되는 이 약물은 저용량에서 환자를 술에 취한 듯 이완시키고 협조적으로 만드는 효과가 있어, 켈리는 이를 높이 평가했다. 이런 상태에서 종종 소듐 아미탈을 한 차례 더 주사해 효과를 보강하면, 환자들은 기꺼이 질문에 답하고 까다로운 로르샤흐 검사 절차도 받아들였다.

한편 켈리는 테네시주 채터누가의 부유하고 보수적인 가문 출신으로 매우 영리한 앨리스 비비언 힐Alice Vivienne Hill을 만나 환심을 사려고 애썼다. 그녀는 두키라는 별명으로 불렸는데, 귀엽고도 품위 있는 금발 이미지를 사랑스럽게 드러내 주는 애칭인 "리틀 두키-두Little Dukie-Do"에서 유래한 이름이었다. 두키는 채터누가의 걸스 프레퍼러토리 스쿨Girls Preparatory School*을 거쳐 내슈빌의 명문 피니싱 스쿨Finishing School**인 워드벨몬트칼리지Ward-Belmont College에서 졸업반 회장을 지냈고, 우등으로 졸업했다.

두키는 북부 캘리포니아에 친척이 있어 종종 그들을 만나러 오곤 했다. 그리고 어느 방문길에 사촌의 주선으로 샌프란시스코에서 열린 이글스카우트 집회에서 켈리를 만났다. 스카우트 부단장이었던 켈리는 집회에서 거대한 모닥불 점화를 맡아 주목을 받고 있었다. 대화를 나누는 동안, 밴드 연주를 압도하고 군중을 뚫고 거의 모든 방의 뒤편까지 도달하는, 마치 폭풍처럼 몰아치는 그의 굵고 우렁찬 목소리는 두키의 부드러운 테네시 억양과 어우러져 한 곡의 음악처럼 들렸다. 두키는 젊은 정신과 의사와 데이트하는 데서 짜릿함을 느꼈다. 그녀는 그를 다부지고 잘생겼으며 유머러스하고 아이디어가 넘치는 사람으로 보았고, 자신의 엄숙함을 놀리는 그의 장난에서 특별함을 느꼈다. 1930년대 후반에 보낸 연애편지에서 켈리는 이렇게 다독였다. "사는 게 그리 심각한 일만은 아니야. (…) 어차피 우리는 목적지에 도착할 거야. 그러니 가는 길에 만나는 사소한 일들에 너무 걱정하지 마." 그녀는 강인했고, 만만치 않은 성격을 지닌 켈리와 잘 맞았다. 전해 내려오는 이야기로는 그녀의 집안은 코네티컷의 기틀을 세우는 데, 그의 집안은 캘리포니아의 기반을 다지는 데 기여했다. 두 사람은 1940년 10월에 결혼했다. 당시 채터누가 신문 사회면에 따르면, 피로연에 참석한 두키는 스라소니 모피 장식이 달린 베네치아풍 청색 양모 앙상블에 같은 색 터번을 썼으며 검은색 장갑을 끼고 난초 코르사주를 단 모습이었다고 한다.

그러나 부부로 함께한 시간은 길지 않았다. 결혼한 지 18개월도 채 되지 않았고, 미국이 제2차 세계대전에 참전한 지도 불과 6개월밖에

---

*　　　미국 테네시주 채터누가에 위치한 사립 여학교로 상류층 가정의 여학생들을 위한 중등 교육기관.

**　　상류층 젊은 여성을 대상으로 사교, 예절, 교양, 예술 등을 가르쳐 사회 진출과 사교계 생활에 필요한 소양을 갖추게 하는 교육기관.

안 되었을 때 켈리는 미군에 대위로 입대했고, 그다음 달에는 유럽으로 파병되었다. 출발이 임박하자 두키는 밀랍으로 봉인까지 한, 화려한 서체의 애교 섞인 가짜 군 명령서를 남편에게 건넸다. 새로 임관한 장교에게 아내와의 연락을 계속 유지하라고 지시하는 문서였다. 켈리는 다음과 같은 명령을 받았다. "근심과 외로움을 달래줄 만병통치약"이 담긴 편지를 꾸준히 보낼 것, 가능한 한 아내 생각만 할 것, 사랑하는 아내와 만나는 꿈을 꿀 것, 그녀의 "영원한 사랑과 헌신과 참을 수 없는 기다림"을 기억할 것. 또한 이 문서는 전쟁이 끝나고 켈리가 "위에서 거듭 언급한, 영원한 켈리 부인"의 품으로 돌아올 때까지 효력이 있다고 못을 박았다. 전선으로 떠나는 남편이 곧 겪게 될 전쟁 경험을 얼마나 짐작했을지는 알 수 없지만, 젊은 아내가 보낸 이 메모는 경쾌하고 재치 있고 애정이 가득했다.

　　제1차 세계대전의 전장에서는 신경과 의사, 정신과 의사, 의무병, 간호사, 기타 종사자 들이 이해하고 치료하는 데 애를 먹을 만큼 끔찍한 심리적 부상이 속출했다. 신체적으로는 다치지 않은 전투원들도 정신적으로 심각한 외상을 입어 마비되고, 앞을 보지 못하고, 긴장증에 빠지고, 어지럽고, 기억력이 흐려지고, 공포에 질리고, 환각을 보며, 악몽에 시달리는 상태에 내몰렸다. 전투를 직접 겪지 않은 이들에게서도 마찬가지의 증상이 나타났다. 연합군에서만 160만 명이 넘는 병사가 이런 정신적 상처로 전투력을 상실했다. 정신분석가들은 때로는 유년기까지 거슬러 올라가는 무의식의 오래된 갈등이 이 새롭게 주목된 '전쟁 신경증'을 설명한다고 보았고, 다른 이들은 꾀병을 의심했다. 치료진은 병사들을 회복시키기 위해 장기 요양, 독방 수용, 징계 처분, 전기충격,

성격을 단련한다는 명목의 훈시 등을 시행했다. 한편 당시 최신 정신의학에 정통한 의료진은 대화 치료, 최면술, 재교육을 시도했다. 이 환자들은 미친 것인가, 겁쟁이인가, 심약한가, 그렇지 않으면 전혀 다른 무엇 때문인가?

제2차 세계대전은 제1차 세계대전 못지않은 무시무시한 참상을 안겼다. 이전 전쟁보다 훨씬 더 많은 미군이 심리적 외상을 겪었다. 그런 고통을 덜어주고, 더 나아가 부대로 복귀시킬 수 있는 사람이라면 군의 영웅이 되었을 것이다. 진주만 공격부터 전쟁이 끝날 때까지 미군이 겪은, 기능을 상실할 정도의 정신과적 외상은 110만 건에 달했다. 주된 원인은 공포와 스트레스였다. 정신과 군의관으로 복무한 켈리는 이 문제를 "전투 신경증" 또는 "전투 피로"라고 불렀다.

유럽 전구에서 미군 최고위 정신과 의사였던 로이드 J. 톰프슨Lloyd J. Thompson의 지휘 아래, 켈리는 영국에 주둔한 미군 제30 종합병원에 신경정신과 병동을 설치했다. 이 병동은 전투 피로 환자 치료와 전투 스트레스 관리에 관한 의사 교육을 전담한, 연합군의 선도적 의료 기관 중 하나였다. 심리적 고통을 호소하는 병사가 워낙 많았기에, 켈리는 이 영국 병원에서 치료에 가장 잘 반응하지 않는 전투 신경증 환자들을 위해 병상 90개를 따로 확보했다. 그는 의사들과 실제 환자를 배우로 참여시켜 치료 기법을 재현하는 시범 공연을 열어, 전투 정신의학을 다른 의사들에게 교육했다. 켈리는 병원 직원과 환자들에게 오스카 더 덕Oscar the Duck이라는 장난감을 소개하지 않고는 못 견뎠다. 오스카 더 덕은 그가 가장 좋아하는 몇 가지 카드 마술에서 카드를 뽑게 할 때 쓰이던 기계로 된 새였다. 샌프란시스코에서와 마찬가지로 그는 오스카를 환자 재활에 활용했다. 이후 병원은 전선에서 더 가까운 벨기에 시네이Ciney의 옛 학교 건물로 이전했다.

그곳에서 켈리와 동료들은 트라우마를 입은 병사들을 치료해 전투로 복귀시킬지, 비전투 보직으로 돌릴지, 아니면 추가 치료를 위해 미국 본토로 송환할지를 판정해야 했다. (켈리는 적지 않은 인원이 애초에 군에 받아들여져서는 안 되는 사람들이었다고 보았다. 이들은 사이코패스이거나, 지적장애가 있거나, 정신병적 상태에 있었기 때문이다.) 전선과 가까이 있던 덕분에 켈리는 이들이 미치지 않았음을 거듭 강조하면서, 가능한 한 조기에 치료를 시작해 3주 내 회복을 목표로 삼을 수 있었다. 뜨거운 샤워, 따뜻한 식사, 그리고 고용량 인슐린으로 유도한 깊고 긴 수면으로 안정을 취하게 한 뒤, 초기에는 장시간의 개인 심리요법을 포함한 치료법을 적용했다. 그러나 환자가 급증하자 이 방법은 현실적이지 않다는 사실이 드러났고, 1944년 1월부터는 새로운 치료 과정을 도입했다. 켈리는 종종 소듐 펜토탈sodium pentothal(티오펜탈나트륨)이나 소듐 아미탈 같은 약물을 투여해 환자들을 정신적으로 술 취한 듯한 상태로 만들고, 그 상태에서 감정 억제를 풀고 트라우마와 관련된 고통스러운 사건들을 떠올리게 하는 '마취하최면narco-hypnosis'을 한 차례 진행한 뒤 병사들을 짧고 압축된 집단 정신 치료group psychotherapy 모임에 참가하게 했다. 그 집단 치료는 병사들이 자신들이 겪는 문제에 대해 의식적인 통찰을 얻도록 켈리가 설계한 방식이었다. 4~5시간 동안 계속되는 모임에서, 전투 피로에 시달리는 병사 10~20명씩으로 구성된 집단이 켈리와 일반 의미론의 임상적 적용에 밝은 병원 스태프들의 강의를 들었다. 그들은 환자들에게 증상을 의학적으로 설명해 주었고, 앞으로 나타날지도 모르는 전투 신경증 증상에 대비할 수 있도록 병사들을 준비시켰다. 모임은 언제나 환자들의 질문과 전쟁 충격에 대한 개인적 반응을 토론하는 시간으로 마무리되었다. 이는 집단 정신 치료의 초기 도입 사례 가운데 하나였다. 그리고 켈리는 그 성공을 코르지브스키 방법에 돌렸다. 그는 이렇게 설명했다. "이 기법은 환자에게 자신의 증상이 어떻게 생겨났는지 이해하고 받아들일 수 있는 이유를 제시하고, 처음으로 그것을 극복할 수 있는 몇 가지 기법을 제공한다. 기본적으로 코르지브스키의 방법론에서 가져온 이 기법들은 급성 조건화 반응을 깨뜨리는 하나의 방식이다." 일반 의미론을 임상에 적용하는 전형적 방식에서는 환자가 자신을 당혹스럽게 하는 신경증적 증상을 합리적이고 과학적인 설명으로 대체할 수 있었다.

켈리가 트라우마와 셸쇼크shell shock *로 무너져 내린 군인들을 치료한 일은 연합군을 오랫동안 괴롭혀 온 정신과적 치료 수요를 어느 정도 채워주는 결과를 낳았다. 1943년 북아프리카 카세린 협곡Kasserine Pass에서 벌어진 전투의 사상자 중 75퍼센트가 겉으로는 상처가 없는 정신과적 환자였다. 전쟁 초반 북아프리카 전역 내내 전투 피로 환자 중 임무에 복귀할 만큼 회복한 비율은 2퍼센트에 불과했다. 그러나 16개월 뒤 노르망디 상륙작전 당시에는 전투 신경증 환자의 95퍼센트 이상이 복귀했다. 미군 군의관들을 대상으로 한 켈리의 교육이 이 수치에 기여했음은 의심의 여지가 없다. 개선의 일부는 설명 그 자체가 주는 확신 덕분이기도 했다. 켈리는 전장에서 트라우마를 입은 병사들에게 그들의 고통을 이해할 수 있는 설명을 제공함으로써 감정 조절을 도왔다. 또한 그는 자신의 방법론에 대한 확고한 자신감을 뚜렷이 드러냈고, 때로 짓궂기까지 한 소년다운 활기로 환자의 신뢰를 얻었다.

동료들은 그의 활달한 기질을 좋아했지만, 켈리의 방법론을 항상 믿은 것은 아니었다. 그가 고도의 전문성을 갖춘 의사인지, 갖가지 기교를 잘 구사하는 영리한 재주꾼인지 확신하지 못한 것이다. 전우 가운데 한 사람인 하워드 페이빙Howard Fabing은 야전 병원에서 켈리와 함

---

*　　　제1차 세계대전 당시 영국 심리학자 찰스 새뮤얼 마이어스가 만든 용어로, 오늘날 외상 후 스트레스 장애(PTSD)에 해당하는 초기 개념이다. 포격과 전투 등 극심한 공포 상황을 겪은 뒤 정상적인 사고, 수면, 걷기, 말하기 등이 어려워지는 상태를 가리킨다.

께 일했던 인물로, 이렇게 회상했다. "그놈 가슴속엔 순도 높은 도둑 기질이 잔뜩 있었지 (…) 그는 사기꾼과 범죄자, 선을 대는 브로커와 거친 악당들을 무척 좋아했어. 그리고 긴 전쟁 동안 주기적으로 찾아오는 무료함 속에서 언제나 우리를 웃게 해 주는 몇 안 되는 사람이었지." 1944년 8월의 어느 날, 켈리는 미 해병대 항공 군의관이 진행한 대담한 과학 실험에 참여했다. 그는 영국 에식스주 리지웰에서 출발한 비행기에 올라, 고도 약 7,000~8,000미터 상공에서 45분 동안 산소마스크를 벗고 그 효과를 관찰하는 실험에 동의했다. 저산소증을 시사하는 청색증과 다행감euphoria, 피로, 불분명한 발음slurred speech 같은 증상을 보였지만, 항공 군의관은 이렇게 보고했다. "기압 감소에 대한 켈리의 내성은 내가 지금껏 관찰한 어느 경우보다도 크다." 이글스카우트 출신답게, 그는 놀라울 만큼 강인했다.

　1944년 5월 소령으로 진급한 켈리는 점점 더 큰 책임을 맡게 된다. 남은 전쟁 기간 동안 그는 전투 피로 치료를 위한 새로운 방법 개발과 관련된 모든 연구를 총괄했고 유럽 전역의 육군 정신과 환자 치료를 지휘했으며, 군 심리 클리닉까지 조직한 뒤 1945년 3월에는 유럽 전구 임상심리 자문관으로 임명되었다. 그 무렵 독일의 항복이 가까워지면서 켈리의 업무도 서서히 줄어드는 듯했다. 1945년 5월 한 동료 장교는 두키에게 "아마 머지않아 그와 조직의 다른 사람들도 본국으로 배치 명령을 받을 것 같습니다"라고 편지를 보냈다. 그러나 그렇게 되지는 않았다.

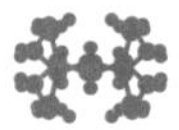

　1945년 한여름 무렵, 나치 동료들이 익히 알던 그 헤르만 괴링은 수감 생활 속에서도 건강을 되찾고 있었다. 그는 다시 세상과 맞붙고 싶

어 안달이 날 만큼 자신감과 카리스마를 회복했다. 그리고 마지못해 몽도르프로 끌려온 몇몇 동료 수감자들의 기백 넘치는 우두머리로 떠올랐다. 카를 되니츠 역시 괴링과 마찬가지로, 자신과 같은 계급의 전쟁 포로에게 적용돼야 할 제네바 협약 기준에 부합하지 않는 처우를 받고 있다며 아이젠하워 장군에게 항의 서한을 보냈다. 아이젠하워는 그 요구를 일축했다. 오히려 항복 직후 며칠 동안 일부 나치가 거의 사치에 가까운 수감 환경을 누렸다는 사실에 불쾌감을 드러내며 이렇게 천명했다. "독일 고위층에게는 필수적인 최소한의 숙소만 제공하며, 호화로운 가구는 두지 않을 것이다. 모든 포로는 자신이 속한 등급의 독일인 포로에게 책정된 배급량만을 지급받게 될 것이다."

두 달이 지나자, 몽도르프에 괴링과 최고위 나치 수감자들이 있다는 사실은 더 이상 비밀이 아니었다. 기자들은 죄수들이 호화 호텔에서 한가하게 시간을 보내고 있다는 소문을 퍼뜨렸고, 모스크바 라디오는 이들이 마치 궁전 같은 수용 시설에 갇혀 있으면서 은쟁반에 담긴 진수성찬과 고급 주류를 대접받고, 포동포동 살도 찌고 기고만장해지고, 고급 자동차를 타고 교도소 부지를 돌아다닌다는 식의 기괴하고 터무니없는 묘사까지 내보냈다. 이런 날조 보도에 위기감을 느낀 앤드러스 대령은 7월 16일 언론에 공개 참관을 허용했고, 이어서 기자들을 초청해 수용소를 직접 확인하도록 했다. 그는 이 기회를 이용해 자신의 지휘 아래에서는 나치들에게 어떤 특혜도 주어지지 않고 있음을 보여주고자 했다. 이곳을 찾아온 취재진은 평범한 식단, 수감자 속옷의 상태, 감방의 정돈도(혹은 그 부재), 그리고 수용소를 둘러싼 철책과 총구를 겨눈 경비병들을 기사로 전했다.

언론은 곧 앤드러스의 규율이 보여주기식이 아니라는 걸 알게 되었다. 그는 많은 수감자들을 짜증 나게 하는 행동 규범을 엄격히 집행했다. 예컨대 나치 수감자들은 연합국 고위 인사가 방문하면 반드시 기립

해야 했다. 한번은 되니츠가 이 기립 의무를 지키지 않았다. 그는 괴링과 마찬가지로, 자신이 전 국가수반이라는 점에 비해 대우가 부당하다고 여겨 불만을 품고 있었기 때문이다. "당장 일어서!" 앤드러스가 고함치자, 되니츠는 마지못해 자리에서 일어섰다. 그러나 초기 보도는 이미 여론을 움직여 놓은 뒤였다. 연합군 당국은 괴링과 다른 고위 나치 수감자들을 진짜 교도소로 이감하기를 원했다.

괴링은 다른 이들과 마찬가지로 여전히 자신을 포로가 된 국가수반으로 여기며, 계속된 감금이 이해되지 않는다고 거듭 밝혔다. 국가수반을 법정에 세운 선례가 거의 없었던 터라 곧 재판이 열리리라고는 상상하지 못했으며, 언젠가는 감옥에서 풀려날 것이라 기대했다. 반면 사태를 좀 더 내다보고 있던 이들도 있었다. 나치 정권 초기 독일의 부총리였던 프란츠 폰 파펜은 경비병들이 자신의 감방을 괴링과 더 가까운 곳으로 옮기자 불길한 예감을 떨칠 수 없었다. 그래도 대부분의 수감자들은 연합군이 자신들에게 무엇을 준비하고 있는지 정확히 알지 못했다. 영국의 수용시설 더스트빈에서는 수감자들이 라디오를 들을 수 있었는데, 그곳에서 나치 독일의 전 군수 장관 알베르트 슈페어는 전범 재판을 열 계획이라는 소식을 들었다. 그는 다른 수감자들에게 괴링이 갖고 있던 것과 비슷한 청산가리 캡슐을 구하고 싶다는 뜻을 비쳤지만, 그런 캡슐이 그의 손에 들어오는 일은 끝내 없었다.

미국 전략사무국US Office of Strategic Services 국장이자 훗날 중앙정보국Central Intelligence Agency 창설에 핵심 역할을 하게 되는 윌리엄 "와일드 빌" 도너번은 다가오는 전범 재판의 초기 기소 준비에 참여했으며 몽도르프를 자주 찾았다. 8월 8일, 드디어 4개 연합국이 재판소 헌장에

합의했다. 프랑스, 영국, 미국, 소련이 공동으로 나치 피고인들을 기소하고 심리하기로 했지만, 국제군사재판International Military Tribunal의 운영은 미국이 주도했고 미 연방대법원 판사 로버트 잭슨이 수석검사로 임명되었다. 잭슨 팀은 히틀러 부재 시 최고위 나치인 괴링을 최우선 표적으로 삼아 그의 유죄 입증에 역량을 집중했다.

몽도르프에 도착한 지 석 달이 지난 뒤, 괴링은 일부 최고위 나치들과 함께 또다시 이감될 것이라는 통보를 받았다. 언제 어디로 가게 될지는 알 수 없었다. 아마 그 이동을 대비하여, 8월 6일 켈리는 괴링의 신체·신경·정신 상태를 상세히 평가한 보고서를 작성했다. 그의 판정에 따르면 괴링은 의식이 또렷했고 수감 생활에 완전히 적응했으며 협조적이었다. 켈리는 괴링의 감정이 주변 환경의 영향을 거의 받지 않고, 대신 "강하고 변동성이 크며 주로 내적 요인에서 생겨난다"라고 기록했다. 동시에 그는 괴링이 타인의 일에는 거의 관심을 보이지 않는다고 평했다. 괴링은 군사훈련과 자기 절제 덕분에 타인의 고통이 자신을 전혀 괴롭히지 않는다고 주장했다. 이에 켈리는 그를 자기 자신에게 집착하는 "공격적 성향의 나르시시스트"라고 결론지었다.

파라코데인 금단 이후 잠을 잘 수 있도록 켈리는 바르비투르산계 진정제인 페노바르비탈phenobarbital을 처방했다. 그는 정신감정 보고서에서 이렇게 결론지었다. "피수용자는 건전한 판단력과 책임 능력이 있고, 어떠한 유형의 정신병적 일탈도 보이지 않는다." 괴링의 이 같은 근본적인 정신 상태 평가는 그 뒤 몇 달 동안 변하지 않았다.

8월 12일 이른 새벽, 미 육군 구급차와 기타 차량으로 이뤄진 호송 대열이 팰리스 호텔 정문 앞에 도착했다. 서류 가방을 든 수감자 15명이 차례로 차량에 올랐다. 곧 피고인이 될 수감자들은 벨트와 넥타이, 신발끈을 모두 압수당했다. (남은 나치 수감자들은 별도로 이동했다.) 차량마다 무장 경비 세 명이 동승했고, 앤드러스 대령은 선두 차량에 올라

탔다. 호위나 사이렌, 탑승자의 중요성을 드러내는 어떤 표시도 없이, 호송대는 조용히 몽도르프를 빠져나와 룩셈부르크시로 향했다. 비행장에는 C-47 수송기 두 대가 그들의 도착을 기다리고 있었다.

괴링은 붉은색 모자 상자를 들고, 남은 손으로 헐렁한 바지를 끌어올리며 구급차에서 가장 먼저 내린 이들 가운데 하나였다. 자신들이 무엇을 실어 나르게 될지 몰랐던 조종사들은 나치들이 탑승하자 놀라움을 감추지 못했다. 포로들은 비행기 안에 길게 놓인 벤치에 자리를 잡았고, 기내에는 변기통과 소변기 외에는 거의 아무 시설도 없었다.

경비병 두 명이 탑승했다. 한 명은 45구경 권총을 들었고, 다른 한 명은 대걸레 자루로 만든 곤봉을 들고 있었다. 각 기체의 뒤편에는 무장 경비가 앉아 수감자들을 감시했다. 수송기가 이륙해 남동쪽으로 선회하자, 멀미가 난 율리우스 슈트라이허를 포함한 대부분의 포로는 말없이 앉아 있었다. 예외는 괴링이었다. 라인강 상공을 지날 때 그는 동료들에게 이렇게 말했다. "잘 봐두게. 아마 저 풍경을 다시 볼 일은 없을 걸세." 잠시 뒤 괴링은 조종석 쪽 조종 장치를 살펴보게 해 달라고 요청했으나, 앤드러스 대령은 이를 거부했다. 앞에는 뉘른베르크가 있었다.

켈리는 나치 수감자들을 따라 뉘른베르크 교도소로 이동했다. 그의 새로운 임무는 다가오는 재판에 서게 될 나치 최고위 22명의 정신적 적격성을 평가하는 것이었다. 몽도르프에서의 경험, 특히 괴링과의 만남은 그의 생각을 공식 임무의 범위를 훌쩍 넘어 더 멀리로 뻗어 가게 했다. 이들에게 공통된 정신적 결함이 있을까? 이들은 제3제국의 괴물 같은 악행에 가담하게 만든 정신질환을 함께 앓고 있었던 걸가? 켈리는 이 독일인들 사이에서 일하면서 머릿속을 떠나지 않던 절박한 물음에 답할 수 있을지 스스로에게 물었다. 어쩌면 이들의 정신을 과학적으로 연구함으로써, 훗날 나치와 유사한 정권의 등장을 예방하는 데 유용한 단서를 찾아낼 수 있지 않을까.

　필요성은 시급했다. 켈리는 공식 승인도 없는 상태에서 생포된 나치 지도자들의 정신 깊숙한 곳을 탐색하기 위한 계획을 세우고 있었다.

4

폐허 속에서

　수년 동안 독일의 뉘른베르크는 거대한 나치당 전당대회의 무대였다. 이 도시 이름은 독일 유대인의 기본권을 박탈한 '뉘른베르크법'의 명칭이 되었고, 그 자체로 유럽 파시즘의 원리를 상징했다. 그러나 1945년 중반이 되자 뉘른베르크는 겨우 흔적만 남는다. 집중 포격과 40차례의 공습이 도시를 완전히 가루로 만들어 놓았기 때문이다. 1945년 1월 영국군이 가한 단 한 번의 공습만으로도 뉘른베르크 도심은 초토화되었고 1,800명이 목숨을 잃었다. 주민들은 한 달 동안 밤낮없이 시신을 수습해 매장해야 했다. 절반이 넘는 주택이 폐허로 변했고, 구시가지는 90퍼센트 파괴되었으며 수십만 명의 독일인이 지역을 떠났다. 남은 이들 상당수는 축축한 지하실에서 지내고 있었다.

　앤드러스 대령과 그가 이끄는 독일인 포로 호송대는 섬뜩한 풍경으로 가득한 도시를 지나 목적지로 향했다. 야외 화덕에 둘러앉아 몸을 녹이는 사람들, 외벽이 잘려 나가 방 안이 그대로 들여다보이는 아파트에 살고 있는 가족들, 지하 움막에서 기어 나와 아직도 이웃의 시신이 파묻혀 있는 벽돌 더미 사이를 헤매는 굶주린 뉘른베르크 사람들. 계단은 허공으로 이어졌고, 현금이 귀한 암시장을 찾는 이들은 담배를 화폐처럼 사용했다. 물은 마실 수 없었다. 주민들은 여전히 분노에 차 있었고 위험했다. 도시에는 죽음과 먼지, 소독약 냄새가 짙게 배어 있었다.

뉘른베르크의 주민도, 점령군도, 포로도 거의 알아차리지 못했지만, 이 만신창이가 된 도시는 머지않아 10년 전에 전 세계 뉴스 화면을 도배했던 나치 집회보다 훨씬 중대한 사건을 주최하게 될 터였다.

미 육군은 도심의 사교 중심지였던 그랜드 호텔을 징발했다. 이곳은 과거 나치당 전당대회 때 귀빈들의 숙소로 쓰였던 곳이다. 호텔은 뉘른베르크에서 가장 먼저 수리에 들어간 대형 건물 가운데 하나였는데, 폭탄 한 발이 지붕에서 거리까지 건물 한쪽을 송두리째 날려버렸기 때문이다. 그 일대는 뉘른베르크 주민들의 폭행과 강도가 잦아 연합군 병사들에게 위험 지역이었다. 이제 용도가 바뀌어, 이 호텔에는 전범 재판을 준비하는 군인들과 민간 남성들이 머물렀다. 여성들은 몇 블록 떨어진 다른 호텔에 따로 묵었고, 그곳은 "걸스 타운"이라는 별칭으로 불렸다. 한동안 그랜드 호텔은 도시에서 전기가 들어오는 유일한 대형 건물이어서 밤이면 주위의 암흑 속에서 홀로 환히 빛이 났다. 한 연합군 인사는 이렇게 기록했다. "4층에 있는 내 방에 가려면, 또 다른 연합군 폭탄이 만든 거대한 구멍 위에 임시로 걸쳐놓은 디딤판을 건너야 했습니다. 그 디딤판에는 한쪽에만 부실한 난간이 달려 있었고, 사람이 올라서기만 해도 전체가 아슬아슬하게 흔들렸죠." 재판부 직원들은 이 호텔에 묵으며, '마블 룸'이라는 북적이는 미국식 레스토랑에서 술을 마시고 춤을 췄다. 독일 민간인에게는 출입이 금지된 곳이었다. (마찬가지로 뉘른베르크 주둔 미군도 대부분의 독일 술집과 식당을 이용할 수 없었다.) 바에는 술이 넉넉했고, 연미복 차림의 웨이터가 내는 저녁 식사는 60센트면 먹을 수 있었다. 호텔의 문과 창문에서는 승자들의 음악이 흘러나왔고, 한 방문객은 그 소리를 "싸구려지만 강렬한" 것으로 기억했다. 러시아 점령군도 때때로 고립을 깨고 이곳에서 파티를 벌이며 실컷 술을 마셨다.

정의궁Palace of Justice은 뉘른베르크에서 파괴를 피한 몇 안 되는 대형 건물 가운데 하나였다. 다만 공습으로 지붕이 손상되고 상층부가 화재로 속이 타버렸으며 시계탑도 무너졌다. 전쟁 막바지에는 이 건물이 나치 친위대 사단의 최후 방어 거점이 되었고, 1945년 5월 연합군이 그들을 격파한 뒤에도 패전의 기운은 몇 달 동안이나 600여 개의 방과 끝이 보이지 않는 복도 곳곳에 배어 있었다. 독일인 피난민들과 점령군 병사들이 드나든 뒤, 정의궁의 대법정은 아수라장이었다. 창문은 산산이 부서지고 의자는 뒤집어져 있었으며, 여전히 멀쩡한 샹들리에와 바로크 양식의 시계 밑 탁자 위에는 코카콜라 상자들이 겹겹이 쌓여 있었다. 전시 동안 이곳에서는 악명 높은 나치 판사 오스발트 로트하우크Oswald Rothaug가 주재하는 특별 법정이 열려, 정권의 정치적·인종적 반대자들에게 판결을 내렸다. 미국 측은 외부인이 아직 제대로 이해하지 못하던 전범 재판을 치르기 위해, 정의궁을 보수하고 법정을 확장하려고 수백 킬로미터 밖에서까지 자재를 끌어모았고 그 예산은 500만 달러에 달했다. 독일인 노동자들은 천장이 높은 여러 방에서 깨진 유리와 잡동사니를 치웠다. 재건 공사 중 어느 날, 뉘른베르크에서는 서 있기만 한 건물이라도 얼마나 위험한지를 보여주듯 법정이 요란한 소리와 함께 지하층으로 주저앉았다. 한편 친위대의 폭동이나 나치 잔당, 혹은 무너진 정권의 피해자 들이 저지를지 모를 공격에 대비해 탱크와 무장 병력, 대공포가 건물을 지켰다.

앤드러스 대령이 호송하는 최고위 나치 포로들은 19세기에 지어진 바로 인접한 3층 구조의 교도소 단지로 향했다. 켈리는 이 교도소의 형태가 거대한 왼손을 떠올리게 한다고 생각했다. 위쪽에는 손가락처럼 뻗은 동이 세 개 있었고, 서쪽에는 새끼손가락에 해당하는 동이 하나, 동쪽에는 괴링과 다른 주요 나치들이 머물게 될 마지막 복도가 엄지손가락 자리를 대신하고 있었다. 교도소의 일부는 다른 지휘관이 맡아 독일인 민간 범죄자들을 수감했지만, 앤드러스가 책임지는 구역에 는 이 세 개 동에 남녀 약 250명이 수감되어 있었다. 그들 중 상당수는 전범 재판의 증인 또는 피고인이 될 가능성이 있는 이들이었다. 건물은 심하게 파손되어 벽을 버팀목으로 괴어야 했고, 트럭이 그대로 통과할 수 있을 만큼 큰 구멍이 뚫린 외벽은 노동자들이 다시 쌓아야 했다. 수 리는 독일인 전쟁포로들이 맡았고, 그중 상당수는 아직도 친위대 제복 을 입고 있었다. 밤이면 그 포로들 중 일부가 같은 교도소의 감방으로 돌아갔는데, 포로 50명당 경비병은 겨우 한 명에 불과했다. 앤드러스 는 이렇게 회고했다. "그들이 우리 교도소 마당을 내려다보는 것을 막 을 방법이 없었다. 마음만 먹으면 아무때고 총을 난사하며 우리 쪽으로 들이닥치지 못할 이유도 거의 없었다. 만약 어떤 광적인 무리가 고성능 폭약을 실은 트럭을 몰고 와 교도소 벽을 들이받으며 그대로 돌진하기 로 마음먹었다면, 우리 모두는 하늘로 날아갔을 것이다." 시설엔 미군 병력이 턱없이 부족했고, 앤드러스는 경비대가 마지못해 차출된 데다 능력도 형편없다고 판단했다. 그는 자신과 최고위 나치들이 발을 들인 이 엉망진창인 보안 상황에 분통을 터뜨렸고, 그들 일행이 뉘른베르크 에 너무 일찍 도착했다고 여겼다.

곧 앤드러스 대령은 경비병을 더 늘려 교도소의 방비를 보강하기 시 작했다. 그는 자신의 보안 인력이 교도소 업무 경험이 없고 집에 돌아 갈 생각뿐인, 그야말로 "바닥 중의 바닥"이라는 사실을 뉘른베르크의 "어두운 비밀"이라고까지 말했다. 어떤 이들은 죄수 감방 벽에 낙서를 하며 장난을 쳤고, 어떤 이들은 총 다루는 법조차 몰랐다. 자살 우려가 있는 수감자를 30초마다 들여다보는 것만으로도 벅찰 만큼 인력이 부 족했다. 결국 경비 인원을 늘리기는 했지만, 앤드러스는 끝내 교도소 보안 업무에 걸맞은 최정예 인력을 확보하지 못했다. 이후 18개월 동안 이곳의 이직률은 600퍼센트에 달했다.

유럽에서 복무한 시간이 너무 길어져 두키가 스스로를 전쟁 과부라 부를 정도가 되었을 무렵 켈리는 새로운 공식 임무를 받았다. 몽도르프에서처럼 최고위 나치 수감자들을 진료하는 일에 더해, 이제는 38세의 발두어 폰 시라흐부터 72세의 콘스탄틴 폰 노이라트까지 다양한 연령대의 수감자들이 정신적으로 온전한지, 곧 다가올 재판을 받을 능력이 있는지를 평가해야 했다. 그는 공식 임무를 진지하게 받아들이면서도, 그 임무를 자신의 개인적 야심과 맞물리도록 받아들였다. 켈리는 뉘른베르크에서 자신의 목적을 "전범 재판을 앞둔 이들의 건강을 지키는 일뿐 아니라, 실험실의 연구자처럼 그들을 연구하는 일"이라 여겼다고 썼다. 나치즘이 어디서나 사람들에게 감염될 수 있고, 심지어 전 세계로 유행병처럼 확산될 수 있는 질병이라면, 뉘른베르크 감방에서 그가 만난 남자들은 그 질병이 응축된 격리 표본이었고, 그 표본을 통해 예방 백신을 얻을 수 있을지도 모르는 존재였다. 수감자들의 행동 원인을 따지는 일은 그의 공식 업무 범위가 아니었지만, 켈리는 자신의 야심을 충족시키기 위해 더 깊이 파고들었다. 공식 허가도 받지 않은 채 재판이 진행되는 이 짧은 기간 동안에만 할 수 있는 짜릿한 개인 과제를 스스로에게 부여한 것이다. 그는 이렇게 적었다. "나는 이 남자들의 성격 유형을, 그리고 어느 정도는 그들이 권력을 얻고 유지하기 위해 사용한 기법을 분석하기로 마음먹었다." 그가 스스로에게 부여한 임무는 '나치 정신'을 이해하는 일이었다. 켈리는 훗날 이 시기를 회고하며 이렇게 말했다. "물론 우리는 그들이 유죄인지 무죄인지는 관심이 없었습니다. 그들을 치료하려는 것도 아니었습니다. 우리는 그들에 대해 가능한 한 많이 알아내고 싶었을 뿐입니다."

그는 뉘른베르크에 도착하자마자 교도소를 둘러보았다. 최고위 나치 수감자들은 동쪽으로 뻗은 복도 1층 독방에 수용되어 있었고, 그 구역은 '전범동'이라 불렸다. 켈리는 이렇게 말했다. "복도 양옆으로 감방이 늘어서 있었고, 양 끝의 원형 계단은 위 두 개 층의 감방으로 이어졌다." 감방은 가로 2.7미터, 세로 4미터 크기로 매우 간소했고, 자살에 쓰일 수 있는 물건은 모조리 치워져 있었다. 침대는 볼트로 벽에 고정되어 있었고, 매트리스는 짚으로 속이 채워져 있었다. 벽에서는 축축한 회반죽이 떨어져 내렸다. 사람 몸무게도 못 버틸 만큼 허술한 탁자 위에는 죄수의 자잘한 소지품만 올려둘 수 있었고, 나머지는 바닥에 수북이 쌓아두어야 했다. 전 경제 장관 얄마르 샤흐트는 그 탁자를 이렇게 묘사했다. "가느다란 나무 막대를 세우고 그 위에 얇은 마분지 한 장을 못질해 얹어놓은, 불안정한 나무 구조물일 뿐이었다. 그런 탁자에서 글을 쓴다는 건 그야말로 고역이었다. 그 탁자가 내내 흔들렸기 때문이다."

쇠살창이 박힌 작은 창 하나로 희미한 빛이 들어왔다. 규정상 의자는 벽에서 1.2미터 이상 떨어뜨려 두어야 했고, 해가 지면 치워졌다. 그러고 나면 죄수들에게 남는 일이라곤 잠을 자거나 거친 돌바닥을 오가며 서성이는 것뿐이었다. 출입문에는 가로세로 30센티미터 남짓한 감시창이 뚫려 있었는데, 이 창은 결코 닫히거나 가려지는 법이 없었고 식사도 그곳으로 들였다. 문 바깥에는 전구 하나가 달려 낮 동안만 불이 켜졌다. 앤드러스는 이렇게 말했다. "이런 작은 감방에 앉아 있으면서, 저놈들 머릿속에 든 생각까지 떠안고 있다 보면 미쳐버릴 수도 있지."

앤드러스 대령은 감방 구역에 침묵을 지시했다. 경비병들조차 죄수에게 명령하거나 규정 위반을 지적할 때를 제외하고는 입을 다물어야 했다. 그러나 여느 교도소와 마찬가지로, 뉘른베르크 교도소 안에도 강제로 사람을 가둔 곳에서만 들리는 소리들이 메아리쳤다. 문이 쾅 닫히고 딱딱한 바닥에서 구두굽 소리가 쿵쿵 울리고 열쇠가 짤랑거렸다. 앤드러스는 흡족한 표정으로 이렇게 말했다. "공기 자체도 감금된 느낌이군." 나선형 계단과 투신이 가능한 빈 공간에는 철망이 쳐져 있었다.

복도에는 처음엔 수감자 네 명당 경비병 한 명이 배치되었다. 그들은 문에 난 감시창으로 감방을 들여다보며, 문 옆 구석의 변기 구역을 빼고는 감방 전체를 살폈다. 하지만 죄수들이 이 작은 사생활의 피난처에 앉아 있을 때조차, 뚜껑도 시트도 없는 변기를 쓰는 동안에도 밖에서는 그들의 발을 볼 수 있었다. 경비들은 밤낮없이 죄수들을 감시했다. 켈리는 최고위 나치들이 이런 수감 생활을 굴욕적이고 품위 없는 일로 여겼으며, 그 결과 자신들이 과거에 떠벌리던 말의 쓰디쓴 대가를 제대로 맛보게 됐다고 생각했다. 몽도르프에 비해 이곳은 훨씬 혹독한 곳이었다.

수감자들의 행동을 규제하는 다른 규정들도 있었다. 앤드러스는 포로들의 과거 직급을 참작하지 않았다. 감방에 둘 수 있는 개인 물품은 최소한으로 제한됐다. 가족 사진, 교도소 도서관에서 빌린 책(나치 서적은 폐기해야 했다), 세면도구, 담배, 필기구 정도였다. 추워서 담요 속으로 파고들고 싶어도, 잠잘 때는 머리와 손을 항상 밖으로 내놓아 경비병이 볼 수 있도록 해야 했고, 경비병들은 이 규정을 집행하려고 밤에도 감방 안으로 눈부신 손전등 불빛을 들이댔다. 심지어 수감자들에게는 고개를 돌리는 것도 허락되지 않았다. 편지 쓰기는 제한되고 검열되었으며, 소포도 거의 받을 수 없었다. 뜨거운 샤워는 감독하에 주 1회만 허용됐다. 요새화된 안마당에서 수감자들은 한 번에 두 명씩 하루에 15분에서 30분 정도 시든 나무들 사이를 걸어 다니며 몸을 풀 수 있었다. 운동하는 수감자들은 서로 적어도 10미터 이상 떨어져 걷거나, 가운데 칸막이 벽의 양쪽을 따로 걸어야 했다. 거기에 주위를 둘러싸고 있는 감시탑에서는 무장한 경비병들이 지켜보고 있었다.

예고 없이 경비병들은 수감자들에게 옷을 벗고 감방 구석에 서 있으라고 명령했고, 그사이 직원들이 금지 물품을 찾기 위해 감방을 수색했다. 자살이나 탈출에 쓰일 수 있는 물건, 반입 금지된 음식, 허가되지 않은 읽을거리 등이 대상이었다. 켈리는 "수색이 워낙 철저해서 수감자들이 감방을 다시 정돈하는 데 4시간쯤 걸릴 정도였다"라고 기록했다. 누구든 탈출을 시도하면, 앤드러스는 포트 오글소프에서 세워둔 철칙을 다시 꺼내 경비병들의 대응을 지시했다. "상황이 허락하면 사격 전에 '정지!'라고 경고하라. 지휘관은 발포를 포함해 그들이 취한 모든 조치를 전적으로 지지한다."

하루아침에 특권과 권력을 잃고, 맞지 않는 옷차림에 겉모습도 마음도 초라해진 수감자들 상당수는 분노의 화살을 앤드러스에게 돌렸다. 그들은 지휘관이 권위적이고 까칠한 데다 우스울 만큼 형식만 따지며 무례하다고 생각했다. 하지만 앤드러스는 대놓고 그들의 지위나 운명 따위는 털끝만큼도 개의치 않는다고 말했다. 괴링은 그런 그를 "소방대 대령"이라 깎아내렸고, 샤흐트는 그의 입에서 술 냄새가 난다고 불평했다. 몇몇은 자기 감방을 직접 청소해야 한다는 사실에 모욕감을 느끼기도 했다. 요아힘 폰 리벤트로프는 청소를 형편없이 하는 것으로 악명이 높았던 반면, 카이텔은 군인다운 철저함으로 두드러졌다. 한편 강제된 침묵에 분노를 터뜨린 이들도 있었다.

앤드러스가 항상 매정하기만 했던 것은 아니다. 때때로 뜻밖의 친절을 보이기도 했다. 러시아에 억류되었다가 풀려난 전 선전부 고위 관리 한스 프리체가 밤늦게 감옥에 도착했을 때, 대령은 이 시간엔 주방이 닫혀 따뜻한 음식을 만들어 줄 수 없다고 사과하고 그의 감방으로 케이크 한 조각을 보내주었다. 또 한번은 자살 방지를 이유로 내렸던 신발끈 전면 금지 조치를 적어도 나이 많은 수감자들에게만큼은 풀어주라고 하기도 했다. 자살 위험보다 이점이 더 크다고 인정했기 때문이었다. 또 그는 유치하고 뻔한 유머 감각이 있어서, 좋아하는 농담을 질릴 때까지 되풀이하곤 했다.

그럼에도 앤드러스 대령은 수감자들을 "신이 이 땅에 살도록 허락하신 자들 중에서도 아마 최악에 속할 무리”로 보았고, 숨 막히는 일과를 시행했다. 새벽에 기상하면 우선 전쟁포로 노동자들이 세수할 물을 나눠 주었다. 아침 식사는 대개 시리얼과 비스킷, 커피였고 손잡이 없는 금속 용기에 담겨 왔다. 수저는 하나하나 수량을 기록했고, 나이프와 포크는 금지됐다. 점심은 보통 빵과 수프, 고기와 채소로 이루어졌다. 대부분의 수감자들은 식욕이 좋았다. 오후 6시에 저녁 식사를 하고 나면 그날 주간 활동은 모두 끝이 났다. 몽유병자들처럼 무기력하게 보내는 낮 생활과 밤 9시 30분부터 시작되는 잠 사이에 별다른 차이가 없었다. 켈리는 전범동을 제한 없이 드나들 수 있는 소수의 교도소 직원 가운데 한 사람이었다. 또 한 사람은 친절한 독일인 의사 루트비히 플뤼커였는데, 그 자신도 전쟁포로였으며 몽도르프에서 그랬듯 뉘른베르크 교도소에서도 수감자들의 일상적인 건강을 돌보는 역할을 맡았다. 플뤼커는 진료실을 운영하면서 혈압을 재고, 전 육군 원수 빌헬름 카이텔의 평발이나 전 총독 한스 프랑크의 손마비 같은 질환을 치료했다. 루터교 목사 헨리 F. 게레케Henry F. Gerecke와 로마 가톨릭 신부 식스투스 오코너Sixtus O'Connor는 독일어에 능통해, 제단과 오르간이 갖춰진 임시 예배당에서 매주 종교 예식을 집전했다. 정보부대나 재판부의 기소 팀에 소속된 연합군 심문관들은 감방 안에서 수감자들과 대화할 수 없었지만, 최고위 나치들을 자주 교도소 밖으로 데리고 나가 문답을 진행했다. 복지 장교 존 돌리부아는 이제 군 정보부의 다른 곳에서 일하고 있었기에, 다른 이들이 통역을 맡아 켈리를 도왔다.

이렇게 갇히고 침묵을 강요당하며 온갖 제약을 받다 보니, 최고위층 수감자들은 누구라도 함께 있기를 갈망했다. 켈리는 “포로들이 누구에게나, 심지어 정신과 의사에게라도 기꺼이 말을 건넸다”라는 사실을 알게 되었다. 일단 입을 열면 수감자들은 막힘없이, 쏟아 내듯, 별다른 유도도 없이 얘기를 이어갔고, 공식 심문관들 앞에서보다 훨씬 더 솔직하게 털어놓았다. 이런 정신과 면담은 켈리의 경력에서 가장 쉬운 축에 속했다. "모두가 옆 사람에 관해서라면 전문가였다." 켈리는 말했다. "A에 대해 알고 싶으면 B에게 물어보라. 그러면 B는 틀림없이 A의 가장 나쁜 면을 들춰낼 것이다. 괴링은 리벤트로프에 대해, 슈트라이허는 프리크에 대해, 그런 식이었다. 자기 자신에 대해 말할 때는 오직 자신의 지위를 포장하고, 영리함이나 무죄를 강조하고 싶을 때뿐이었다."

외로움과 고립이 수감자들의 말문을 더 쉽게 트이게 했지만, 그들이 경계를 내려놓게 만든 데는 켈리의 면담 솜씨도 큰 몫을 했다. 그는 환자와 의사 사이에 말로 하지 않아도 분명히 느껴지는 존중을 바탕으로 면담을 진행했다. 수감자들은 켈리가 자신들을 괴물이나 악몽 속 인물로 몰아세우려는 게 아니라, 그들의 생각과 동기를 이해하려 한다는 점을 알아차렸다. 일반 의미론을 공부한 배경 덕분에 켈리는 그들의 말에 예민하게 귀 기울였다. 말의 억양과 몸짓에서 의미를 읽어냈고, 그들 자신은 미처 의식하지 못한 부분까지 포착해 냈다. 뉘른베르크에서 그는 겁에 질렸으면서도 자의식이 과한 이 무리에게 자신이 단지 그들의 죄상만 밝히려는 사람이 아니라는 점을 납득시킨 거의 유일한 인물이었다. 그는 그들 자체를 이해하고 싶었다.

켈리는 매일 몇 시간씩 최고위 나치들과 시간을 보냈다. 그들의 말을 듣고, 면밀히 살피고, 생각을 기록했다. 그들에게는 평생 처음인 정신감정을 실시한 것이다. 독일어가 이따금 걸림돌이 되었지만, 많은 수감자들이 영어를 꽤 잘했다. (예컨대 괴링은 영어를 잘 알아들었는데, 통역이 오가는 자리에서 그의 표정만 보고도 많은 미국인들이 그 사실을 알아차릴 정도였다.) 어쨌든 그는 항상 통역관과 함께 수감자들을 만났다. 통역의 능력을 확인하기 위해 통역관을 바꿔가며 통역 내용을 비교하기도 했다. 수감자들이 좋은 인상을 남기기 위해 무슨 말이든 할 수 있다는 걸 잘 알았기에, 켈리는 그들의 편지를 읽고, 연설문 기록을 찾아내고, 그들이 펴낸 형편없는 책들도 꾹 참고 끝까지 읽어나갔으며, 나치 뉴스 영상도 챙겨 보았다. 또 그는 그들의 지인과 찾아낼 수 있는 모든 동료들을 만나 인터뷰했다.

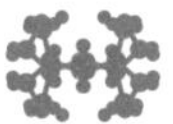

앤드러스 대령은 뉘른베르크 교도소에서 나치 수감자들을 노리는 위험이 사방에 도사리고 있다고 생각했다. 예컨대 교도소와 정의궁 사이 수백 미터를 이동하는 동안, 전쟁포로나 범죄자 들이 자신의 '귀중한' 수감자들을 향해 무차별 사격을 가할 위험이 있었다. 그리고 그가 우려하던 일이 어느 날 실제로 벌어졌다. 한 호위병이 괴링을 교도소에서 인접한 건물로 호송하고 있을 때였다. 무장 경비병이 규정에 따라 여섯 걸음 뒤에서 괴링을 따르던 순간, 갑자기 공기를 가르는 '획' 하는 소리에 이어 '픽' 하는 둔탁한 소리가 들렸다. 괴링의 뒤쪽 나무 판에는 길이 20센티미터가량 되는 친위대 전투용 단검이 박혀 있었다. 경비병은 위를 올려다봤지만 누가 단검을 던졌는지, 표적이 자신이었는지 괴링이었는지 알 수 없었다. "설령 괴링이 그 자리에서 죽었더라도, 그게 미국군 소행이 아니었다는 걸 누가 증명할 수 있겠는가?" 앤드러스는 이렇게 걱정했다. 그러면서도 그는 그 단검을 기념품으로 간직했다. 지휘관은 지체하지 않고 정의궁 단지의 이 두 구역 사이에 지붕과 벽이 둘러진 연결 통로를 세워 암살과 탈출을 막았다.

수감자들이 어느 정도 자리를 잡자 미군 보안 전문가들은 교도소와 인접한 정의궁 사이의 이동을 통제하기 위해 탈출이 사실상 불가능해지기를 바라며 통제 절차를 고안했다. 법정 구역에서부터 장애물과 차단물, 경보 장치, 총기와 곤봉을 갖춘 경비병, 감시 구멍과 수색, 사각 격자무늬 쇠창살이 박힌 창, 딱딱하게 일만 따지는 관료들, 경고 표지,

잠긴 문, 출입 허가 요건, 금속판으로 둘러친 벽면까지, 교도소와 정의 궁 사이를 지나가려는 이들이 맞닥뜨릴 온갖 통제 장치들을 촘촘히 깔아두었다.

파라코데인 중독에서 벗어나 살까지 빠진 헤르만 괴링은 수감 생활에 가장 잘 적응한 편에 속했다. 켈리는 이렇게 적었다. "사소한 바람도 곧바로 이루어지던 환경에서 침대와 탁자, 의자, 변기뿐인 작은 감방으로의 변화는 엄청난 충격이었을 것이다. 그럼에도 괴링은 아마 그 무리 중 거의 누구보다도 불평이 적었고, 교도소의 일과를 더 품위 있게 받아들였다." 물론 그는 때때로 우울함을 느낀다고 켈리에게 털어놓긴 했다. 정신과 의사에게 보낸 쪽지에서 괴링은 이렇게 썼다. "심리적으로는 지금의 환경 때문에 매우 억눌려 있소이다. 신체적으로는 자꾸 심장이 두근거리는 것만 빼면 그다지 나쁘지 않지만 말이오."

5번 감방을 찾은 이들은 그가 큰 수제 파이프를 물고 책을 읽는 모습을 자주 보았다. 한 방문객은 괴링이 무대 위 배우처럼 어색할 정도로 멀쩡해 보였고, 그의 피부에는 "분장과 의상에 이골이 난 노련한 스타처럼" 갈색 기운이 돈다고 했다. 수감 생활이 오히려 그를 더 건강하게 만든 듯했지만, 한때 존경받던 사람이 방탕에 빠져 몰락했을 때 풍기는 타락의 기운은 여전히 그에게 배어 있었다.

회색 제복은 잔뜩 야윈 몸에 주름지며 헐렁하게 걸쳐져,《뉴요커New Yorker》 통신원 리베카 웨스트Rebecca West의 표현대로 마치 임신한 사람처럼 보이는 기묘한 인상마저 풍겼지만 그는 여전히 에너지와 열정을 뿜어냈다. 켈리는 이렇게 적었다. "매일 면담차 그의 감방에 들를 때마다 괴링은 의자에서 벌떡 일어나 환하게 웃으며 손을 내밀어 나를 맞았고, 간이 침대로 나를 이끌어 그 큰 손으로 한가운데를 탁탁 두드렸다. '좋은 아침입니다, 박사님. 와주셔서 정말 기쁘군요. 앉으시죠, 여기가 좋겠소.'" 이는 오랜 술수가 몸에 밴 조종자의 몸짓이었고, 정신과 의사로서 켈리가 지닌 능력과 통찰도 괴링의 매력에 이끌리는 마음까지는 막지 못했다. 사실 축축한 회반죽 벽에 둘러싸인 괴링의 감방에서 벌어지던 이 만남은 자신감 넘치는 두 자기중심적인 인간의 맞대결이기도 했다.

괴링의 사교적인 여유로움과 스스로를 당연한 지도자로 여기는 태도는 옛 동료들에게도 그대로 전해졌다. 운동장에서 동료 수감자들과 간신히 말을 섞을 수 있을 때면, 괴링은 다른 이들의 사기를 북돋우려 애썼다. 그는 자신을 살아 있는 나치 가운데 가장 존경받는 인물로 여겼고, 훗날 뉘른베르크 수감자들에게 돌아갈 영예를 내다보았다. 이를테면 사랑하는 독일인들이 언젠가 나치 정권 인물들의 안식처가 될 묘역에, 대리석 무덤을 지어줄 것이라고 굳게 믿었다. 켈리가 알아가고 있듯이 괴링은 철저히 현재에 사는 사람이었다. 현실주의자인 그는 변화에 놀랄 만큼 잘 적응했다. 목표를 이루는 데 도움이 되는 책임과 일에 집중했고, 매일 아침 "언제나 더 나은 미래의 장밋빛 여명"이 열릴 것이라 확신하며 눈을 떴다고 켈리는 적었다.

그런 낙관 속에서, 괴링은 수감 생활에서도 웃음을 찾아내 감방 구역 최고의 익살꾼이 되었다. 켈리는 그의 농담에 그다지 재미를 못 느꼈지만, 감옥의 코미디언 역할에 눈을 반짝이는 괴링은 다른 사람이 웃지 않아도 혼자 즐거워했다. 켈리를 사로잡은 것은 "이야기 그 자체가 아니라 이야기꾼"이었다. 예컨대 괴링은 이런 레퍼토리를 들려줬다고 한다.

독일인이 한 명이면 훌륭한 사람이다. 두 명이 모이면 동맹을 만들고, 세 명이 모이면 전쟁을 일으킨다. 반면 영국인은 한 명이면 바보다. 두 명이면 곧바로 동호회를 만들고, 세 명이 모이면 제국을 만든다. 이탈리아인은 한 명이면 늘 테너다. 두 명이면 듀엣이 되고, 세 명이면 퇴각이다. 일본인은 한 명이면 수수께끼고, 두 명이면 수수께끼다. 그럼 세 명이면? 그때도 역시 수수께끼다!

괴링은 웃음이 터져 농담의 마지막 한마디를 간신히 내뱉었다. 그는 또 자신과 히틀러, 다른 나치 지도자들의 허점을 비꼰, 독일에서 은밀히 떠돌던 "지하" 농담들을 적어둔 노트를 즐겨 인용했다.

하지만 사생활만큼은 한없이 진지했다. 감방 탁자 위에는 아내 에미와 어린 딸 에다의 액자 사진이 놓여 있었다. 가족에게 보이는 그의 헌신은 켈리에게 깊은 인상을 남겼다. 앤드러스도 괴링을 수감자들 가운데 편지를 가장 많이 쓰는 인물로 인정했으며, 제국 원수가 수감 생활에서 유일하게 불편을 토로한 것도 오직 아내와 편지로 연락하기가 어렵다는 점뿐이었다.

1920년대에 괴링은 금발의 매혹적인 가수 카린 폰 칸초프Carin von Kantzow와 결혼했다. 카린은 그가 마약 중독 발작을 견디도록 도왔고, 두 사람은 함께 여러 곳을 여행했다. 유명 배우였던 에미 조네만Emmy Sonnemann은 1931년, 코호베르크의 유력자들을 위한 비공개 공연을 하러 오픈카를 타고 가던 길에 처음으로 이 영향력 있는 부부와 마주쳤다. 괴링 일행의 호위 차량이 진흙과 자갈을 잔뜩 튀기며 엄청난 속도로 지나갔다. 공연이 끝난 뒤에야 에미는 정식으로 괴링을 만날 수 있었다. 그해 말 카린은 스웨덴으로 갔다가 폐결핵으로 세상을 떠났고, 괴링은 히틀러와 함께 나치 운동을 추진하기 위해 독일에 남았다. "그녀의 마지막 병세가 시작되었을 때 그는 새로운 열정에 사로잡혀 있었다"라고 켈리는 담담하게 적었다.

1934년 괴링은 스웨덴에 있던 카린의 시신을 쇼르프하이데 숲에 있는 자신의 화려한 사유지로 옮기고, 그곳에 카린할이라는 이름을 붙였다. 그는 그곳의 사냥터와 무도회장, 요란한 의전과 과시적인 행사를 그대로 유지하며 카린할을 먼저 세상을 떠난 아내를 기리는 성소처럼 꾸몄다. 켈리는 이렇게 적었다. "괴링은 그렇게 화려한 의식과 행사를 통해 양심의 가책을 달래려 했다. 그는 첫 아내를 대했던 자신의 처신에 대해 늘 깊은 죄책감을 지녔음이 틀림없다. 결국 그녀는 남편을 떠나 그와 결혼했지만, 그는 정치에 휘말린 나머지 임종조차 지키지 못했다. 그의 아내에 대한 무심함은 독일 전체에 퍼진 이야기였다."

괴링은 1935년 에미와 재혼했다. 가장 사랑한 별장은 계속 카린할이라 불렀지만, 또 다른 사냥 별장에 그는 '에미할Emmyhall'이라는 이름을 붙였다. 결혼 3년째 에미가 딸 에다를 낳았을 때는 루프트바페 소속 비행기 500대를 베를린 상공에 띄워 축하 비행을 하라고 지시하기도 했다(하지만 그는 에미가 아들을 낳았더라면 그 수를 두 배로 늘렸을 것이라고 말했다). 뉘른베르크의 동료 수감자이자 출판업자였던 율리우스 슈트라이허는 지면에서 괴링이 동성애자이며 임신은 인공수정의 결과라고 넌지시 비꼬았지만, 켈리는 이렇게 썼다. "나는 1938년에 그의 아내가 낳은 딸이 분명 괴링의 친딸이라고 확신한다." 에미에게 보내는 편지에 쏟는 괴링의 정성을 보며, 켈리는 두 사람의 결혼이 정치적 계산이 아니라 행복한 사랑의 결합이었음을 확신했다.

최고위 나치 관료를 곁에서 지지하던 아내로서 에미 괴링은 그 정권이 저지른 전대미문의 악행에 대한 책임을 함께 지고 있었다. 남편이 체포된 뒤 벨덴슈타인성에 머무는 동안 그녀도 자기 몫의 시련을 겪었다. 어느 날 미군 병사 한 명이 찾아와, 미군 군사법정이 이미 괴링에게 모든 혐의에 대해 무죄를 선고했고 곧 그가 돌아올 거라는 거짓 소식을 전하자, 에미는 그에게 에메랄드 반지 하나를 보답으로 주었다. 얼마 지나지 않아 또 다른 병사가 악의에서건 실수에서건 괴링이 총살되었다고 알리기도 했다. 그런 일들을 겪으면서도 에미는 제국 원수의 아내다운 기품을 잃지 않았다. 에다는 아버지를 닮았고, 예의 바르고 쾌활한 아이로 좋은 인상을 주었다.

켈리는 정신과 의사로서의 경험이 충분했기에, 그들의 끔찍한 행위에 대한 자신의 견해를 드러내지 않은 채 괴링과 다른 뉘른베르크 수감자들을 민간 환자 대하듯 했다. 최대한 그들을 재단하지 않으려 애썼으며, 괴링과 동료들이 그들의 정부와 그 안에서의 역할에 관한 질문에 자유롭게 답하도록 이끌었다. 관심에 굶주려 있던 괴링은, 지적인 대화 상대가 생긴 것에 반색했다.

여러 차례 나눈 대화에서 괴링은 동물에 대한 정서적 애착을 이야기했다. 많은 사냥꾼이 그렇듯 그는 사냥감도 사랑했고, 나치 독일의 수렵과 산림 관련 규정을 수정해 동물을 더 인도적으로 다루도록 했다. 게다가 그는 놀랄 만큼 연민이 담긴 그리고 당대 기준으로는 진보적인 생체실험 금지법을 추진하기도 했다. 위반자는 곧장 강제수용소로 끌려갔다. 의사였던 켈리는 이런 독일의 생체실험 금지법이 공중보건을 지키고 생명을 구하는 백신 개발에 미친 영향에는 동의하지 않았다. 그는 이렇게 적었다. "헤르만 괴링이 디프테리아 항독소 생산을 금지한 탓에, 독일은 세계에서 면적당 디프테리아가 가장 많은 나라가 되었다."

켈리는 괴링이 다른 종에게 보이는 연민과 동족인 인간 다수에게 드러낸 잔혹함을 어떻게 받아들여야 할지 고심했다. 이 남자는 떠돌이 개와 고양이를 보호하는 법안에는 힘을 보탰지만, 적들을 피로 물들이는 숙청을 주도했고, 적법 절차 없이 반대자를 처형할 권리가 자신에게 있다고 공언했으며, 루프트바페 총사령관으로서는 1940년 나치의 네덜란드 침공 때 로테르담 도심의 민간인 공습을 승인했다. 그 공격으로 비전투원 1,000명이 사망했고 8만 5,000명이 집을 잃었다. 켈리는 이렇게 적었다. "그의 가족과 친구 들을 위해서는 무엇이든 아깝지 않았다. 그러나 그 울타리 밖의 다른 생명에 대해서는 거의 안중에도 두지 않았다."

켈리는 서서히 자신의 최고위 환자의 초상을 그려갔다. 모범 수감자가 되려는 괴링의 노력과 자신을 최대한 돋보이게 하려는 시도는 꽤 효과를 거두고 있었다. 함께 보낸 시간 속에서 켈리는 괴링의 매력과 설득력 그리고 "거의 최고 수준에 달하는 뛰어난 지능"을 확인했다. 괴링은 익살스럽고 카리스마가 있으며, 예의 바르고 교양까지 갖춘 인물이었다. 그렇다고 해서 이런 장점들 때문에 켈리가 괴링의 본질적인 사악함까지 보지 못한 것은 아니었다. 오히려 켈리는 괴링의 "아무리 잔혹한 정책이라도 끝까지 밀어붙여 실행해 내는 능력"에 강한 흥미를 느꼈다.

제국 원수는 군사 전술부터 다가오는 냉전에 이르기까지 온갖 주제를 두고 켈리와 나누는 잦은 대화를 분명히 즐겼다. 괴링은 켈리의 관심을 끌었고, 그 관심을 자신도 눈치채고 있었다. 그는 교도소 직원들 가운데서도 두뇌 회전이 빠른 켈리를 특히 선호했으며, 감옥이라는 공간 안에서 자신이 믿을 수 있다고 여긴 이는 아마 정신과 의사 켈리 한 사람뿐이라고 생각했을 것이다. 어느 날은 켈리가 괴링에게 나치당의 "비非아리안 인종은 열등하다"라는 주장을 믿는지 물었다. "그 헛소리를 믿는 사람은 아무도 없소" 괴링은 잘라 말했다. "그 주장이 결국 거의 600만 명의 목숨을 앗아 갔다고 내가 지적하자, 그는 '뭐, 정치 선전으로는 좋았지'라고 덧붙였다." 켈리는 이렇게 회상했다. 그 대화를 통해 켈리는 그가 "도덕적 가치관이 전혀 없다"라고 결론지었다.

괴링은 자신에게 기울여 준 관심에 보답하고 싶어 했다. 감방에서 가진 어느 면담 때 그는 체포될 당시 소지하고 있던 화려한 에메랄드 반지를 켈리에게 유산으로 남기겠다고 제안했다. 괴링은 그 반지의 가치를 약 50만 달러로 보았다. 그러나 켈리는 그런 값비싼 선물은 받을 수 없다고 사양했다. 게다가 전쟁 중에 손에 넣은 전리품은 더 이상 그가 임의로 내줄 수 있는 것이 아니라고도 지적했다. 괴링은 괴로운 기색을 보였다. 훗날 켈리는 이렇게 회상했다. "그건 갑자기 자신이 빈털터리임을 깨달은 남자의 태도라기보다, 계획한 일을 뜻대로 할 수 없게 된 어린아이의 반응에 더 가까웠다." 그러나 괴링은 금세 마음을 추스르고 말을 이었다. "그렇다면 그에 못지않은 것이 있소"라며, 그는 정복을 차려입은 자신의 20×25센티미터 사진에 헌사를 적어 켈리에게 건넸다.

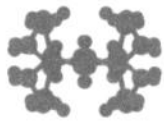

괴링에 대한 관심과 호감이 컸지만 켈리는 자신이 맡은 다른 모든 수감자들에게도 빠짐없이 시간을 할애했고, 각자에게서 자신을 사로잡는 지점을 찾아냈다. 이에 대한 수감자들의 반응은 제각각이었다. 대부분은 그를 존중했고, 의사로서 높이 평가했으며, 자신들에게 불리한 정보를 캐내려는 적이 아니라 임무를 수행하는 전문가로 보았다. 외부와 거의 차단된 채 지내던 그들에게 의사는 바깥세상과 통하는 몇 안 되는 창구였고, 그의 방문은 평소의 고독하고 단조로운 삶을 잠시나마 깨주는 반가운 휴식이었다. 샤흐트처럼 켈리의 직업을 "참으로 따분한 직업"이라며 폄하하는 소수만이 잦은 방문을 달가워하지 않았다.

관절 통증으로 절뚝거리던 유머라고는 전혀 없는 알프레트 로젠베르크는 술을 마시다 비틀거리며 넘어져 병원에 실려 갔다가 그곳에서 연합군에게 체포되었다. 그는 나치당의 문화와 이념을 떠받치는 글을 쓰고 주입해 온 핵심 이론가였다. 나치들 가운데 그의 지루한 글을 필요 이상 읽는 사람은 거의 없었다. 다만 일부는 『20세기의 신화The Myth of the Twentieth Century』 같은 작품의 물리적 두께에 압도되곤 했다. 한 미국인 정신과 의사는 그 책을 "역사와 종교 그리고 그 두 분야에서 독일의 중요성을 다룬 지독하게 피해망상적인 판본”이라고 평했다. 에스토니아 출신으로 독일에서 교육받은 로젠베르크는 히틀러보다도 먼저 나치당의 전신인 독일 노동자당German Workers' Party에 가입했다. 전공은 공학과 건축이었지만, 그의 글은 주로 독일인을 비롯한 북유럽 민족의 인종적 우월성, 유럽을 움직이는 정신적 원동력으로서 기독교보다 국가사회주의 운동이 우위에 있다는 주장, 그리고 이 지역의 경제와 정치 권력을 장악하려는 마르크스주의 유대인과 자본가 유대인의 음모에 초점을 맞추었다. 이런 사상들은 히틀러의 『나의 투쟁Mein Kampf』 속에 깊이 뿌리를 내렸다. 로젠베르크는 정치 조직가로서는 그다지 뛰어나지 않았지만, 당의 목표와 사회 이론을 학문적으로 구현해 보여주는 인물로서 나치에게 가장 가치가 있었다. 유대계처럼 들리는 자신의 성에 대해 질문을 받으면 그는 늘 자신이 아이슬란드 혈통이라고 주장하며, 그 성은 비유대인 성이라고 답했다.

그는 나치 정권에서 여러 직책을 지냈다. 당과 국가의 전체 이념 교육을 감독하고 국가사회주의 사상을 수호한다는 뜻의, 입에 올리기도 번거로운 '총통 대리' 직함까지 달았지만, 정작 자신이 가장 원했던 외무 장관 자리에는 오르지 못했다. 나치 정부 관료로서 그의 실제 영향력은 1941년에 정점을 찍었다. 독일의 소련 침공 이후 히틀러가 그를 '동부 점령지 제국 장관'으로 임명했을 때였다. 그의 관할 아래에서 수백만 명의 민간인이 강제로 이송되거나 살해되었다. 그는 행정가로서는 완전히 실패한 인물이었다. 부하들이 그의 지시를 대부분 무시하곤 했기 때문이다. 그뿐 아니라 괴링과 독일의 여러 기관에 갖다 바칠 미술품과 집기들을 훔쳐 모으기도 했다.

뉘른베르크의 감방에 앉아 있어야 한다는 현실은 로젠베르크에게 엄청난 추락이었다. 불과 8년 전만 해도 그는 뉘른베르크에서 히틀러로부터 제1회 독일 국가 예술 과학상(나치판 노벨상)을 받았기 때문이다. 괴링의 산더미 같은 소지품과 달리, 로젠베르크가 수감될 때 지닌 것은 몹시 초라했다. 모자, 외투, 손수건, 열쇠, 고무도장, 그리고 잠옷 한 벌뿐이었다. 켈리가 만난 사람들 가운데 정권이 공인한 유일한 인종 이론가였던 로젠베르크는 켈리에게 매우 흥미로운 관찰 대상이었다. 켈리의 눈에 비친 로젠베르크는 "키가 크고 호리호리한 데다 축 처진 여성스러운 인물로, 겉모습만으로는 그의 극단주의 성향과 잔혹함이 드러나지 않았다". 켈리는 어떤 주제의 대화든 인종적 순수성에 대한 이야기로 바꾸어 버리는 로젠베르크의 집착에 가까운 사고방식에 경탄했다. "정신과 의사로서 나는 단순한 호기심을 넘어 큰 관심을 느꼈다. 그는 알려진 사실과 전혀 다른 사고 체계를 발전시켜 왔고 자신의 이론을 조금도 고치려 들지 않았으며 더 나아가 그 이론을 표현한 말들에 깃든 마법을 굳게 믿고 있었다." 그의 언어는 마치 마법과도 같은 힘을 지닌 것처럼 보였지만, 로젠베르크는 정작 자신의 문장을 끝까지 맺지 못하거나 자기 생각의 흐름을 따라가지 못하는 일이 잦았다.

로젠베르크는 자신이 어떤 범죄를 저질렀을 가능성 자체를 결코 고려하지 않았다. 켈리는 곧 그가 대부분의 다른 수감자들보다도 더 심한 우둔함과 정신적 혼란 탓에 자신의 사고가 지닌 한계와 오류를 자각하지 못한다고 결론지었다. 켈리의 눈에 그는 지적으로 서투른 얼치기 지식인이자, 흐릿하고 허무맹랑한 사상을 퍼뜨리는 인물이었다.

지적 이력 면에서는 한층 초라한 인물이 율리우스 슈트라이허였다. 그는 반유대주의 신문 《돌격수》의 발행인이자 나치당의 고위 간부였고, 뉘른베르크를 포함한 독일 프랑코니아 지방의 총독을 지냈다. 그러나 1940년 괴링의 남성성을 비꼬는 경솔한 발언을 했다가 그 직책에서 밀려났다. 그는 동료 수감자들 사이에서도 기피 인물로 눈에 띄었다. 켈리가 감방에서 슈트라이허를 마주했을 때, 이 남자가 정말 증오에 찬 이데올로기를 퍼뜨리는 데 실제로 영향력을 발휘했던 선동가였는지 도무지 믿기지 않았다. 슈트라이허는 "간이침대에 비스듬히 누워 있는, 대머리에 배가 불룩하고 살갗이 늘어진 데다 헌 미군 작업복을 걸친 사내"로, 전혀 위압감이 없는 인물이었다.

체격이 건장하고 말이 장황하며 거칠기까지 한 신문 발행인 슈트라이허는 히틀러의 초기 추종자 가운데 한 사람으로, 히틀러 이상으로 유대인이 사악하며 인간 이하의 열등한 존재라고 믿었고, 반유대주의를 자신의 모든 정치적 신념의 토대로 삼았다. 다른 나치들과의 개인적 갈등은 잦았지만, 승마 채찍을 자주 들고 다니던 그는 총통의 가장 강경하고 목소리 큰 지지자 가운데 한 사람이라는 점에서는 한 번도 흔들린 적이 없었다. 그의 신문은 기사와 천박한 만평, 사설을 통해 유대교 회당 방화, 유대인 재산 파괴, 유대인에 대한 폭력을 노골적으로 부추겼다. 그는 언론이라는 가면을 쓰고, 예수가 아리안 혈통이라는 억설, 유대교 율법이 소아성애를 허용하고 그리스도인에게 선물을 금지한다는 궤변, 유대인들이 예수의 어머니가 창녀였다고 믿는다는 식의 주장 따위를 퍼뜨렸다. 이런 반유대주의는 독일에서 결코 비주류 신념이 아니었다. 더 세련된 형태로 나치 정권의 정치·군사·경제적 목표에 불을 지폈고, 거의 모든 나치 관료가 이에 동조했다.

하지만 몽도르프에서 동료 수감자들은 그와 말도 섞지 않았고 함께 식사도 하지 않았다. 심지어 해군 제독 카를 되니츠는 식사 시간에 그를 공동 식탁에서 배제해 달라는 청원서를 앤드러스에게 제출하기까지 했다. 이런 배척에는 그가 사디스트이자 강간범이며 포르노그래피 수집가라는 악명이 한몫했다. 당시 신문들은 그의 포르노 장서를 "이런 종류로는 인류가 본 것 중 최대 규모"라고 묘사하기도 했다. 뉘른베르크에서 그와 마주친 많은 사람이 곧바로 그를 혐오스러운 인물로 판단했다. 《뉴요커》 기자 리베카 웨스트는 이렇게 썼다. "공원에서 말썽을 일으키는 그런 부류의 더러운 늙은이였다. 정신이 온전한 독일이라면 진작 그를 정신병원에 보냈을 것이다." 그는 자신이 반유대적 증오를 부추겨 그것이 대량 학살과 홀로코스트로 이어지게 했다는 점에 대해 책임을 인정하지 않았다. 슈트라이허에게 뉘른베르크 교도소는 낯선 곳이 아니었다. 과거에 그는 이곳을 찾아와 죄수들을 채찍질하곤 했다.

슈트라이허는 종종 자신의 성적 능력을 노골적으로 암시했고, 감방을 깨끗이 유지했으며, 아침마다 알몸으로 맨손체조를 한 뒤 물 한 바가지를 머리 위에서 끼얹으며 운동을 마무리했다. 켈리는 그가 자신을 대의를 위한 순교자로 여겼고, 무슨 이야기를 하더라도 몇 분만 지나면 어김없이 "유대인 문제"에 대한 일방적인 장광설로 빠져든다는 걸 알게 되었다. 그는 "하루 24시간 내내, 그의 모든 생각과 행동은 어떤 식으로든 그의 신념과 맞닿아 있었다"라고 적었다. 슈트라이허는 심지어 자신의 방대하고 악명 높은 포르노 장서도 유대인의 사고방식을 이해하는 열쇠를 쥐고 있다고 주장했다. 외설 문학의 기원은 늘 유대인이라는 것이 그의 논리였다. 켈리는 또 이렇게 적었다. "그가 이 책들을 묘사할 때 보인 열정은 그가 주장하는 출처에 대한 단순한 관심만으로는 설명되지 않는 다른 무엇인가 있음을 의심하게 했다."

슈트라이허와 가까이 지내는 걸 견딜 수 있었던 유일한 수감자는 로베르트 라이뿐이었다. 그는 독일노동전선을 이끌었던 인물로, 이 조직은 독일의 노동조합을 대체하고 노예 노동자를 포함한 나치의 노동력을 관리했다. 라이가 체포됐을 당시 그는 나치 거점 베르히테스가덴[*] 인근 산악 지대의 헛간에 숨어 지내며 티롤 복장[**]을 하고 있었다. 붙잡힌 뒤 라이는 세 차례 자살을 시도했다.

　켈리가 보기엔 라이는 겉모습이 슈트라이허와 놀랄 만큼 닮아 있었다. 땅딸막하고 대머리에 배가 불룩 나왔고, 몸에 맞지 않는 버려진 미군 복장을 걸치고 있었다. 그는 제1차 세계대전 때 독일 공군의 베테랑이었으며, 1917년 전투 중 자신의 비행기가 격추되면서 크게 다쳤다. 켈리는 이 사고에 관해 상세한 면담 기록을 남겼다. "고도 2,900미터에서 추락, 조종사 사망. 라이는 엔진 덮개에 부딪혀 2~3시간 의식 상실, 이마 타박, 골절 없음. 반나절 동안 말을 못 함, 서서히 회복. 아직도 약간 말을 더듬거림." 라이는 흥분하면 말더듬증이 몹시 심해졌는데, 1924년 이후 히틀러의 열성 추종자가 된 뒤로 그런 일이 자주 있었다. 그는 미국산 위스키 두어 잔이면 말더듬증이 누그러진다고 늘 주장했고, 실제로 자주 마셨다.

　과거 화학자로 일하던 라이는 고용주와의 정치적 갈등 끝에 일자리를 잃고 정치 활동에 전념하게 되었다. 이후에는 나치당에서 가장 바쁜 대변인 가운데 한 사람으로 성장했다. 그는 켈리에게 이렇게 말했다. "사냥감처럼 나를 몰아세우는 내면의 목소리가 있었습니다. 머리로는 아니라고 했고 아내와 가족도 활동을 그만두고 평범한 시민 생활로 돌아가라고 거듭 말했지만, 내 안의 목소리는 '해야 한다, 해야 한다'라고 명령했습니다. 그리고 나는 그 저항할 수 없는 힘, 운명에 따랐습니다. 신비라 부르든, 신이라 부르든 말입니다." 라이는 히틀러에 대한 열렬한 지지를 결코 거두지 않았다. 심지어 패전 이후에도, 한 통역관은 이렇게 회고했다. "그는 지적으로 재능 있고 활력 있고 강인해 보였습니다. 하지만 실제로는 그야말로 역대급 허풍쟁이였을 뿐입니다."

　켈리는 라이에게서 심리적으로 뭔가 이상한 점을 감지했다. 그와는 제대로 대화를 나눌 수 없었다. 조금만 이야기가 길어지면 금세 말이 뒤엉켜 도무지 수습이 되지 않았기 때문이다. 켈리는 이렇게 적었다. "감방에서 그와 이야기를 나누다 보면 처음에는 평범한 대화로 시작하지만, 흥이 나기 시작하면 벌떡 일어나 방 안을 왔다 갔다 하고, 팔을 쳐들고 점점 더 격렬하게 몸짓을 해대며 마침내 고함을 지르기 시작했다.” 게다가 켈리가 알아낸 바로는, 독일노동전선 총재로서 라이가 내놓은 계획들도 몹시 비합리적이었다. 독일 노동자들을 유람선에 태우기 위해 배 100척을 건조한다거나, 국가의 주택난을 해결한다며 호화 저택을 짓는다거나, 노동자에게 새 차를 지급하겠다는 식이었다. 그는 히틀러를 지나치게 숭배한 나머지 찬양 일색의 책을 한 권 썼는데, 히틀러조차 못마땅해하며 인쇄된 책을 모두 폐기하라고 명령했을 정도였다.

분명 라이는 건전한 판단력이 부족했고 감정은 억제되지 않았다. 그에게는 도대체 무엇이 문제였을까? 더 알아보기 위해 켈리는 독일노동전선 총재의 예전 비서를 인터뷰했다. 그녀는 그를 이상주의자로 묘사했다. “항상 장밋빛 안경 너머로 세상을 보았고, 늘 술에 취해 있어서 사람들을 실제보다 더 근사하게 보곤 했죠. (…) 〔라이는〕 현실과 동떨어진 세계에서 살았습니다.” 켈리의 눈에는, 라이가 보이는 말의 통제력 부재와 그릇된 판단, 전반적인 억제력 결여가 모두 뇌 손상이라는 진단을 시사하는 증상으로 보였다.

켈리의 호기심을 자극한 수감자는 또 있었다. 요아힘 폰 리벤트로프는 불안한 기색을 감추지 못한 채 7번 감방에 수감되어 있었다. 그는 나치 대외 정책에서 로젠베르크와 경쟁 관계였으며, 1938년부터 전쟁이 끝날 때까지 히틀러의 외무 장관을 지냈다. 그는 연합군 심문관들에게 정통 정부의 관료로서 자신의 체포가 충격이었다고 말했다. 리벤트로프는 정규 교육은 초등학교까지만 받은 데다 주류 업계에서 경력을 쌓느라 정치 경험도 변변치 못했다. 그래서 동료 외교관들이 그를 ‘샴페인 장수’쯤으로 여긴다는 수군거림뿐 아니라 자신의 단점을 암시하는 어떤 말에도 몹시 민감했다. 또 다른 별명인 ‘영화배우’는 과장된 표정과 몸짓 때문이었다. 이런 열등감은 히틀러에 대한 강한 개인적 집착으로 이어졌다. 켈리의 눈에 리벤트로프는 오래도록 히틀러를 아버지 같은 존재로 여겨왔고, 총통의 자살은 그를 버려진 듯한 심정에 빠뜨렸다. 어수선한 감방은 그의 정신적 혼란을 반영하는 듯했다. 그는 자주 켈리를 붙잡고 "박사님, 제가 무엇을 해야 합니까? 어떻게 해야 합니까?"라고 되풀이했다. 켈리는 이렇게 적었다. "그는 감방을 왔다 갔다 하며 혼잣말을 중얼거린다. 부모를 잃고 난데없이 '이제부터 혼자 힘으로 살아'라는 말을 들은 어린아이 같다. 자신이 무엇을 해야 할지 모른다."

에른스트 칼텐브루너는 체포 당시 게슈타포 최고위 수장이었지만, 본래는 변호사였다. 수감자 가운데 키가 가장 컸고 얼굴의 많은 흉터 때문에 섬뜩한 인상을 주었다. 그의 불운한 희생자들은 그 공포의 수장 얼굴에 거미줄처럼 얽힌 흉터가 결투에서 생긴 것이라고 짐작하곤 했지만, 실제로는 교통사고 때 차창 밖으로 튕겨 나가며 생긴 상처였다. 켈리는 그의 위압적인 외모에도 불구하고 그를 비겁한 인간으로 보았다. 그는 "권력을 쥐면 거칠고 오만하지만, 패배하면 하찮은 겁쟁이로 전락해 교도소 생활의 압박조차 견디지 못하는 전형적인 불량배"라고 못을 박았다.

켈리가 수감자들을 점점 더 깊이 파악해 가는 동안, 최고위 나치들이 심판을 받게 될 국제군사재판소International Military Tribunal의 준비는 더디게 진행되었다. 방대한 분량의 나치 공식 문서가 연합군 수사관과 검사들의 손으로 속속 들어오고 있었다. 미국, 영국, 프랑스, 소련의 대표들은 재판 없이 즉결 처형하는 방안을 배제한 뒤, 전범 재판을 어떻게 진행할지와 누구를 먼저 심판대에 세울지를 협상했다. 그런 국제법정은 인류 역사상 처음이었다. 소련은 어떤 재판이건 필연적으로 사형 선고로 끝나야 한다는 뜻을 노골적으로 밝혔고, 영국도 조용히 동의했다.

그러나 100명이 넘는 미국 법률진이 뉘른베르크에 도착한 사실은 미국이 재판 절차를 구성하고 정의의 기준을 세우는 데서 주도권을 잡게 될 것임을 시사했다. 미국의 전시 정보기관인 전략사무국이 피의자 수사를 공식적으로 맡았다. 전략사무국 전 수장 윌리엄 "와일드 빌" 도너번은 수석검사 로버트 잭슨과 협력해 나치에 대한 증거를 모았다. 유대인을 학살한 친위대의 '죽음의 밴death van[*]', 아우슈비츠의 가스실, 그리고 홀로코스트의 다른 참상들이 차례로 드러났고, 그 밖에도 전쟁 범죄와 국제법 위반을 입증하는 증거가 확보되었다.

켈리는 자신이 맡은 수감자들의 사회적 서열과 정치적 서열을 점점 더 명확히 파악해 갔다. 그들은 이미 세상을 떠난 CEO 아돌프 히틀러의 지휘 아래 움직이는 한 회사의 이사진을 떠올리게 했다. 그는 괴링과 로젠베르크가 속한 무리를 "두뇌 집단"이라 불렀다. 나치의 이념과 정책을 만들어 낸 사람들이다. 또 히틀러의 사상을 세상에 파는 영업 사원들도 있었다. 발두어 폰 시라흐, 프란츠 폰 파펜, 콘스탄틴 폰 노이라트, 리벤트로프가 그들이었다. 칼텐브루너, 빌헬름 카이텔, 알프레트 요들, 에리히 레더, 카를 되니츠 등 군과 국내의 집행자들은 군대와 무기를 동원해 그 '거래'를 강요했다. 마지막으로, '제3제국 주식회사'에는 그 흐름에 편승해 따라다니기만 한 변호사와 관료들도 있었다. 요컨대 포로가 된 나치 지도자들은 패망한 정권의 '이사회'를 구성한 셈이었는데, 한 나라를 운영한 지배 집단이면서도 서로 간 접촉은 의외로 적었다.

그러나 어느 기업의 이사회와도 달리, 이 이사회는 전 세계를 6년에 걸친 전쟁 속으로 몰아넣고, 조약과 국제 협정을 뻔히 알면서도 자기 이익만 생각하며 무시했고, 셀 수 없이 많은 무고한 공동체를 말살하

---

[*] 나치 친위대가 트럭 내부에 배기가스를 주입해 유대인을 질식사시키는 데 사용한 이동식 가스 처형 차량.

고, 수백만 명을 노예로 만들고, 또 다른 수백만 명을 효율적으로 학살하기 위해 설계된 수용소에 몰아넣었고, 인종차별과 공포정치까지 합법화한 집단이었다. 이들을 범죄자로 만든 건 무엇이었을까? 우리 중많은 이들도 유혹을 느낄 만한 기회를 붙잡았던 것일까? 애초에 악한성향을 타고났던 걸까? 그들의 행동을 설명할 만한, 일종의 '나치 정신'같은 정신질환을 함께 앓고 있었던 걸까? 켈리는 20세기 가장 악명 높은 범죄자들이 한데 모인 이 집단에 접근할 수 있는 자신의 위치가 해답과 명성을 가져다줄 수 있음을 잘 알고 있었다.

　교도소 당국은 물론, 향후 재판을 맡을 검사들조차 켈리의 호기심을불러일으킨 질문들에는 관심이 없었다. 뉘른베르크에 고위직 나치들이어떻게 그런 사악한 행위를 저지르게 되었는지 알고 싶어 하는 이는아무도 없었다.

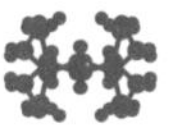

　나치 정신이 어떻게 작동하는지 따로 떼어 밝히려 하면서, 켈리는 정신의학과 범죄학이 만나는 논쟁적인 연구 분야에 뛰어들고 있었다. 사회학자들은 오래전부터 범죄 행위의 원인을 추정하고 범죄를 낳는 사회적 힘을 연구해 왔다. 그러나 정신과 의사들은 감정 상태와 무의식적동기, 정신질환에 대한 전문 지식을 바탕으로 범죄자의 내면을 들여다보려 했지만, 그만큼 큰 성과를 거두지는 못했다. 수십 년 동안, 19세기의 저명한 미국 의사 벤저민 러시Benjamin Rush가 남긴 선구적 정신의학 연구까지 거슬러 올라가 의사들은 일탈 행동을 일으키는 일부 사람들의 결함을 찾아내려 애써왔다. 이 초기 연구자들은 그런 알 수 없는결함이 생물학적인 것, 곧 몸 어딘가가 잘못됐거나 진화적으로 뒤처진부분에서 비롯된 문제라고 생각했다. 그런데 그 결함이 몸이 아니라 정신에 있다면 어떻게 될까? 19세기의 선구적 범죄학자 체사레 롬브로소Cesare Lombroso는 범죄자가 자기 본성에 따라 행동한다고 보았다. 애초부터 악하게 태어났다는 것이다. 그는 범죄자들의 타고난 신체적 특성과 정신적 특성을 찾기 시작했다. 롬브로소의 연구 상당수는 부정확하고 인종차별적이며 사회진화론Social Darwinism*의 한 형태라는 이유로 오래전에 신뢰를 잃었지만, 범죄자들의 심리 상태를 측정해 보려 한 그의 시도는 범죄학을 정신의학의 영역으로 끌어들였다. 그는 범죄자를 충동적이고 미성숙하며 애정 결핍이고 자제력이 부족한 존재로 규정했는데, 이후의 연구들이 이런 특징을 확인해 주었다. 이로 인해 사람들은 이런 의문을 품기 시작했다. 범죄성의 씨앗이 심리적 요인이라면, 영리한 연구자가 그런 행동을 낳는 측정 가능하고 진단 가능한 정신질환을 몇 가지만 규명해도 이름을 떨칠 수 있지 않을까 하고 말이다.

　법정에서는 피고인의 정신 상태에 관해 증언하는 정신과 의사들이 점점 늘어났지만, 이 정신 전문가들은 피고인이 옳고 그름을 구별할 수 있는지만 다루었을 뿐, 그가 이른바 '정신 이상 범죄자'의 어떤 심리적 유형에 속하는지 여부는 따지지 않았다. 20세기 초반에 걸쳐 여러 분야의 과학자들이 죄수들에게 공통적으로 존재한다고 여겨진 다양한 정신적 결함에 초점을 맞춰 연구했다. 1913년 영국에서 찰스 버크먼 고링Charles Buckman Goring(헤르만 괴링과는 무관)은 자신이 연구한 죄수들 사이에서 공통적으로 나타난 특성은 낮은 지능뿐이라고 결론지었다. 이후의 연구들은 낮은 지능보다 특정 정신병과 신경증이 범죄자를 가려내는 더 나은 지표라고 보았다. 1930년대 뉴욕주 교도소를 대상으로 한 방대한 범죄 정신의학 연구는 성격 장애가 많은 범죄 행위의 도화선이라는 점을 시사하기 시작했다. 여기에는 반사회적 행동, 자기애,

---

*　　생물진화론의 적자생존과 자연선택을 사회학에 적용하여 사회, 경제, 정치를 해석하는 다양한 이론과 견해를 말한다.

편집증 등이 포함되었다.

그 결과 범죄자를 다루는 사람들 사이에서 범죄를 의학적 문제로 보는 시각이 점점 널리 퍼졌다. 미국 사법 체계 전반에서 경찰, 사회복지사, 변호사, 판사 들은 범죄 행위에 심리적 요인이 중요한 역할을 한다는 점을 받아들였다. 수백 명의 정신과 의사들이 교도소에서 자신의 전문성을 발휘했다.

1943년, 제2차 세계대전이 한창일 때 미국의 정신과 의사 리처드 브릭너Richard Brickner가 『독일은 불치인가Is Germany Incurable?』를 출간했다. 켈리는 이 책을 소장하고 있었다. 브릭너는 독일 정부의 범죄를 환자의 행동을 들여다보듯 바라보려 했다. 그는 많은 독일인이 개인적으로는 정신적으로 건강하다고 인정하면서도, 그 나라의 행위는 "정신과 의사가 극도로 위험한 개인 행동 유형에서 발견하는 전형적 양상"을 보였다고 말했다. 브릭너는 전쟁 초기 몇 달 동안 언론인 윌리엄 L. 샤이어William L. Shirer가 미국으로 타전한 기사들에서 독일의 정신적 이상을 뒷받침하는 근거를 찾아냈다. 한 기사에서 샤이어는 베를린 오페라극장에서 히틀러에게 집단 경례를 하는 관객을 이렇게 묘사했다. "그들의 얼굴은 지나친 흥분으로 일그러지고 입은 벌어질 대로 벌어져 외치고 또 외쳤으며 광기 어린 눈은 새로운 신, 메시아에게 고정되어 있었다." 또한 샤이어는 프라이부르크에서 영국군의 민간인 폭격에는 격분하면서도, 벨기에와 네덜란드에서 자국 군대가 벌인 건물과 도시의 파괴에는 기뻐하던 독일인들에 대해 썼다. 브릭너는 전쟁 중 괴링이 독일의 식량을 확보하기 위해서라면 유럽 전역을 굶겨 죽일 각오가 되어 있다고 발표한 일도 지적했다. 브릭너는 이런 사례들이 "자기에게는 관대하고, 남에게는 전혀 다른 잣대를 들이대는 기묘한 정의관"을 보여준다고 썼다.

구체적으로 브릭너는 나치 정권을 포함한 독일 사회가 편집증을 앓고 있다고 진단했다. 그는 이를 "정신과 의사 자신도 두려워하는 유일한 정신질환이다. 제어되지 않으면 살인으로 끝날 수 있기 때문이다. 살인은 그런 편집증적 세계관이 낳는 논리적 결말이다"라고 적었다. 편집증 환자는 과대망상과 타인에 대한 지배 욕구, 피해의식, 그리고 자신의 세계관에 맞추기 위해 과거를 조작하려는 충동으로 고통받는다. 그러니까 파시즘과 침략, 반유대주의는 나치 독일을 병들게 한 질병의 증상에 불과하다는 것이다. "그 대신 우리가 맞서는 대상은, 어떤 정치 체제 아래서든 자신들에게 주어진 권력이 크든 작든 그것을 이상하리만치 집요하고도 공포스러운 방식으로 휘두르는 집단이다." 브릭너는 많은 독일인이 편집증 성향을 지녔거나, 편집증의 영향에 매우 취약하다고 보았다.

브릭너는 모든 독일인을 정신적으로 병든 악인으로 싸잡아 매도하지 않으려 애를 썼으며, 편집증적 행동이 미국의 쿠클럭스클랜Ku Klux Klan[*] 운동을 비롯한 여러 나라에서도 때때로 나타났다는 사실을 인정했다. 다만 그의 요지는 편집증이 독일의 주류 문화 속에 스며들었다는 사실이었고, 이는 다른 나라들이 어떻게 대응할지를 마치 정신과 의사가 환자를 다루듯 보여주려는 것이다. 그는 전쟁이 끝나면 독일에 '정신 재건'을 시행하자고 제안했다. 정신이 맑은 독일인들을 지원하는 한편, 나머지 사람들에게도 건전한 행동이 이득을 가져오고 편집증적 가치가 나라를 해쳤다는 사실을 보여주자는 것이었다. 다만 브릭너는 국제 재판소에서 나치에게 그들의 범죄 책임을 묻는 일은 무익하다고 주장했다. 독일 지도자들을 재판에 세우는 일은 오히려 독일인들이 박해받는 순교자라는 편집증적 망상만 강화할 수 있기 때문이라는 것이었다.

---

[*]   미국에서 흑인과 유대인 등 소수 집단을 폭력과 테러로 탄압해 온 백인우월주의 비밀 결사.

그러나 전쟁 중인 나라에서 시민들 사이에 집단적 공격성을 야기하는 장애를 진단하는 일과, 악명 높은 전범 집단이 공유할지 모를 심리적 특징을 찾아내는 일은 전혀 다르다. 켈리는 괴링 같은 인물의 범죄 성향을 치료할 수 있을지 알지 못했으며, 뉘른베르크의 환자들을 그런 방식으로 치료하려 한 적도 없었다. 그 대신 그는 실험실 우리에 갇힌 동물을 생물학자가 샅샅이 들여다보듯, 그들을 연구 대상으로 관찰하기 시작했다. 게다가 단순히 관찰하는 데 그치지 않고, 수년 동안 관심을 가져온 로르샤흐 잉크 반점 검사 같은 심리 검사법을 사용해 그들의 정신 상태를 측정할 수 있었다.

켈리는 윤리적 딜레마에 직면했다. 그는 누구를 위해 일하는가? 수감자들인가, 아니면 그들을 기소하고 처벌할 재판부인가? 감방에서 수감자들과 만나 그들의 문제를 논의하고 진단할 때, 그는 교도소 측의 대리자인가 아니면 수감자들의 건강을 대변하는 의사인가? 그는 이런 물음들에 권위를 중시하는 강한 권위주의자의 태도로 임했다. 훗날 자녀들도 똑똑히 알게 되는 바로 그런 성향이었다. 뉘른베르크의 의사로서 그의 임무는 수감자들의 건강을 유지하는 것이었지 치료하거나 개선하는 일이 아니었다. 그는 자신의 임무를 성실하고 철저하게 수행할 작정이었다. 수감자들에게 해를 끼치지 않을 생각이었다. 나치에게 정의를 구현하라는 엄청난 압력이 있었고, 켈리도 그 일에 기꺼이 자신의 몫을 하려 했다. 다만 나치 수괴들에 대한 자신의 직업적 호기심을 충족시킬 수 있는 한에서였다. 그가 보기에 뉘른베르크 교도소는 정신과 의사의 놀이터나 다름없었다.

5

잉크 반점

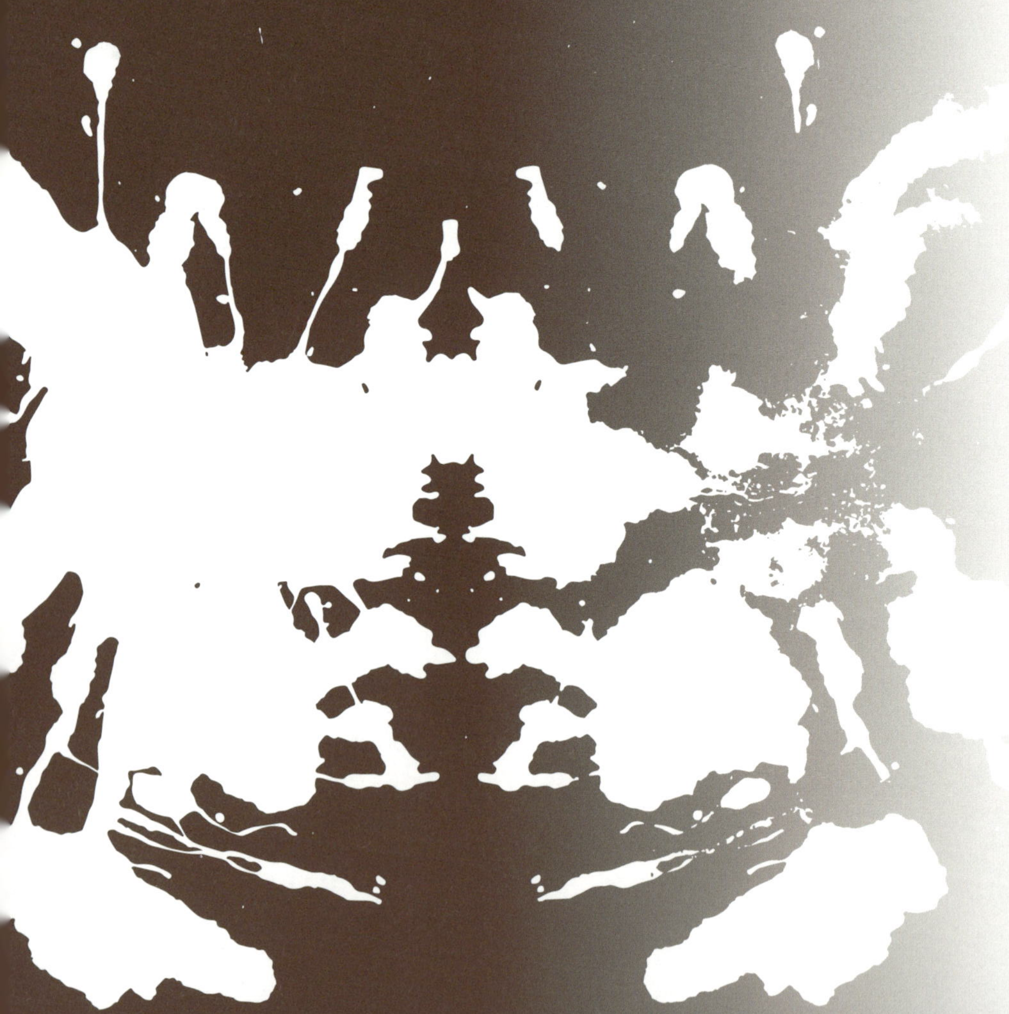

어찌 된 일인지, 다른 연합군 점령군의 행정 책임자들이라면 당혹스러워했을 법한 상황임에도 켈리는 뉘른베르크 교도소 운영에 없어서는 안 될 인물이 되어 있었다. 영국군 대표 에어리 니브는 포로들에 대한 정신의학적 평가와 심리 평가를 "뉘른베르크에서 미군의 운영 방식에 필수적인 요소"라고 했다. 정신의학적 평가에 쓰이는 전문 언어는 다른 군대는 물론 미국 쪽에서도 아직 낯설었지만, 켈리는 이 생소함을 오히려 자신의 강점으로 삼아 많은 나치 수감자들이 기꺼이 속내를 털어놓거나, 적어도 사적인 대화를 나눌 만큼 편안하게 느끼는 권위 있는 인물로 떠올랐다. 그와 있을 때면 기소를 염두에 둔 공식 심문관들과의 면담에서는 끝내 나오지 않던 이야기들이 흘러나왔다. 그는 특유의 존재감과 반응 그리고 기꺼이 귀 기울이는 태도로 교도소 안에서도 사람다움이 느껴지는 순간들을 세심하게 이끌어 내며 나치의 행태를 밝히려는 자신의 목표를 꾸준히 추구했다.

켈리는 독일어 실력이 제한적이었기 때문에 유능한 통역가들의 도움이 그의 일에 필수적이었다. 몇 주 동안 자리를 비웠던 복지 장교 존 돌리부아가 돌아오자 켈리는 크게 안도했다. 돌리부아는 켈리가 대학 시절에 배운 심리학 지식을 실제보다 과대평가한다고 의심했지만, 그렇다 하더라도 두 사람은 함께 일할 때 호흡이 잘 맞았다.

그로부터 몇 주 뒤인 1945년 9월 말, 또 한 명의 귀중한 통역관이 합류했다. 미 육군 하사 하워드 트리스트였다. 그는 독일 뮌헨 출신으로, 노르망디 상륙작전에서 오마하 해변에 투입된 참전 군인이었고 금발에 파란 눈을 지녔다. 트리스트는 뉘른베르크 수감자들에게 자신이 유대인이라는 사실을 숨겼고, 그 덕분에 그들이 자신에게 더 거리낌 없이 말한다고 여겼다. 그들과 한 방에 앉아 있기만 해도 강철 같은 신경과 큰 자제력이 필요했다. 트리스트의 가족 상당수가 아우슈비츠에서 목숨을 잃었기 때문이다. 그는 이렇게 말했다. "제 삶의 경험과 상처가 너무 깊어 그 누구에게도 쉽게 휘둘리지 않았습니다. 그리고 사람을 구슬리려고 그들이 내뱉는 말이라면 뭐든 죄다 빌어먹을 거짓말이라는 걸 알고 있었죠." 트리스트는 켈리와는 사이가 좋았다고 기억한다. "그는 웬만한 일로 흔들릴 사람처럼 보이지 않았습니다. 사생활이나 자기 과거에 대해서는 끝내 마음을 열지 않았죠. 어디 출신인지, 전쟁 전 무슨 일을 했는지, 가족은 어떤지 저는 전혀 알 수가 없었습니다."

켈리는 훗날 피고인 22명 각각에게 최소한 80시간을 쏟았다고 주장했다. 사실이라면 몽도르프와 뉘른베르크에서 다른 일을 할 시간이 전혀 남지 않았을 테니, 다분히 과장된 말이었을 것이다. 그럼에도 그는 학문적 의무감과 개인적 선호가 맞물려 그 가운데서도 괴링에게 가장 많은 시간을 들였다. 괴링의 감방은 책상 위에 편지 몇 통과 K레이션[*] 설탕 봉지, 아메리칸 리전American Legion 트럼프 카드[**] 한 벌이 놓여 있

---

[*]   제2차 세계대전 당시 미군이 야전에서 사용한 개인용 전투 식량.

고, 침상 위에는 때때로 빨랫감 뭉치가 올라가 있을 뿐인 초라한 공간
이었다. 그 감방에서 두 사람은 서서히 유대감을 쌓아갔고, 서로에 대
한 강한 호기심에 끌려 상대의 환심을 사려 했다. 그렇다고 해서 서로
에게 연민이나 존경심을 느꼈던 것은 아니었다. 둘은 서로의 말과 감정
을 이해했고, 함께 있을 때만큼은 어느 정도 본모습으로 지낼 수 있음
을 깨달았으며, 서로와 함께 있는 시간을 즐겼다. 괴링이 바란 것은 기
분을 달래줄 관심, 자신의 역사적 유산을 세우는 데 도움이 될 만큼 영
민한 대화 상대의 열린 귀, 그리고 때때로 받는 작은 호의였다. 켈리는
눈을 뗄 수 없을 만큼 흥미롭고 보람까지 안겨주는 이 심리학적 대상
에 사로잡혔다. 괴링은 포로였고 따라서 정보의 원천이기도 했다. 스스
로의 범죄 행위를 입증할 결정적인 증거와 마주한 포로였으며, 정서적
반응을 세밀하게 평가해 볼 수 있는 대상이기도 했던 것이다.

　켈리의 눈에 비친 괴링은 나치즘을 받아들여 자신의 야심과 권력욕
을 충족시키려 한 인물이었다. 그의 당에 대한 충성은 히틀러 때문도,
독일 때문도, 이른바 아리안 종족의 보전을 위한 것은 더더욱 아니었
다. 목표는 오직 헤르만 괴링 자신의 입지를 높이는 것이었다. 그는 떠
오르는 정당의 지도자가 되기 위해 나치에 들어갔다. 그 이기심은 다른
나르시시스트들과 비교해도 유난히 눈에 띄었다. 괴링은 켈리가 지금
까지 만나본 사람들 가운데 가장 순도 높은 자기중심성을 지닌 인물이
었다.

　정신과 의사 켈리는 괴링의 운명이 지닌 비극을 이해하고 있었다. 적
어도 제국 원수인 괴링 자신이 보기에 그것은 비극이었다. 전쟁 막바
지의 혼란과 배신이 몰아치기 전까지 괴링은 히틀러의 공식 후계자였
고, 히틀러가 자살했을 때 그는 독일 최고 권좌, 즉 '두 번째 총통'의 자

**　미군 재향군인 단체인 아메리칸 리전에서 제작·배포한 트럼프 카드

리에 오르려던 꿈을 거의 이루기 직전이었다. 그러나 그 무렵에는 이미 패전이 확정된 뒤였다. 켈리는 이렇게 평했다. "그는 너무 늦게 목표에 도달했다. 뉘른베르크에서 그는 나라 없는 총통이었고, 군대 없는 원수였으며, 평화로운 민족들을 상대로 침략 전쟁을 일으키고 수백만 명을 의도적으로 살해한 혐의를 받는 포로였다."

한편 괴링은 자신이 히틀러의 꼭두각시가 아님을 켈리에게 알리고 싶어 했다. 그는 전쟁이 길어질수록 히틀러의 오판과 잘못된 결정을 알아차렸고, 그런 문제들을 총통에게 직접 지적한 몇 안 되는 나치 지도자 중 하나였다고 주장했다. 뉘른베르크의 수감자들 가운데 자신만이 히틀러와 논쟁을 벌였다고도 했다. 이에 켈리는 장난스럽게, 미국인들은 일반적으로 괴링을 포함한 나치 수뇌부 전부를 히틀러의 예스맨으로 본다고 응수했다. 괴링은 이렇게 말했다. "그럴지도 모르지요. 하지만 지금 독일에서 권력자에게 '아니요'라고 말할 줄 아는 사람 중에 아직 무덤 속에 들어가지 않은 사람이 있다면 나한테 데려와 보시오."

괴링은 대화할 때 대체로 따뜻하고 친근했다. 돌리부아는 이렇게 회상했다. "사실 괴링은 그럴 마음만 먹으면 특유의 매력과 느긋한 말투로 늘 우리를 설득하려고 했습니다. 법정에서 무엇을 기대해야 하느냐고 따져 물을 때조차, 미소를 머금고 가볍게 비꼬는 듯한 농담까지 곁들이곤 했어요. 물론 (…) 상대가 자기 말을 받아들일 거라고 생각하지 않으면 호의적 면모를 보이지 않았습니다."

1941년에 출간된 『정상성의 가면The Mask of Sanity』에서 '사이코패스'라는 개념을 처음 제시한 사람은 미국인 정신과 의사 허비 클레클리Hervey Cleckley였다. 켈리가 그의 연구에 익숙했더라면, 그 사이코패스라는 꼬리표를 괴링에게 붙였을지도 모른다. 그러나 켈리가 그때까지 클레클리의 책을 읽었다는 증거는 없다. 『정상성의 가면』에서 사이코패스는 대중 앞에서는 정상적으로 생활하며 사회적 규범을 지키는 척하지만, 사적인 자리에서만 잔혹한 충동과 공감 능력의 결핍을 드러내는 사람들로 묘사된다. 켈리가 괴링이나 다른 나치 수감자들을 두고 사이코패스라는 용어를 쓴 적은 없지만, 그가 남긴 대화 기록에는 전형적인 사이코패스적 행동이 여럿 드러난다.

예컨대 어느 날 대화에서 괴링은 나치당 초창기 시절을 이야기하며, 1920년대에 에른스트 룀Ernst Röhm과 함께 일명 갈색셔츠단으로 불린 나치당의 무장 조직 돌격대를 창설하는 데 힘을 보탰다고 말했다. 켈리는 나치당의 존속에 필수적이었던 이 고된 작업이 괴링과 룀을 우정으로 이어주었다고 보았다. 이어 괴링은 그리 대수롭지 않은 듯, 훗날 자신과 룀이 히틀러의 관심을 끌기 위해 경쟁을 벌이게 되었다고 덧붙였다. 그 경쟁은 1934년의 피비린내 나는 당내 숙청, 이른바 '장검의 밤' 당시 괴링이 룀의 살해를 명령하면서 종지부를 찍었다. 이야기는 거기서 끝났고, 괴링은 곧바로 다른 화제로 넘어갈 생각임을 켈리에게 분명히 드러냈다.

"그런데 어떻게 옛 친구를 죽이라는 명령까지 내릴 수 있었습니까?" 켈리가 불쑥 물었다. 괴링은 말없이 앉아 그 미국인에게 시선을 고정했다. 그 눈빛에는 당혹감과 조급함, 그리고 연민이 뒤섞여 있었다. 마치 이렇게 말하고 있는 듯했다. "켈리 박사, 내가 당신을 잘못 봤군. 당신, 바보 아니오?" 수년이 지나도 켈리는 그다음 장면을 잊지 못했다. "그는 커다란 어깨를 으쓱하고 두 손바닥을 위로 향해 보이더니, 아주 천천히 또박또박 단음절로 한 마디씩 말했다. '그는 내 앞길을 막고 있었소.'"

그 무심한 어깻짓은 전우의 안위와 이익을 헤아려야 할 책임 따위가 자신과는 무관하다는 신호였다. 괴링 같은 사람에게 무엇을 더 기대할 수 있었겠는가. 그의 관심은 이미 다른 데 가 있었다. 켈리는 이런 반사회적 사고방식을 굳이 문제 삼지 않고 넘기기도 했다. 그것은 정상도 아니고 그렇다고 미친 것도 아닌, 사회와 문화에 대한 감각이 뒤틀린 어스름한 경계 지대에 서 있는 이의 사고처럼 보였기 때문이다. 오늘날 우리가 말하는 사이코패스, 즉 타인에게는 무관심하고 자기애적 목표를 추구하는 데만 몰두하는 사람들은 그때까지 켈리의 시야에 들어오지 않았다.

그러나 또 어떤 때에는 켈리가 괴링과 논쟁을 벌이기도 했다. 어느 날 제국 원수가 사회 질서와 군기를 유지하기 위해서라면 불법적인 명령에도 복종할 정당성이 있다고 주장하자, 켈리는 이렇게 받아쳤다. "군기가 무슨 상관입니까. 문명이 지금 위태로운 기로에 선 만큼 우리는 이번에야말로 군국주의에 종지부를 찍고 다시는 전쟁이 일어나지 않도록 온 힘을 기울여야 합니다. 다음 전쟁은 인류의 종말을 뜻할 것이기 때문입니다." 루프트바페 전 총사령관은 이를 태연히 받아들이며 이렇게 말했다. "나도 지난 전쟁 이후에는 그렇게 생각했소. 하지만 모든 나라가 제 이익만 앞세우는 한 현실적으로 생각할 수밖에 없지. 어쨌든 인간이 자신의 운명을 통제해 보려 아무리 애쓴다 해도 그 모든 노력과는 상관없이 인간을 좌지우지하는 더 큰 힘이 있다고 나는 확신하오." 이 대화는 켈리로 하여금 괴링의 냉소와 '신비적 운명론'을 눈여겨보게 만들었다.

마찬가지로 괴링은 수감 생활에서 느끼던 개인적 불편도 결국 털어내고, 조용한 환경 덕분에 수감 중에도 비교적 편안하다고 켈리에게 말했다. 또 성경 시편 78편 26절 "그가 하늘에서 동풍을 일으키시고 그의 권능으로 남풍을 끌어오셨도다"를 인용했다. 광야를 떠도는 이스라엘 백성에게 하느님이 기적적으로 양식을 베푸는 대목이다. 그는 자신이 어떻게 해서든 늘 살아남는 사람임을 정신과 의사에게 보여주고 싶어 했다.

괴링이 현재의 처지를 받아들인 데는 분명한 이유가 있었다. 아직 해야 할 일이 남아 있었던 것이다. 그는 동료들과 자신을 전쟁 범죄자로 재판할 권리가 연합국에 없다고 강력히 주장했지만, 승자가 패자를 처벌하는 일은 불가피하다는 점을 인정했고 이를 오히려 기회로 보았다. 전 세계가 지켜보는 자리에서 나치 정책을 변호하고 자신의 명성을 회복할 수 있다고 생각한 것이다. 그런 목표 앞에서 수감 생활의 온갖 불만과 불편은 하찮아졌다. "그는 히틀러까지 포함해 다른 당 간부들을 깎아내리는 데 거의 모든 시간을 쏟고 있습니다. 역사책에 자기 이름만 남기려는 겁니다." 몇 달 뒤 켈리는 한 인터뷰에서 말했다.

다른 이들과 마찬가지로 그는 잔혹 행위와의 관련성은 전면 부인합니다. 자기 말로는 전적으로 무죄입니다. 그러나 1933년부터 1935년까지, 괴링이 강제수용소를 관할하던 초기부터 잔혹 행위가 실제로 자행되었다는 사실은 이미 잘 알려져 있습니다. 물론 강제수용소에서의 대규모 학살과 살인은 그보다 뒤에, 힘러 휘하에서 본격화되었지만요.

괴링이 켈리와 뉘른베르크 교도소 직원들에게 불평을 늘어놓는 경우는 가족에 대한 처우에 불만을 느낄 때뿐이었다. 그는 미군에 항복하면서 자신이 내건 유일한 조건은 아내 에미와 딸 에다를 잘 보살펴 달라는 것이었다고 켈리에게 말했다. 괴링은 아내와 딸에게 보내는 편지에 많은 정성을 쏟았고, 켈리와 통역 돌리부아에게 그들을 찾아 편지를 꼭 전해달라고 부탁했다. (나치 정권에서 3년 동안 강제 노동을 총괄하는 고위 행정 책임자로 일했던 동료 수감자 프리츠 자우켈도 켈리에게 가족과 다시 연락할 수 있도록 도와달라고 부탁했다. 그는 아내와 열 명의 자녀들과 연락이 닿지 않았고, 그중 군에 있던 아들 한 명은 종전 두 달 전부터 소식이 끊긴 상태였다.)

제국 원수는 1945년 10월 초, 에미에게 보낸 편지에서 그간 쌓인 불만을 털어놓으면서 동시에 켈리에 대한 신뢰를 드러냈다.

　세 달 동안 당신에게 편지를 보냈지만 답장을 받지 못했소. (…) 오늘은 이렇게 편지를 직접 보낼 수 있게 되었소. 나를 담당하고 내가 전적으로 신뢰하는 의사 켈리 소령이 이 편지를 전해줄 것이오. 그에게는 마음 놓고 이야기해도 되오. 지금 이 순간까지 당신이 어디에 있고 어떻게 지내고 있는지 알지 못한 것이 내 영혼의 가장 큰 고통이었소. 켈리 소령을 통해 답장을 보내주시오. 내가 당신의 답장을 얼마나 애타게 기다리는지 알게 될 것이오. (…) 여기서 내가 어떤 일을 겪고 있는지는 일일이 적지 않아도 짐작할 것이오. 조국이 처한 비참한 운명과 당신과 당신의 앞날에 대한 끝없는 걱정이 내 영혼을 가장 무겁게 짓누르고 있소. 나의 사랑 에미, 그동안 당신이 내게 베풀어 준 모든 행복과 사랑, 그리고 내가 받은 모든 것에 진심으로 고맙소. 우리 에다는 이 모든 일을 어떻게 받아들이고 있을까? (…) 사랑하는 우리 에다에게 아빠가 사랑의 입맞춤을 보낸다고 꼭 전해주고, 모두에게도 안부를 전해주시오. 가장 진실한 사랑과 그리움으로 당신을 꼭 껴안고 키스하는 당신의 헤르만.

　대부분의 미국인과 접촉을 피하던 에미 괴링이었지만 켈리를 만나는 데는 흔쾌히 응했다. 그녀는 켈리에게서 편지를 건네받고는, 혹시 남편의 마지막 작별 인사가 아닐까 두려워 차마 읽지 못했다. 그래서 편지를 열어보지 않고 조카에게 먼저 읽어보라고 건넸고, 조카가 이전보다 나은 소식이 담겨 있다고 안심시키자 그제야 편지를 읽었다. 다 읽고 나서 그녀는 켈리와 이야기를 나눴고, 켈리를 "매우 정직하고 인간적인 사람"이라고 느꼈다. 그녀가 "제 남편은 어떻습니까?" 하고 묻자, 켈리는 "폭풍우 치는 바닷속에서도 흔들림 없는 바위처럼 지내고 있습니다"라고 답했다.

에미는 그 자리에서 답장을 썼고, 켈리는 그 편지를 가지고 괴링에게 돌아갔다.

드디어, 드디어 당신의 편지를 받았어요. 얼마나 기쁜지 이루 다 말할 수가 없어요. 나의 사랑과 마음은 한순간도 빠지지 않고 언제나 당신 곁에 있어요. 우리는 잘 지내요. 먹을 것도 있고 땔나무도 있어요. (…) 당신이 다시 우리 곁으로 돌아오기만을 생각하며 매일 밤 기도드려요. 부디 건강을 꼭 지키세요. 다행히 에다는 아직 너무 어려서 이런 걱정을 모르고 지내요. (…) 헤르만, 이 세상 무엇보다 당신을 사랑해요. 믿음을 잃지 마세요. 하느님이 우리를 다시 만나게 해 주실 거예요. 모두가 당신께 사랑을 전하고, 우리 모두 당신을 꼭 안아주고 싶은 마음뿐이에요. 그동안 당신에게 했던 키스와 앞으로도 수없이 해주고 싶은 키스를 모두 보내요. 사랑해요, 언제나 당신의 에미.

이에 딸이 한 줄을 덧붙였다. "세상에서 제일 사랑하는 아빠, 빨리 돌아와요. 아빠가 너무 보고 싶어요. 하늘만큼 땅만큼 뽀뽀를 보내요. 아빠의 에다."

괴링은 에미의 편지를 받고 정말 기뻤지만, 담담한 체념과 후회도 드러냈다.

당신의 사랑스러운 편지를 받고 얼마나 행복했는지 당신도 상상할 수 있을 것이오. 이 어두운 시기에 처음 비친 한 줄기 빛이었소. 신문을 통해 이미 알았겠지만, 이른바 전범으로서의 내 재판이 11월 20일에 시작될 것이오. 우리는 최악을 대비해야 하오. 그럼에도 나는 전능하신 하느님께서 우리를 다시 만나게 하길 바라고 있소. 품위를 지킬 힘을 달라고 나는 매일 기도한다오. 명예 없이 사느니 품위를 지키며 끝을 맞는 편이 낫기 때문이오. 나는 오로지 당신만 생각하고 있소. 지금 나를 괴롭히는 건 당신의 안녕에 대한 걱정뿐이오. 내가 당신을 얼마나 사랑하는지 알고, 또 느껴왔지만, 이제야 비로소 우리 사랑의 참된 깊이를 깨달았소. 당신의 사랑이 내게 안겨준 큰 행복에 영원히 감사하오. 내가 당신과 에다를 얼마나 그리워하고, 집을 얼마나 사무치게 그리워하는지 당신도 알아주시오. 때로는 바로 그 그리움에 죽을 것만 같소. 어쩌다 이렇게 되어버렸을까? 이 같은 상황을 조금이라도 예감했다면, 우리는 분명 다른 길을 갔을 것이오. 이제 모든 것은 하느님의 뜻에 맡깁시다. (…) 에다를 결코 곁에서 떼어놓지 마시오."

편지 뒷면에 괴링은 추신을 덧붙였다. "이 편지를 전해줄 의사 켈리 소령은 정말 보기 드문 신사요. 그와 동행하는 돌리부아 중위도 매우 따뜻하고 인간적인 사람이오. 두 신사와는 몇 달째 알고 지내고 있소. 그러니 그들을 전적으로 신뢰해도 좋소."

괴링은 얼마 뒤 에미에게 다시 편지를 썼다. "에다의 사랑스러운 손글씨와 이 편지 위에 머물렀던 당신의 사랑스러운 손길 그리고 편지의 내용이 나를 깊이 감동시키면서도 더없이 행복하게 했소. 때로는 당신을 향한 사랑과 그리움에 내 가슴이 터질 것만 같소. 그렇게 죽는다면 아름다운 죽음일 것이오."

켈리는 훗날 이렇게 적었다. "내 생각에 괴링 부인은 남편의 사랑에 최대한 화답했고 언제나 그에게 절대적으로 충실했다." 다만 남편이 에다를 위해 마련해 두었던 뜻밖의 계획을 그녀가 과연 받아들였을지는 알 길이 없다. 괴링은 자신과 아내가 모두 세상을 떠날 경우 미국에서 어린 에다를 돌봐달라고 켈리에게 부탁했다. 켈리는 몇 달 뒤 귀국해 이 부탁을 아내에게 털어놓았지만, '나치 지도자의 딸을 입양해 길러달라'는 제안을 두고 두키가 어떻게 받아들였는지는 알려져 있지 않다. 켈리를 향한 괴링의 신뢰를 드러내는 이 놀라운 요청은, 에다가 아버지인 괴링에게 얼마나 큰 존재인지 잘 알고 있던 켈리의 마음을 움직였다. 다만 그가 이에 어떻게 답했는지는 기록으로 남아 있지 않지만, 직업적 윤리를 이유로 정중히 사양했을 것이라는 점만은 분명하다.

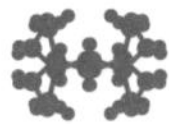

10월 8일, 무장 경비들로 가득 찬 군용 지프 두 대가 빠르게 달리는 구급차 한 대를 호위하며 뉘른베르크 교도소 구내로 들어왔다. 애벌레처럼 짙은 눈썹 아래로 긴장한 눈을 한 깡마른 남자가 회색 루프트바페 제복에 낡은 외투와 구겨진 모자를 걸친 채 구급차 뒤편에서 모습을 드러내고는 주변을 보며 눈을 깜빡였다. 제복에는 휘장 하나 없었지만, 부드러운 검은 가죽으로 된 부츠가 종아리 높이까지 올라오고 각 부츠에 뱀처럼 구불거리는 지퍼가 두 줄 달려 있어 그에게 군인 특유의 분위기를 더해주었다. 루돌프 헤스가 4년 만에 독일 땅을 다시 밟은 것이다.

1941년 5월 10일, 당시 46세였던 헤스는 건강했고 히틀러와 괴링에 이어 나치 서열 3위인 독일 총통 대리로서 막강한 권력을 누리고 있었으며 정신도 비교적 또렷했고 특유의 전투기 조종사 부츠를 신고 있었다. 그날 그는 점성가의 조언에 따라 바이에른에서 메서슈미트 전투기 Messerschmidt fighter[*]에 홀로 올라 북해 상공을 넘어 스코틀랜드의 초록

---

[*]　독일 항공기 제작사 메서슈미트가 설계·생산한 독일 공군의 대표 군용기들을 통칭하는 말이다. 단발 전투기 메서슈미트 Bf 109는 전쟁 기간 독일의 주력기로 널리 쓰였고, 쌍발기 메서슈미트 Bf 110도 운용되었다. 루돌프 헤스의 스코틀랜드 단독 비행에 사용된 기체는 Bf 110으로 알려져 있다.

들판으로 날아간 뒤, 그곳에서 낙하산으로 탈출했다. 켈리가 나중에 공중에서 비행기를 버린 이유를 묻자, 헤스는 이렇게 말했다. "그 기종은 처음이라 내가 무사히 착륙할 수 있을지 자신이 없었습니다. 게다가 영국 쪽 비행장이 정확히 어디 있는지도 확신이 서지 않았고요. 하지만 결과적으로는 잘해냈습니다. 애초에 계획한 지점에서 불과 4미터 떨어진 곳에 착지했지요."

영국 홈가드Home Guard*는 헤스를 연행해 심문했다. 그는 낙하산으로 뛰어내릴 때 다친 발목을 절뚝이면서 자신이 평화를 위한 임무를 띠고 왔다고 설명했다. 그가 이야기하고 싶어 한 사람은 베를린에서 열린 1936년 올림픽에서 이미 헤스와 만난 적이 있는 보수 정치인이자 제13대 해밀턴 공작 더글러스 더글러스-해밀턴Douglas Douglas-Hamilton이었다. 헤스는 공작이 독일의 입장에 호의적일 것이라고 믿었을 가능성이 크다. 소환된 더글러스-해밀턴은, 자신이 국왕 조지 6세와의 면담을 주선해 주고 윈스턴 처칠Winston Churchill의 해임을 이끌어 내며 나아가 영국과 독일이 소련을 군사적으로 격파하기 위해 공조할 수 있도록 영국과의 휴전을 협상해 달라는 헤스의 요구를 듣고 경악했다. 영국은 자신의 제국을 그대로 유지하고, 독일은 유럽의 나머지를 지배하며, 볼셰비키의 위협이 사라진 상태에서 양대 강국이 공존한다는 구상이었다. 히틀러는 이 임무를 승인한 적이 없었고, 뒤늦게 이를 알자 공개적으로 격렬히 비난하며 헤스를 미쳤다고까지 몰아세웠다.

헤스의 기습 방문에 처칠이 보던 마르크스 브라더스Marx Brothers** 영화가 중단됐다. 수상은 헤스와 국왕의 만남은 말이 안 된다고 결론지었다. 훗날 헤스는 켈리에게 이렇게 말했다. "나는 영국 어딘가의 감옥

---

*   제2차 세계대전 당시 영국 본토 방위를 위해 조직된 민간 자원 예비군.
**   마르크스 형제가 출연한 미국 코미디 영화.

으로 끌려갔고, 그들이 하는 말이라곤 군사 문제를 캐묻는 것뿐이었습니다. 군사 작전에 대해서는 아는 바가 전혀 없다고 말했고, 특사로서의 권리를 요구했습니다. 그러자 영국인들이 '당신이 특사임을 입증할 만한 근거가 있습니까?'라고 물었고, 나는 '물론 없습니다. 나는 총통의 대리입니다'라고 답했습니다. 그러면 또 '총통이 보냈습니까?'라고 물었고, 나는 '내 임무에 대해 총통은 아무것도 모릅니다'라고 답했습니다. 그러자 영국인들은 이렇게 말했습니다. '그렇다면 당신은 생포된 조종사일 뿐이오. 전쟁포로란 말이오. 당신 부대가 어디에 어떻게 배치돼 있는지 말하시오.'"

영국군의 전쟁포로로 4년을 보내는 동안, 한때 런던탑Tower of London에 수감되기도 했던 헤스가 마주한 사람들은 군 심문관과 하급 공무원, 그리고 정신과 의사 들뿐이었다. 심문관들은 그의 이력을 이미 알고 있었다. 그는 이집트 알렉산드리아에서 독일인 상인 부부의 아들로 태어났고, 제1차 세계대전 동안 히틀러와 함께 바이에른 제16연대에서 복무했으며(둘이 서로 알게 된 것은 전쟁 뒤였다), 조종 훈련도 받았다. 그는 뮌헨대학교에 다니던 시절 반민주 선동가들의 영향을 받았고, 히틀러의 나치 운동에 초기부터 가담했다. 뮌헨 폭동Munich Putsch*** 이 실패한 뒤에는 장차 총통이 될 히틀러와 함께 란츠베르크 교도소에 수감되었고, 그곳에서 히틀러의 『나의 투쟁』을 받아 적었다. 나치가 정치적 권력을 장악해 가면서 그는 지도자의 부상과 영광을 위해 전력을 쏟았다. 나치 내부에서 그는 히틀러의 가장 확고한 지지자로 알려져 있었다.

히틀러는 헤스를 개인 비서로 삼고 당의 정치 운영 전반을 맡기다시피 했으며, 1933년에는 총통 대리로 임명했다. 이 시기 히틀러가 후계자를 헤스가 아닌 괴링으로 정한 데는 헤스의 밋밋한 가구 취향 때문

***　　　　1923년 히틀러와 나치당이 뮌헨에서 벌인 무장 쿠데타로 '맥주홀 폭동'으로도 불린다.

이라는 이야기도 돌았다. 1930년대 중반으로 가면서 헤스는 정권의 가장 가혹한 조치들에 잇따라 가담하며 영향력을 키워갔다. 이른바 장검의 밤이라 불린 숙청 과정에서 나치 내부의 불순분자들을 제거하는 데 협력했고, 뉘른베르크법을 비롯한 각종 반유대 입법의 통과에 힘을 보탰으며, 해외에서 친독일 단체의 결성을 도왔고, 끝내 홀로코스트로 이어진 소수 집단 탄압에 가담했다. "버터보다 총"이라는 구호를 만들어 재무장을 독려한 헤스는 나치당 집회에서 자주 연단에 섰고, 거대한 군중 앞에서 히틀러를 소개하며 독일이 전쟁으로 가는 길을 지지해 달라고 대중에게 호소했다. 개성도 없고 허세도 없어 카리스마와는 거리가 멀었다. 그는 히틀러의 판단에 지나치게 순응한 나머지, 아내마저 히틀러가 골라주었다는 소문까지 돌았다.

헤스가 체포된 직후 이루어진 검사에서 N. P. 딕스N. P. Dicks 박사는 전쟁이 발발해 히틀러의 잔혹성과 무자비함이 드러나기 전까지 히틀러가 헤스에게는 아버지 같은 존재였을 것이라고 추측했다. 이후 헤스는 히틀러에게 품던 자식으로서의 애정을 조지 6세King George VI*에게로 옮기고, 국왕과의 회담을 통해 전쟁을 끝낼 수 있다는 식의 평화 계획을 머릿속에서 꾸며냈다는 것이다. 영국에서 헤스의 정신과 주치의였던 J. R. 리스J. R. Rees도 이 판단에 동의하고 그의 진료를 맡았다. 1943년 10월부터 16개월 동안 헤스는 과거의 일, 심지어 유년기 기억까지 없다고 주장했다. 영국 의사들은 전신마취제 에비판을 이용해 외부의 암시로 기억을 되살리려는 마취하최면요법을 시도했으나 실패했고, 이후 헤스는 같은 종류의 치료를 모두 거부했다. 그러다 1945년 2월이 되자, 그는 이전의 기억상실amnesia이 사실은 모두 자신이 꾸며낸 것이라고 말했다. (켈리는 훗날 "그런 식의 허위 주장은 헤스와 같은 성

---

*   제2차 세계대전 당시 영국과 영연방의 국왕.

격 유형에서 전형적으로 나타난다"라고 적었다.) 그런데 1945년 7월에 이르러 헤스는 다시 말을 바꾸어 기억상실이 재발했다고 주장했다. 그는 자신을 구금하고 있던 영국 측에 유대인들이 최면을 걸어 자신의 정신과 의사들을 포함해 전 세계의 사람들을 통제하고 있다고도 말했다.

평화 사절 임무가 수포로 돌아가자 분노와 좌절에 휩싸인 헤스는 영국의 감시자들이 자신을 죽이려 한다고 생각했다. 평생 건강염려증 환자였고 자연식이 몸에 좋다고 굳게 믿어온 그는 제공되는 모든 식사에 의심을 품었고, 때로는 독살을 피하려고 교도관과 접시를 바꾸어 먹기도 했다. 의사들은 그가 지켜보는 앞에서 약을 시험 삼아 직접 먹어보기도 했다. 그럼에도 헤스는 자신의 목숨이 위태롭다고 믿었다. 오염되었다고 우기는 음식은 종이 봉지에 단단히 싸서 따로 보관했고, 그의 편집증은 러시아인과 유대인, 그 외 적들에게서 박해를 받는다는 망상으로까지 번져갔다.

헤스는 영국군에 포로로 잡혀 있는 동안 두 차례 자살을 시도했다. 첫 번째는 1941년이었다. 그는 자신의 감방으로 정신과 의사를 불러놓고는 의사를 옆으로 밀쳐 내고 열려 있던 문으로 뛰쳐나가 계단 쪽으로 달렸다. 그러고는 난간을 넘어 아래층으로 몸을 던졌고, 서툰 자세로 떨어지면서 왼쪽 넓적다리가 세 군데나 골절됐다. 그 뒤 1945년에는 빵칼을 가슴에 찌르고 경비병에게 말했다. "봐요! 내가 심장을 찔렀소." 무딘 칼이라 상처는 심하지 않아 봉합도 두 바늘이면 충분했다. 헤스는 유대인들이 자신에게 자살을 부추기려고 일부러 칼을 근처에 두고 갔다고 했다. 그의 사고에 심각한 장애가 있어 보였기 때문에, 처칠은 그를 뉘른베르크 국제군사재판소에 전범 피의자로 넘기기보다 독일로 송환하는 방안을 검토하기도 했다. 그러나 소련은 그를 반드시 재판에 회부해야 한다고 주장했다. 헤스가 뉘른베르크로 이송되기 직전, 영국인 의사는 그가 편집증적 망상 상태에 있다고 진단했다.

앤드러스 대령이 헤스를 뉘른베르크 교도소로 호위해 들어갔고, 불과 몇 분 만에 그들은 복도에서 괴링과 마주쳤다(사전에 계획된 만남은 아니었다). 앤드러스는 이렇게 회상했다. "헤스는 곧바로 괴링을 알아보더니 걸음을 멈추고 팔을 번쩍 들어 나치식 경례를 했습니다. 괴링은 놀란 기색이었고, 교도소 내에서 금지된 행위였기 때문에 경례로 응답하지 않았습니다. 나는 헤스에게 '다시는 그렇게 경례하지 마시오! 여기서는 용납되지 않소. 이 교도소에서 그건 저속한 몸짓이오'라고 했습니다. 그러자 그는 깊게 들어간 검은 눈으로 나를 빤히 쳐다보더니, 차분하게 말했습니다. '나치 경례는 저속하지 않습니다.'"

앤드러스가 전 총통 대리에게 교도소의 다른 규정을 설명하는 동안, 헤스는 아무 대꾸도 하지 않은 채 무표정하게 서 있었다. 앤드러스는 훗날 "헤스가 나를 차갑고 멍한 눈빛으로 뚫어지게 보았다"라고 회상했다. 마침내 헤스는 격앙된 목소리로 영국인들이 자신의 음식에 독약을 넣으려 했다는 이야기를 꺼냈다. 헤스는 자신이 지니고 있던 것들을 모조리 내놓았다. 회중시계, 열쇠, 루프트바페 시계, 은제 밀랍 인장 같은 개인 소지품은 물론, 영국에 구금되어 있을 때부터 오염되었다고 주장하며 따로 보관해 온 설탕, 초콜릿, 크래커 봉지들도 있었다. 그 봉지들은 빨간 밀랍으로 봉인돼 있었다. 앤드러스는 곧바로 이 수감자의 정신 이상이 연기라고 판단했다. "내가 그때 구두와 서면 보고서에서 밝혔듯이, 그는 완전한 가짜였다."

이후 켈리를 만났을 때 헤스는 수년째 자신을 괴롭혀 온 위경련을 호소했다. 하지만 약은 거부했고, 약초요법과 동종요법, 비타민 치료를 선호한다고 말했다. (독일에서 헤스는 자신의 이름을 딴 대체의학 병원을 세웠는데, "그곳의 유일한 요건은 거기서 일하는 사람이 의사가 아니어야 한다는 점이었다"라고 켈리는 전했다.)

헤스는 감방에서 켈리와 처음 만난 자리에서 강한 인상을 남겼다. 그는 스코틀랜드로 떠날 때 입었던 그대로 루프트바페 제복에 전투기 조종사 가죽 부츠를 신고 있었다. 과거의 일, 심지어 자신의 생일이나 출생지조차 기억나지 않는다고 말하면서도, 독이 묻었다고 주장하는 음식 봉지들의 처리 문제에는 각별한 관심을 보였다. (이들 봉지 가운데 일부는 훗날 켈리가 넘겨받아 미국으로 가져갔다.) 켈리와 동행했던 돌리부아는 이렇게 회상했다. "태도는 몹시 격식 있고 공손했지만, 묘하게 섬뜩한 구석이 있었어요. (…) 멍하니 먼 데를 응시하는 표정이 그가 온전히 정상은 아니라는 인상을 주었습니다." 그는 통역으로 갔지만 헤스는 영어를 유창하게 구사하고 완벽하게 이해했다. 돌리부아는 이미 헤스에 대한 여러 이야기를 들은 터였다. 건강염려증, 편집증, 점성가와 돌팔이 치료사에 대한 맹신, 나치 과거를 기억하지 못한다는 주장 등을 떠올리며 그는 그 수감자를 "영 믿음이 안 가는 얼뜨기" 정도로 여겼다. "정말 지독하게 연기를 잘하더군요."

　전 총통 대리의 행동은 교도소 직원들을 종종 당혹스럽게 했다. 어느 날은 미화 1달러 지폐에 몇몇 나치 수감자들의 서명을 모으던 한 경비병이 헤스의 감방을 찾아와 서명을 청했다. 켈리의 기록에 따르면 이랬다. "헤스는 미소를 지으며 서명하겠다고 하고는 지폐를 받아 감방 뒤쪽으로 갔다. 그러더니 그 경비병을 향해 다시 미소 짓고 고개를 숙여 인사한 뒤, 지폐를 잘게 찢어 창밖으로 던졌다. 헤스는 또 한 번 미소를 지으며 '우리 독일인의 서명은 아주 귀한 것이지요'라고 말했다."

　켈리는 헤스가 당장은 정신이 온전하고 정신병 증상도 없지만, 재판이 다가오면 신경쇠약에 걸릴 수 있는 "히스테리형 중증 신경증 환자"라고 생각했다. 헤스는 켈리에게 "나는 평생 누군가가 나를 죽일지도 모른다고 느끼며 살아왔습니다"라고 말한 바 있었다. 그는 다시 자살을 시도할 수도 있었고, 켈리는 그가 "최종 처분을 받기 전 히스테리성 돌발 행동을 보일 가능성도 매우 크다"라고 우려했다.

켈리는 헤스가 기억상실을 너무 오래 가장한 나머지 결국 그것을 믿게 되었을 가능성이 있다고 적었다. 그는 헤스의 기억상실이 히스테리성 자기암시와 의식적인 꾀병이 복잡하게 얽힌 결과라고 결론지었다. 헤스의 전반적 정신 건강에 대해서 켈리는 이렇게 덧붙였다. "거리를 온전한 정신, 보도를 정신 이상으로 본다면, 헤스는 대부분의 시간을 길가 연석 위에서 보냈다."

켈리는 헤스에게 가장 적절한 방법은 영국이 시행했던 마취하최면 치료를 재개해 기억을 회복시키는 것이라고 보았다. 다만 에비판 대신 전선에서 전투 피로 병사들을 치료할 때 성공적으로 썼던 약물인 소듐 아미탈이나 소듐 펜토탈을 쓰고 싶어 했다. 그는 훗날 이렇게 털어놓았다. "정맥주사만 놓았어도, 이틀이면 그의 기억상실 중 무엇이 진짜이고 무엇이 가짜인지 알아낼 수 있었을 겁니다." 그러나 전투 피로를 겪은 병사들을 치료한 경험상, 켈리는 이 약물들이 드물긴 하지만 치명적 반응을 일으킬 위험을 지닌다는 점도 알고 있었다. "내가 직접 치료한 1,000건이 넘는 사례에서 단 한 번도 본 적은 없지만"이라고 덧붙이긴 했지만 말이다. 어찌 됐든 켈리는 마취하최면이 지닌 잠재적 가치가 그 위험을 능가한다고 보았다. 만약 헤스의 기억상실이 진짜라면 완전한 회복이 가능할 것이고, 꾀병이라면 회복이 일어나지 않는 사실 자체가 그가 꾀병을 부리고 있었다는 점을 드러낼 것이다. 켈리는 앤드러스에게 이 치료의 승인을 요청했다.

앤드러스 대령은 헤스에게 약물을 투여하는 데 신중했다. 그는 다가올 재판의 미국 측 수석검사인 미 연방대법관 로버트 잭슨에게 이렇게 보고했다. "헤스는 영국이 자신을 독살하려 했다고 믿고 있거나, 적어도 그렇게 꾸미고 있습니다. 약물로 치료하면 우리에 대해서도 같은 의심이나 주장을 제기할 수 있습니다. 그런 과도한 경계와 소동은 환자에게 해가 될 수 있으며, 검찰 측에도 말할 것도 없이 불리합니다." 잭슨은 만약 자신의 가족 중에 기억상실 환자가 있다면 이 치료에 동의하겠다고 하면서도, 헤스의 경우에는 아주 미미하더라도 해가 될 가능성이 있다는 점을 들어 약물 사용을 허락하지 않았다. 잭슨의 결정을 통보받기 전, 켈리는 기억상실을 극복하기 위한 마취하최면 사용에 대해 헤스의 의견을 물었다. 처음엔 수긍하는 듯하던 헤스는 켈리가 그것이 "항상 효과가 있다"라고 하자 태도를 바꾸어 치료를 거부했고, 어떤 형태의 최면도 받지 않겠다고 했다. 켈리는 이렇게 적었다. "오랫동안 그가 매독 검사인 바서만 검사를 위한 채혈조차 거부했지만, 이 일만큼은 상부에서 우리의 손을 들어주어 시행할 수 있었다."

한편 미 육군 심문관들은 헤스의 기억상실이라는 방패를 깨뜨리려 했다. 먼저 그의 옛 지정학 교수이자 멘토였던 카를 하우스호퍼Karl Haushofer를 불러들였다. 그가 "루돌프, 나를 기억하지 않나? 함께 산책하며 책 이야기를 하던 것 말일세"라고 말했지만, 헤스는 전혀 알아보지 못했다. 이어 과거 비서 여덟 명을 데려왔지만 헤스는 멍하니 바라볼 뿐이었다. 그들은 심지어 그를 다시 괴링과 마주 앉히기도 했다. 히틀러의 총애를 놓고 다투던 옛 경쟁자였던 헤스에 대한 오래된 앙금 때문에, 괴링은 헤스의 기억상실이 진짜든 가짜든 그 주장을 완전히 무너뜨리려 했다. 그러나 그들의 대화록은 헤스의 잃어버린 기억보다 괴링의 허영심만을 더 또렷이 드러내고 있다.

괴링:　나를 모르겠나? 알아보지 못하겠나?

헤스:　개인적으로 아는 건 아닙니다만, 당신의 이름은 기억합니다.

괴링:　하지만 우리 자주 이야기했잖나.

헤스:　함께 있었겠지요. 아마 그랬겠지요, 그랬을 겁니다. 제가 총통 대리였으니 당신 같은 고위 인사들을 만났겠지요. 다만 제 힘으로는 누구도 기억할 수 없습니다.

괴링: 들어보게, 헤스. 나는 루프트바페 총사령관이었고, 자네는 내
      가 보낸 비행기 중 하나를 타고 영국으로 갔지. 내가 루프트
      바페 총사령관이었던 걸 기억 못 하겠나? 처음엔 육군 원수
      였고, 나중엔 제국 원수가 됐는데, 그것도 기억나지 않나?

헤스: 모르겠습니다.

괴링: 제국 의회에서 열린 회의 때, 자네도 지켜보고 있었잖나. 그
      때 내가 제국 원수로 임명된 거, 그거 기억 안 나나? 자네 정
      말 기억 안 나?

헤스: 기억나지 않습니다.

괴링: 총통이 그때 제국 의회에서, 자기에게 무슨 일이 생기면 내
      가 후계자가 되고, 또 내게 무슨 일이 생기면 자네가 내 후계
      자라고 발표했는데, 그건 기억나나? 기억 안 나나?

헤스: 안 납니다….

괴링: 자네가 빌헬름슈트라세에 있는 궁으로 들어갔던 거 말일세.
      그 궁은 원래 프로이센 총리였던 내 소유였는데, 자네가 거
      기 살 수 있게 해 준 것도 나였지. 그건 모르나?

헤스: 잘 모르겠습니다.

켈리는 괴링이 "나치당은 강한 남자들로 이루어져 있다"라는 허구
를 지키려 한다고 생각했다. 그런 괴링도 결국 진저리를 치며 포기했
고, 헤스를 두고 "완전히 미쳤다"라고 단정했다. 그는 돌리부아에게 이
렇게 말했다. "우리는 처음부터 헤스가 정상이 아니라는 걸 알고 있었
소. 그가 영국으로 날아간 일만 봐도 자명하지 않소." 돌리부아는 괴링
이 겉으로는 헤스가 나치 정권의 영화로운 시절을 기억하지 못하는 점
이 가장 못마땅하다고 했지만, 사실은 다가오는 재판에 정신적으로 온
전한 최고위 동지 없이 나서야 하는 자신의 처지를 더 두려워하고 있

는 것이 아닐까 의심했다.

　교도소 복도 안쪽에서 슈트라이허는 유대인 신분을 숨긴 통역관 하워드 트리스트와 겉으로는 우호적 관계를 유지했고, 그를 "완벽한 북유럽인"이라고까지 불렀다. 독일 내 종교 집단에 대한 범죄를 국제군사재판소에 보고하기 위해 정보를 모으던 트리스트는 슈트라이허의 감방에 차분히 앉아, 슈트라이허가 유대인을 향해 퍼붓는 독설을 들으며 메모를 했다. 슈트라이허는 트리스트에게 "나는 멀리서도 유대인 냄새를 맡을 수 있어"라고 말했다. 그는 켈리가 유대인일 것이라고도 강하게 의심했다. "그들의 얼굴에서, 눈에서, 머리카락에서, 걷는 모습에서, 심지어 앉아 있는 자세에서도 알 수 있지. 하지만 자네는 순수한 아리아인이지, 나는 다 알아." 그는 유대인 개인을 싫어하는 것은 아니라고 주장했고, 이전에 자신을 치료해 준 유대인 의사를 칭찬하기까지 했지만, 인종 간 통혼의 위험을 세상에 널리 알렸다는 점에서 자신의 반유대주의 출판 활동이 세상을 더 낫게 만들었다고 강변했다. 심지어 그는 영어로 번역해야 할 서류 몇 장을 켈리나 다른 유대인일지도 모를 사람에게 맡길 수 없어서 트리스트에게 건네기도 했다. "자, 자네가 번역하게. 자네는 훌륭한 독일인이니까."

　알프레트 로젠베르크는 말을 아끼고 거리를 두었으며, 교도소 직원들과 이야기할 때에도 나치즘과 독일의 반유대주의가 어떻게 부상했는지를 둘러싼 비현실적인 이론에서 좀처럼 벗어나지 못했다. 다만 이 주제를 말할 때면 졸린 얼굴에 생기가 돌았다. 로젠베르크는 자신의 저서 『20세기의 신화』 이야기를 몹시 좋아했다. 켈리는 이 책을 "믿기 어려울 만큼 모호하고 흐릿하다"라고 평가한 바 있다. 이 인종 이론가는 유럽인들 사이의 통혼으로 인해 인종적 구별이 대부분 사라졌다는 점은 인정하면서도, 유대인은 종교적 전통 덕분에 인종적 순수성을 유지해 왔다고 주장했다. 그는 유대인이 아시아와 아랍에 뿌리를 두고 있다고 믿었다. 별개의 인종으로서 유대인은 북유럽인과의 통혼을 통해 북유럽인들 사이에 남아 있던 동질성을 약화시킬 수 있었다. 타 인종과의 통혼을 범죄로 규정한 조치는 독일인들에게 이른바 인종적 불순물을 벗겨 내기 위한 첫 단계였다. 로젠베르크의 주장에 따르면 북유럽계 미국인들은 서로 다른 인종 집단을 지리적으로 멀리 떨어진 보호구역으로 추방하는 방식으로만 자국을 인종적 오염에서 지킬 수 있었다. 독일도 외부의 간섭만 없었다면 그런 조치를 취했을 터이나, 그 간섭 때문에 나치에게는 절멸만이 "최선의 선택"으로 남게 되었다. 또 그는 다른 집단을 강제 노역에 동원하거나 몰살시켜 북유럽인의 지위를 끌어올리려는 자신의 계획이 서너 세대 안에 극적인 효과를 낳았을 것이라고 켈리에게 말했다.

통역을 맡은 돌리부아와 함께 로젠베르크의 감방을 찾았을 때, 켈리는 그의 출간 저작 가운데 하나에 대해 물었다. 로젠베르크는 돌리부아가 가톨릭 신자임을 알고 있었기에, 돌리부아가 들고 있던 책을 탁 덮어버리고, 돌리부아가 있는 자리에서는 그 책에 대해 이야기하지 않겠다고 했다. 그러고는 켈리에게 이렇게 말했다. "이 젊은 장교는 자기 나라를 위해 일하고 있습니다. 훌륭한 군인이자 훌륭한 가톨릭 신자이기도 하지요. 나는 그의 삶의 방식을 바꾸고 싶지 않습니다. 이 책을 읽기만 해도 이 젊은 장교는 즉시 교회를 버릴 테니까요." 돌리부아는 훗날 로젠베르크와 나눈 이런 대화를 "어리석은 대화"였다고 회고했다.

한편 리벤트로프는 로젠베르크만큼도 자신을 추스르지 못했다. 교도소 관계자들은 그가 자기 연민에 빠지고, 위축되어 있고, 수동적이며, 좌절감과 우울에 잠겨 있다고 보고했다. 52세라기에는 너무 노쇠해 보였고, 잠도 설쳤으며, 두통에 시달렸고, 감방은 많은 방문자들이 불안정한 정신 상태를 드러낸다고 여길 정도로 늘 지저분했다. 다른 수감자들도 놀라지 않았다. 샤흐트는 리벤트로프의 "보기 드문 우둔함"과 무례하고 냉정한 모습을 꼬집었다. 켈리는 그를 자살 위험군으로 보았지만, "선고가 내려져 우울의 짐이 덜어지면 그 특유의 오만함이 통째로 되살아날 가능성이 높다. 그렇게 되면 그는 자신의 형벌을 꽤나 담대하게 받아들일 것이다. 다만 마지막에는 무너질 수도 있다"라고 예견했다.

괴로움에서 벗어날 탈출구로, 한때 히틀러유겐트* 지도자이자 빈 총독이었던 발두어 폰 시라흐는 시를 쓰기 시작했다. 그는 정신과 의사의 평가를 받으려고 「죽음에게」라는 제목의 시 한 편을 내보였는데, 그 시에는 앞날에 대한 그의 불안이 고스란히 배어 있었다.

그대의 어두운 눈빛을 너무나 자주 보았기에
이제 그대는 내게 오래된 친구와도 같다.
총탄이 채찍처럼 휘몰아칠 때 그대는 사선에 서서
나를 바라보았지. 왼편에서도 오른편에서도
내 이웃이 쓰러졌건만, 그대는 고개를 돌렸다.
나는 나중에 홀로 무덤 하나하나에 인사했다.
폭탄이 하늘에서 터질 때마다
그대는 집 안의 말 없는 손님을 내게로 데려왔다.
그래도 아직 그대는 나를 거두지 않았다.
친구여, 나는 안다. 그대의 눈길이 내게 닿아 있음을.

---

* 나치 독일의 공식 청소년 조직으로 14~18세 독일 소년들에게 나치 이념과 군사 훈련을 주입하기 위해 운영된 단체.

시라흐의 감방을 찾은 이들은 그가 수척하고 어딘가에 쫓기는 듯한 기색이 보인다고 했다. 어쩌면 교도소 시인에게 어울리는 표정일지도 모른다. 그는 변호인들에게조차 알리고 싶지 않던 이야기를 켈리에게 만 털어놓았다. 켈리는 10월 27일 면담 후 이렇게 기록했다. "그는 단한 건의 예외도 허용되지 않는다는 엄명이 내려져 있었음에도, 몇몇 유대인을 강제수용소에서 구해내려고 자기 목숨까지 걸고 개입했다. 그러나 살해된 희생자가 그토록 많은데, 자신이 구한 몇 사람을 내세워 선처를 구하며 다른 몇몇처럼 민망할 정도로 궁색한 변론을 늘어놓으면서까지 체면을 떨어뜨리고 싶어 하지는 않았다."

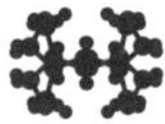

뉘른베르크 교도소에서도 수감자들의 삶은 계속되었다. 그들은 운동장으로 나가 자신이 가져온 옷이나 교도관들에게서 얻어 입은 누더기 옷차림으로 돌아다녔다. 괴링은 경비병들이 탐을 내며 담배 몇 갑과 바꾸고 싶어 할 정도인 노란 승마 부츠를 과시하듯 신고 있었고, 로젠베르크는 작업복 차림으로 운동장을 거닐었으며, 시라흐는 어찌된 영문인지 군용 위장 재킷 한 벌을 구해 걸치고 다녔다. 슈트라이허는 따돌림을 당했고 샤흐트는 동료 수감자들을 피했지만, 나머지는 삼삼오오 모여 근황을 나누고, 가족 걱정을 하고, 불평을 털어놓으며 앞날을 가늠해 보았다. 괴링은 늘 그들의 기운을 북돋우려 애쓰며, 자신들이 한때 독일의 지도층이었다는 사실을 잊지 말라고 격려했다. 그들이 잘못한 것은 연합국에게 패했다는 사실뿐이라며 동료들을 다독였다. 그러나 켈리가 보기에는 거의 모든 나치 수감자가 우울증을 앓고 있었기에, 사기를 북돋우는 그의 역할은 쉽지 않았다.

앤드러스 대령은 그들이 밤마다 어떤 꿈을 꾸는지 궁금했다. 많은 수감자가 자신에 관한 꿈을 꾼다는 사실은 전혀 놀랍지 않았다. 그는 이 렇게 추측했다. "나는 그들이 맞닥뜨린 운명의 상징이었지요. 교도소에 갇힌 사람들은 대개 교도관을 미워하는 경향이 있습니다. 교도관은 그 들이 저지른 악행에 대해 언젠가 직면해야 할 보복의 화신으로 비치거 든요." 반면 교도소의 목사나 사제들은, 적어도 예배에 나오는 이들에 게만큼은 좀 더 자비로운 존재로 받아들여졌다. 그 예배자들 가운데 로 젠베르크, 슈트라이허, 헤스는 없었다. 개신교 목사 헨리 게레케와 가 톨릭 신부 식스투스 오코너는 수감자들에게 인기가 있었고, 두 사람은 서로의 신도들이 저지른 악행을 두고 농담을 주고받기도 했다. 오코너 신부가 게레케 목사에게 말했다. "적어도 우리 가톨릭은 이 범죄자들 가운데 여섯 명만 책임지면 됩니다. 당신네 루터파는 장부에 15명이나 올라 있잖아요." 게레케는 나치 수뇌부가 "따로 떼어놓아야 할 별종"이 아니라고 확신했다. 편견과 탐욕에 물들어 있긴 하지만, 본디 다른 사 람들과 다르지 않은 이들이라고 그는 보았다.

예배당에 서둘러 가 늘 좋은 자리를 차지하려 애쓰던 괴링은 게레케 가 가장 자주 본 수감자 중 하나였다. 괴링은 소박한 장식의 제단 옆에 앉아, 곁에서 거친 숨을 쉬듯 쌕쌕거리는 오르간 소리에 맞춰 누구보다 큰 목소리로 찬송가를 불렀다. 앤드러스는 "오르간 소리가 묻힐 뻔했 지요"라고 회고했다. 그러나 그는 예배당을 그저 사람들을 만나는 자 리쯤으로 여겼을지도 모른다. 자신이 신앙에서 멀어진 루터교 신자라 고 게레케에게 털어놓았기 때문이다.

1923년 맥주홀 폭동에 가담했던 대머리에 딱딱한 인상의 인물, 나치 점령하 폴란드의 전 총독 한스 프랑크는 10월 25일 감방에서 세례를 집전한 식스투스 오코너 신부의 영향 아래 일종의 모범수처럼 변해 있 었다. 히틀러의 개인 변호사로 출발하여 수백만의 유대인과 폴란드인 의 죽음에 책임이 있는 잔혹한 행정가로 타락한 그는, 자신이 관할하던 구역에서 폴란드와 유대 문화를 지워버리려 했다. 그는 교도소 관계자들의 보살핌에 일일이 감사 인사를 하고, 정서적으로 안정된 모습을 보였으며, 전쟁 초기에 히틀러가 자신의 여러 정치적 직함을 박탈했을 때를 배신이라 부르면서 그 뒤 가톨릭 신앙에서 위안을 찾았다고 고백했다. (그는 나치에 입당하면서 교회를 떠났다.) 켈리는 프랑크에 대해 이렇게 적었다. "그는 본질적으로 죄책감을 느끼지만, 교회로 돌아온 뒤로는 그 죄책감을 막아낼 보호막으로 평온한 태도를 길러왔다. 적어도 자기 생각에 프랑크 자신은 거대한 비극의 주인공이자, 신의 대리자였다. 한때 영혼을 팔아넘겼다가 이제는 목숨을 대가로 그것을 되사들이고 있다고 믿었던 것이다." 프랑크의 이런 위선적인 태도, 즉 켈리가 "지복의 평온"이라 부른 상태는 이 정신과 의사의 입에 씁쓸한 뒷맛을 남겼다.

켈리는 해군 제독 카를 되니츠에게서 한결 긍정적인 인상을 받았다. 그는 다소 거리를 두지만 친절한 인물로, 번뜩이는 유머 감각을 자주 드러냈고 우울한 기색은 보이지 않았다. 희끗한 머리카락과 장난기 어린 눈매를 한 되니츠는 교도소 생활의 불편함, 곧 식사나 감방에 덩그러니 놓인 시트도 뚜껑도 없는 변기 같은 것들을 두고도 익살스러운 농담을 곧잘 던졌다고 한다. 앤드러스에게 보낸 정신의학 보고서에서 켈리는 되니츠를 "이들 가운데 가장 내적으로 통합되고 균형 잡힌 성격의 소유자 중 한 사람"으로 보았고 "창의적 역량과 상상력, 충실한 내면을 지닌 인물"이라고 평가했다. 영어 실력을 높이는 데 전념한 그는 시를 읽었고, 뛰어난 지성으로 켈리에게 깊은 인상을 남겼다. 켈리는 이렇게 단언했다. "내 생각에 히틀러가 되니츠를 후계자로 지명한 것은 옳은 판단이었다. 되니츠는 의심의 여지 없이 위대한 지도자이며 매우 유능한 인물이다."

어떤 수감자들은 머지않아 닥칠 전범 기소에 대비했고, 어떤 이들은 편지를 쓰거나 책을 읽었다. 교도소 사서는 나치 수감자들이 신청한 책들의 수준이 높다고 평했다. 특히 괴테 작품을 찾는 이가 많았다. 헤스는 이어지는 몇 달 동안 이들 가운데 손꼽히는 독서광으로 하루에 책 두 권씩을 독파하곤 했다. 샤흐트는 베토벤 서간집 여러 권을 정독했다.

켈리는 뉘른베르크 교도소의 다른 동들에서도 시간을 보냈다. 그곳에는 하급 전범 용의자들과, 향후 재판에서 증인으로 쓰일 가능성이 있어 연합국이 임시로 붙잡아 둔 이들이 수용되어 있었다. 그곳에서 그는 히틀러의 주치의이자 정신적·신체적 장애를 가진 시민을 대상으로 한 나치 안락사euthanasia 프로그램의 책임자였던 카를 브란트Karl Brandt와 자주 이야기를 나누었다. 브란트는 제3제국의 의료 정책을 총괄하던 레오나르도 콘티Leonardo Conti의 지휘 아래 일했다. 전쟁 막바지에 히틀러는 브란트가 명령을 어기고 가족과 함께 베를린을 떠났다며 그의 처형을 지시했다. 켈리는 교도소 면담 기록 수첩에 브란트의 논리를 이렇게 적어두었다. "인간의 기준으로 볼 때 치유 불가능한 자들의 죽음을 승인할 것. (…) '삶 없이 존재만 하는 것.'" 한편 켈리는 1944년 히틀러의 축농증 치료를 위해 촬영된 머리뼈 엑스레이 사진 한 세트를 뉘른베르크에서 가져왔는데, 브란트가 그 사진을 어디에서 구할 수 있는지 알려주었을 가능성이 있다.

켈리는 나치의 심리 분석 기록을 차곡차곡 쌓아가고 있었다. 그의 핏속에는 맥글래션 가문에서 물려받은 수집벽이 흐르고 있었다. 켈리는 자신의 가족이 소유하고 분류하려는 충동에 얼마나 강하게 이끌렸는지 잘 알고 있었다. 그의 할아버지 찰스 맥글래션은 나비 표본 2만 점을 모았다. 그는 나비에 가스를 주입해 죽인 다음 상자에 보관했는데, 그 상자는 자신이 설계하고 특허까지 냈다. 표본들을 원하는 만큼 가까이에서 관찰할 수 있었기에 그는 한가할 때마다 그것을 들여다보았다. 나비 한 마리마다 하나의 세계가 들어 있었다. 상자에 고정된 수수께끼는 이제 더 이상 난공불락이 아니었다. 수십 년이 흐른 뒤, 맥글래션의 손자인 켈리는 뉘른베르크의 표본들에서도 그에 못지않은 매혹을 발견했다.

그는 곧 앤드러스의 허가를 받아 나치 수감자들에게 로르샤흐 잉크 반점 검사를 실시하기 시작했다. 켈리는 이 검사가 법정에서는 거의 쓸모가 없다는 사실을 알고 있었고, 실제로 국제군사재판소는 그 결과를 참고하지도 않았다. 그럼에도 그가 잉크 반점 검사를 선택한 이유는 이 평가 도구를 잘 알고 있었으며, 역사적 인물들이 한데 모인 이 집단을 면밀히 들여다볼 수 있는 흔치 않은 기회를 놓치고 싶지 않았기 때문이다. 로르샤흐 검사는 피검자에게 이야기를 하게 함으로써 그 내면으로 들어가 감정과 태도, 성격을 살펴본다는 점에서 일반 의미론의 기법과 유사한 방식으로 기능했다.

교도소라는 부자연스러운 환경에서도 로르샤흐 검사는 평소라면 좀처럼 들여다보기 어려웠을 성격의 깊은 영역으로 들어가는 문을 열어주었다. 켈리는 로르샤흐 검사를 "정신감정에서 가장 유용한 단일 기법"이라고 불렀다. 만약 뉘른베르크 수감자들의 로르샤흐 검사 결과에서 일정한 양상이나 유사성이 드러난다면, 켈리는 '나치 정신'의 핵심적 특징에 성큼 다가서게 될 터였다. 이 검사는 무대 마술처럼 검사자의 숙련도와 해석 기술에 크게 의존했다.

켈리는 각 수감자의 감방에서 로르샤흐 검사를 실시했으며, 대개 나치 수감자들은 침상에 앉은 채 검사를 받았다. 피검자가 영어에 능통하더라도 켈리는 통역을 옆에 두고 진행하는 쪽을 선호했고, 번역 과정의 오류를 줄이기 위해 돌리부아와 트리스트 둘 다에게 로르샤흐 채점법을 가르쳤다. 교도소 생활의 단조로움에 지쳐 있던 탓에 비록 전원이 그런 것은 아니었지만 대부분의 나치 수감자들은 검사에 협조적이었다. 켈리는 이에 대해 "그중 많은 이들이 검사 프로그램을 호의적으로 평가했다"라고 기록했다. 때로는 응답을 분명히 하기 위해 같은 수감자를 다시 찾아가야 했다. 이는 "연구 대상이 늘 가까이 있다는 장점" 덕분에 가능한 일이었는데, 교도소에서 일하는 정신과 의사만이 누릴 수 있는 특권이었다. 그는 약 한 달 뒤 로르샤흐 검사를 한 차례 더 실시할 계획을 세웠다.

　수감자들은 예상대로 카드를 제각기 해석했다. 빈 흰 공간을 반원형으로 이어진 회색과 검은 얼룩이 둘러싼 카드 VII은 실로 다양한 반응을 이끌어 냈다. 카를 되니츠는 "아주 아름답군요. 서로를 바라보는 두 소녀의 얼굴이 보이네요. 인생의 비밀을 알고 싶어 하는 표정입니다. 함께 춤추고 있을지도 모르겠군요"라고 했다. 로베르트 라이는 같은 카드를 보고 "구름 형상이군요. 먹구름입니다"라고 묘사했다. 요아힘 폰 리벤트로프는 그림을 10초쯤 뚫어지게 바라보다가 아무 말도 하지 않았다.

　로르샤흐 검사는 특히 괴링의 관심을 끌었다. 그는 검사 내내 활기차게 이야기를 주고받고 웃음을 터뜨리며 손가락을 탁탁 튕기고, 일부 카드는 해석하기 어렵다고까지 평했고, 검사 과정도 자신에게 쏠린 관심도 마음껏 즐겼다. 켈리는 예비 보고서에서 괴링은 "루프트바페에 이런 훌륭한 검사 기법이 마련되어 있지 않았던 점을 안타까워했다"라고 썼다. 이어 그는 검사 도구가 없었던 건 결국 나치 자신들의 탓이라고 꼬집었다. "아마도 나치가 독일 지식인의 역할을 그토록 철저하게 억압하지 않았다면, 상당 부분 독일에서 개발된 이런 검사 기법들은 쉽게 구할 수 있었을 것이다."

켈리는 괴링의 검사 결과를 해석하며 몇 가지 두드러진 특징에 주목했다. 무엇보다 그의 응답 대부분에는 켈리가 '운동성 결정 요인'이라 부르는 반응 양상이 나타났다. 그림을 설명할 때 사람이나 동물의 움직임을 자주 끌어들이는 방식이었다. 뜻밖에도, 켈리의 기대와 달리 이런 특성은 극단적 외향성이 아니라 오히려 내향적 성향을 드러내는 지표였다. 또한 켈리는 괴링이 로르샤흐 응답에서 "환상적"이라는 표현을 유난히 즐겨 쓴다는 점을 지적했다. 괴링은 마녀, 선사 시대 동물, 유령, 빙글빙글 도는 데르비시dervish* 같은 존재들을 자주 묘사했다. 켈리는 카드 IX에서 괴링이 "배가 불룩한 유령" 같은 형상을 묘사하는 방식에서 자기애적 집착을 발견했다. 그 못지않게 중요한 점은 괴링이 잉크 반점 그림을 전체 장면의 세부가 아니라 "하나의 전체 상황"으로 받아들였다는 것이었다. 켈리는 이렇게 기록했다. "그는 개별 세부를 비판적으로 분석하려는 시도도, 그것들이 속할 수 있는 일반적 개념과의 연관을 따져보려는 시도도 거의 하지 않는다. 상황을 늘 큰 판에서 한 번 다루고는 곧 다음으로 넘어간다. (…) 이것은 그의 자연스러운 행동 양식이다."

로르샤흐 검사 결과를 종합하면, 켈리에게 비친 괴링의 모습은 이랬다. 상당한 지적 능력과 뛰어난 상상력을 지녔으나, 과장되고 공격적인 공상 속에 깊이 빠져 있으며, 자신이 마주한 현실을 보통 사람들의 경험 세계와는 동떨어진 자기만의 사고 틀에 맞게 재빨리 예속시키려는 강한 야심과 추진력을 지닌 인물이라는 것이다. 켈리는 괴링의 공상에 사로잡힌 야망이 이미 통제를 벗어나 폭주하고 있을지도 모른다고 보았고, 괴링을 여전히 만만히 볼 수 없는 인물이라고 평가했다. 다만 정신과 의사가 아니더라도 괴링의 과거 행적만으로 비슷한 결론에 이를

---

* 이슬람 신비주의 종파 수피파 수행자를 이르는 말이다. 회전하며 춤추는 수행 의식으로 잘 알려져 있다.

수 있었을 터이니, 켈리가 이 수감자의 악명 높은 과거를 이미 알고 있었다는 사실이 그의 로르샤흐 검사 해석, 곧 제국 원수에 대한 판단에 얼마나 영향을 주었는지는 따져볼 일이다.

켈리의 말에 따르면, 헤스를 검사하는 일에는 특별한 난관이 있었다. 겉으로는 협조적인 태도를 보이면서도 헤스가 자신의 대답을 철저히 통제하려 들었기 때문이다. 그는 가장 평범한 대답조차도 자신의 내면을 얼마나 드러낼 수 있는지 모른 채 그렇게 행동했다. 헤스는 감방 침상에 앉고, 양옆으로 켈리와 돌리부아가 자리했다. 셋은 켈리가 "모든 말을 빠짐없이 기록하며 매우 신중하게 실시한 로르샤흐 검사"라고 부른 과정을 함께 진행했다. 헤스는 카드를 보면서 자주 웃음을 터뜨리거나 고개를 저으며 말도 안 된다고 했다.

켈리는 앤드러스와 뉘른베르크 기소 팀에게 로르샤흐 검사가 다가올 재판 과정에서 수감자들 가운데 누가 신경쇠약을 일으킬 소지가 있는지 예측하고, 검사를 받은 나치들이 모두 정신적으로 온전한지 판단하는 데 유용한 절차라고 설명해 검사 시행의 정당성을 밝혔다. 특히 라이, 헤스, 슈트라이허는 이미 정신 능력에 의문이 제기된 상태였다. 헤스는 "내향적이고 소심하며 위축된 성격으로, 주변의 모든 것에 의심을 품고, 자기 내면에서 생겨나는 관념을 바깥 세계에 투사하는" 인물로 나타났다. 슈트라이허는 편집증적 성격을 드러냈다. 그러나 둘 다 "뚜렷한 정신병적 징후는 보이지 않았으며, 법적으로는 정상으로 봐야 한다"라고 켈리는 판단했다.

검사 결과를 종합해 보면 다음과 같았다. "대체로 수감자들 가운데 상당수는 우리가 말하는 이상적 의미의 정상은 아니지만, 우리나라 법 기준으로 볼 때 시설에 수용해 보호할 만큼 일탈적인 사람은 없었다. 대부분은 기껏해야 기벽이 있거나 광적이라고 부를 수 있을 뿐이다." 이 평가에는 라이도 포함됐다. 그의 로르샤흐 기록은 켈리에게 단연코 가장 흥미로웠다. 신체검사에서 신경학적 문제가 발견되지 않았음에도 켈리는 그의 전두엽에 뇌손상이 있다고 진단했다. 실제 로르샤흐 검사에서 라이는 색을 잘못 말하고, 서술이 뒤엉키며, 맥락과 논리가 결여된 반응을 보였다. 켈리는 제1차 세계대전 중 비행기 추락으로 라이가 의식을 잃고 말더듬이가 되었을 때 전두엽 손상을 입었을 가능성이 있다고 추정했다.

켈리는 재판과 언젠가 있을 미국 귀국만이 아니라 나치들의 로르샤흐 검사 결과를 앞으로 어떻게 활용할지에 대한 특별한 방안까지 구상하기 시작했다. 이는 뉘른베르크 당국에 검사 실시를 정당화할 때 내세웠던 의학적 용도를 넘어서는 구상이었다. 그는 앤드러스에게 보낸 메모에서, 전 세계 로르샤흐 전문가들에게 검사 결과를 보내 "인류가 지금까지 알게 된 가장 거대한 범죄 집단에 속한 이 개인들의 모습을 가능한 한 가장 선명하게 그려내고 싶다"라고 적었다. 켈리는 그 검사 결과가 역사적 가치를 지닌다고 확신했다. 그 결과는 독일 시민들이 왜 이 사람들을 따라 파국적이고 파괴적인 길로 들어섰는지에 대한 물음에 가능한 답을 제시해 줄 수 있다. 또한 자신들이 무엇을 하고 있는지 분명히 알면서도 수백만 명을 박해하고 살해한 정권을 냉혹하게 운영한, 범상치 않지만 여전히 정상 범주에 속한 사람들을 움직인 것이 무엇이었는지에 대해서도 실마리를 제공한다.

10월 8일 켈리는 괴링에게 주제 통각 검사Thematic Apperception Test, TAT를 실시했다. 피검자의 세계관과 자아상, 타인과의 관계를 밝혀내도록 고안된 심리 검사였다. 켈리는 수감자들 가운데 일부에게만 이 평가를 실시했다. 그는 남녀가 단순한 장면에 놓인 모습이나 아예 사람이 등장하지 않는 장면을 담은 카드 20장을 차례로 괴링에게 보여주었다. 괴링에게 주어진 과제는 각 카드마다 5분 동안, 그림 속에서 무슨 일이 일어나고 있는지, 그에 앞서 어떤 일이 있었는지, 등장인물들이 무엇을

생각하고 느끼는지, 그리고 사건이 어떻게 끝나는지를 이야기로 들려
주는 것이었다.

괴링은 켈리가 보여 준 두 번째 TAT 카드를 보고 이렇게 이야기를
풀어냈다.

한 남자가 있다. 농부다. 그는 자기 일에 무척 헌신적이고 자연을 사
랑한다. 그의 운명은 두 여자와 얽혀 있다. 한 여자는 나무에 기대 서
있는 임신부로, 분명 시골 여자다. 다른 한 여자는 도시 출신의 명민한
젊은 여자다. 남자는 그 젊은 여자에게 마음이 끌린다. 남자의 마음속
에서 갈등이 일어난다. 그러나 곧 태어날 아이와 땅에 대한 애착 때문
에 그는 아내에게로 돌아갈 것이고, 젊은 여자는 도시로 돌아가 자신의
길을 갈 것이다.

켈리가 이 이야기를 어떻게 해석했는지는 알려져 있지 않다. 다만 비
전문가라면 괴링이 무의식중에 자기 두 아내와, 그들이 저마다 자신에
게 요구했던 충성과 헌신에 관해 이야기한 것이라고 짐작할 수도 있다.

아홉 번째 카드를 보고 괴링은 이렇게 말했다. "풀밭에서 힘든 일을
마치고 쉬고 있는 사내들이 보인다. 한 소년이 그들을 바라보며 얼굴
을 유심히 살핀다. 그는 저런 삶은 살고 싶지 않다고 생각한다. 그래서
그런 고되고 단조로운 삶을 결코 강요받지 않도록 그들의 얼굴을 들여
다보며 어떤 부류의 사람들인지 하나하나 살펴본다." 이 대목 역시 비
전문가의 눈에는 두려움과 결의로 짙게 물든 이야기로 읽힐 수 있다.
다른 이들이 무지한 채 받아들인 불쾌한 운명을 자신은 거부하겠다는
각오를 드러내기 때문이다. 어쩌면 이는 괴링이 보기에 굴욕적이었던
1920년대의 노선에서 독일을 벗어나게 하겠다는 그의 결의를 보여주
는 것일지도 모른다.

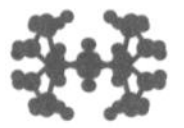

10월 6일 뉘른베르크 교도소 직원들은 자살을 막기 위해 앤드러스가 취해온 모든 조치에도 불구하고 다른 동에 수감돼 있던 수감자 한 명이 스스로 목숨을 끊었다는 소식을 듣고 큰 충격을 받았다. 그는 레오나르도 콘티 박사로, 히틀러의 주요 의학 고문 가운데 한 사람이며 카를 브란트의 상관이었다. 보건 차관이자 국가 위생 책임자로서 그에게 주어진 꺼림칙한 임무에는 노인과 장애인을 죽이기 위해 고안된 이른바 안락사 프로그램을 시작하는 일과, 강제수용소에서 자행된 인간 대상 실험을 지원하는 일이 포함되어 있었다. 이러한 실험에는 포로에게 독극물과 세균을 투여하거나 혹한에 노출시켜 그 영향을 연구하는 실험을 비롯해 온갖 끔찍한 시도들이 포함되어 있었다. 켈리는 언젠가 감방에서 그를 면담한 적이 있었고, 자신은 안락사 작업에 마지못해 끌려들어갔을 뿐이라고 조심스럽게 항변하던 이 나치 의사를 "수줍음이 많은 작은 남자"로 묘사했다.

스위스 출신의 초기 나치당원이었던 콘티는 스스로 목을 매 숨졌다. 셔츠 소매로 목을 감아 셔츠의 다른 쪽 끝을 감방 창살에 묶고, 의자에서 몸을 던진 것이다. 그날 아침 켈리는 현장으로 달려가 콘티의 사망을 확인했다. 이 나치 의사는 연합군 심문관에게 거짓말한 일을 깊이 뉘우친다는 내용을 자세히 적은 유서를 남겼다. 그러면서도 유서에는 "나는 결코 비겁자가 아니었다. 다만 가족을 다시 너무나 보고 싶었을 뿐이다"라고 썼다. 앤드러스는 콘티의 자살 소식을 언론에 알리지 않도록 했고, 야간에는 모든 감방에서 의자를 치우도록 지시했으며, 수감자 소지품을 더 자주 수색하게 했다.

같은 시기 켈리는 로베르트 라이의 정신 상태가 눈에 띄게 불안정해지기 시작했음을 알아차렸다. 그는 라이와 면담을 하면서 라이의 감정이 흥분과 우울 사이를 널뛰기하듯 오락가락하는 모습을 지켜보았다. 라이는 내내 말을 더듬어 가며 쉴 새 없이 떠들어 대서, 켈리는 "한번 앉으면 1시간씩 그의 말을 듣고 있어야 하는 일이 정말 고역이었다"라고 회상했다. 켈리는 이런 행동을 어느 정도는 자신이 진단한 뇌 손상 탓으로 보았지만, 운동 시간에 그의 고함과 절망에 찬 넋두리를 들어야 했던 동료 수감자들은 그것을 이해할 수 없었다. 켈리는 이렇게 적었다. "그들은 그의 뇌에서 억제 기능을 담당하는 중추가 더 이상 작동하지 않는다는 사실을, 다시 말해 말 그대로 그에게는 판단력이 없고, 즉흥적인 감정 반응만 남아 있다는 사실을 알지 못했다. 그들은 그저 그를 활력 있고, 강인하며, 쉽게 흥분하는, 지적으로 재능 있는 사람으로만 보았다. 그는 대체로 미움을 받았다."

라이는 자신이 정치 깡패로 취급되고 범죄자로 재판을 받게 된 데 대한 고통을 토로했다. 그의 항변은 이랬다. 자신은 어떤 범죄도 저지르지 않았고, 어떤 전쟁도 선포하지 않았으며, 독일노동전선을 운영하면서 놀랄 만한 사회개혁을 구상했고, 오직 조국의 발전을 위해 행동했을 뿐이라는 것이다. 그는 자신과 동료들을 재판에 세우는 일은 히틀러의 이데올로기만 확산시키고, 연합국을 다가올 새로운 독일의 적으로 묘사할 뿐이라고 주장했다.

10월 셋째 주 동안 국제군사재판소의 검사들이 22명의 최고위 나치에 대한 공소장 작성을 마무리했다. 이어 켈리와 앤드러스, 영국 대표 에어리 니브, 통역관과 목사로 구성된 일행이 모여, 이제 공식적으로 피고인이 된 수감자들에게 그 공식 문서를 전달했다. 독일 피고인들은 국제법 위반에 해당하는 여러 범죄로 기소되었으며, 그중 일부는 법학사에서 전례가 없는 혐의였다. 구체적으로는 친위대와 게슈타포 같은 범죄 조직 가입, 침략 전쟁의 공모, 침략 전쟁 수행을 통한 평화에 대한 범죄, 전쟁 범죄 가담, 반인도적 범죄를 저지른 혐의 등이었다. 일행이 각 감방을 돌며 공소장을 전달하는 동안, 켈리는 그들의 반응을 기록했다.

첫 번째는 괴링이었다. 일행이 감방 문 창으로 들여다보니, 그는 침상에 걸터앉아 있었다. 옷은 대충 걸쳐져 헐렁했고, 아마 막 낮잠에서 깨어 방문을 예상하지 못한 듯 인상은 일그러져 있었다. 문이 열리자 그는 비틀거리며 일어섰고, 입가가 놀란 듯 씰룩거렸다. 방문단의 군홧발이 돌바닥을 밟아 저벅저벅 소리를 냈고, 일행이 앞으로 몰려들었지만 방 안에는 앤드러스와 통역관, 니브만 들어갈 수 있었다. 나머지는 그들 옆이나 어깨 너머로 방 안을 들여다보았다. 괴링의 책상 위에는 여전히 에미와 에다의 사진이 놓여 있었고, 책이 몇 권 쌓여 있었다. 처음에는 연합국 대표들의 시선을 피하던 그는 곧 니브 쪽으로 몸을 돌려 그에게 눈을 맞추었다. 그 눈은 수많은 정치적 맞수들을 곧잘 주눅들게 하던 구슬처럼 번뜩이며 날카롭게 빛나는 눈이었다.

"헤르만 빌헬름 괴링?" 하고 니브가 물었다. 제국 원수는 뭔가 중요한 일이 벌어지고 있음을 눈치챘을 것이다. "그렇소." 그가 이렇게 답하자 니브는 재판소의 공소장을 송달하러 왔다고 설명했다. 괴링은 얼굴을 약간 찌푸린 채 공소장을 받아 들고, 변호인 선임권에 대한 니브의 설명을 들었다. 서류에는 눈길조차 주지 않았고, 오히려 니브의 영국군 제복에 관심을 보이는 기색이었다. 켈리는 괴링의 다음 말을 적었다. "드디어 올 것이 왔군." 니브는 이렇게 회상했다. "그 말투가 너무나 평범해서, 12년 동안 절대 권력을 누린 권력자의 끝이라 하기에는 어울리지 않았다. 저렇게 삭막한 감방에서는 더욱 그랬다. 마치 괴링은 옆에 서 있는 사람들을 전혀 의식하지 못한 채 혼잣말을 중얼거리고 있는 듯했다.”

　재판부가 작성한 명단에서 고르거나 직접 변호인을 선임할 수 있다는 말을 듣자, 괴링은 “나는 변호사를 알지 못하오. 그들과는 아무런 관련도 없소”라고 말했다. 오랫동안 법 위에 군림해 온 그를 떠올리면, 그런 대답도 새삼스러울 것이 없었다. 니브가 변호사 선임을 권하자, 괴링은 변호사가 무슨 소용이 있겠느냐며 회의적인 반응을 보였다. 그는 낮지만 단호하게 말했다. “모든 것이 꽤 절망적으로 보이는군. 공소장을 아주 꼼꼼하게 읽어야겠지만, 법적 근거가 있다고는 보지 않소.” 아직 공소장을 전달할 수감자가 21명이나 남아 있었기에 앤드러스는 점차 인내심을 잃기 시작했다. 니브가 변호사 선임을 거듭 권하자 괴링은 이렇게 말했다. “변호사라니! 이 재판에서 변호사는 아무 소용이 없소. 필요한 것은 훌륭한 통역이지. 나는 내 통역을 원하오.” 앤드러스는 비웃듯 미소 지었다. 몽도르프에서부터 특별대우를 요구하던 괴링의 행태가 떠올랐기 때문이다. 개인 통역은 허용되지 않을 것이었다. 니브가 작별 인사를 건네자 괴링은 고개를 숙였다. 일행이 감방에서 물러났고, 문이 쾅 닫혔다.

　헤스는 평소와 같은 태도로 일행을 맞았다. 니브는 이렇게 기억했다. “일행이 감방을 메우자 그는 일어나 이글거리는 눈으로 나를 꿰뚫어보듯 바라보았다. 내 영국군 제복을 보는 눈길은 싸늘했고 (…) 그러고는 수갑 찬 손을 들어 올려 어딘가 조롱 섞인 묘한 몸짓을 하더니, 이를 드러내며 장난스럽게 씩 웃었다.” 니브가 정식 절차를 시작했다. “루돌프 헤스?”

　그는 대답하지 않았다. 그러자 니브는 수갑이 풀린 헤스의 손에 공소장을 쥐여주었다. 이어 변호인의 조력을 받을 권리가 있음을 알렸다. 그런데 헤스의 답이 일행을 당황하게 했다. “내가 직접 변론할 수 있습니까?” 가능하다는 말을 듣자 헤스는 “그럼 그렇게 하겠습니다”라고

했다. 그는 곧 복통이 찾아온 듯 얼굴을 찌푸리더니 침상에 몸을 웅크리고 통증이 가라앉을 때까지 몸을 좌우로 흔들었다. 다시 일어난 그는 동료 나치들과 함께 재판을 받게 되느냐고 물었다. 니브가 그렇다고 하자 헤스는 "나는 괴링과 함께 재판받는 건 원치 않습니다"라고 대꾸했다. 그는 방금까지 읽고 있던 에드거 월리스Edgar Wallace* 소설로 시선을 돌려 다시 읽기 시작했고, 거기서 면담은 끝났다.

다음은 리벤트로프였고, 그 뒤로 다른 이들이 이어졌다. 리벤트로프는 아는 변호사가 없다고 불평했다. 기소 소식을 듣고 로젠베르크는 크게 동요했다. 슬리퍼를 신고 있던 카이텔은 발꿈치를 딱 하고 맞부딪치려 했다. 요들은 누구를 변호인으로 쓸지 고민하며 안절부절못했다. 배뇨통에 시달리던 전 경제 장관 발터 풍크는 일행이 감방에 들어섰을 때 눈물을 흘리고 있었고, 자리에서 일어나지도 못했다. "남자답게 굴어, 풍크!" 앤드러스가 그에게 호통을 쳤다. 또한 켈리는 라이가 "심하게 흥분해 연설하듯 고함을 지르며 결백을 주장했고, 그런 혐의로는 결코 재판에 응하지 않겠다고 공언했다"라고 보고했다. 되니츠만이 기소를 예상하고 있었던 듯 침착하게 자신을 변호할 변호사의 이름을 밝혔다.

1945년 10월 말이 되자 재판 개시는 불과 한 달 앞으로 다가왔다. 교도소 인사에도 곧 변화가 임박해 있었다. 26세의 존 돌리부아는 나치들과 접촉하고 대화하며 보낸 시간이 이미 차고도 넘쳤다고 판단했다. 그는 변화를 원했고, 교도소를 떠나 독일 오버위르젤의 군 부대로 복귀하고 싶다고 앤드러스 대령에게 뜻을 밝혔다. 앤드러스는 그가 맡고 있던 복지 장교 겸 켈리의 보좌역 직무에서 물러나는 데 동의했다. 돌리부아는 그 뒤 유럽에서 남은 몇 달을 수송 장교로 흔쾌히 보냈다. 그는

---

*　　영국의 범죄·스릴러 소설가로 1933년 영화 〈킹콩〉의 초기 각본 작업에 참여했다. 다만 1932년에 사망해 최종 각본은 다른 각본가들이 완성했다.

이후 재판을 방청하기 위해 몇 차례 뉘른베르크를 다시 찾았을 뿐이다. 훗날 돌리부아는 그곳을 떠난 일을 아쉬워하며 이렇게 말했다. "좀 더 오래 남아 더 깊이 관여해서 역사를 만들었어야 했는데, 지금 생각하면 내 엉덩이를 걷어차 주고 싶을 정도다."

　그의 후임자는 이미 출발해 10월 마지막 주에 도착할 예정이었다. 그는 켈리와 마찬가지로 교도소에서 보내는 시간을 발판 삼아 자신의 경력을 한 단계 끌어올릴 구상을 하고 있었고, 맡게 될 자리를 아예 새로운 성격의 직책으로 바꿀 계획까지 세워두고 있었다. 바로 교도소 심리학자라는 보직이었다. 그는 켈리와 켈리가 뉘른베르크에서 하는 일에 대해 거의 알지 못했다. 또 자신이 이 교도소에 부임하게 되면 이곳의 선임 정신과 의사와 충돌하게 되리라는 예감도 전혀 하지 못했다.

6

침입자

10월 20일, 연합국 검사들이 수감자들에 대한 공소장을 국제군사재판소에 제출하던 날, 금테 안경을 쓰고 늘 진지한 태도를 풍기는 다부진 체격의 한 남자가 이후 심문과 재판을 받기 위해 이송된 나치 수감자 한 무리와 함께 뉘른베르크 교도소에 도착했다. 그는 34세의 뉴욕주 출신 구스타브 마크 길버트였다. 그의 부모는 둘 다 오스트리아에서 이주해 온 유대인으로, 그가 자라면서 독일어와 영어를 함께 쓰는 이중 언어 구사자로 성장하도록 각별히 신경 썼다. 1939년 컬럼비아대학교에서 심리학 박사 학위를 받았으며, 전쟁 중에는 중위로 복무하며 자신이 "부적응 병사들"이라 부르던 이들을 치료했다. 독일이 항복한 뒤에는 군 정보 장교로 일했다. 그는 이렇게 적었다. "유럽 전승 기념일 V-E Day 이전부터 다하우 강제수용소 같은 곳에서 나치의 전쟁 체제가 붕괴되는 모습과 나치의 야만성을 입증하는 증거들을 직접 목격했다." 길버트가 뉘른베르크에서 보인 전문적 관심은 켈리와 비슷했다. 길버트 역시 "인간들이 어떻게 나치 운동에 가담해 그런 일을 저지르게 되었는지 알고 싶었다."

하지만 그런 관심을 좇아 거둔 성과는 아직 미미했다. 그가 이전에 심문했던 하급 군인들과 민간인들에게 왜 나치로서 범죄를 저질렀느냐고 묻자, 명령에 따랐을 뿐이고 내가 뭘 바꿀 힘은 없었다는 말만 되풀이할 뿐이었다. 길버트는 뉘른베르크에 잡혀 있는 군사와 정치 지도자들이라면 더 많은 사실을 밝혀줄 수 있는 이야기를 들려줄 것이라 기대했다. 그는 사기 담당 장교이자 통역관으로서 돌리부아의 후임 자격으로 교도소에 도착하자, 앤드러스 대령을 찾아가 부임 인사를 했고 곧바로 더 많은 책임을 맡겨달라고 요청했다. 이 기회를 이용해 자신이 말하는 "참여 관찰자participant observer"가 되어, 떨어져 구경만 하는 방관자가 아니라 한 인간으로서 수감자들을 연구하고 판단하고자 했다. 그는 이것이 심리학자로서의 자신의 책무와도 잘 맞는 역할이라 여겼다. 그는 이렇게 말했다. "심리학은 무엇보다 인간에 대한 이해를 과학적인 방식으로 적용하는 일이다. 내가 만난 직업 가운데 인간으로서의 역할을 직업 활동과 분리한 경우는 친위대 대원의 역할이 유일했다." 길버트는 자신의 전공이 사회심리학이었다는 사실을 거의 언급하지 않았고, 사회심리학의 임상적 적용에도 그다지 밝지 않았다. 그래도 통역이나 잡무에 그 배움을 허비할 생각은 없었다.

그는 앤드러스에게 뉘른베르크 교도소에서 심리학자가 도움이 되겠느냐고 물었다. 앤드러스는 길버트의 학문적 이력을 제대로 알지 못한 듯했다. 돌리부아의 말대로라면 "실례지만, 앤드러스는 심리학자와 구두장이를 봐도 누가 누군지 구분하지 못했을 것이다". 그럼에도 그는 곧 길버트의 요청을 승인했다. 길버트는 공식적인 임명 없이 교도소 심리학자로 일하기 시작했다. 명목상으로는 켈리의 지휘를 받았지만 두 사람은 행정적으로 서로 다른 부대 소속이었고, 켈리에게 주어진 권한도 계급에서 오는 명목상의 권한뿐이었다. 둘은 같은 사무실을 썼다.

길버트는 교도소의 장교 식당에서 돌리부아를 만났다. 돌리부아는 새로 온 그가 "빨리 나치 일을 시작하고 싶어 안달이 나 있다는 것"을 알아차렸다. 길버트는 이미 나치들을 어떻게 연구할지 정해둔 상태였다. 돌리부아는 이렇게 회상했다. "처음부터 책을 쓸 거라고 공공연히 말했습니다. 목표를 향한 그의 행동은 다소 성가실 때가 있었어요. 인용할 만한 말과 말 그대로 '뉴스거리'를 끊임없이 찾아다녔기 때문이죠." 돌리부아는 며칠 더 교도소에 남아 공식적인 직함도, 직무 분류도 없는 새 업무에 길버트가 적응할 수 있도록 돕고, 교도소 이곳저곳을 안내해 주기로 했다. 돌리부아는 이렇게 말했다. "굳이 말하자면 나도 '교도소 심리학자'라고 불릴 수 있었겠죠. 켈리 박사의 통역을 맡아 일하며 배운 것을 분석하고, 교도소를 기웃거리며 수감자들과 수다를 떨었으니까요." 하지만 돌리부아는 자신과 길버트의 역할을 그리 중요한 일이라고 보지 않았다.

돌리부아와 마찬가지로, 길버트도 수감자들을 찾아가 대화하며 사기를 유지하는 어려운 임무를 맡았다. 그는 켈리와 다른 의료진 그리고 경비 인력으로 이루어진 소수의 '특권층'에 합류해 최고위 나치들에게 제한 없이 접근할 수 있었다. 여기에 더해 길버트는 켈리와 외부에서 온 전문가들과 함께 수감자들의 정신 상태를 조사하는 일도 했다. 그리고 켈리처럼 수감자들의 비밀을 들을 수도 있는 심리학자로서의 책무와, 그들을 감시하고 보고해야 하는 군인으로서의 임무 사이에서 생기는 갈등을 감당해야 했다. 길버트는 곧바로 자신에게는 군인으로서의 임무가 최우선이라는 사실을 깨달았다. 훗날 이스라엘에서 열린 아돌프 아이히만Adolf Eichmann 재판에 증인으로 출석했을 때 그는 이렇게 설명했다. "여기에는 딱 한 가지 예외가 있었습니다. 나치들이 서로를 뒤에서 비웃고 욕할 때, 가끔은 재판이 끝날 때까지 그 이야기를 다른 사람들에게는 절대 말하지 말아 달라고 제게 부탁하곤 했습니다. 저는 그 부탁은 지켰습니다." 하지만 길버트는 자신이 재판부 기소 팀의 입장을 강화하기 위해 일했다는 의혹에 대해서는 오랫동안 부인했다. 그는 이렇게 말했다. "저는 변호인단의 부탁을 받고 일한 것도, 검찰의 부탁을 받고 일한 것도 아니었습니다. 저는 교도소 직원이었고, 이런 상황에서 할 수 있는 한 최대한 객관적으로 행동하려 했습니다.”

길버트는 활기차고 효율적으로 교도소에서 맡은 일을 해냈다. 유창한 독일어 덕분에 몇몇 수감자들은 그와의 대화를 반겼다. 길버트는 피고인들 앞에서는 메모를 하지 않았지만, 면담이 끝나면 곧장 개인 일기에 나치들과의 각 대화 내용을 긴 인용까지 포함해 자세하게 기록했다. 수감자들은 자신의 대화가 이렇게 기록되는 줄 모르고 있었다. 그의 궁극적인 목표는 켈리와 마찬가지로 재판 자체를 나치 체제와 그 체제를 만든 사람들을 분석하는 도구로 삼는 것이었다. 또한 길버트는 수감자들과 나눈 대화를 기록해 둔 이유에 대해 이렇게 털어놓았다. “그 이야기들 중 일부는 너무 믿기 어려워서 동료들이 내 말을 도저히 믿지 않을 거라고 생각했습니다. 그래서 이 사람들에 대해 꼭 기록을 남겨두어야 한다고 느꼈습니다.” 그는 먼저 수감자들에게 익숙한 얼굴이 되고, 그들이 받은 공소장에 대한 개인적 반응을 수집하려 했다. 이후에는 그들의 심리를 더 잘 드러내 줄 새로운 종합 심리 검사를 실시할 생각이었다.

그는 자신이 유대인이라는 사실을 수감자들에게 즉각 밝히지 않았다. 나치 신봉자들이 유대인을 단번에 알아본다는 주장이 사실인지 시험해 보고 싶었다. “단 한 명도 알아보지 못했습니다”라고 그는 말했다. 슈트라이허도 예외는 아니었다. 슈트라이허는 이제 길버트와 트리스트 앞에서 두 번이나 유대인을 가려내는 데 실패한 상태였다. 그는 자신의 인종적 직관은 절대 틀리지 않는다고 굳게 믿었기에 재판소에 선발된 판사들 가운데 몇몇을 유대인이라고 잘못 지목하기도 했다. 길버트가 결국 자신이 유대인임을 밝히자, 대부분은 개의치 않는다는 반응을 보이며 “개인적으로 유대인에게 원한은 없고, 이런 건 다 어리석은 이데올로기일 뿐이며, 가장 친한 친구들 중에도 유대인이 있었다”라고 답했다. 다만 슈트라이허와 로젠베르크만은 다소 불안한 기색을 보였다.

　새로 온 인물은 켈리보다 한 살 많았고, 켈리에게는 꽤 위협적인 존재였다. 켈리는 심리학 기초만 배운 돌리부아는 요긴하게 써왔지만, 곁에 박사급 심리학자가 있는 건 원치 않았다. 켈리는 수감자들에게 필요한 모든 심리 검사는 이미 끝내놓은 상태였다. 반복 검사는 첫 검사보다 정확도가 떨어질 것이라 여겼고, 자신이 검사 시행과 해석에서 길버트보다 분명히 뛰어나다고 생각했다. 켈리는 또 길버트가 독립된 전문가로 인정받을 만한 권위가 부족하고, 수감자들과 신뢰 관계를 쌓는 데 애를 먹을 것이라고 여겼다. 그러나 결국 켈리는 그 심리학자를 임명한 앤드러스의 결정을 받아들였다. 길버트에게 "그 자리에 있는 것만으로도 경력에 도움이 될 수 있는 젊은이"의 면모를 보았기 때문이라고 두키는 훗날 회상했다. "더그는 이런 식으로 남의 경력을 도와주는 일을 자주 했어요."

　10월 23일, 켈리와 길버트는 함께 11번 감방의 로베르트 라이를 찾아갔다. 라이는 방 안을 서성이며 몹시 동요해 있었다. 자신은 알지도 못하는 범죄들에 맞서 변론할 수 없다고 한탄했고, 자신과 히틀러는 오직 조국의 이익을 위해 일했을 뿐이라고 거듭 주장했다. 그러다 그는 벽에 등을 대고 십자가에 매달린 사람처럼 두 팔을 벌려 보였다. 평범한 범죄자처럼 재판받느니 차라리 지금 당장 총살해 달라고 애원했다. 켈리는 앤드러스와 기소 팀의 윌리엄 도너번에게 라이의 정신의학적 상태에 대한 최신 보고를 올렸다. 그는 라이가 쉽게 흥분하고 정서적으로 불안정하며 우울한 상태라고 묘사했다. 다만 정신병적 징후는 보이지 않았다. 켈리는 라이의 전두엽 손상을 의심하면서도, 그가 법적 책임 능력이 있고 정신이 온전하며 자신의 행위에 책임을 질 수 있다고 판단했다. 켈리는 이렇게 기록했다. "라이는 다가올 재판 대비에 몰두하고 있고, 이전에 우려했던 자살 시도와 달리 지금은 자살 의도를 암시하는 어떤 증거도 없다."

다음 날 저녁 8시 15분경, 감방 복도에서 경비병이 경보를 울렸다. 라이는 수건 끝단과 상의 지퍼로 몰래 올가미를 만들고, 매듭을 물에 적셔 더 단단히 조인 뒤 이 급조한 밧줄의 끝을 변기 배관에 묶었다. 그런 다음 비명을 지르지 않으려고 속옷을 입에 틀어막고 변기에 앉았다. 몸을 앞으로 깊이 숙여 스스로를 질식시킨 것이다. 변기 쪽은 경비병의 시야에서 가려져 있었고, 라이는 키가 작아 변기에 앉아 있으면 눈에 띄지 않았기 때문에 경비병이 이상을 알아채기까지 몇 분이 걸렸다. 라이는 변기에 몸을 기대고 축 늘어진 채 의식을 잃은 상태로 발견됐다. 교도소에서 마지막 근무 시간을 보내던 돌리부아는 감방으로 가장 먼저 달려간 이들 중 한 명이었다. 그는 이렇게 회상했다. "한때 나치 국가노동봉사단Reichsarbeitsdienst을 이끌었던 자의 싸늘한 시신이 작은 변기 위에 앉아 있었다. 두 다리는 뻣뻣하게 뻗어 있고, 얼굴은 비트처럼 시뻘겋게 달아올라 있었으며 두 눈은 툭 튀어나와 있었다." 곧 플뤼커 박사가 도착해 인공호흡으로 소생을 시도했지만 실패했고, 55세의 라이는 오후 8시 35분 사망 선고를 받았다. 근처 감방의 수감자들은 잠들어 있거나 자는 척하고 있었다.

켈리는 이렇게 적었다. "그런 죽음은 느리고도 몹시 고통스럽다. 이는 라이의 극단적인 자살 의지를 보여주었다." 미국인들 중에는 이 일을 농담거리로 삼은 이도 있었다. 다음 날 아침, 기소 팀의 드렉셀 슈프레허Drexel Sprecher가 출근해 보니, 그는 사무실을 가로질러 엄숙한 척 행진하고 있는 통역관들의 행렬을 마주쳤다. "장송곡을 흥얼거리려 했지만 영 형편없었죠"라고 그는 회상했다. 사적인 대화에서 앤드러스는 라이의 자살이 자신에게 얼마나 큰 상처였는지 넌지시 내비쳤다. 그는 기소 팀 일원에게 이렇게 말했다. "저 따위 죽음이라니. 자기 똥 더미 위에서, 자기 속옷에 숨이 막혀 죽다니."

이 자살은 앤드러스와 미군에게 계속해서 큰 망신거리였다. 앤드러스는 즉시 교도소 보안을 강화했다. 이전에는 최고위 나치 수감자들이 있는 구역에서 인접한 감방 네 개마다 경비병 한 명을 붙여, 각 수감자를 30초 간격으로 점검하게 했다. 이제는 각 감방 앞에 경비병을 한 명씩 24시간 내내 세워두었다. 경비병들은 쉬지 않고 감시 구멍을 지켰다. 앤드러스는 라이 같은 자살은 "두 번 다시 일어나서는 안 된다"라고 말했다. 게다가 재판 증인 가운데 한 사람 앞으로 배달된 소포에서 청산가리가 든 바이알 한 병과 바늘, 주사기가 들어 있는 '자살 도구 세트'가 발견된 뒤로, 교도소는 수감자에게 보내는 의복과 음식이 든 소포 접수를 전면 중단했다.

10월 29일, 최고위 나치 수감자들은 각자 감방에서 라이의 사망 소식을 들었다. "차라리 잘된 일이오." 괴링이 켈리에게 말했다. "그가 법정에서 어떻게 굴지 의심스러웠소. 아마 스스로 쇼를 벌이고, 허황되고 말만 번지르르한 연설을 하려고 했을 거요. 자기가 알아서 길을 비켜준 셈이니 잘된 일이오."

라이의 죽음에 대한 켈리의 반응 역시 공감과는 거리가 멀었다. 그는 라이의 자살을 오히려 다행스러운 일이라고 여겼다. "그는 제대로 재판을 받을 수 없었을 겁니다. 그럴 단계는 이미 한참 지났거든요. 그러니 로베르트 라이는 자신의 목을 매서 세상에 이바지한 셈이죠. 저 개인적으로는 특히 더 고마운 일이기도 합니다. 수감자들 가운데 그의 뇌만 기질적 손상이 있을 거라고 의심했으니까요."

켈리는 그 뇌를 손에 넣으려고 했다. 그는 농담조로, 라이가 "친절하게도 자신의 뇌를 부검에 쓰라고 내준 셈"이라고 말했다. 켈리는 그 뇌를 연구하면 로르샤흐 검사에서 추정한 기질적 손상이 확인되고 라이의 상태 악화에 대해서도 실마리를 얻을 수 있으리라고 기대했다. 그런 생각으로 그는 군 동료인 병리학자 나지브 클란Najeeb Klan을 찾아갔고, 클란은 뉘른베르크 영안실에서 라이의 뇌를 적출해 주겠다고 동의했다. 그 뒤 켈리는 그 뇌를 이상한 경로로 부쳤다. 곧 한 미군 병사가 "향신료"라고 라벨을 붙인 네모난 나무 상자를 들고 미군 우체국 124에 나타났다. 그는 그 상자를 등기 항공우편으로 워싱턴 D.C.의 군의감실Office of the Surgeon General에 보내달라고 했다. 우체국 직원들은 향신료 상자를 그렇게 비싸게 보낼 일이냐며 의아해했다. 미군 신문 기사에 따르면, 병사는 짤막하고 퉁명스레 털어놓았다. "로베르트 라이의 뇌입니다." 켈리는 그 기사 스크랩을 미군 병리학연구소Army Institute of Pathology의 신경병리학자 웹 헤이메이커Webb Haymaker에게 보내주었다.

위장 소포를 받은 사람은 헤이메이커였다. 그의 검사 결과 전두엽, 그중에서도 켈리가 손상을 예측했던 부위에서 "오래 지속된 퇴행성 변화"가 확인되었고, 이러한 소견은 현미경 검사에서도 다시 한번 확인되었다. 라이의 뇌에 대한 병리 보고서를 받아든 켈리는 크게 고무되어 이렇게 말했다. "로베르트 라이가 그 뇌를 내게 넘겨주었으니, 그에게 영원히 고마움을 느낄 겁니다."

켈리가 기뻐하기에는 시기상조였다. 1947년, 헤이메이커는 샌프란시스코의 랭글리포터클리닉Langley Porter Clinic 병리학자들에게 라이의 뇌 표본을 보내 다른 의견을 구하고자 재감정을 의뢰했다. 그곳 검사에서는 기질적 손상에 대한 뚜렷한 소견이 나오지 않았다. 그해 12월, 헤이메이커는 편지로 켈리에게 그 소식을 전했다. 라이의 뇌 이상은 "처음 우리가 생각했던 것보다 훨씬 경미했습니다. 개인적으로는 이 일은 그냥 이쯤에서 묻어두는 게 나을 듯합니다. 뇌의 변화 정도는 해석에 따라 의견이 갈릴 수 있기 때문입니다."

　길버트는 컬럼비아대학교에서 로르샤흐 검사를 시행하는 방법을 배웠지만, 그 평가에는 별 관심이 없었다. 다만 그 가치를 이해했기에, 켈리가 아직 검사하지 않은 피고인들에게 잉크 반점 검사를 시행했고, 이미 검사를 받은 일부는 다시 검사했다. 괴링 재검 결과에 대한 길버트의 해석은 켈리와 달랐다. 길버트는 괴링의 결과에 대해 "그의 지성이 질적으로 평범하다는 점을 드러냈다"라고 생각했다. 잉크 반점 검사에서 인간과 동물의 움직임을 많이 묘사하긴 했지만, 길버트는 그의 반응에서 독창성이 부족하다고 판단했다. "탁월하게 창의적인 지능이라기보다 피상적이고 평범한 현실주의"가 드러났다는 것이다. 즉 괴링은 영리하고 냉소적이지만 천재가 아니었다. 길버트는 또한 괴링을 우울하고 타락한 인물로 규정지었다.

　로르샤흐 검사를 한 사람은 둘인데, 해석은 왜 이렇게 다를까? 켈리는 괴링의 반응에서 상상력과 지배력, 대담함을 읽어냈다. 아마 수개월 동안 거의 매일 마주치며 이례적인 유대가 형성된 탓일 것이다. 자신감, 고집, 일에 대한 헌신, 자기중심성 같은 면에서 두 사람은 닮아 있었다. 둘 다 자기 분야에서 정상을 노리는 야심가였고, 타인을 다루는 데 능숙했다. 켈리는 자기도 모르게 괴링에게 자신을 동일시했다. 반면 길버트는 그런 친밀감을 전혀 느끼지 못했고, 훨씬 냉정하게 대상을 바라봤다.

　길버트는 헤스를 로르샤흐 검사로 재검해 보니, 헤스의 빈약한 반응 속에서 감정과 공감, 정서적 성숙이 매우 부족하다는 걸 알아냈다. 헤스는 얼룩에서 어떤 종류의 생명체도 보지 못했고, 움직임도 거의 묘사하지 않았으며, 이미지에서는 생기라고는 없는 사소한 부분만 보았다. 길버트는 "이 모든 것은 헤스의 정신이 얼마나 무기력하고 생동감이 없는지를 보여준다"라고 결론 내렸다. 그는 또 헤스가 "현실감이 극도로 희미한 데다 매우 폐쇄적인 성격"을 지녔다고 적었다.

길버트는 독일어판 웩슬러벨뷰 성인 지능 검사Wechsler-Bellevue Adult IQ를 사용해 다시 한 차례 일련의 검사를 시작했다. 이는 암기, 언어, 수리, 개념 영역을 아우르는 검사였다. 퍼즐을 맞추고, 그림의 빠진 부분을 찾고, 숫자를 기호로 치환하는 과제들이 피검자들에게 주어졌다. 괴링은 이 도전을 반겼다. "선생 앞에서 뽐내고 싶어 안달 난, 영리하고 자기중심적인 학생처럼 굴었다"라고 길버트는 회상했다. 앞선 암기 과제들을 거뜬히 해낸 뒤 아홉 자리 숫자열을 외우는 데 실패하자, 그는 침대를 주먹으로 치며 "아, 이런, 한 번만 더. 이번엔 할 수 있어!"라고 외쳤다. 재도전에 성공하자, 길버트는 놀란 기색을 감추지 못했고, 괴링은 "자부심과 기쁨에 벅차 주체하지 못했다". 괴링은 미국의 심리 검사가 "우리 심리학자들이 가지고 장난치던 것보다 훨씬 낫다"라고 치켜세웠다. (카이텔도 비슷한 불평을 늘어놓았다. 독일 국방군 베르마흐트Wehrmacht 대원을 평가할 때 독일군 심리학자들이 쓰던 "어처구니없는 헛짓거리" 말이다. 그는 아들이 장교 후보 평가에서 낙제하자 그 검사 자체를 없애버렸다.) 켈리와 마찬가지로, 길버트도 괴링의 허영과 과시욕을 살짝 건드리면 괴링에게서 엄청난 열의와 집요한 노력을 끌어낼 수 있다는 것을 곧 깨달았다.

길버트는 노화로 인한 뇌 기능 저하를 감안한 점수 산출 공식을 사용해 지능 지수를 계산했고, 그 결과 많은 최고위 나치들의 지적 능력이 평균보다 훨씬 높은 것으로 나왔다. 은행가 샤흐트가 143으로 가장 높았고, 아르투어 자이스-잉크바르트가 141, 괴링과 되니츠가 138, 파펜 134, 프랑크와 시라흐 130, 리벤트로프 129, 로젠베르크 127, 헤스는 약 120, 그리고 꼴찌는 슈트라이허로 106이었다. 예상대로 괴링은 정상에 서지 못한 데 실망했다. 슈트라이허의 저조한 성적은 누구도 놀라게 하지 못했다.

길버트는 이 밖에도 몇 가지 다른 심리 검사를 시도했다. 일련의 카드 그림을 가지고 하나의 만화 줄거리를 만들게 하는 검사(나치들 중 그 누구도 제대로 이해하지 못했다), 주제 통각 검사(여기에 헤스는 "잘 모르겠다", "보기만 해도 졸리다"라는 등으로 말만 바꿔가며 대답했다), 그리고 우표를 산다고 가정하고 거스름돈을 계산하게 하는 연습 문제들이 있었다. 이런 문제는 슈트라이허는 물론이고 놀랍게도 샤흐트까지도 헷갈리게 만들었다. 샤흐트는 자신의 실수를 대수롭지 않게 넘기며 "산수에 그렇게 밝은 금융의 귀재라면 아마 사기꾼일 겁니다"라고 말했다. 길버트의 최종 결론은 이랬다. 파시스트 정권 운영을 포함해 어떤 영역에서든 성공한 사람이라면 평균 이상의 지능을 지녔을 가능성이 높다. 다만 그는 이들이 전쟁 범죄와 잔혹 행위를 승인해서는 안 된다는 걸 알아차릴 만큼 충분히 영리하다고 보면서도, "지능 지수는 그저 머리가 얼마나 잘 돌아가는지만 말해줄 뿐이며, 인격이나 도덕성 그리고 한 사람의 성격을 평가하는 데 필요한 여러 요소와는 무관"하다는 점도 알고 있었다. 높은 지능 지수에 별 감흥이 없던 앤드러스는 나치들을 그다지 똑똑하지도 않다고 판단했다. 그는 이렇게 말했다. "내가 본 그들의 지성과 성격으로는, 우리 부대에서 일개 병장 자리도 맡기고 싶지 않다."

소령인 켈리가 중위인 길버트보다 계급은 높았지만, 길버트는 교도소를 자유롭게 돌아다니며 피고인들을 살펴봤고, 대체로 켈리와 독립적으로 일을 처리했다. 둘은 서로 가진 자료를 공유하지 않기도 했고, 상의하는 일도 거의 없었던 듯하다. 그러다 어느 시점에 켈리는 길버트에게, 수감자들에게 접근할 수 있는 이례적 기회를 활용해 나치 정신의 작동 방식을 다룬 책을 함께 내자고 제안했다. 이 정보를 세상에 처음 공개하면 엄청난 명성을 얻을 수 있으리라고 두 사람 모두 생각했고, 그 영광을 한 권짜리 공동 저서로 함께 나누기로 했다. 그러나 이 협업은 계획대로 흘러가지 않았다.

성격과 접근 방식의 차이 때문에 어떤 수감자들은 길버트를, 어떤 이들은 켈리를 선호했다. 길버트가 유대인이라는 사실은 몇몇 나치들을 긴장시키기도 했다. 반대로 그의 친절함과 열정적인 성격을 더 좋아한 이들도 있었다. 길버트와 지능 검사를 마친 뒤, 한스 프리체는 자신이 결국 교수대에 오를 거라는 확신을 그 심리학자에게 털어놓았다. "독일의 명예를 지키는 희생이라 여길 수만 있다면, 그렇게 죽는 것도 그리 나쁘지 않겠지요. 하지만 온 세상의 경멸을 뒤집어쓴 채 수치스럽게 죽는 건, 젠장, 너무 쓰라립니다." 길버트는 대꾸하지 않고, 그의 머리가 희끗해져 가는 모습을 눈여겨봤다고 기록했다. 독일 전 부총리 프란츠 폰 파펜은 켈리도 길버트도 못마땅해하며 이렇게 불평했다. "자신을 정신과 의사니 심리학자니 하는 사람들도 있긴 한데 (⋯) 진짜 과학적 자격이 있어 보이는 이는 거의 없더군."

반면 괴링은 자신을 조종하려 드는 적대적인 인물로 여긴 길버트보다 솔직하고 전문가다운 켈리를 훨씬 더 선호했다. 그는 여러 심문관과 교도소 직원들에게 국제군사재판소의 합법성과 도덕성에 불만을 드러냈으나, 결국 변호인으로 전직 독일 판사 오토 슈타머Otto Stahmer를 선택했다. 슈타머는 괴링이 모든 혐의에서 완전히 무죄라고 확신한다고 밝혔다. 한편 켈리에게 괴링은 다른 걱정을 털어놓았다. 켈리가 마지막으로 편지를 전해준 지 닷새 뒤, 괴링의 아내 에미는 남편의 미술품 절도에 연루된 혐의를 받고 벨덴슈타인 자택에서 체포되었다. 그녀는 레겐스부르크 근교 슈트라우블링의 민간인 수용소에 수감되었다. 딸 에다는 수녀들이 관리하는 노이하우스의 한 시설로 유모와 함께 보내졌다. 엄마와 딸은 16킬로미터가량 떨어져 지냈고, 연락도 금지됐다. 에미는 이를 "내 인생 최악의 날 중 하나였다. 그날 밤 아이가 어디서 자게 될지도 모른 채 강제로 헤어져야 했다"라고 회상했다. 슈트라우블링으로 가는 길에 에미가 박하사탕을 하나 입에 넣자, 호송을 맡은 미군 장교들은 그녀가 독약을 삼킨 줄 알고 놀라 소동을 벌이기도 했다.

가족이 뿔뿔이 흩어진 사실은 괴링을 격분시켰다. 그는 가족을 잘 돌봐주겠다고 했던 약속을 다시 꺼내 들었다. 어머니와 딸을 떼어놓는 것이 무슨 보살핌이냐고 제국 원수는 강력하게 항의했다. 에미는 딸과의 이별에 시달렸고, 에다의 소식을 듣기까지는 7주가 흘렀다. 켈리는 이런 약속 파기를 앤드러스에게 보고했고, 그의 개입은 효과가 있었다. 에미를 구금 중인 미 제3군 사령관에게 보낸 보고서에서 앤드러스는, 가족에 대한 걱정이 괴링의 "몸과 마음을 해치고 있다"라고 썼다. 몇 주 뒤인 11월 24일, 에미가 있는 수용소의 소장이 그녀의 방에 들어와 "에다가 왔습니다"라고 알렸다. 두 모녀는 상봉의 기쁨에 눈물을 흘렸지만, 이제 에다는 어머니와 같은 감방을 쓰게 되었다. 전 루프트바페 장교 한 명이 에다를 위해 짚 매트리스를 하나 구해주었다. 소식을 들은 괴링은 감사하고 기뻐했다. 그는 어떻게든 뉘른베르크 교도소에서 자신의 편지를 빼돌려, 식사를 나르던 수감자의 도움으로 에미에게 몰래 전달하기도 했다. 경비병들이 전혀 눈치채지 못한 이 일은 뉘른베르크 교도소의 벽이 의외로 허술하다는 신호였다.

괴링은 켈리에게 히틀러와 다른 피고들과의 관계를 더 솔직하게 털어놓으며 지난 일을 계속 들려주었다. 전쟁 초기에 히틀러가 자신을 공식 후계자로 지명했을 때 "내겐 당연한 일이었지만 그래도 기뻤소"라고 그는 말했다. "하지만 히틀러가 그 바보 같은 헤스를 내 후계자로 지명했을 때는 분노했지. 그 일로 히틀러한테 엄청 따졌다네." 괴링은 이야기 도중 침상 앞으로 몸을 숙여 무릎에 손을 올리고 켈리를 마주 보았다. "히틀러가 뭐라고 했는지 아나?" 그가 말을 이었다. "그가 이랬어. '헤르만, 이성적으로 굴게. 루돌프는 언제나 충성스럽고 성실하게 일해 왔지. 상을 줘야 하니 이렇게 공개적으로 인정해 주는 거야. 하지만 헤르만, 자네가 제국의 지도자가 되면, 휙 하고 헤스를 날려버리고 자네 후계자를 임명하면 되잖아.'" 그 이야기를 마칠 즈음, 괴링의 눈은 다시 빛났다. 교도소에 갇힌 처지인데도, 언젠가 다시 권력을 휘두를 수 있을지 모른다는 생각에 흥분이 되살아난 듯했다.

또 다른 자리에서 괴링은 제1차 세계대전 종전 뒤 나치당에 들어가기로 한 결정을 켈리에게 설명했다. 그는 당시 독일에 우후죽순 생겨나던 우익 단체들을 꼼꼼히 검토한 끝에, 베르사유 조약의 조건에 불만을 품은 참전 군인들에게 특히 호소력이 있던 민족사회주의자들과 손을 잡았다고 주장했다. 그런 참전 군인들이 당에 합류하면서 나치당은 무력 봉기를 시도할 만큼 충분한 인원을 거느리게 되었고, 실제로 1923년 뮌헨에서 행동에 나섰다. 나치의 반유대주의는 괴링의 눈에 매우 유용한 미끼로 보였다. 단지 모욕적인 평화조약 강요에서 비롯된 불만을 넘어, 더 감정적으로 뿌리 깊은 원한을 품은 잠재 지지자들을 끌어들이기에 안성맞춤인 미끼였다. "보시다시피 내 판단이 옳았소." 괴링이 켈리에게 말했다. "사람들이 우리에게 몰려들었고, 노병들은 우리를 신봉했지. 그리고 나는 국가의 수장 자리에 올랐지." 그러다 그는 자신이 실제로는 그 지위를 차지하지 못했고, 그 일로 거의 목숨까지 잃을 뻔했다는 사실을 떠올린 듯했다. 그는 말을 이었다. "너무 늦었다고 하겠소? 하지만 꼭 그렇진 않아. 어쨌든 나는 뜻을 이뤘지."

그 말은 마치 맥글래션 가문이 할 만한 호기로운 선언이었으므로, 켈리의 귓가에도 쟁쟁히 울렸을 것이다. 괴링은 히틀러가 자살한 뒤 자신이 나치 권력의 정상에 오를 거라는 약속이 끝내 이루어지지 않았지만, 그 꿈이 훗날에도 여전히 자신에게 어떤 가치를 지닐 수 있다고 암시하는 듯했다. 하지만 그는 연합군이 결국 자신에게 사형을 선고하리라고 확신하고 있었다. "자네도 알다시피 나는 교수형에 처해질 거요. 각오도 되어 있소. 하지만 나는 독일 역사에 위대한 인물로 남을 거요. 재판부를 설득하지 못한다 해도, 독일인들에게만큼은 내가 한 모든 일이 위대한 독일 제국을 위한 것이었다는 걸 납득시키겠소. 50~60년 뒤에는 독일 전역에 헤르만 괴링의 동상이 세워질 거요. 조그만 동상일지 몰라도, 독일의 모든 가정마다 하나씩 말이오."

그는 죽음이 자신을 괴롭히지 않는다고 했다. 전장에서 무수한 병사들을 죽음으로 내몬 지휘관으로서, 그는 늘 자신도 전장에서 적을 마주할 수 있음을 감안해 왔다. 이제 연합군이 자신을 덮친 이상, 그는 "맞받아칠" 작정이었다. 끝까지 가는 길에 가능한 한 큰 타격을 주겠다는 뜻이다. 그는 이렇게 큰소리쳤다. "나는 이 재판의 법적 권한을 인정하지 않네. 하지만 그들이 마음만 먹으면 그대로 밀어붙일 권력을 쥐고 있으니, 나는 진실을 말하고 어떤 결과든 맞이할 준비가 되어 있소이다." 그는 자신의 태도는 군인이자 또 전쟁판을 벌여온 사람으로서 쌓아온 준비와 경험에서 나온 현실적인 선택이라고 강조했다.

그런데 자신을 존경받는 지도자라 여기는 사람이 교수대의 올가미에 목을 내민다는 게 과연 현실적일까? 괴링은 지금 자신이 수감되어 있는 상황이 과연 옳은 일인지조차 확신하지 못하는 듯했다. 괴링은 미래를 통제하려 애쓰는 사람들이 아무리 치밀하게 계획을 세워도 운명이 그것을 좌절시킬 수 있다는 두려움을 켈리에게 털어놓았다. 켈리는 "내가 본 괴링이 혼자 힘으로는 온 세상과 맞서 이길 수 없다는 사실을 깨달은 유일한 순간이었다"라고 말했다.

　물론 그 나치는 자신을 구금해 재판에 세우는 일은 연합군이 승리의 전리품을 챙기면서나 가능한 부당한 짓이라고 매도했다. 그래도 옆방에 히틀러가 살아서 갇혀 있는 꼴을 상상하는 것보다는, 철창 뒤 침상에 드러누워 있는 편이 훨씬 마음이 편했다. 괴링은 이렇게 주장했다. "히틀러의 자살이 비겁한 짓은 아니었소. 어쨌든 그는 독일 국가의 수장이었지. 히틀러가 이렇게 감방에 앉아 외국 법정에서 전범 재판을 기다리는 모습을 상상한다는 건, 내겐 도저히 있을 수 없는 일이오. 마지막엔 그가 날 미워했지만, 내게 히틀러는 결국 독일의 상징이었소. (…) 차라리 어떤 대가를 치르더라도, 히틀러가 살아서 외국 법정의 피고인으로 앉아 있는 꼴은 보고 싶지 않소." 괴링은 이미 명예와 국가의 위신이 공격받을 때 자살이야말로 합리적인 선택지라고 생각하고 있었다.

　켈리는 1940년에 슈트라이허의 공격 때문에 다시 세간에 떠돌기 시작한 괴링이 동성애자라는 소문에 대해, 괴링의 부정이 그럴듯하다고 결론지었다. 켈리는 이렇게 기록했다. "그는 당연히 어떤 성적 일탈도 부인했으며, 정신의학적 관찰과 괴링을 잘 아는 다른 수감자들과 따로 나눈 대화도 그의 말을 뒷받침하는 듯했다." 그렇다면 괴링이 풍기는 성적 에너지와 외모, 차림새, 체격에 대한 집착은 무엇으로 설명할 수 있을까? 켈리는 이렇게 썼다. "아마 성적 욕구를 일로 승화시켰을 것이고, 그 덕분에 하루 18시간씩 일해도 버틸 수 있는 놀라운 능력이 생겼다. 의심의 여지 없이 야망이 '사랑'보다 우선했다. 그렇다고 가정생활이 불행했다는 뜻은 아니다. 괴링과 두 번째 아내 사이의 깊은 애정은 두 사람 모두에게 만족스러운 듯했다."

　그럼에도 때로는 개인적인 사정이 히틀러와 나치 정책에 대한 충성심을 앞지를 때가 있음을 켈리는 알게 되었다. 어느 날 괴링은 켈리와 통역 트리스트에게, 1923년 뮌헨 폭동 뒤 자신이 부상에서 회복하도록 도와준 유대인 간호사의 가족을 돕기 위해 애쓴 일을 이야기했다. 그 간호사의 보살핌을 받고 회복한 지 여러 해가 지난 뒤, 그는 간호사 가족이 영국으로 이주해 나치의 박해를 피할 수 있도록 필요한 서류 절차를 신속히 처리해 주었다. 괴링은 이것이 어디까지나 개인적 결정이었을 뿐, 유대인이나 독일 사회에서 그들의 역할에 대한 자신의 전반적 견해에는 아무 변화가 없다고 분명히 했다.

켈리의 눈에, 괴링의 고백은 이 나치 지도자가 관심을 갈구하고 그 관심으로 기운을 북돋워야 하는 인물임을 확인시켜 주었다. 켈리는 괴링이 자신의 행동에 기꺼이 책임을 지려는 태도와, 스스로를 변호하는 데 쏟는 에너지를 높이 평가했지만, 제국 원수의 최악의 면모를 잊은 적은 없었다. 몇 달 뒤 그는 기자들에게 이렇게 말했다. "괴링은 눈곱만큼도 변하지 않았습니다. 여전히 허세 부리고, 허영심 많고, 잘난 체하는 허풍쟁이죠. 어차피 죽을 거라고 마음먹었기에 '넘버원' 나치로 기억되고 싶어 안달하는 겁니다. 일종의 기묘한 보상 심리죠."

헤스는 여전히 기억상실과 제정신 사이를 오갔다. 1945년 10월 30일, 그는 영국에서 뉘른베르크까지 공들여 가져온 식량 꾸러미의 내용물이 기억나지 않는다고 했다. 켈리는 이렇게 썼다. "그는 각 꾸러미 표기가 자신의 필체임을 선뜻 인정했고, 여러 문서도 식별했지만, 그냥 힐끗 보고 자신의 글씨라고 확인한 뒤 돌려주는 데 그쳤다. 그렇게 공들여 포장하고 봉인한 일에 대해 내놓은 유일한 설명은 이랬다. '시간 보내기엔 꽤 괜찮아 보이더군요.'" 몇 주 뒤 당국은 헤스의 기억을 되살리려 그와 공동 피고인들이 나치 행사와 집회에 참석한 뉴스 영상을 보여주었다. 그는 두 경비병과 수갑으로 연결된 채, 얼굴에 스치는 감정이 잘 드러나도록 조명을 비춘 즉석 상영실의 한쪽 자리에 앉혀졌다. 수석검사 잭슨, 특별보좌관 도너번, 심문관 존 에이먼John Amen 대령, 그리고 자문을 위해 온 또 한 명의 미국 정신과 의사가 켈리와 함께 지켜봤다. 영화가 시작되자 서서히 고조되는 바그너풍의 웅장한 음악이 배경음악으로 깔렸다. 헤스는 몸을 앞으로 숙였다가 일어섰다. 바로 그때 화면 속에서 그는 연설을 포효하듯 내지르고, 우레 같은 "지크 하일 Sieg Heil" 구호로 마무리하고 있었고, 그 모습에 히틀러가 만족해하는 표정이 비쳤다. 괴링, 라이, 슈트라이허가 나오는 장면이 이어지자 헤스는 다시 자리에 앉아 이내 진정하는 모습을 보였다. 불이 켜지고 나서, 헤스는 잠시 말없이 있다가 이렇게 말했다. "히틀러와 괴링은 알아볼 수 있습니다. 다른 사람들도 알아보긴 하지만, 그건 이름을 들었고 이 교도소의 감방 구역에서 이름을 봤기 때문일 뿐입니다." 그는 영상 속 행사에 참석한 기억은 없다고 했다. "분명 거기에 있었던 모양이네요. 화면에 제가 있으니까요. 하지만 기억이 나지 않습니다."

켈리는 화면을 보고 있지 않았다. 대신 헤스의 손을 응시했다. 헤스가 그 손에서 무의식적으로 긴장을 드러냈기 때문이다. 정신과 의사인 켈리는 이렇게 썼다. "두 손에 힘을 꽉 주는 모습이었는데, 이런 증상을 찾는 사람에게는 금세 보일 정도였다. 겉으로는 완전히 부인했지만, 그는 그 영상에 나온 일부 장면을 분명히 알아봤다. 속으로만 긴장한 게 아니라, 어쩌면 그 긴장이 손가락을 꽉 조이는 동작으로 드러나고 있다는 점까지 인식했을지도 모른다."

재판이 시작될 날이 다가오자, 검찰 측은 정신 상태가 불안정한 헤스가 증언대에 서서 자신의 정신 문제 증상으로만 이목을 끌고, 정작 본인 변호에는 도움이 되지 못할 경우 재판 전체에 악영향을 줄까 봐 걱정했다. 헤스가 재판에 설 능력이 있는지 확인하기 위해, 연합군은 전문가 두 명을 불러 켈리의 정신과 보고서를 검토하고 직접 헤스를 진찰하게 했다. 한 사람은 뉴욕정신의학연구소New York Psychiatric Institute 소장 겸 《신경 및 정신질환 저널Journal of Nervous and Mental Disease》과 《정신분석 리뷰Psychoanalytic Review》 편집자였던 저명한 정신분석가 놀런 D. C. 루이스Nolan D. C. Lewis였고, 다른 한 사람은 스코틀랜드 태생으로 당시 몬트리올 맥길대학교에서 강의하던 정신과 의사 도널드 이웬 캐머런Donald Ewen Cameron이었다. 캐머런은 훗날 CIA의 정신 통제와 행동 교정 연구로 악명을 떨치게 된다.

루이스와 캐머런은 길버트를 통역으로 불러 헤스와 많은 시간을 보냈다. 켈리와 앤드러스, 그리고 헤스와 시간을 보냈던 이들로부터도 증언을 들었다. 여덟 쪽짜리 보고서에서 두 사람은 헤스가 제정신이며 정신증 상태는 아니라는 켈리의 판단에 동의했다. 헤스의 기억상실은 일관성이 없다고 보았다. 어떤 사람을 만난 일이나 어떤 책을 읽은 일을 기억하지 못한다고 하면서도, 정작 그 사람들과 책과 관련된 사건과 생각은 일부 떠올렸고, 같은 시간과 장소의 다른 기억들도 불쑥 떠올렸다. 정신과적 검사 결과는 "기억상실의 일부는 가장이며, 히스테리성 혹은 무의식적 요소가 있더라도 비교적 피상적일 가능성이 크다"라고 평가했다. 수많은 질문에 "잘 모르겠다", "기억나지 않는다"라고 반사적으로 답한 것도 "스트레스를 받는 동안 방어책으로 처음에는 의식적으로 만들어졌고, 반복되면서 습관이 되어 그중 일부는 무의식화된 것"일 가능성이 크다고 보았다.

요컨대 헤스는 영국에 처음 구금되었을 때 생활을 수월하게 하려고 과거를 일부러 잊은 척했고, 뉘른베르크에 온 뒤 몇 주 동안도 때로는 무의식적이고 습관적으로 그렇게 기억하지 않는 상태를 이어갔다. 처음에는 기억상실을 가장했지만 적어도 일부는 더 이상 꾸민 것이 아닐 수도 있었다. 현재 헤스는 기억을 되찾을 동기도 느끼지 못했다. 여전히 불안정하고 초조한 그는 "기억상실을 유지하길 분명히 원하고 있었다”라고 두 정신과 의사는 판단했다. 켈리는 언론과의 인터뷰에서 헤스의 기억을 근육의 힘이 빠져 위축된 팔다리, 망각의 섬들이 점점이 떠 있는 호수, 그리고 얼음 덩어리로 꽉 막혀 있지만 “적절한 수로만 열어 주면 이 ‘빙산’들이 녹아 사라지는 바다”에 비유했다.

의사들은 계속 헤스를 몰아붙였다. 모두 합쳐 소련 세 명, 프랑스 한 명, 영국 세 명, 그리고 미국 정신과 의사 한 명이 이 수수께끼 같은 수감자를 자세히 살펴봤다. 영국 측은 그가 공소사실과 재판 절차를 이해할 만큼은 제정신이라고 보았다. 다만 기억상실은 변호인과 협력하고 방어 전략을 꾸리는 데 걸림돌이었다. 러시아와 프랑스 의사들도 “엄밀한 의미에서 정신 이상인 것은 아니다”라는 결론에 동의했다. 켈리는 헤스가 진짜 기억상실 상태라는 주장을 이어갔지만, 그 망각의 상당 부분은 “의도적 기억 차단”에서 비롯된 것이라고 했다. 그는 기억상실이 재판 중 또는 재판 후에 저절로 사라질 것이라고 내다봤다. 헤스의 장애에 일부 의도성이 섞여 있는 점을 고려할 때, 그를 재판에 세울지 여부를 판단할 책임은 재판부에 있었다. 켈리는 가장 좋은 방안이 헤스를 일단 재판에 세운 뒤, 만약 사형 선고가 내려질 상황이 오면 그때 헤스의 정신 상태에서 사형이 정당한지 정신과 소견을 구하는 것이라고 보았다.

앤드러스는 헤스에 대해서는 반복적인 정신의학적 검사를 시행하도록 허용했지만, 다른 나치 피고인들까지 같은 수준의 검사를 받게 하는 것은 원치 않았다. 한 정신과 의사의 방문을 앞두고 그는 이렇게 지시했다. “그가 다른 수감자들을 검사하는 허가는 내주지 마라. 다른 수감자들은 모두 정신 건강에 뚜렷한 이상이 없고, 그런 검사는 수감자의 정신 상태에 지나친 관심이 있다는 신호가 되니 바람직하지 않다. 그런 상황은 피해야 한다.” 의학적 근거라곤 찾아볼 수 없는 자신의 판단에 기대어, 앤드러스는 헤스를 구제 불능의 사기꾼이라고 단정했다. 그는 한때 헤스가 점성술을 공부했느냐는 질문에 "기억나지 않는다"가 아니라 "아닙니다"라고 단호히 답했다는 점을 비아냥거리듯 지적하기도 했다. 앤드러스는 이렇게 적었다. "나는 그의 속셈을 꿰뚫어 볼 수 있었고, 그도 그걸 알고 있었다. 그건 남자답지 못한 짓이라고 여러 번 말했다." 이에 대해 헤스는 침묵으로 일관하거나 고개를 저으며 아무것도 기억나지 않는다고 되풀이하곤 했다.

헤스 자신도 의학적 진단에 관심을 보였지만, 접근 방식은 정통적이지 않았다. 어느 날 그는 느닷없이 켈리에게 물었다. "동공의 크기에 관한 연구를 알고 있습니까?" 켈리는 빛의 양에 따라 동공이 수축하고 확장하는 원리에 대해서는 알고 있다고 답했다.

켈리는 "내가 그의 의도를 전혀 모른다는 걸 알아채자, 그는 약간 비웃듯이 내 말을 잘랐다"라고 회상했다. 헤스는 이렇게 말했다. "나는 동공의 크기와 모양에 따라 진단하는 과학을 말하는 겁니다. 들어본 적 없습니까?" 켈리는 모른다고 답했다. 헤스는 말을 이었다. "사실 독일 의사들 사이에서도 아직 받아들여지진 않았습니다. 하지만 의사가 아니라 과학자였던 한 사람과 나는 그걸 오랫동안 연구했습니다. 동공의 변화를 보면 어디가 문제인지뿐 아니라, 병이 몸 어디에 있는지도 알 수 있습니다."

켈리가 회의적 반응을 보이자, 헤스의 태도는 즉시 싸늘해졌다. "미국 의사가 이런 걸 믿지 않으리라는 건 잘 압니다만, 이건 사실입니다. 나도 조금은 할 줄 압니다." 그러고는 나치판 스벤갈리Svengali* 처럼 켈리의 눈을 뚫어지게 바라보았다. 켈리는 이렇게 털어놓았다. "잠깐이나마 그가 내게 무슨 병명이든 붙일까 봐 겁이 났습니다. 결국 그가 찾아낸 건 불신뿐이었던 거 같습니다. 그는 면담을 여기서 끝내겠다는 신호

---

* 조지 뒤 모리에(George du Maurier)의 소설 『트릴비(Trilby)』에 등장하는 인물로 최면으로 남을 마음대로 조종하여 나쁜 짓을 하게 할 힘을 지니고 있다.

를 보냈죠.”

켈리는 얼굴에 흉터가 있고 턱이 각진 에른스트 칼텐브루너에게서 또 다른 의학적 수수께끼에 맞닥뜨렸다. 그는 포로 가운데 최고위 친위대 장교였지만, 감옥에 들어와서는 우울에 빠지거나 울음을 터뜨리는 모습을 보이며 위험한 가면이 산산이 부서졌고, 다가오는 재판을 극도로 두려워했다. 정신과 의사인 켈리는 그에게 잠재적 자살 위험이 있다고 보았으며, “‘모두가 나만 괴롭힌다’고 믿는 울보. (…) 처형자로서의 강인한 성격은 사라지고, 미래에 대한 확신을 애타게 찾는 유약하고 훌쩍이는 인물”이라고 묘사했다. 켈리는 이런 반응을, 일이 잘될 때는 강한 척하지만 개인적인 좌절 앞에서는 쉽게 무너지는 공격적 성향의 사람들에게서 흔히 보이는 스트레스 반응으로 보았다.

11월 17일, 칼텐브루너는 갑자기 심한 두통과 무기력을 호소했다. 켈리는 그를 다음 날까지 관찰했는데, 증상이 목 경직과 머리를 움직일 때의 통증으로 악화됐다. 그는 척수막염spinal meningitis 같은 전염병을 의심했다. 그럴 경우 모든 수감자를 격리해야 하고 재판도 연기해야 할 상황이었다. 켈리는 칼텐브루너를 병원으로 보냈고, 거기서 시행한 요추천자spinal puncture 검사 결과 뇌의 혈관이 자연적으로 파열된 사실이 드러났다. 피가 뇌와 척추를 둘러싼 체액으로 스며들고 있었다. 이 상태는 치명적일 수도 있었지만, 켈리는 그가 고비를 넘겼고 몇 주간의 휴식만 취하면 괜찮다고 보았다. 정신 기능에는 영향이 없었지만, 다가오는 재판에 대한 불안이 혈압을 높여 출혈을 유발했을 수도 있었다. 그 결과 칼텐브루너는 재판 시작 초반에는 참석하지 못했다. 앤드러스는 훗날 “수백만을 공포에 떨게 했던 칼텐브루너가 겁에 질려 거의 죽을 뻔했다”라는 말을 들었다고 회상했다. 칼텐브루너는 교도소로 돌아온 지 며칠 뒤 두 번째 출혈을 겪었으나 곧 회복했다. 켈리는 다시 그가 정신의학적으로는 건강하다고 판단했지만, 교도소 당국에 다시 출혈이 생기면 "치명적일 수 있다. 물론 그런 출혈이 일어날지 혹은 언제 일어날지 예측하는 것은 불가능하다"라고 경고했다.

그해 가을 어느 날, 켈리와 통역관 하워드 트리스트는 함께 교도소에서 16킬로미터도 채 떨어지지 않은 에를랑겐으로 향했다. 둘은 대학 도서관에 들렀다가 탈나치화 수색 과정 중 연합군이 압수해 쌓아둔 책 더미를 우연히 발견했다. 그 책들 가운데는 최고위 나치 수감자들이 쓴 것도 많았다. 켈리와 트리스트는 몇 권을 꺼내 각자 소장본으로 챙겼다. 군용 트럭에 나치 서적을 싣고 뉘른베르크로 돌아온 뒤, 두 사람은 수감 중인 저자들에게 책 표제지에 서명을 받았고, 그 책들을 훗날 미국으로 가져갔다. 켈리는 나치 책을 모은 이유에 대해서는 설명을 남기지 않았다. 하지만 수감자들을 만났을 때 그 책들이 대화의 물꼬를 트는 구실을 했음은 분명했고, 서명을 부탁했을 때 보이는 반응을 통해 그 저자들의 심리를 엿볼 수 있었을 것이다. 게다가 켈리는 여전히 기묘한 표본을 모으는 수집가였다. 그의 경우 그 표본은 나치들이었다. 65년이 지난 뒤 트리스트는 자신의 컬렉션을 이렇게 묘사했다. "뉘른베르크에서 보낸 시간의 기념품이자, 힘들었던 개인적 시기를 떠올리게 해 주는 명백한 증거였죠. 미국으로 돌아갔을 때 친구와 가족에게 '나 정말 그곳에 있었어. 내 민족을 죽인 지도자들과 함께 있었지'라고 말하며 보여줄 수 있는 어떤 것이었어요. 내게 그건 기억에 관한 일이었어요. 뉘른베르크를 기억하는 일 말입니다. 그때는 이 재판이 지금처럼 큰 관심과 위상을 얻게 되리라고는 생각도 못 했습니다."

켈리는 자신을 신뢰하던 이들로부터, 검사에게 넘길 가치가 있다고 여긴 전략적 정보를 얻어냈다. 그는 피고인들의 건강 상태와 정신 상태 변화를 보여주는 메모를 윌리엄 도너번에게 잇달아 보냈는데, 도너번에게 가장 중요한 정보는 아마 피고인들의 변론 전략에 관한 내용이었을 것이다. 예컨대 11월 11일 자 메모에서 켈리는 괴링이 재판 증인으로 보수 성향의 영국 정치인 핼리팩스Halifax 경*을 부르려 한다고 썼다. 핼리팩스 경은 영국이 독일의 오스트리아 및 체코슬로바키아로의 팽창을 달래려 유화정책을 펴던 8년 전 괴링을 만난 바 있는 인물이었다. 나치군이 양국 국경을 무혈 입성했을 당시 영국 외무 장관이던 그는 나치 수뇌부의 재판이 다가올 무렵에는 주미 대사를 맡고 있었다.

괴링은 1936년에 전쟁 전의 평화 제스처로 핼리팩스 경에게 편지를 보냈다고 켈리에게 말했다. 켈리는 도너번에게 "괴링은 핼리팩스가 그 편지를 받았고, 그것이 전쟁을 막을 수도 있었을 거라고 말합니다"라고 보고했다. 같은 메모에서 켈리는 시라흐가 나치당원으로서의 죄를 인정하고, 나치 청년 운동을 키운 책임을 받아들였으며, 오스트리아의 유대인 박해를 규정한 포고문에 서명했다는 사실을 인정했다고 상세히 적었다. 켈리의 보고에 따르면, 요들은 소련군도 동부전선에서 잔혹 행위를 저질렀다고 지적했고, 자신은 군 명령을 따를 의무가 있었다는 논리로 변호할 계획이었다. 그는 약탈한 민간 재산으로 사익을 취했다는 의혹은 강하게 부인했다. 반면 프랑크는 기소를 반기는 듯했다. 켈리는 이렇게 적었다. "그는 피고인들이 하느님의 처벌을 받아야 한다는 믿음에 깊이 빠져들었다. 최소한 2년 전에 히틀러를 쏴 죽이지 못한 것은 우리 전체가 나약했기 때문이라는 생각에 극도로 열을 올리고 있다." 프랑크는 나치 지도부가 "악마와 한패가 되어" 일했으며 이제 "인간이 지금껏 고안한 어떤 형벌보다도 더 파괴적인 형태로" 하느님의 처벌을 받게 될 것이라고 단언했다. 켈리는 대화를 통해, 프랑크가 동료 수감자들이 하느님의 심판을 받아들이기보다는 목숨을 건지려 든

---

* 에드워드 프레더릭 린들리 우드, 1대 핼리팩스 백작(Edward Frederick Lindley Wood, 1st Earl of Halifax). 영국 보수당 정치인으로 1938~1940년 영국 외무 장관을 지냈으며, 독일의 오스트리아·체코슬로바키아 병합 과정에서 유화정책을 지지했다. 제2차 세계대전 중에는 주미 영국 대사를 맡았다.

다고 비난하고 있다는 사실을 알았다. 켈리는 도너번에게 이렇게 썼다. "지금 그는 함께 기소된 이들 가운데 자기보다 '약한' 사람에게 책임을 돌릴 기색을 보이는 단계에 와 있는 것 같습니다. 또한 그는 이미 두 차례나, 다른 이들이 무죄를 주장하더라도 적어도 자기만큼은 유죄를 인정하겠다고 말했습니다."

켈리가 도너번과 주고받은 보고는, 검찰 측 특별보좌관에게 보내는 또 다른 서한을 촉발했다. 발신자는 이니셜 J.E.S.로만 알려진 인물이었다.

오늘 켈리 소령이 당신에게 구두로 보고하면서, 저와도 피고인들에 관해 몇 마디를 나누었습니다. 소령의 공식 보고에는 포함되지 않았지만, 당신에게 흥미로울 만한 내용을 몇 가지 적어 보냅니다.

피고인들이 점점 하나의 동질적 집단으로 뭉치고 있는 게 분명해졌습니다. 모두 괴링을 지도자로 받아들이고, 각자의 영리한 머리를 모아 공동 방어 전략을 짜는 중입니다. 이는 재판을 훨씬 어렵게 만들 것이라고 소령은 말했습니다.

그 작성자는 계속해서 도너번에게 켈리의 생각을 전했다. 켈리가 보기에 나치들은 자신들의 온갖 악행을 적나라하게 보여주는 방대한 문서 자료로 유죄를 입증하려는 검찰의 계획을 전혀 두려워하지 않는 듯했다. 그 서한에는 이렇게 적혀 있었다. "문서라는 것은 한두 사람에게는 분명히 유죄를 입증해 주지만, 나머지 사람들에게는 오히려 알리바이가 되기도 하니 그 점에서는 똑같이 유용하다는 것입니다. 되니츠는 이렇게 말했습니다. '미국 놈들이 내 변론을 대신 준비해 주고 있군. 전형적인 양키식 유머지!'"

켈리는 변론 전략에 관한 첫 번째 보고에 이어 며칠 뒤 또 다른 보고 서한을 보냈다. 이번에는 괴링이 자신의 변론에서 1933년에 출간한 『국가 건설Aufbau Einer Nation』을 인용할 계획이라고 썼다. 괴링은 자신이 게슈타포를 오로지 공산주의자와 싸우기 위해 만들었고, 그 조직이 자신의 통제 아래에 있는 동안에는 그 목적에 충실했다는 주장을 이 책이 뒷받침해 준다고 강조했다. 제국 원수의 판단으로는, 이 책이 히틀러의 집권이 "약간의 유혈사태는 있었지만 러시아나 프랑스에서 일어났던 비슷한 혁명들에 비하면 훨씬 덜 잔혹했던" 혁명이었다는 점도 보여준다고 했다. 그 보고서 한쪽에는 이렇게 갈겨쓴 글귀가 있었다. "이 책 구할 수 있나?" (통역 트리스트에게 괴링은 『국가 건설』을 주말 이틀 만에 썼다고 말했다.)

의사로서 좀 더 적극적으로 나선 켈리는 11월 17일 도너번에게 뉘른베르크 법정의 피고인석이 등받이도 없는 딱딱한 벤치라서 재판이 길어질 경우 고령의 나치 지도자들에게 "매우 큰 고역이 될 것"이라는 의학적 소견을 전달했다. 그는 특히 카이텔, 되니츠, 풍크, 괴링, 그리고 네덜란드 점령지의 전 제국 판무관 자이스-잉크바르트를 걱정했는데, 이들이 류머티즘 때문에 고통을 겪을 것이며 "며칠이 지나면 쓰러질 수도 있다"라고 했다. 켈리는 등받이와 방석이 있는 좌석으로 바꿀 것을 권했고, 법정의 다른 좌석에는 이미 등받이와 방석이 갖춰져 있었다. 실제 재판 장면 사진을 보면 피고석에는 등받이가 설치되었지만, 방석은 눈에 띄지 않는다.

결국 도너번은 켈리가 제공한 정보를 제대로 활용할 수 있는 시간이 거의 남아 있지 않았다. 그는 잭슨 검사와 나치를 어떻게 기소할지 접근법을 두고 충돌하기 시작했다. 도너번은 법정 증인에 대한 능숙한 심문과 반대 심문으로 재판부를 설득하길 바랐고, 잭슨은 연합군이 확보한 방대한 유죄 증거 서류에 의존하길 원했다. 도너번은 특히 군 장교들에게까지 범죄 조직 가입 혐의를 적용하는 데 회의적이었다. 기소 전략을 둘러싼 여러 차례의 다툼 끝에 결국 도너번은 팀을 떠났고 11월 말에 귀국길에 올랐다.

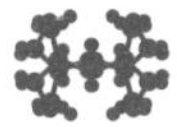

채터누가에서는 두키가 언니 리오라 브룩Leora Brooke과 부모와 함께 남편의 귀환을 기다리고 있었다. 신문 사진에는 부모 집의 거실에 서 있는 두키와 리오라의 모습이 담겼다. 리오라의 남편은 유럽 전구에서 육군 전투 공병으로 복무 중이었다. 두키는 언젠가 켈리와 함께 꾸릴 집을 위해 골랐을 법한 화려하게 장식된 은제 찻주전자를 들고 있었다. 딱 맞는 재킷과 무릎 길이의 주름치마 차림을 한 그녀는 키 크고 나이 많은 언니보다 훨씬 세련돼 보였다. 그녀가 켈리를 마지막으로 본 지는 3년이 되었고, 미국으로 돌아온 그의 군 동료들이 가끔 전해준 이야기와 편지로만 그의 근황을 접했을 뿐이었다.

결혼 5주년을 앞두고, 두키는 채터누가의 한 기자와 만나 남편의 뉘른베르크 활동에 대해 이야기했다. 정신과 의사와 결혼한 기분이 어떠냐는 질문도 받았다. 그녀는 이렇게 말했다. "가끔은 우리가 원치 않을 때도, 저 사람들은 우리가 무슨 생각을 하는지 다 알아맞히곤 해요." 아내와 떨어져 지내는 동안, 켈리는 그 기술을 나치 피고인들에게 적용하고 있었다.

7

정의궁

재판이 점점 다가오고 있었다. 최고위 나치 피고인들은 모두 변호인을 선임해 변론 준비에 들어갔다. 앤드러스 대령은 독일인 변호사들이 "법률적으로도 정치적으로도 신망이 두터운 이들"이라고 평했다. 그러나 그들이 교도소를 드나들면서 수감자들이 외부와 접촉할 기회와 밀반입 가능성도 크게 늘었다. 콘티와 라이의 자살은 여전히 앤드러스 지휘관의 마음을 무겁게 짓눌렀다. 그는 교도소의 안전을 지키고 수감자들이 어떤 식으로든 자해나 자살에 쓸 도구를 손에 넣지 못하게 하려고 새로운 보안 조치를 시행했다. 수감자와 변호인이 문서를 주고받을 때마다 경비병이 하나하나 확인했다. 경비병들은 수감자의 감방에서 신발끈, 면도날, 넥타이 같은 잠재적으로 위험한 물건을 치웠고, 밤에는 안경까지 압수했다. 나치 수감자들은 감방으로 돌아올 때와 목욕할 때마다 수색을 받았고, 그들이 밖에 있는 동안 경비병들은 감방을 샅샅이 뒤졌다.

"그런데도 우리는 계속 금지 물품을 찾아냈다." 앤드러스는 이렇게 탄식했다. 요들 장군의 감방을 기습 수색하자 담배 주머니에 감춘 못 하나, 길이 약 15센티미터의 철사 조각, 성분을 알 수 없는 알약 아홉 개, 헝겊 조각 몇 토막이 나왔다. 카이텔은 아스피린, 얇은 철판 조각,

소화기 질환 치료에 쓰이는 벨라도나 정 여러 알, 나사 하나, 못 두 개를 모아두고 있었고, 지갑에는 구두 뒤축에 대는 금속 덧쇠 조각을 감춰두었다. 그 조각의 출처를 캐묻자, 자신의 신발에서 나온 것이 아니라는 점이 분명했음에도 카이텔은 다소 자랑스러운 표정으로 "오랫동안 가지고 있었소"라고만 답했다.

리벤트로프의 지저분한 감방에서 경비병들은 정체불명의 알약 아홉 개와 길이 약 5센티미터짜리 날카로운 금속 조각 하나를 발견했다. 알약 가운데 네 개는 양말 속에 숨겨져 있었다. 명랑한 편인 되니츠도 신발 끈과 또 다른 끈, 나사 하나, 머리핀 하나 등의 금지 물품들을 가지고 있었다. "그걸로 무엇을 할 생각이었는지는 알 수 없었다"라고 앤드러스는 썼다. 샤흐트는 종이 클립 열 개를 몰래 가지고 있었고, 자우켈은 부러진 숟가락을 숨겨두었다. 감방 구역의 다른 곳에서도 경비병들은 깨진 유리 조각, 굴러다니던 못, 면도날 조각 하나를 찾아냈다. 숨겨둔 물건이 없었던 곳은 괴링과 헤스의 감방뿐이었다.

정의궁 구내의 다른 곳에서도 보호 차원의 보안 조치가 한층 강화되었다. 법정 도서관에서 일하던 독일인 직원이자 에르빈 롬멜Erwin Rommel 원수의 어린 조카가 "베어볼프Werwolf" 나치 잔당이 재판을 막으려고 건물을 폭파해 피고, 검사, 판사, 증거까지 모두 날려버리려 한다는 경고를 전해왔다. 크리스티네 롬멜Christine Rommel은 이렇게 말했다. "그들에게는 세상에 드러나선 안 되는 일들이 많은 거죠. 또 양심도 깊고요." 연합국 당국도 유사한 협박과 소문을 이미 파악하고 있었다. 이에 대응해 75밀리미터 포를 장착한 전차 다섯 대가 위력 과시를 위해 건물 밖에 집결했다. 또한 건물 외곽과 복도, 옥상, 출입구 등에는 병사들이 배치되었다. 경비병들은 판사를 포함해 출입하는 모든 이에게 공식 출입증을 요구했다.

사상 최초의 국제 재판이 열릴 2층 600호 법정은 완전히 변모해 더 이상 난장판이 아니었다. 새로 설치한 고출력 천장 조명이 법정을 환히 비춰 사진기자들은 재판에 지장을 주는 플래시 없이도 장면을 담을 수 있었다. 낡은 벽이 철거되어 더 넓은 공개 공간이 마련되었다. 법정은 500명 넘게 수용할 만큼 꽤 컸지만, 실제 재판이 이루어지는 구역은 남쪽 끝의 작은 공간에 집중되어 있었다.

　피고인석은 법정 주 출입구 바로 옆에 놓였고, 나치 지도자들이 두 줄로 앉게 되어 있었다. 피고인석 바로 앞에는 변호인석이 있었다. 판사석은 이들 모두를 마주 보도록 배치되었고, 햇빛을 가리기 위해 초록색 커튼을 드리운 네 개의 큰 창 아래 길게 이어져 있었다. 그 뒤편에는 연합국 네 나라의 국기가 세워졌다. 재판 진행을 독일어, 영어, 러시아어, 프랑스어로 즉시 통역해야 하는 통역사들은 판사석 오른쪽 벽면에 설치된 유리 부스에 자리하게 되어 있었다. 통역 부스에서 스피커용 마이크와 헤드폰 단자까지 이어진 전선들이 바닥에 어지럽게 깔려, 재판 기간 내내 재판 관계자들의 발에 자주 걸렸다. 판사석과 가장 가까운 곳에는 속기사들이 자리했다. (피고인 샤흐트는 곧 재판 요원들 가운데 상당수가 껌을 씹는 모습을 보고, 마치 그들이 말을 씹어 삼키고 있는 것처럼 느껴지는 "시각적 착란"에 빠졌다고 말했다.) 기소 팀의 좌석은 국적별로 나뉘어 기자석 앞쪽에 놓인 네 개의 탁자 주변에 모여 있었다. 가까운 곳에는 검사와 변호인이 나와 발언하는 연단이 있었다. 재판을 취재하는 기자들에게는 가장 좋은 자리가 주어져, 쿠션이 달린 의자에 좌석 간격도 넉넉했다. 법정 뒤편에는 뉴스 영상 촬영을 위한 전용 부스가 따로 마련되어 있었다. 방청객은 공간이 더 넓은 북쪽 좌석이나 위층 발코니에만 앉을 수 있었다. 그리고 판사석이 놓인 단과 방청석, 재판 요원석의 널찍한 좌석들에 둘러싸여 한없이 왜소해 보이는 자그마한 의자 하나가 하찮은 비품처럼 덩그러니 놓여 있었다. 바로 증인석이었다. 이 의자가 얼마나 중요한지는 머지않아 괴링이 모두에게 다시 일깨워 주게 된다.

연합국 4개국 대표단과 피고인 측 변호인단을 합쳐 1,300명이 넘는 인원이 국제군사재판소에 참여했으며, 전 세계의 방송사와 언론을 위해 취재 허가를 받은 기자만도 200명이 넘었다. 정의궁의 구내식당 직원들은 매일 재판 관계자들에게 약 1,500인분의 점심을 내놓았다.

수감자들은 감방에 있을 때는 대개 잡다한 옷을 이것저것 걸치고 있었지만, 앤드러스는 법정에 있을 때만큼은 그들이 자신의 교도소에서 세심한 보살핌과 관리를 받고 있다는 인상을 주길 원했다. 그는 이렇게 말했다. "동정을 살 만한 꼴로 보이게 하고 싶지 않다." 그는 재판 기간 내내 그들의 제복과 양복을 매일 세탁하고 다림질하게 했다. 몇몇 수감자에게는 재단사를 불러 새 양복을 맞추게도 했다. 다른 이들보다 안목이 까다로운 샤흐트는 교도소에서 제공한 양복이 "아주 질 낮은 원단"으로 만들어졌다고 불평했다.

재판 개시 전날, 앤드러스는 무거운 분위기의 리허설을 지휘했다. 그는 수감자들을 이끌고 교도소에서 수백 미터 떨어진 정의궁으로 데려갔다. 외부 공격에 대비해 자신이 설치를 지시한 지붕이 덮인 통로를 지나 엘리베이터를 타고 법정으로 올라갔다. 그는 경비병들에게 수감자들의 수갑을 풀게 한 뒤, 전직 나치 관료들을 마치 학예회에 나설 학생들처럼 피고인석에 두 줄로 앉을 순서대로 줄을 세웠다. 그 순서는 재판부의 공소장에 적힌 피고인 명단과 같았다. 맨 앞이 괴링, 이어서 헤스, 리벤트로프, 카이텔, 로젠베르크, 프랑크, 프리크, 슈트라이허, 그리고 나머지였다.

재판이 개시된 1945년 11월 20일 아침, 경비병들은 전날 밤 수감자들이 반납했던 양복과 벨트, 넥타이, 안경을 다시 나눠 주었다. 앤드러스가 보기에 교도소 전체가 평소와 달리 술렁일 만큼 긴장감이 감도는 가운데, 수감자들은 단정히 차려입었다. 당연히 깨뜨려서 흉기로 만들

수 있는 거울 따위는 어느 감방에도 없었다. 그래서 괴링은 외모를 살피기 위한 영리한 방법을 고안해 냈다. 자신과 변호사를 가르는 유리 칸막이 너머에 있는 변호인의 짙은색 양복을 배경 삼아, 그 표면에 자신의 모습을 거울처럼 비추어 보았다. 그는 그 모습을 꼼꼼히 살폈으며, 특히 머리 모양에 공을 들였다.

오늘날의 보안 기준으로 보면 그 법정에는 놀라울 만큼 무기가 거의 없었다. 앤드러스는 수감자가 경비병의 권총을 빼앗아 돌이킬 수 없는 일을 저지를까 봐 두려워했다. 그는 재판이 열리는 동안 법정 안에서 자신을 포함해 단 두 사람만 총기를 휴대하도록 했다. 재킷 안에는 어깨 총집에 꽂은 권총을 숨기고 있었고, 다른 한 명의 교도소 장교도 권총을 차고 있었다. 수감자들을 호송하고 재판을 지켜보던 많은 경비병들은 하얀 곤봉만 들고 있었다. 앤드러스는 그 곤봉들이 "수감자가 난동을 부릴 경우 이를 말려 제지하거나, 방청객이 공격을 시도하는 일도 막을 수 있을 만큼" 위협적인 무기이길 바랐다.

괴링이 맨 먼저 입정했다. 그는 계급장과 휘장을 모두 떼어 낸, 진줏빛 회색에 황동 단추가 달린 루프트바페 제복을 입고 있었고, 마치 세계 무대에 다시 설 기세였다. 몇 달간의 감금 생활은 그를 약물 중독과 비만에서 벗어나게 했고, 지난날을 되새기고 변론을 준비할 시간을 주었으며, 그 결과 전쟁 막바지 때보다 오히려 정신이 한층 또렷해져 있었다. 다만 방청객들은 그의 부인할 수 없는 강인함 속에서 어딘가 불안하게 느껴지는 유약함도 감지했다. 그의 제복은 여윈 몸을 제대로 감싼다기보다 헐겁게 걸쳐진 듯했고, 얼굴은 창백하고 주름졌으면서도 이상하게 젊어 보였고, 마네킹 같은 무표정이 특히 섬뜩했다. 그는 때때로 방청석을 유심히 훑어보며, 자신이 역사에 어떤 흔적을 남기게 될지 그 징후를 그들의 반응 속에서 미리 읽어보려는 듯했다. 《뉴요커》의 기자 리베카 웨스트는 계산적인 면과 비열한 유머 감각, 그리고 여성적인 기질이 뒤섞인 괴링의 모습을 묘사하며, 그가 사창가의 마담을 떠올리게 한다고 썼다. "일이 끝나 한가로이 서 있으면서도 얼굴에는 손님을 대할 때 쓰는 직업적인 친절의 가면이 여전히 딱 굳어 있고, 넓게 펼친 치맛자락에 살찐 고양이들이 몸을 비비고 있는 그런 마담 말이다. (…) 그는 이 모든 피고인들 중, 기회만 주어진다면 정의궁을 빠져나가 다시 독일을 장악하고, 자신을 이 피고인석까지 끌고 온 그 사적인 환상을 실현할 무대로 독일을 뒤바꿔 놓을 유일한 인물이었다." 그는 피고인석 앞줄 맨 왼편, 가장 눈에 띄는 자리에 앉았다.

헤스는 의기소침하게 비틀거리며 법정에 들어와 재판 진행에 거의 무관심한 사람처럼 보였다. 그의 기묘한 태도는 보는 이들을 사로잡았다. 기자 존 도스 파소스John Dos Passos가 말한 대로, 그는 "살이 다 빠져 뾰족하게 오그라든 코와 퀭한 눈, 턱이 거의 없는 듯 입만 남은" 얼굴로 마치 덫에 걸린 짐승처럼 천장 모서리를 올려다보았고, 때때로 어딘가 이상하고 불안한 웃음을 지었다. 웨스트의 눈에 비친 그의 모습은 이랬다. "누가 봐도 미쳐 있었고, 그게 너무나 명백해서 차라리 재판대에 세운다는 사실이 부끄러울 정도였다. 피부는 잿빛이었고, 광인에게나 있는 그 기묘한 능력, 곧 보통 사람이라면 몇 분도 버티지 못할 비틀린 자세를 그대로 유지하곤 했다. (…) 그의 정신에는 표면이란 게 전혀 없는 듯, 마치 악몽이 깃든 그 깊은 곳을 빼고는 모든 것이 산산이 날아가 버린 사람처럼 보였다." 그가 몇 해 전 메서슈미트를 몰고 독일을 떠난 뒤 처음으로 대중 앞에 선 이날, 사람들의 기억 속에서 광적인 확신으로 들떠 연설하던 나치 집회 연설가의 흔적은 이제 거의 보이지 않았다. 다만 헤스는 때때로 병약한 기색을 잠시 거두고 옆자리의 괴링 그리고 선글라스를 낀 리벤트로프에게 짤막한 말을 건넸다.

다른 피고인들의 입장도 강한 인상을 남겼다. 도스 파소스는 슈트라이허가 "교활한 늙은이 캐릭터 폭시 그랜파Foxy Grandpa*를 그린 끔찍한 풍자 만화" 같은 인상이었다고 썼고, 리베카 웨스트는 젊은 시라흐에 대해 "여자 같긴 한데, 흔히 여자처럼 생겼다고 말하는 남자들과는 또 다른, 특이한 방식으로 여자 같았다. 마치 단정하고 소심한 여자 가정교사가 앉아 있는 것 같았다. 예쁜 편은 아니지만 머리카락 한 올도 흐트러지지 않은 그런 모습이었다"라고 평가했다. 체크 무늬 재킷 차림의 프리크는 군복이나 은행원 스타일의 회색 양복을 입지 않은 유일한 피고인이라서 마치 서커스 단원처럼 눈에 띄었다. 몇몇 피고인의 입장 장면은 들어오는 순간부터 슬랩스틱 코미디 같았는데, 프리체는 실수로 자신보다 앞서 들어간 다른 피고인들 사이를 밀치고 지나가야 했다. 샤흐트는 성난 바다코끼리처럼 보였다. 재판이 시작되기를 기다리는 동안 몇몇 피고인들은 신문을 읽었다. 한데 모아놓고 보니, 나치들은 생기 없고 풀이 죽은 모습이었고, 마치 바로 그 지독한 평범함이 세계를 전쟁으로 몰아넣은 듯했다. 흰 헬멧을 쓴 경비병들이 그들 뒤에서 차렷 자세로 서 있었다. 뇌출혈에서 여전히 회복 중이던 칼텐브루너만은 보이지 않았다. 그는 재판 첫 15일 동안 참석하지 못했고, 그동안에는 변호인이 그의 입장을 대리했다.

오전 10시 판사들이 개정을 선언하자 재판소의 첫 번째 절차는 피고인들에 대한 공소장 낭독이었다. 검사들이 공소장을 읽어 내려가는 데만 몇 시간이 걸렸다. 가득 찬 법정의 열기와 새 페인트 냄새 속에서 나치 피고인들은 공소장을 이미 읽어본 터라 서로 잡담을 나누거나 시큰둥한 표정으로 지켜볼 뿐이었다. 그 가운데서도 괴링은 프랑스산 샴페인 8,700만 병을 훔친 혐의가 낭독되자 기쁜 기색으로 활짝 웃었다. 그는 첫날 내내 얼굴을 찡그리거나 고개를 저으며 틈만 나면 옆 사람들에게 이런저런 말을 건네곤 했다. 그 시간 대부분 헤스는 한 소녀의 이

---

*　　　1900년대 초 미국 신문에 연재된 동명 만화의 주인공으로, 장난기 많고 영악한 노인 캐릭터다.

야기를 들려주는 가벼운 시골 소설 『데어 로이즐Der Loisl』에 푹 빠져 있었고, 검사들이 처음 히틀러의 이름을 입에 올렸을 때만 미소를 지으며 고개를 들었다. 잠시 뒤 휴정 시간에는 주기적으로 찾아오는 복부 경련 탓에 얼굴을 찡그렸다. 그러고는 배를 움켜쥔 채 좌석에서 몸을 앞뒤로 흔들다가 고개를 숙여 피고인석 난간에 머리를 기댔다. 켈리는 그에게 다가갔지만 약은 주지 않았고 계속 몸을 흔들라고 조언했다. 곧 그는 진정되어 허리를 곧게 펴고 앉았고, 재판 진행 과정에 "예의를 갖춰 관심을 보이다가도 이내 따분해하는 기색을 번갈아" 내비쳤다.

헤스가 괴로워하는 기색을 드러내어도 그에게 관심을 보이는 동료는 거의 없었다. 피고인들 중 드물게 재판을 유심히 지켜보던 샤흐트는 검사가 공모 혐의를 언급하자 큰 소리로 웃었다. 일부 나치 피고인들은 지급된 헤드폰으로 통역 채널을 이리저리 바꿔 들으며 무료함을 달랬다. 휴정 시간에는 다른 이들이 답답한 법정을 빠져나가는 동안 피고인들만 법정에 남아 함께 점심을 먹었다. 포로가 된 뒤 처음으로 모두가 함께 모인 자리였다. 너그러운 체하며 괴링은 동료 피고인들에게 담배를 나눠 주었다. 이들은 식사하며 오전 재판 얘기를 주고받았지만, 슈트라이허만은 모두가 일부러 따돌렸고 잡담에 끼워주지 않았다. 그러자 그는 길버트에게 먼저 말을 걸어, 범죄 혐의로 재판을 받은 것이 예전에도 12~13번은 되는데 그중 한 번이 바로 이 법정에서였다고 넌지시 말했다. 리벤트로프는 일본에 투하된 원자 폭탄에 관해 헤스에게 설명해 보았지만, 헤스는 그런 일은 전혀 몰랐다며 이 재판이 불법이라고 불평했다. 전 외무 장관 리벤트로프는 얼마 뒤 법정에서 갑작스러운 현기증과 이명 발작을 일으키고 쓰러졌고, 진정제를 맞은 뒤 다시 피고인석으로 돌아왔다. 그날 어느 때인가 헤스는 몸을 괴링 쪽으로 숙이며 속삭였다. "두고 봐. 이 허깨비 같은 재판은 곧 사라질 거야. 한 달 안에 자네가 독일의 총통이 될 거야." 괴링은 이제 헤스가 미친 게 틀림없다며 길버트에게 말했다. 하루가 끝날 무렵이면 대부분 지쳐 있었고, 많은 이가 저녁 7시면 이미 감방에서 코를 골고 있었다.

　다음 날 피고인들은 공소장에 적힌 혐의에 대해 유무죄를 진술해야 했다. 맨 먼저 일어난 괴링은 나치 정권을 정당화하고 피고인들의 행위를 변호하는 장문의 진술서를 읽기 시작했다. 그러자 재판장 제프리 로런스는 그를 제지하고 제국 원수에게 간단히 유무죄만 밝히라고 요구했다. 괴링의 답변은 "공소장 의미에서는 무죄입니다"였다. 이 말은 곧 피고인석에 앉은 다른 모든 나치 지도자들의 입에서도 그대로 반복되었다.

　수석검사 로버트 잭슨은 재판의 국제법적 의의를 호소력 있게 천명한 개시 변론으로 큰 호평을 받았다. 그는 연합국이 독일 국민 전체를 중대한 범죄의 책임으로 몰아가려는 것이 아니라, 앞으로 전시와 평시에 통치자와 장군, 군대를 구속할 국제 규범을 세우려 한다고 말했다. 잭슨은 법정에서 이렇게 밝혔다. "오늘 우리가 이 피고인들을 심판하는 그 기록이, 훗날 역사가 우리를 심판하는 바로 그 기록이 된다는 사실을 결코 잊지 말아야 합니다."

　재판은 계속되었다. 쟁점은 독일 지도자들이 겉으로는 평화를 제안하는 척하면서 뒤로는 전쟁을 준비한 사실, 소련을 상대로 한 침략, 전시 선전, 폴란드에서의 만행, 유대인과 기독교인 반대자들에 대한 탄압이었다. 언론은 피고인들의 일거수일투족을 전했다. 앤드러스는 이렇게 말했다. "괴링이 증언을 듣다가 작은 소리로 욕설을 내뱉기만 하면, 그리고 실제로 자주 그랬는데, 그 욕설이 몇 분 만에 전 세계로 퍼져나갔다. 헤스가 법정에서 읽던 책을 다른 책으로 바꾸기만 해도, 다음 날이면 수백만 명이 그 새 책의 제목을 알고 있었다."

　재판이 시작될 무렵, 괴링은 세계가 지켜보는 가운데 나치 독일의 마지막 영광을 펼쳐 보일 기회를 갈망하고 있었다. 그 영예는 대부분 자신의 몫이 될 것이고, 잃을 것도 없었다. 그는 함께 기소된 동료들을 규합해 자신들을 변호하고 자기들의 행동을 자랑스럽게 여기며, 승자들이 내리는 형벌을 하나의 집단으로 받아들이게 하는 것을 목표로 삼았다. 처음에는 그 결말을 독일에서의 추방쯤으로 여기며 낙관적으로 말했고, 나중에는 모두가 국가의 순교자가 되는 집단 처형이 될 공산이 크다고까지 주장했다. 그는 훗날 자신들을 기리는 기념비가 세워지고 후세 독일인들의 찬미가 자신들에게 돌아올 것이라고 줄곧 설파했다. 재판에서 서로 협력하기만 하면 이런 모든 영예가 자기들 몫이 될 것이라고 여겼다. 감방에서 수동적으로 보낸 몇 달은 그에게 다시금 공격적이고 도전적으로 나서고 싶은 갈증을 키웠다. 다른 이들과 달리 괴링은 히틀러에게 책임을 미루거나 나치 정권의 행위를 동료들에게 떠넘기려 하지 않았다. 그는 자신이 내린 결정들을 거듭 인정했고, 스스로를 제국을 움직인 원동력으로 내세웠다. 재판이 시작된 지 몇 주가 지났을 때, 그는 방청석에도 들릴 만큼 큰소리로 자신의 태도를 이렇게 요약했다. "젠장, 우리 모두 변론을 딱 세 마디로 끝낼 배짱만 있었으면 좋겠어. '내 엉덩이나 핥아라.'"

나치 피고인들은 재판 날이면 계속 함께 점심을 먹었고, 괴링은 그 자리를 이용해 공동의 방어에 해가 된다고 여기는 말들을 다잡았다. 켈리는 이렇게 기록했다. "재판이 시작되자 그는 식탁 상석을 당연히 자기 자리인 양 차지함으로써 특유의 지도력을 곧바로 드러냈다. 아무도 이의를 제기하지 않았다. 수감자들 모두가 그의 지휘권을 당연한 것으로 여기는 분위기였다. (⋯) 그가 내게 이렇게 말했다. '우리는 일종의 팀이오, 여기 기소된 우리 모두가 말이오. 가장 강력한 변론을 하려면 함께 뭉쳐야 하지. 물론 내가 앞장설 것이오, 그러니 각자 제 몫을 다하게 만드는 건 내 책임이오.'"

괴링은 법정에서 잘못을 시인하거나 나치 정권을 공개적으로 비난하는 말이 나오는 것을 원치 않았다. 점심 자리에서 카이텔이 독일 몰락에 대한 주된 책임은 히틀러가 져야 한다고 조심스럽게 언급하자, 괴링은 즉각 말을 끊으며 이렇게 말했다. "여러분은 총통을 알지 않습니까. 총통은 가장 먼저 일어나 '명령은 내가 내렸고, 모든 책임은 내가 진다'라고 말했을 것이오. 하지만 나는 독일의 국가 원수가 그런 수모를 당하게 하느니 차라리 열 번이고 죽겠소." 그러자 프랑크가 격앙되어 카이텔의 편을 들며 이렇게 단언했다. "다른 국가 원수들도 법정에 선 적이 있소. 우리를 이 지경으로 몰아넣은 건 그요. 남은 건 진실을 말하는 것뿐이오!" 그러고는 프랑크와 다른 세 사람이 벌떡 일어나 방을 나갔다. 또 프랑크를 비롯한 몇몇은 공소장에 적힌, 괴링이 정복지에서 미술품과 각종 귀중품을 약탈했다는 혐의에 분개했다. 그들의 눈에 그런 행위는 사리사욕을 위한 범죄였고, 제국 원수에 대한 신뢰에 오점을 남기는 일이었다.

그런 난관에도 불구하고 괴링은 그들의 걱정과 불안에 맞춰 논리를 펼치며 대부분의 피고인들에 대한 영향력을 유지했다. 어떤 이들에게는 자신이 그들의 과오에 대한 책임을 지겠다고 했고, 어떤 이들에게는 자신들의 과거 정부를 헐뜯는 일이 얼마나 수치스러운지 진심을 다해 이야기했다. 또 어떤 이들에게는 연합국에 대한 전면적 저항을 설파하며, 승자들에게는 독일의 내부 결정을 심판할 도덕적 권리가 없다고 큰소리쳤다. 재판 사이사이 감방에서 그는 1930년대 나치 독일의 전쟁 준비, 곧 제1차 세계대전을 끝맺은 베르사유 조약을 위반한 일에 관해 켈리에게 똑같은 논리를 반복했다. "물론 우리는 재무장했지." 괴링은 다시금 간이침대에 앉아 정신과 의사 옆에서 말했다. "우리는 독일을 가시 돋친 짐승처럼 완전히 무장시켰소. 더 못 한 게 아쉬울 뿐이오. 조약이란 내겐 그저 휴지 조각이었소. 물론 나는 독일을 위대하게 만들고 싶었소. 평화롭게 할 수 있다면 좋고, 아니어도 그만이오. 내가 영국을 상대로 세운 계획은 지금도 사람들이 내게 돌리는 혐의보다 더 컸소. 루프트바페를 키울 때 전쟁을 부추기는 거냐고들 하기에, 나는 내가 무슨 피니싱 스쿨을 운영하는 게 아니라고 분명히 대답했지.”

켈리는 몇몇 피고인들에게 괴링의 장악력에 맞서도록 조언했다. 프리체가 켈리에게 괴링이 피고인들을 훈계하는 속셈과 그 냉소가 어느 정도인지 묻자, 켈리는 괴링이 독일의 영웅으로 길이 기억되길 원하기 때문에 피고인들이 함께 져야 할 도덕적 책임을 인정하지 않는다고 답했다. 프리체는 이렇게 말했다. “그가 그런 식으로 하고 싶다면 자기 변론이나 하게 두지요. 우릴 그의 영웅놀이에 끌어들일 필요는 없잖소.” 그러나 괴링은 바로 그런 방식으로 행동해야 한다는 강박에 사로잡혀 있었다.

켈리와 길버트는 점심때와 법정에서 피고인들의 대화를 예의 주시했다. 때로 켈리는 피고인들의 관점을 바로잡아야 한다는 충동을 느꼈다. 어느 날 그는 독일과 미국의 인종 문제를 비교하던 피고인들과 논쟁을 벌였다. 켈리가 미국에는 제3제국만큼 억압적인 인종법이 없다고 하자, 로젠베르크가 이렇게 맞받았다. “아, 곧 생길 겁니다. 두고 보시오. 유대인 문제가 없더라도 최소한 흑인 문제는 생길 테니까.” 슈트라이허는 미국에서 반란을 일으키려 한다는 흑인 지도자 한 사람을 거론했고, 켈리는 그런 인물은 들어본 적이 없다고 했다. 그는 그런 괴짜들은 “왔다가 사라지고, 제대로 된 사람들은 신경조차 쓰지 않는다”라고 덧붙였다. 그러자 슈트라이허가 이렇게 말했다. “오, 하지만 당신들에겐 인종 문제가 생길 수밖에 없소. 탈무드에 적혀 있으니까.” 로젠베르크도 거들었다. “그건 생물학적 필연이오.” 마지막 말까지 내뱉은 나치들은 오후 재판을 위해 다시 피고인석으로 돌아갔다.

11월 29일 오후, 법정에 있던 모든 사람들은 재판 전체를 통틀어 가장 극적인 순간 가운데 하나를 지켜보며 완전히 넋을 잃고 있었다. 기소 팀이 영국군과 미군이 불과 1년 전 '해방' 당시 촬영한 강제수용소 영상을 상영한 것이다. 법정이 어두워지고 영사기의 필름 릴이 윙 하며 돌아가기 시작하자, 켈리와 길버트는 피고인석의 양 끝으로 자리를 옮겼다. 스포트라이트가 피고인들을 비추었고, 두 사람은 그들의 얼굴에 스치는 감정의 흔적과 다른 의미심장한 반응을 자세히 살폈다. 앙상한 팔다리의 수감자들, 혼령이 깃든 듯한 얼굴들, 활짝 벌어진 화장터 문 사이로 드러난 소각된 해골, 겹겹이 쌓인 시신, 불도저가 시신 더미를 집단 매장지로 밀어 떨어뜨리는 장면들이 이어졌다. 오늘날 우리에게 익숙한 이 영상들은 그때 그곳에서 처음 마주한 사람들에게 압도적인 충격을 주었다. 방청석에서는 흐느낌과 낮은 탄식이 새어 나와 영사기의 웅웅거리는 소리와 뒤섞였다. 괴링은 불안한 듯 기침을 하며 피고석 난간에 몸을 기대고 오른팔로 얼굴을 가렸다. 헤스는 멍한 표정으로 화면을 응시했지만 아무 감정도 드러내지 않았다. 풍크와 프리체는 눈물을 흘렸지만, 그 모습을 본 몇몇은 그 눈물이 자기 자신과 자기 운명을 한탄한 것이라 여겼다. 연합군에 체포되기 전 나치 강제수용소에 수감된 적이 있던 샤흐트는 화면을 외면했다. 리벤트로프는 손가락으로 눈을 가렸지만 때로는 그 사이로 훔쳐보기도 했다. 로젠베르크는 자리에서 안절부절못하며 동료 나치들을 슬쩍슬쩍 훔쳐보았다. 되니츠는 선글라스를 벗었다 썼다 하며 스크린을 보고는 이내 눈을 돌리기를 반복했다. 나치들 가운데서는 슈트라이허만이 유독 깊이 빠져든 듯했다.

　당시 법정에 있던 한 사람은 이렇게 썼다. "영상이 끝났을 때 피고인들은 마치 돌처럼 굳어버린 듯 자리에 그대로 앉아 있었다. 판사들이 역겨운 기색으로 말없이 퇴정하고 나서야 피고인들은 천천히 몸을 일으켰다." 충격을 받은 로런스 재판장은 정식으로 휴정을 선언하는 것도 잊었다. 피고인들은 서서히 정신을 가다듬었다. 헤스가 "난 믿을 수 없습니다"라며 반발하자, 괴링이 그를 제지했다. 마침내 경비병들이 그들을 법정 밖으로 이끌었고, 프랑크는 몸을 움직일 기력조차 없어 부축을 받아야 했다. 그날 밤 켈리와 길버트가 감방을 돌았을 때, 여기저기서 흐느낌 소리가 들렸고 "다른 사람들이 한 일이지 우리는 몰랐다"라는 등 항변이 쏟아졌다. 그러나 프랑크는 그런 '몰랐다'는 주장을 두고 이렇게 짚어 말했다. "모두가 몰랐다고 둘러대게 놔두지 마시오. 우리는 세부까지 다 알지 못했을지라도 (…) 끔찍하게 잘못된 무언가가 있다는 낌새는 누구나 느꼈소. 알고 싶어 하지 않았던 거요." 슈트라이허는 차갑게 "끔찍하군"이라고만 말하고는, 잠을 자게 조용히 해달라고 경비병에게 요청했다.

강제수용소 영상 상영은 괴링의 재판 전략에 큰 타격을 주었다. 그는 이렇게 푸념했다. "그날 오후는 그 영상만 아니었으면 정말 좋았을 거요. 검사들이 오스트리아 문제에 관한 내 전화 통화 내용을 읽고 있었고, 모두가 나와 함께 웃고 있었지. 그런데 그 끔찍한 영상을 틀어 모든 걸 망쳐놓았소."

그럴 때면 괴링은 자신과 동료들을 겨냥해 법정에 제시된 증거의 위력을 마지못해 인정하곤 했다. "공동 피고인들을 추슬러 전열을 유지하느라 애먹고 있군요, 그렇지 않습니까?" 재판 셋째 주말 휴정 중에 켈리가 물었다. 괴링은 그렇다고 인정했다. "음, 내가 보기엔 그 증거가 꽤 치명적인 것 같군." 켈리가 거듭 몰아붙였다. "적어도 당신 자신에 관해서는 말입니다." 괴링은 곧장 답하려 하지 않았다. 마침내 그가 입을 열었다. "누군가 내게 와서 사람을 실험쥐처럼 삼아 저체온 실험을 한다느니, 혹은 사람들에게 자기 무덤을 파게 한 다음 수천 명을 한꺼번에 쏴 죽인다고 말했다면, 내가 그걸 믿었을 것 같소? 만약 그랬다면 난 '터무니없는 소리 집어치우시오!'라고 했을 거요. (…) 도무지 그럴 리가 없다고 여겼지. 그저 적의 선전쯤으로 대수롭지 않게 넘겼소." 그러나 법정에 제시된 증거들은 괴링이 유대인을 대상으로 한 "최종 해결책"의 잔혹 행위와 구체적 내용을 알고 있었음을 입증했다. 홀로코스트는 그의 승인과 지원 아래 자행된 일이었다.

　강제수용소 영상이 상영된 다음 날, 재판 아홉 번째 날에 전 총통 대리였던 헤스가 홀로 피고인석에 앉아 있는 가운데 법정은 그의 기억상실 문제를 심리 안건으로 올렸다. 재판부는 헤스가 유무죄를 진술하고 재판을 받을 정신적 능력이 있는지 따져보려 했고, 피고인 측 변호인 귄터 폰 로어샤이트Günther von Rohrscheidt는 헤스가 자신의 변호에 보다 적극적으로 임할 수 있을 때까지 재판 절차에서 그를 잠정 제외해 달라고 요청했다. (재판소는 이미 1945년에 병약한 산업계 거물이자 군수업자였던 구스타프 크루프 폰 볼렌Gustav Krupp von Bohlen의 재판을 연기한 바 있었고, 크루프는 결국 1950년에 재판을 받지 못한 채 사망했다.) 하지만 로어샤이트는 마지못해 헤스가 재판을 받을 만큼 정신적으로 온전하다고 스스로 믿고 있음을 인정할 수밖에 없었다. 재판부는 헤스의 책임 능력과 재판 수행 능력에 관한 법적 쟁점을 검토했다. 수석검사 잭슨은 헤스가 기억 회복을 위해 켈리가 권한 마취하최면 시술을 거부했기 때문에 기억상실을 변론의 근거로 삼거나 재판 연기의 명분으로 내세울 수 없다고 덧붙였다. 잭슨은 "헤스의 기억상실은 자기가 자처한 쪽에 속합니다"라고 못박았다. 헤스가 의도적으로 자신의 기억을 차단했다는 점을 이미 확신하고 있었던 것이다.

　2시간가량 논쟁이 이어지는 동안, 헤스는 수시로 낙서하듯 메모를 휘갈기고, 소곤거리며, 팔을 흔들어 변호인의 주의를 끌었다. 그는 눈에 띄게 불안해 보였다. 마침내 로런스가 헤스를 바라보며 이렇게 말했다. "재판부는 이 사안에 관해 헤스의 의견을 듣고자 합니다." 헤스는 벌떡 일어나 법정 한가운데로 성큼 걸어 나갔다. 경비병 세 명이 급히 달려가 그를 막아 다시 피고인석으로 데려가 마이크를 건넸다. 그러자 헤스는 방금 작성한 자신의 정신 상태에 관한 진술서를 낭독하겠다고 요청했다. 그의 목소리는 절제되어 있었지만 가까스로 억누른 흥분이 묻어나는 높은 톤이었다.

이제부터 나의 기억은 다시 외부 세계에 반응할 것입니다. 내가 기억 상실을 가장했던 이유는 전술적이었습니다. 사실은 집중력이 다소 저하되었을 뿐입니다. 그러나 그 때문에 재판을 따라가며 자신을 변호하고, 증인에게 질문하거나 답변하는 능력까지 영향을 받은 것은 아닙니다. 나는 서명자 또는 공동 서명자로서 내가 행한 모든 일과 내가 한 모든 서명에 대해 전적인 책임을 진다는 점을 강조합니다. 재판소가 나를 심리하고 판단할 관할권이 없다는 나의 근본적 입장도 방금 한 이 진술로 달라지지는 않습니다. 지금까지 선임 변호인과의 대화에서도 나는 기억상실을 가장해 왔습니다. 따라서 그는 지금까지 선의로 나를 대리해 온 것입니다.

헤스의 폭로가 나오자 법정은 경악 속에 잠시 침묵에 잠겼다. 그런데 이상하게도 로어샤이트가 웃음을 터뜨렸고, 법정에 있던 많은 이들도 따라 웃었다. 재판장 로런스는 즉시 휴정을 선언했다. 로어샤이트는 어이없다는 듯 기자들에게 의뢰인의 발언이 전혀 예상 밖이었다고 말하면서도, 방금의 소동이 오히려 헤스가 정상적인 정신 상태가 아니라는 자신의 확신을 더 굳혀주었다고 덧붙였다. 헤스가 감방으로 돌아가자 앤드러스가 "이제 더는 연기하지 않는다니 다행이오"라고 말했다. 헤스는 동의하듯 "아, 짐이 덜어진 기분입니다. 한결 낫군요"라고 답했다. 그런 뒤 헤스는 로어샤이트에게 켈리와 길버트가 자신의 기억상실을 곧이곧대로 믿어준 덕분에 둘을 웃음거리로 만들었다며 으스댔다. 헤스는 그날 있었던 일을 마냥 신나게 줄줄이 늘어놓았고, 전에는 떠올릴 수 없다고 했던 과거의 일들도 이제는 기억이 난다고 했다. 켈리가 왜 그런 법정 진술을 했는지 묻자, 헤스는 마치 초연을 막 마친 배우처럼 들뜬 기색을 감추지 못했고, 정작 자신이 검사들보다 자기 변호인을 더 곤혹스럽게 했다는 사실은 알아차리지 못하는 듯했다.

"어땠습니까? 제법이었죠?" 헤스가 외쳤다. "정말 모두를 깜짝 놀라게 하지 않았습니까?" 켈리는 모두가 놀란 건 아니라고 답했다. "그럼 제가 기억상실을 가장해서 당신을 속이진 못했단 말입니까?" 헤스가 다시 물었다. "당신이 눈치챘을까 봐 걱정됐습니다. 당신은 나와 함께 너무 오랜 시간을 보냈으니까요." 그러자 켈리가 11월에 나치 집회 영상을 상영했을 때의 일을 상기시켰다. 그때 헤스는 화면 속 사람들, 심지어 자기 자신도 기억하지 못하겠다고 했었다. "그때 이미 내가 속이고 있다는 걸 아는 줄 알았습니다." 헤스는 그때를 떠올리며 말했다. "당신은 줄곧 내 손만 보고 있었잖습니까. 비밀을 알아차린 줄 알고 무척 초조했습니다."

켈리는 훗날 이렇게 썼다. "나는 물론 그가 생각한 방식으로 그의 '비밀'을 알게 된 것은 아니었다. 다만 그가 스스로 인정한 것보다 더 많은 것을 기억하고 있다는 사실만 알았을 뿐이다." 정신과 의사 켈리는 헤스가 여전히 일정 부분 실제로 기억상실을 겪고 있다는 믿음을 거두려 하지 않았다. 켈리가 앞서 짐작했듯 그 시작은 헤스가 영국에 수감되어 심문을 받던 시기였고, 바로 그때가 그가 기억상실을 가장하기에 가장 수월한 때였다. 시간이 흐르면서 "그의 삶의 거대한 영역들이 그저 기억의 문턱 아래로 미끄러져 내려갔고, (…) 결국 그는 스스로 유도하고, 심지어는 스스로 정당화한 기억상실 상태의 진정한 희생자"였다는 믿음을 켈리는 계속 갖고 있었다. 그러나 그 신념을 비웃듯, 헤스는 자신이 잃었다고 주장한 기억들 가운데 일부를 실제로 떠올릴 수 있었다.

길버트와 켈리는 헤스의 자백 사실을 몇몇 다른 수감자들에게도 알렸다. 리벤트로프는 엄청나게 당황했다. "헤스, 우리랑 함께 있는 그 헤스? 그가 그렇게 말했다고?"라고 외쳤다. 시라흐는 그 연기가 재미있기는 했지만 정상적인 독일인의 품격에는 어울리지 않는다고 말했다. 헤스의 연기에 놀라지 않을 수 없었던 괴링도, 자신이 다른 사람들과 함께 속았다는 사실에 못마땅해했다. 다음 날 법정 피고인석에서 마주한 괴링과 헤스는, 처음엔 마치 교장 선생님을 속여먹은 남학생들처럼 그 속임수 이야기를 주고받았다. 이제 기세가 오른 헤스는 전 루프트바페 수장에게 영국으로의 비밀 비행이 얼마나 위험했는지 거리낌 없이 자랑해 댔다. 길버트는 훗날 이렇게 적었다. "괴링은 법정을 둘러보다가 헤스가 이제 모든 시선의 중심이 되어 있다는 것을 깨닫자 곧 그 대화에 싫증을 내는 기색이었다. 헤스는 그 상황을 한껏 즐기고 있었다."

　일부 사람들의 눈에는 헤스의 발언 때문에 꾸며낸 기억상실을 곧이곧대로 믿고 진지하게 다루어 온 켈리가 다소 우스꽝스럽게 보였을지도 모른다. 하지만 정신과 의사 켈리는 묻는 이들 누구에게나 자신은 전혀 놀라지 않았다고 주장했다. 켈리는 피고의 히스테리적 성향을 고려하면 법정에서의 선언은 충분히 예상 가능한 일이었다고 기자들에게 말했다. 켈리는 헤스의 기억상실이 일부는 진짜이고 일부는 의도적이라고 거듭 밝히면서 "하지만 그가 기억상실을 방어 수단으로 사용해 온 것은 분명하다"라고 덧붙였다. 이후 헤스는 길버트와 다른 이들에게 법정에서의 선언이 거짓이었고 기억상실의 일부는 진짜였다고 시인했다. 재판이 진행되는 내내 헤스의 정신 상태는 계속 악화되었고, "증언할 만큼 제정신이 아니었기 때문에" 자신을 변호하기 위해 증인석에 서지도 못했다고 켈리는 훗날 말했다.

　켈리는 내심 헤스의 돌발 발언의 책임을 길버트에게 돌렸다. 켈리의 기록에 따르면, 그 재판 기일 직전에 길버트가 헤스에게 재판부가 그를 정신 이상으로 판단해 절차에서 제외할 수도 있다고 말했다. 헤스는 피고인 신분으로 남기를 원했다. 켈리는 이렇게 적었다. "재판을 받지 못하게 되면 정신적으로 열등하다는 인상을 준다고 느꼈고, 동료들과 함께 재판을 받아야 한다고 생각했다. 이런 반응은 헤스의 히스테리적 성향과, 끝까지 기억상실을 가장하며 책임을 모면하려 하기보다는 치명적인 결과를 무릅쓰고서라도 세간의 이목이 쏠리는 한가운데로 뛰어들려는 욕망을 다시 한번 드러내 보인다."

헤스의 자백이 일으킨 극적인 상황에도 불구하고 판사들은 그가 기억상실을 연기하고 있었고 재판을 받기에 적합하며 더 이상의 추가 검진은 필요 없다는 점을 빠르게 확정 지었다. 켈리도 이에 동의했다. 켈리는 12월 중순에 헤스를 포함해 재판을 앞둔 나치들에 대한 최종 평가를 마치고 각 피고인에 대해 이렇게 적었다. "이 사람은 재판을 받을 만큼 정신적으로 온전하며, 정신 이상을 의심할 만한 증거도 없다. 재판을 받을 수 있다."

이후 피고인들 사이의 불화가 심해지고 괴링의 독주가 과해지자, 앤드러스는 길버트에게 점심 식사 때 그들을 여러 방으로 나눠 배치하라고 지시했다. 심리학자인 길버트는 괴링의 주장을 반박할 수 있는 피고인들의 능력을 따져 그의 영향력을 약화하는 방향으로 식사 그룹을 편성했다. 그리고 괴링은 혼자 별도의 공간에서 식사하게 했다. 길버트는 이렇게 회상했다. "그는 혼자 밥을 먹게 된 것에 몹시 화가 나 있었고, 나를 '아무것도 아닌 놈'으로 여긴다는 기색을 숨기지 않았다. 자기와 다른 이들은 '역사적 인물들'이라는 것이었다." 좌석 배치에는 다른 요인도 작용했다. 역사학자 앤Ann과 존 투사John Tusa는 "길버트는 헤스와 리벤트로프가 서로 주고받을 말이 거의 없을 것이라 보고, 그렇게 나란히 앉혀두면 둘을 무력화할 수 있다고 생각해 함께 배치했다"라고 지적했다. 새로운 좌석 배치는 샤흐트와 슈페어 같은 몇몇 피고인들에게 곧바로 힘을 실어주었다. 그들은 나치의 정책을 거리낌 없이 비판했고, 독일의 패배 책임을 연합국이 아니라 히틀러에게 돌렸다. 재판이

218일째를 향해 더디게 이어지자, 여러 명의 나치가 차츰 괴링의 영향권에서 벗어나 그와 거리를 두기 시작했다. 제국 원수라 해도 동료들을 그토록 오래 억지로 끌고 가면서, 동시에 대중의 관심까지 붙들어 둘 수는 없었다. 기분이 나쁜 날이면 그는 "하느님 맙소사Gott im Himmel!" 하고 씩씩거리며, "개 같은 놈Schweinehund, Verräter!" 같은 독일어 욕설을 자신에게 불리한 증인들에게 이를 악문 채 나지막이 퍼부었다.

재판은 아직 초반 몇 주에 불과했지만, 앞으로 아홉 달이나 더 공방과 증거 제시가 남아 있음에도 법정에서 쏟아지는 불리한 정보의 압박은 피고인들을 짓눌렀다. 카이텔은 자신이 들은 군의 만행이 부끄러워 몸서리쳐진다고 켈리에게 털어놓았고, 전장에서 떨어져 히틀러 본부에 틀어박혀 보낸 시간을 한탄했다. 어느 날 면담을 마치고 켈리와 길버트가 그의 감방을 떠나려 하자, 국방군 최고사령관이었던 그는 차렷 자세로 서서 이렇게 애원했다. "아직 선고받은 범죄자가 아닌 동안만이라도 가끔 찾아와 제 얘기를 들어주십시오. 저를 완전히 경멸하지는 말아주십시오. 가끔씩만 들러주십시오. 누군가와 대화할 수 있다는 사실만으로도 이 시련을 버티는 데 작은 격려가 됩니다." 길버트는 그 간청이 너무도 구차해 그 자리를 떠날 때까지 켈리에게는 통역해 주지 않았다.

12월 말쯤, 켈리는 뉘른베르크를 떠나 미국으로 돌아가겠다고 밝혔다. 그는 독방에서 겁먹은 남자들이 털어놓는 고백을 실컷 들었고, 법정 드라마도 이미 충분히 봤다. 1942년 이후 두키를 보지 못했으니 집으로 돌아가고도 싶었다. 1945년 말로 갈수록 두 사람이 주고받은 편지에는 켈리의 귀국을 손꼽아 기다리는 마음이 담겨 있었다. 게다가 켈리는 민간 의사로서의 경력을 다시 시작하고, 길버트와 함께 나치 지도자들의 심리를 다룬 책 작업에 착수하고 싶어 했다. 결론을 내리지는 못했지만, 향후 책을 쓰기에 충분한 자료를 모았다고 느꼈다. 로르샤흐 점수표와 지능 검사 결과, 면담 노트가 파일철을 가득 메우고 있었다. 켈리가 뉘른베르크에 머무는 동안 세운 개인적 목표는 법정 심리 그 자체가 아니었다. 그의 관심은 괴링과 나치 동료들의 법적 운명보다는 그들의 심리적 기질에 있었다. 정신과 의사인 그에게 피고인들의 유죄 여부는 처음부터 의심의 여지가 없었다. 켈리를 사로잡은 것은 이들이 지도자로서 보인 혐오스러운 행위가 정신 안에서 어떻게 작동하는지 그리고 그 원인이 무엇인지였다. 22명의 피고를 하나로 꿰는 실마리를 찾는 데 더 마음이 갔다. 그는 그들에 대한 법원의 판결을 어느 정도 예측할 수 있었지만, 그들의 정신을 해부하려면 뉘른베르크를 떠나야 한다고 생각했다.

켈리는 재판소에 대한 자신의 책무를 다했고, 공식 임무도 마무리되어 갔다. 그는 한 달간의 재판 진행 이후 피고인들이 대체로 "정신적으로 건강한 상태"라고 평가했다. 그는 기자에게 이렇게 말했다. "그들은 피고인석에 들어섰을 때의 그 건방지고 의기양양하던 무리와는 달라졌습니다." 재판 전에는 교수대에 매달릴 가능성을 농담처럼 떠들던 이들도 이제는 머지않아 자신들 대부분이 처형될지 모른다는 공포에 떨고 있었다.

교도소에서의 마지막 며칠 동안 켈리는 수감자들을 차례로 돌며 마지막 생각을 듣고 그들의 앞날을 예측해 주었다. 헤스는 음식에 독이 들었을지 모른다는 끝없는 의심 때문에 몹시 괴롭다고 털어놓았다. 때로는 집착을 극복하려 일부러 의심스러운 음식을 먹어보기도 했지만, 그때마다 위경련이나 현기증이 찾아왔다고 했다. 켈리는 이렇게 썼다. "헤스는 강한 정신을 가진 사람도 그런 생각에 사로잡힐 수 있는지, 아니면 그것이 광기가 진행되고 있다는 뜻인지 알고 싶어 했다." 정신과 의사 켈리가 헤스에게 무엇이라고 답했는지는 알려지지 않았으나, 그때쯤 켈리가 도울 수 있는 일은 없었다. 지난 몇 달 동안 쏟은 관심에 대해 켈리에게 감사 인사를 전하지 않은 피고인은 헤스 한 사람뿐이었다.

뜻밖의 인물에게서 감사 인사가 하나 찾아왔다. 12월 26일, 로젠베르크가 평소답지 않게 따뜻한 어조로 시작하는 장문의 편지를 보낸 것이다. 편지 맨 위에는 "참모본부 의무관 켈리 소령 귀하"라고 적혀 있었고, 본문은 이렇게 시작했다. "나뿐만 아니라 나와 함께 수감된 동료들도 당신이 뉘른베르크를 떠나는 것을 안타깝게 생각합니다. 당신의 인간적인 태도와 우리의 입장을 이해하려 한 노력에 감사드립니다." 그러나 곧 "정치에서 자연의 법칙만 지켰다면 세상의 많은 갈등이 이런 지경까지 오지 않았으리라고 믿습니다"라고 이어간 뒤, 이내 본래의 논조로 돌아가 유대교를 공격하고 일부 인종의 타고난 우월성에 대한 "존중"을 옹호하며, 미국인들이 "백인"을 지키기 위해 나서지 않는다면 미국에서 유대인과 흑인을 둘러싼 대재앙이 불가피하다고 주장하는 내용으로 다섯 단락을 채웠다. 편지의 마지막 줄에서야 처음의 개인적 어조로 돌아왔다. "앞날에 행운이 함께하길 빕니다." 그리고 "경의와 거듭 감사의 뜻을 전하며, 알프레트 로젠베르크"라는 말로 글을 맺었다.

마지막이 얼마 남지 않았을 무렵 가진 만남에서 켈리와 괴링은 정치나 재판 이야기는 접어두었다. 괴링은 얼마 전 헤스와 나눈 대화를 들려주었다. 감방 아래에서 윙윙거리는 발전기 소리가 밤마다 들리는데, 그게 수감자들을 잠 못 이루게 해 재판에서 제정신을 못 차리게 하려는 의도일 거라고 헤스가 말했다고 했다. 괴링은 그 일을 그저 웃어넘겼지만, 켈리에게는 알려주고 싶었던 것이다.

그런데 켈리가 감옥을 떠난다는 소식을 듣자, 괴링은 무너져 내리듯 그 자리에서 눈물을 흘렸다.

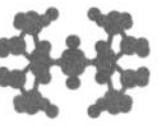

　켈리에게 재판과 그 준비 과정은 공격성의 집단 역학, 범죄 동기, 죄인들의 방어 기제, 우울, 그리고 일탈적 성격을 지닌 인물들의 사법 절차에 대한 반응을 연구할 수 있는 더없이 흥미로운 실험실이었다. 그는 피고인들이 임박한 심판을 앞두고 감정이 불안하게 치밀어 오르는 모습을 곁에서 지켜보았다. 또 승자들이 나치의 만행을 코앞에 들이대듯 증거를 차곡차곡 쌓고 독일 지도부를 법정에 세우는 과정을 통해 나치에 대한 분노를 풀고, 어쩌면 그들 자신이 저질렀던 전시의 잔혹 행위에 대한 죄책감까지 씻어 내려 하는 모습을 보았다. 교도소에 갇힌 이들은 전쟁과 그에 수반된 온갖 참상에 대한 책임을 떠안도록 만들어졌다. 어쩌면 그 덕분에 다른 이들은 자신들의 책임을 덜 느끼기 시작할 수 있었는지도 모른다. 전쟁터의 피비린내 나는 혼란과 타오르는 증오는 법정 안에서 논리적이고 치밀한 전략 게임으로 탈바꿈했다. 그 전략 게임에는 마지막에 만족스러운 판결을 기대할 수 있다는 요소까지 더해져 있었다. 켈리는 세계 지배를 노리는 이념과 싸우는 한편 재판소 운영을 맡아 지휘하는 과정에서 이제 지구의 상당 부분을 좌우하는 강대국으로 떠오른 한 나라를 위해 복무하고 있음을 깨달았다.

　1946년 1월 8일, 뉘른베르크 교도소의 새로운 정신과 의사로 뉴어크 출신의 34세 의사 레온 골든손Leon Goldensohn이 부임해 켈리의 뒤를 이었다. 그는 붙임성 있는 태도와 공격적이지 않은 방식, 피고인들의 말을 따져 묻거나 이렇다 할 반박 없이 오래도록 기꺼이 들어주는 자세로 수감자들과 교도소 직원들의 호감을 샀다.

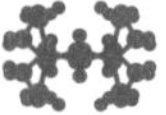

1946년 1월 하순, 더글러스 켈리는 채터누가에서 그의 아내 두키와 재회했다. 그는 나치들과 함께 보낸 시간 동안 남긴 기록, 메모, 노트, 각종 서류가 가득 든 상자들을 집으로 가져왔다. 한편 길버트는 켈리가 가져간 자료의 범위를 뒤늦게 알고 격분했다. 거기에는 켈리가 수감자들에게 직접 쓰게 했던 자필 자서전은 물론, 자신이 나치들을 인터뷰하며 남긴 노트 사본까지 들어 있었다. 켈리가 연락처를 남기지 않고 떠났다는 사실을 알게 되자 분노는 더 커졌다. 몇 달 뒤, 길버트는 켈리로부터 편지 한 통을 받았다. 이제 뉘른베르크에 관한 책은 길버트 없이 자신이 쓰겠다는 내용이었다. 길버트는 이 갑작스러운 계획 변경을 도무지 납득할 수 없었다. 반면 켈리는 자신이 상급 장교로서 길버트를 지휘해 왔으니, 두 사람이 함께한 연구 전반은 사실상 자기 몫이라고 여겼다. 길버트가 여전히 뉘른베르크에서 수감자들과 일하는 사이, 켈리는 나치들의 심리 분석 보고서와 그들이 공유했을지도 모를 성격 특성에 대한 평가를 먼저 집필할 수 있었다. 그는 동료보다 몇 달을 앞서나간 셈이었다.

그는 결혼 후 5년 동안 서로 얼굴 볼 틈도 없었던 만큼 두키에게 두 번째 신혼여행을 약속했다. 이 무렵 그는 소령에서 중령으로 진급했다. 기자들이 찾아와 인터뷰를 하자 켈리는 언론이 뉘른베르크 나치들의 자잘한 추문을 캐는 데 가장 큰 관심을 보인다는 사실을 금세 알아챘고, 그에 맞춰 응했다. 지난 몇 달 동안 "거의 헤스와 함께 지냈다"라고 말했으며, 헤스가 마취하최면을 끝내 거부한 데 대한 불만이 여전히 가시지 않는다고 밝혔다. 이어 그는 괴링으로 화제를 돌렸다. 제국 원수의 약물 중독을 소상히 설명하면서 훗날까지도 되풀이하듯 이렇게 말했다. "괴링은 책을 읽거나 대화를 하면서 파라코데인 정을 땅콩처럼 집어 입에 털어 넣곤 했다." 다만 정신과 의사의 관리 아래 괴링이 약물 의존에서 벗어나는 데 협조적이었다고도 전했다. 켈리는 이렇게 말했다. "히틀러가 없으면 이 사람들은 비정상도 아니고 변태도 아니고, 그렇다고 천재도 아닙니다. 이들은 공격적이고 영리하며 야심 차고 냉혹한, 여느 사업가와 다를 바 없죠. 다만 그들의 사업이 세계 정부를 세우는 일이었을 뿐입니다."

재판은 켈리 없이도 계속 이어졌다. 동료 피고인들에 대한 영향력은 크게 줄었지만, 괴링은 재판이 진행될수록 제3제국을 강력히 변호하고 독일인들의 기억 속에 그 명예를 보존하겠다는 계획을 고수했다. 1946년 3월 그는 자기 변호를 위해 증인석에 올라 잭슨과 그 유명한 공방을 벌였다. 초반에 괴링은 자신이 강제수용소의 존재를 알고 있었다는 점을 입증하는 잭슨의 증거 제시에 효과적으로 대응하지 못해, 샤흐트가 길버트에게 "저 뚱보가 지금 아주 박살 나고 있어"라고 말할 정도였다. 그러나 법정의 분위기는 곧 달라졌다. 괴링의 태도는 수세에서 공세로 돌아섰고, 그는 증인석을 나치 정권에서의 자신 역할을 장황하게 정당화하는 연단으로 만들었다. 그는 이렇게 주장했다. "오직 나를 이끈 동기는 내 민족에 대한 불같은 사랑, 그들의 운명과 자유와 삶에 대한 사랑이었다. 이 점에 대해 나는 전지전능하신 하느님과 독일 국민을 증인으로 부른다." 방청석에 앉아 있던 에어리 니브는 이렇게 적었다. "그는 마치 뉘른베르크 재판소가 아니라 뉘른베르크 전당대회에서 연설하는 사람 같았다."

이틀에 걸쳐 12시간이나 쏟아 낸 말 속에서 괴링은 나치 독일과 그 정권에서 맡은 자기 역할을 한껏 화려한 수사로 그려 냈다. 그의 열정과 노련함은 법정에 있던 많은 이들을 놀라게 했다. 얼마간은 켈리의 세심한 보살핌과 인내심 어린 경청 덕분이었겠지만, 괴링은 한때 번개처럼 빠른 공군을 설계하고 의심 많은 총통의 신임을 얻어 나치당의 기강을 다지던 예전의 모습으로 다시 돌아와 있었다. 히틀러의 눈치를 볼 필요가 없었기에 그는 어쩌면 그 어느 때보다도 더 자신만만해 보였다. 활기를 띠고 미소를 지으며, 분명 즐기고 있는 듯한 모습으로 그는 예전의 카리스마를 다시 드러냈다. 미국 측 검사 토머스 J. 도드 Thomas J. Dodd는 "왠지 포획된 사자가 떠오른다"라고 썼다. 재판을 다룬 기사에서도 괴링의 정치적 수완을 조심스럽게 치켜세우는 대목이 하나둘 등장하기 시작했다. 니브는 이렇게 적었다. "동료 수감자들이 그의 말에 넋을 놓고 귀 기울였다. 그중에서도 피고인석에서 이제 그와 떼려야 뗄 수 없는 동반자가 된 루돌프 헤스는 완전히 도취된 눈치였다. 나는 그들이 벌떡 일어나 거수경례를 하며 '지크 하일!'을 외칠지도 모른다고 느꼈다. 그가 나치 정권 초기에 왜 그토록 막강한 영향력을 휘둘렀는지 그제야 깨달았다." 괴링의 사람을 압도하는 증언은 이 재판에서 제3제국의 정당성을 가장 높은 지점까지 끌어올렸다.

이제 로버트 잭슨에게는 갑자기 기세를 탄 이 노련한 조종자를 반대 심문해야 하는, 누구도 맡고 싶어 하지 않을 임무가 주어졌다. 괴링은 이미 만반의 준비를 마친 상태였다. 그는 잭슨의 질문을 미리 짐작했고, 잭슨이 서류를 들여다보다가 대목을 놓쳐 헤맬 때면 도와주겠다고 나섰으며, 사실관계의 오류는 비웃기라도 하듯 바로잡았다. 잭슨의 질문에는 대수롭지 않다는 듯 정작 논점을 벗어난 장황한 답변으로 응수했지만, 로런스 재판장은 이를 제지하지 않았다. 법정에 있던 여러 목격자의 증언에 따르면, 괴링의 노골적인 경멸과 재판부의 방조에 가까운 태도가 겹치면서 잭슨은 거의 눈물을 보일 지경에 이르렀다고 한다. 《뉴요커》의 재닛 플래너Janet Flanner는 이렇게 전했다. "전직 제국 원수가 잭슨과 마지막 공방을 마치고 증인석에서 피고인석으로 위풍당당히 돌아오자, 피고인석에 있던 동료 나치들은 축하와 미소를 보냈다. 마치 검투사가 싸움에서 승리하고 돌아온 것 같았다."

기소 팀이 괴링에게 유리해진 판세를 수습하고 그의 인격에 다시금 타격을 가하는 데는 몇 주가 걸렸다. 전환점은 1944년 생포된 영국군 장교 50명의 처형을 괴링이 묵인했다는 증거가 제시되면서 찾아왔다. 명백한 전쟁 범죄였다. 괴링은 그 잔혹 행위에 가담하지 않았다고 부인했지만, 증언대에서 끝내 흥분을 감추지 못했다. 법정에 제출된 다수의 증거와는 달리 그는 유대인 말살을 겨냥한 "최종 해결책"에 대해 자신은 알지 못했다고 주장했고, 심지어 히틀러 역시 몰랐다고까지 말해 좌중을 경악시켰다. 아무도 그 말을 믿지 않았고, 괴링의 신뢰도는 급격히 추락했다.

그때부터 나치 피고인들은 줄곧 수세에 몰렸다. 그럼에도 괴링은 끝까지 버티며 길버트의 표현대로 "말로 드러나는, 그리고 막 겉으로 표출되기 시작한 노골적 공격성"을 보였다. 예컨대 6월 중순 어느 날 재판 중 프랜시스 비들Francis Biddle 재판관이 화장실에 가기 위해 자리에서 일어나자, 괴링은 피고인석에서 몸을 휙 돌려 다른 피고인에게 비아냥 섞인 말을 속삭였다. 경비병이 그의 어깨를 붙잡아 움직이지 못하게 하자, 괴링은 마치 더러운 먼지를 날려보내듯 과장된 몸짓으로 코트를 툭툭 치고 털어 내며 시위했다. 피고인들 사이의 연대가 무너지자 괴링은 사람도 일도 모조리 못마땅한 기색을 숨기지 않았다. 길버트는 이렇게 적었다. "그 무렵 그를 만나고 있던 다른 장교들과 서로 관찰 내용을 맞춰보니 꽤 흥미로웠다. 그 과정에서 그가 정신과 의사 앞에서는 심리학자를, 심리학자 앞에서는 다시 정신과 의사를 헐뜯고, 가톨릭 신부에게는 개신교 목사를, 개신교 목사에게는 다시 가톨릭 신부를 험담했다는 사실이 드러났다. 또 두 성직자 앞에서는 심리학자와 정신과 의사를, 반대로 심리학자와 정신과 의사 앞에서는 두 성직자를 깎아내렸다. 그러면서도 실제로 마주할 때는 한 사람 한 사람에게 번갈아 가며 비위를 맞췄다."

괴링은 피고인석에 함께 앉은 동료들 대부분에게마저 등을 돌렸다. 그는 좌절과 스트레스에 잔뜩 짓눌려 있었다. 길버트는 이렇게 기록했다. "이제 약을 달라고 요구할 수는 없었지만, 우리는 그가 코카인 주사 한 방을 맞거나 파라코데인 알약을 한 움큼 털어 넣을 수만 있다면 오른팔이라도 내줄 것 같다고 느꼈다." 결국 괴링은 산더미처럼 쌓인 증거와 논리에 눌려 무너지고 말았다. 그의 카리스마와 법정에서의 연기만으로는 도저히 맞서 이겨낼 수 없는 힘이었다. 그 못지않게 그에게 뼈아팠던 것은 언론과 대중이 재판 진행에 이미 염증을 느끼고 있다는 점이었다. 전기 작가 로저 맨벨Roger Manvell과 하인리히 프렝켈Heinrich Fraenkel은 이렇게 썼다. "괴링은 더 이상 뉴스거리가 아니었다. 그에 대해 덧붙일 수 있는 말이라고는 마지막 쓰디쓴 날까지 버텼다는 것뿐이었다. 그는 두 손으로 머리를 감싸 쥐거나 턱을 가슴까지 푹 숙인 채 앉아 있었으며, 깊은 생각에 잠기거나 우울에 빠져 있었다."

한편 잭슨은 법정에서 다시금 유려한 언변을 보여주었다. 그는 많은 방청객과 관찰자들이 명연설이라 평가한 발언으로 기소 측 입증을 마무리했다. 잭슨은 피고인들이 줄곧 자신들의 무죄를 주장해 왔다고 언급한 뒤 이렇게 덧붙였다.

바로 이러한 배경 속에서 피고인들은 이 재판부에, 자신들은 이 길게 열거된 범죄와 불법 행위를 계획하지도, 실행하지도, 서로 공모하지도 않았으니 무죄를 선고해 달라고 요구하고 있습니다. 그들은 지금 이 재판이 남긴 기록 앞에 서 있습니다. 피투성이가 된 글로스터Gloucester*가 자신이 살해한 임금의 시신 곁에 서 있었듯이 말입니다.

그는 지금 이들이 여러분께 하듯 과부가 된 왕비에게 이렇게 애걸했

---

*   셰익스피어의 역사극 『리처드 3세(Richard III)』의 주인공으로 극 중에서 왕을 살해하고도 시신 곁에 선 채 죄를 부인하는 야심가로 그려진다.

습니다. "제가 그들을 죽이지 않았다고 말해주십시오." 그러자 왕비가 대답했습니다. "그렇다면 그들이 살해되지 않았다고도 말하시오. 하지만 그들은 죽었습니다."

여러분이 이 사람들을 무죄라고 한다면, 그것은 이 전쟁이 없었고, 희생자도 없었고, 범죄도 없었다고 말하는 것이나 다름없을 것입니다.

1946년 6월 21일, 재판부는 피고인들의 유죄에 관한 비공개 평의를 시작했다. 두 달이 더 흐른 뒤 피고인들에게 법정에서 최후 진술을 할 기회가 주어졌다. 괴링은 그 자리에서 믿기 어려운 주장을 몇 가지 늘어놓았다. 그는 이렇게 말했다. "재판부 앞에서 다시 한번 분명히 말해두고 싶습니다. 나는 일생에 단 한 사람의 살인도 명령한 적이 없습니다. 또 어떤 잔혹 행위도 지시한 적이 없고, 그것을 막을 권한과 그 사실을 알 수 있는 상황에 있었을 때에도 그런 일을 용인한 적이 없습니다." 헤스의 진술은 두서없는 내용으로 유난히 눈에 띄었다. 그는 검찰이 문서를 조작하고 거짓 증인을 세웠다고 비난했고, 나치가 그처럼 나라를 이끌게 된 것도 "비정상적인 정신 상태" 때문이라고 주장했다. 그가 계속 횡설수설하자 괴링은 그만하라는 듯 손짓했다. "저는 어떤 것도 후회하지 않습니다. (…) 사람들이 무엇을 했든, 저는 언젠가 하느님의 심판대 앞에 설 것이고, 하느님께 답할 것입니다. 하느님이 제 무죄를 판결하시리라는 걸 저는 알고 있습니다." 헤스의 말이 계속 이어지자 로런스 재판장은 그의 발언 시간이 다 되었다고 알렸다.

괴링을 위로해 준 소식이 하나 있었다. 아내와 딸이 풀려났다는 소식이었다. 1946년 3월, 에미와 에다는 슈트라우블링 수용소를 나와 뉘른베르크에서 북동쪽으로 70여 킬로미터 떨어진 사냥 별장을 빌려 살기 시작했다. 앞으로 2년을 보내게 될 이 새 보금자리는 학교가 너무 멀어 에미가 이제 6세가 된 딸을 집에서 직접 가르쳐야 했다. 곧 에미는 국제군사재판소에 탄원서를 냈다.

간곡히 부탁드립니다. 몇 분만이라도 남편을 면회할 수 있게 해 주시기를 바랍니다. 지난 1년 3개월 동안 남편을 보지 못했습니다. 너무나 보고 싶어 더는 견딜 수가 없습니다. 남편 없이 이 시간을 버텨나가려면 제게 힘이 필요합니다. 잠깐이라도 남편을 보고 손이라도 잡을 수 있다면 더없이 큰 힘이 될 것입니다. 부디 제 청을 거절하지 말아 주시기를 마음 깊이 간청드립니다.

재판소 행정 당국은 에미의 면회를 반대하지 않았지만, 재판이 아직 진행 중인 데다 교도소 경비도 엄중했으므로 앤드러스는 허락하지 않았다. 그는 "그건 교도소 규정에 어긋나는 일이었습니다"라고 말했다. 에미의 방문 요청은 괴링의 뜻에도 맞지 않았다. 괴링은 일관되게 에미나 다른 친척들이 뉘른베르크에 와서 자신을 만나거나 자신을 위해 증언하는 일을 원치 않았다.

재판이 끝나자 앤드러스는 형 선고 전에 피고인들의 가족 면회를 허용했다. 헤스는 가족의 면회를 거부했지만, 괴링은 이전 입장을 거둬들였다. 앤드러스는 이렇게 털어놓았다. "괴링을 어떻게 생각했든 간에, 그때만큼은 그가 가족과 생이별한 처지에서 느낄 비애를 머릿속에서 떨쳐버리기가 쉽지 않았습니다." 9월 14일 에미와 에다는 2주 동안 괴링의 변호인 집에 머물 요량으로 뉘른베르크에 도착했고, 시내 거리를 걷는 두 사람의 모습을 사진기자들이 앞다투어 카메라에 담았다. 에미는 일요일을 제외하고 매일 남편을 면회했고, 몇 차례 다녀간 뒤에는 에다도 함께 데려갔다. "무슨 일이 있어도 울면 안 된다." 엄마가 딸을 다독였다. 괴링과 가족 사이에는 철망이 쳐져 있었다. 에미가 남편에게 입맞춤이라도 할 수 있게 아니면 손만이라도 잡을 수 있게 해 달라는 요청은 받아들여지지 않았다. 앤드러스는 이렇게 적었다. "신체 접촉은 자칫 자살 도구를 건네줄 또 한 번의 기회가 된다." 양옆에 경비병을 거느린 괴링은 에다를 보자 감정을 주체하지 못하고 끝내 눈물을 보였다. "많이 컸구나." 그는 간신히 그렇게 말했다. 에다는 엄마가 가르쳐 준 시를 아빠에게 낭독해 주었다.

1946년 9월 29일, 피고인 가족들은 뉘른베르크를 떠나야 했다. 며칠 뒤, 218일에 걸친 역사적 심리의 종료가 법정에서 공식 발표되고 판사들이 돌아와 판결을 선고했다. 정의궁 옥상에는 저격수들이 배치되었고, 재판부는 피고인 18명에게 유죄를 선고하는 한편 프리체, 파펜, 샤흐트 세 명에게는 무죄 판결을 내렸다. 유죄가 확정된 나치들 가운데 헤스, 풍크, 되니츠, 레더, 시라흐, 슈페어, 노이라트 등 일곱 명에게는 징역 10년에서 무기징역까지의 형이 선고되었고, 나머지 피고인들(궐석재판을 받은 마르틴 보어만까지 포함)에게는 사형이 선고되었다. 교수형 집행 대상자는 괴링, 로젠베르크, 슈트라이허, 리벤트로프, 요들, 카이텔, 칼텐브루너, 프랑크, 프리크, 자이스-잉크바르트, 자우켈이었다. 에미는 에다에게 아버지의 사형 선고 사실을 더 이상 숨길 수 없었다. 다만 이렇게 덧붙였다. "아마 집행되지는 않을 거야. 아빠는 아마 어디 외딴 섬으로 유배될 거야. 나폴레옹처럼." 연합국 당국은 10월 16일 처형을 예정했다.

헤스에게 무기징역을 선고한 것은 그가 오랫동안 보여온 정신 이상을 일정 부분 참작한 결정이었다. 그는 그동안 자신이 보였던 기억상실이 가짜였다고 줄곧 주장해 왔지만, 히틀러 통치의 야만성과 동료 피고인들의 범죄 행위 및 정책을 입증하는 수많은 증거와 마주하자 다시 기억상실 상태로 빠져들었다. 켈리는 재판부가 헤스에게 비교적 관대한 처분을 내린 것을 수긍했다. 헤스는 히스테리적 일탈 성향과 편집증을 보였고, 감정적으로 미성숙했으며, 제3제국을 영웅적 체제로 보는 망상에 사로잡혀 있었다. 켈리는 이렇게 썼다. "정신 이상자에게 사형을 선고하는 일은 문명 사회의 민주적 법이 아니다. 그래서 재판소는 그를 평생 감옥 담장 안에 두는 형으로 타협했다." 이어 켈리는 이렇게 내다봤다. "나중에 자신이 교수형을 당하지 않는다는 걸 깨달으면, 그는 긴장을 풀고 겉으로는 회복된 것처럼 보일지도 모른다. 그러나 그런 반응은 어디까지나 피상적일 뿐이고, 헤스는 앞으로도 줄곧 광기의 변두리를 떠돌 것이다."

켈리는 공개 석상에서 이번 선고에 전반적으로는 만족을 표했고, 다만 파펜의 행위도 유죄 판단을 받았어야 한다며 아쉬움을 드러냈다. "오랜 기간의 교도소 생활이 그에게는 큰 약이 되었을 겁니다"라고도 말했다. 무죄를 받은 세 사람에 대해서는 앞날이 순탄치 않을 것이라고 내다봤다. "그들은 이미 끝장난 신세다. 독일인들은 저들이 대가를 치르는 모습을 보게 될 것이다. 죄를 지어서가 아니라 전쟁에서 패했다는 이유로 말이다. 그들은 가장 능청스러운 세 사람이었다. 셋 다 말재주가 비상해서 감옥은 빠져나왔지만, 말재주로 모든 곤란을 모면할 수는 없을 것이다." 그의 예측은 부분적으로 들어맞았다. 한스 프리체는 이후 독일 법정에서 나치 범죄로 유죄를 선고받았고 곧 암으로 사망했다. 파펜도 비나치화 재판소에서 유죄를 선고받았지만 항소로 석방됐다. 하지만 얄마르 샤흐트는 다시는 법정에 서지 않았고 1970년 사망할 때까지 독일 금융계에서 활동했다.

모욕적인 교수형을 선고받자 괴링은 연합국 당국에 교수형 대신 총살형을 허락해 달라고 요청했다. 그 청원이 기각됐다는 소식을 길버트가 전했다. 연합국은 그에게 치욕스러운 죽음을 안기고자 했다. 괴링은 길버트에게, 지난 16개월 동안 나치 시대의 영광을 다시 타오르게 하고 독일 국민의 존경을 되찾으려 했던 자신의 노력이 재판 과정에서 실패했음을 인정했다. 그는 이렇게 말했다. "이제 히틀러 신화를 걱정할 필요는 없소. 독일 사람들이 재판에서 드러난 사실을 알게 되면 굳이 그를 단죄할 필요도 없을 것이오. 그는 스스로를 단죄했소." 길버트는 괴링의 자살 가능성을 연합국 당국에 경고했다. 교수형은 보통 범죄자에게나 어울리는 형벌이었으므로, 괴링은 예전의 비상 대책을 꺼내 들었다.

평소답지 않게 그는 집행 전날 밤 게레케 목사에게 성찬식을 집례해 달라고 요청했다. 그러나 괴링이 신은 믿지만 예수의 신성과 성서의 거룩함은 믿지 않는다고 말하자, 게레케는 이를 거절했다. 몇 시간 뒤 괴링은 감방의 책상에 앉아 쪽지 한 장을 써 내려갔다. 종이를 접은 그는 감방 구석에 있는 가려진 변기 쪽으로 갔다. 잠시 그곳에 머문 뒤 간이 침대에 몸을 던지듯 누워 가만히 있었다. 교도소 규정대로 자신을 지켜보는 경비병이 볼 수 있도록 두 손이 보이게 신경을 썼다.

이제 그의 손은 더 이상 필요 없었다. 방금 몸에서 꺼냈거나 변기에서 집어 든 유리 앰풀이 이미 입안에 들어가 있었다. 그는 잠깐 경비병 쪽으로 눈길을 보낸 뒤 이를 악물었다. 깨진 캡슐에서 흘러나온 청산가리가 목 안으로 스며들었다. 괴링은 헐떡이며 거친 숨을 몰아쉬다가 몸을 떨고 경련을 일으켰다. 놀란 경비병이 도움을 요청하며 감방 문을 열어젖혔지만, 그때 이미 제국 원수는 숨이 끊어졌을지도 모른다. 가장 먼저 달려온 이들 가운데 앤드러스가 있었고, 그는 괴링의 눈이 감겨 있고 입이 벌어져 있으며 피부에 녹색 기가 도는 것을 확인했다.

제국 원수는 죽기 몇 분 전 휘갈겨 쓴 쪽지를 앤드러스 대령에게 남겼다. 그 쪽지는 은근히 대령을 꼬집으면서도 부하들이 독을 찾아내지 못한 데 대한 책임을 덜어주려는 내용이었다.

앤드러스 대령께

나는 포로가 된 때부터 줄곧 독약 캡슐을 지니고 있었으며, 몽도르프로 이송될 때는 세 개를 갖고 있었습니다. 첫 번째 것은 수색 때 발견되도록 옷 속에 남겨두었습니다. 두 번째 것은 옷을 벗을 때 옷걸이 아래에 숨겨두었다가 다시 옷을 입을 때 되찾아 챙겼습니다. 이 캡슐을 몽도르프에서도, 이곳 감방에서도 워낙 교묘하게 숨겨두었기에 빈번하고 철저한 수색에도 발견되지 않았던 것입니다. 재판이 열리는 동안에는 그것을 내 몸 여기저기에 숨기거나 긴 승마용 부츠 안에 숨겨두었습니다. 세 번째 캡슐은 지금도 내 작은 여행가방 속 둥근 스킨크림 통 안, 크림 속에 들어 있습니다. 필요했다면 몽도르프에서도 두 번은 꺼내 쓸 수 있었을 것입니다. 수색을 맡은 이들 가운데 누구도 비난받아서는 안 됩니다. 그 캡슐을 찾아내기란 사실상 불가능했기 때문입니다. 발견됐다면 그것은 순전히 우연이었을 것입니다.

길버트 박사가 처형 방식을 총살로 바꿔달라는 청원이 통제위원회에서 기각되었다고 알려주었습니다.

괴링이 어떻게 독을 숨길 수 있었는지를 짐작하게 해 줄 다른 단서는 오랫동안 더 나오지 않았다. 수십 년이 지나서야, 뉘른베르크의 후속 나치 재판에서 기소 팀 수석검사 로버트 잭슨을 보좌하다가 결국 그 뒤를 이은 텔퍼드 테일러Telford Taylor가 한 가지 견해를 밝혔다. 미군 병사이자 뉘른베르크 교도소 경비병이었던 잭 "텍스" 휠러Jack "Tex" Wheeler 중위가 보관 중이던 괴링의 짐 속에 숨겨져 있던 캡슐들을 괴링이 감쪽같이 몸에 지닐 수 있도록 도와주었다는 것이다. 벤 E. 스웨어링겐Ben E. Swearingen의 책 『헤르만 괴링 자살의 미스터리The Mystery of Hermann Goering's Suicide』는 휠러가 괴링과 친분을 쌓았고 괴링의 귀중품을 대가로 마지막 부탁을 들어주었을 가능성이 있다는 상당한 증거를 다수 제시했다. 그런데 2005년에 이르러 또 다른 자백이 나오면서 사정은 한층 더 복잡해졌다. 뉘른베르크 법정에서 흰 헬멧을 쓰고서 있던 경비병 가운데 한 사람이었던 허버트 리 스타이버스Herbert Lee Stivers가 독일인 여자친구의 요청을 받아, 치명적인 캡슐이 들어 있는 펜을 몰래 괴링에게 건넸다고 밝힌 것이다. 스타이버스는 그 캡슐이 독이 아니라 약이라고 믿고 있었다고 주장했다.

제국 원수의 자살 소식은 켈리를 놀라게 했다. 전날 샌프란시스코에서 강연을 앞두고 그는 기자들에게, 괴링의 높은 지능과 완고한 성격을 고려하면 마지막 순간에도 당당할 것이라고 말했다. 켈리는 이렇게 말했다. "그는 교수대에서도 절대 기세가 꺾이지 않을 겁니다. 자기 자신을 역사 속 인물로 보는 시각을 갖고 있죠. 발판이 열려 떨어지는 순간에도 '하일 히틀러Heil Hitler'를 외칠 겁니다. 용감해서가 아니라, 벌써부터 자기 이름이 역사책에 어떻게 실릴지 머릿속에 그리고 있기 때문입니다."

괴링이 스스로 목숨을 끊었다는 소식을 들었을 때, 켈리는 등골이 서늘해졌을 것이다. 이 매혹적인 지도자, 곧 켈리에게는 환자이자 연구 대상이면서 동시에 깊은 친밀감을 나누고 관심사와 성격 면에서도 서로 통하는 부분을 발견했던 그 존재는 이제 사라졌다. 끝내 마술사가 마지막 손기술에 속아 넘어간 셈이었다. 그는 괴링을 오판했으며 괴링은 그의 전문적 판단을 비켜갔다. 정신과 의사 켈리는 자신의 영속성에 어딘가 불길한 균열이 생겼음을 감지했을지도 모른다. 더구나 다섯 달 동안 자신을 압도하던 그 거대한 조종자가 자신이 예상하지 못한 방식으로 최후의 한 수를 두는 것을 보며 묘한 전율마저 느꼈을 수도 있다. 그러나 되돌아보면, 제국 원수가 자기 죽음을 끝까지 반항의 선언으로 만들려 한 것은 그리 놀라운 일이 아니었다. 그건 괴링의 신념과 이미지에 딱 들어맞았다. 켈리는 그의 자살을 비겁함으로 보지 않았다. 오히려 그는 기자들에게 이렇게 말했다. "그 일은 그가 얼마나 기발하게 영리한 인물이었는지를 보여줍니다. 그리고 미군 전체를 완전히 무색하게 만들려는 마지막 제스처이기도 하죠. 독일인들의 눈에는 그의 행동이 상당히 영웅적인 것으로 비칠 테고, 역사 속에서 그는 히틀러, 힘러, 괴벨스와 함께 이른바 4인방의 반열에 오르게 될 겁니다." 다른 최고위 나치들이 모두 교수형의 치욕을 피했다면, 괴링이라고 왜 못 할까? 켈리는 이렇게 썼다.

그러나 괴링은 전 동료들보다 한 걸음 더 나아갔다. 그는 긴 수감 생활을 묵묵히 견디면서 연합국 재판소를 굴복시키고 검사들을 그들의 장기인 법정 논리 싸움에서 기세로 압도하고자 했다. 이런 방식으로 그는 독일인의 마음에 자리 잡았다. 수수께끼에 싸여 있고 미군 경비병의 무력함을 강조한 그의 자살은 노련하면서도 심지어 눈부시다고까지 할 만한 마무리로서 훗날 독일인들이 숭배할 법한 일종의 기념비를 완성한 것이다.

이 평가는 나치의 마지막 행동에 대한 꽤 인상적이고 놀라울 만큼 칭찬조에 가까운 해석이었다. 마치 한 인간의 죽음을 이야기하는 것이 아니라 연극이 막을 내리기 직전에 펼쳐지는 화려한 반전 장면을 설명하는 듯한 느낌이었다. 노련하게 연출된 자살은 한 번의 극적인 몸짓으로 적에게 상처를 입히고 거대한 유산을 남길 수 있었다. 자기 방식대로 마지막 이별을 지휘하는 괴링의 모습은 오랫동안 켈리의 기억 속에 불길처럼 선명히 남아 있었다.

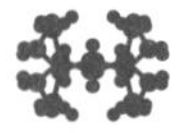

나머지 사형수들은 괴링의 자살로 모욕감을 느낀 앤드러스가 직접 지휘한 절차에 따라 차례로 교수대로 이끌려 갔다. 리벤트로프가 임박

한 처형 앞에서 보인 태도는 켈리에게 특히 깊은 인상을 주었다. 켈리는 그 전에는 리벤트로프가 경비병들에게 질질 끌려갈 사람이라고 예상했었다. 켈리는 전 외무 장관 리벤트로프에 대해 이렇게 썼다. "마지막 순간에는 어느 정도 용기를 보여주었다. 아마도 괴링의 자살 소식과, 이제 자신이 죽음의 행렬 맨 앞에 서서 이 마지막 무대의 중심을 차지하게 되었다는 자각이 그를 다잡아 주었고, 그 덕분에 그의 생애 어느 때보다도 마지막 몇 초 동안만큼은 더 유능한 사람처럼 행동하게 만든 것 같았다." 리벤트로프는 "독일이 하나로 남기를 바란다"라고 외치며 교수대의 밧줄을 목에 걸었다.

로젠베르크는 기도에 참여하는 것은 물론 기도문을 듣는 것조차 거부했고, 다리에 힘이 빠진 채 집행인에게로 다가갔다. 어쩌면 켈리가 예측했던 대로, 그 순간까지도 마음속으로는 나치 이념의 어떤 미묘한 쟁점을 따지고 있었는지 모른다. 켈리는 "슈트라이허는 기쁜 얼굴로 목을 맬 것"이라고 했고, 실제로 그는 마지막까지 히틀러의 이름을 입에 올리며 숨을 거두었다. 프랑크에 관해서는 "자기 몸에서 떨어지는 피 한 방울이면 자기 영혼에 찍힌 500만 개의 오점을 모두 씻어 낼 수 있다고 믿으며 죽을 것"이라고 생각했다. 켈리의 예상대로 나머지 사형수들 가운데 교수대로 끌려가야 했던 사람은 한 명도 없었다. 그는 이렇게 적었다. "선을 훌륭히 행하는 사람이 있듯, 악을 끝까지 밀어붙이는 사람도 있다. 결국 사람은 누구나 타고난 본성대로 끝을 맺기 마련이다." 뉘른베르크에서 유죄를 선고받은 나치 전범들에게 붙일 법한 공통의 묘비명 같았다.

미국 공중보건국장 토머스 패런 주니어Thomas Parran Jr가 이끄는 실무진이 교수형당한 나치들의 뇌 조직 샘플을 제공해 달라고 요청해 왔다. 앤드러스는 이를 "섬뜩한 요청이며, 물론 결코 받아들일 수 없는 일"이라고 했다. 그 대신 일종의 보복 조치로 시신들은 모두 다하우 강제수용소의 시체 소각실로 실려 가 그곳에서 소각되었고, 유해는 강에 뿌려졌다. 뉘우칠 줄 모르는 나치들이 대리석 기념 묘소 앞에서 철야 추모를 벌이는 일도, 영웅을 기리는 장례 기념물이 세워지는 일도 없을 것이었다.

재판에서 사형을 면한 헤스와 그 밖의 유죄 판결자들은 베를린의 슈판다우 교도소Spandau Prison로 이송되어 형기를 살았다. 마지막 흔적마저 없애려던 앤드러스는 괴링이 갖고 있던 남은 장신구들을 하나도 빠짐없이 분해하고 녹여서 다시는 사용할 수도, 원래 형태를 알아볼 수도 없게 만들었다. 미국 당국은 그렇게 남은 귀금속과 보석 덩어리들을 당시 재건에 막 나서던 신생 독일의 국고에 넘겼다.

뉘른베르크,

나치와
정신과 의사

8

나치 정신

국제군사재판소 재판이 진행되면서, 법정에서 제시된 증거와 증언 속에서 그 윤곽이 드러난 범죄 정권을 떠받치며 잔혹 행위를 저질렀던 이들에 대한 의문이 제기되었다. 왜 나치와 그 추종자들은 그런 짓을 했을까? 그들은 미쳐 있었을까? 그들의 범죄 행위를 설명할 만한 특정 정신장애를 찾아낼 수 있을까? 1945년 미국 하원에서 열린 전범 처벌 청문회에서 일리노이 출신 하원의원 에밀리 태프트 더글러스Emily Taft Douglas가 이런 질문을 던졌다. 더글러스는 나치 피고인들에게 제기된 그 엄청난 범죄의 동기를 미국인들, 아니 누구라도 제대로 이해하지 못하고 있다고 보았다. 그녀는 이렇게 말했다. "우리는 전쟁 범죄에 대해 모릅니다. 전혀 모릅니다. 잔혹 행위가 구체적으로 무엇인지야 알지만, 전쟁 범죄의 심리를 이해하지 못합니다. (…) 이러한 범죄를 낳은 심리적 질병이 있었고, 우리가 그것을 이해하지 못한다면 앞으로도 그런 범죄에 제대로 대처할 수 없습니다."

동시에, 국제군사재판소에 관여했거나 그 과정을 지켜본 많은 이들은 단지 죄인을 처벌하는 것만으로는 이 재판이 성공했다고 할 수 없음을 깨달았다. 몇 달 동안 이어진 법정 심리에서 그보다 더 근본적인 무언가가 나와야 했다. 나치 독일과 그 이데올로기가 철저히 붕괴되었으며, 지난 12년 동안의 참혹함에서 세계가 교훈을 얻어 앞으로 유사한 파국을 막을 수 있다는 사실을 보여주는 분명한 징표 말이다. 해리 트루먼Harry Truman 대통령은 이렇게 선언했다. "이 악을 저지른 자들의 죄를 공개적으로 드러내는 이 과정이 전쟁 당시 적국이었던 나라들의 일반 국민들 사이에서 전쟁과 군국주의, 침략, 그리고 인종적 우월성을 내세우는 국가들에 대한 전면적이고 영구적인 혐오를 불러오길 바란다."

두키의 고향인 채터누가로 돌아온 켈리에게는 생각할 일이 산더미처럼 쌓여 있었다. 그중 상당수는 나치 정신이 어떻게 작동하는지를 파헤치는 일과는 무관한 것들이었다. 두키는 훗날 이렇게 썼다. "그는 전쟁의 세월을 잊고 새로운 계획과 여러 가지 일에 본격적으로 매달리고 싶어 안달이 나 있었다." 아마 조금은 지나치게 가볍게 쓴 말이었을지도 모른다. 켈리에게는 분명 일자리가 필요했고, 학계의 최고 자리를 노리는 자신의 야심에 보탬이 되는 일자리이길 바랐다. 오랫동안 홀로 두었던 아내를 생각해야 했고, 앞으로 가정을 꾸리는 문제도 고려해야 했다.

그래도 켈리의 나치 지도자들에 대한 생각은 사라지지 않았다. 그는 틈이 날 때마다 나치, 그들이 저지른 악의 근원, 그리고 미국인들이 이번 전쟁에서 얻어야 할 교훈에 관한 단상을 적어두었다. 두키는 한 지인에게 보낸 편지에서 이렇게 썼다. "켈리가 미국으로 돌아온 뒤 여러 사람이 그에게 나치에 대한 연구를 글로 쓰라고 권했어요. 그는 선뜻 내키지 않아 했지요. 거의 4년을 쉬지 못한 채 전쟁 속에 있었으니 지쳐 있었고, 우리가 함께 차를 몰고 미국 전역을 돌아다니며 둘 다 사랑하는 시골 풍경을 다시 보는 것 말고는 아무것도 원하지 않았거든요. 실제로 우리는 그랬어요." 하지만 여행을 이어가는 동안, 나치들과 함께 지내기 시작했던 초기부터 마음속으로 그려오던 책 원고가 서서히 형태를 갖추었다. 켈리는 뉘른베르크의 경험을 뒤에 두고 떠날 수 없었다. 사실 그 경험은 그를 따라 집까지 함께 돌아왔다.

생각을 자극할 만한 자료는 넘쳐 났다. 뉘른베르크에서 집으로 보낸 상자들은 문서로 가득했고, 그중에는 세상에서 하나뿐인 것도 적지 않았다. 그는 또 나치 저자들의 친필 사인이 들어간 책들, 헤르만과 에미 괴링 사이에서 자신이 전달했던 편지 사본, 제국 원수의 파라코데인 알약 견본, 히틀러 두개골의 엑스레이 사진, 루돌프 헤스가 영국 감시자들이 독을 섞었다고 주장한 크래커, 쿠키, 사탕을 밀랍으로 봉인한 표본까지 테네시로 보냈다. 의학적으로 흥미롭거나 섬뜩하기까지 한 문서와 유물 더미가 바로 가까이에 있었다. 이 자료들은 그를 끊임없이 자극했다. 그는 지난 1년의 삶이 자신에게 개인적으로나 직업적으로 어떤 의미였는지 정리해 보고 싶었다. 그 1년은 수많은 정신과 의사, 심리학자, 학계 연구자들이라면 무엇이든 내걸고서라도 함께하고 싶어 했을 경험이었다. 켈리는 마지못해 나치들에 대한 자신의 견해를 하나씩 정리하기 시작했다. 이제는 거리를 두고 그들을 바라볼 수 있었다. 잔혹함과 범죄성을 보여주는 증거들로부터 그는 어떤 가설을 세울 수 있었을까?

로르샤흐 검사 자료와 해석을 훑어보니, 뇌 손상이 있던 라이를 제외하면 최고위 나치 수감자들 가운데 어느 누구도 광인으로 낙인찍을 만한 정신질환이나 성격적 특성을 보이지 않았다. 여기서 그는 전시의 대중적 통념과 맞부딪혔다. 정신장애가 있고 건망증이 심했던 헤스까지 포함해, 그들 모두는 자신의 행위에 책임이 있었고 선과 악을 구별할 수 있었다. 켈리와 공통점이 많고 사람을 사로잡는 매력을 지닌 괴링은 그에게 특별한 난제로 다가왔다. 분명 지적이고 교양 있는 사람이 도덕적 기준과 타인에 대한 공감을 이토록 노골적으로 결여하고 있다는 사실에 켈리는 경악했다. 아마도 괴링의 사례는 머리가 좋고 중책을 맡은 사람이라면, 켈리를 포함해 누구라도 방향 감각을 잃고 타인에게 해를 끼칠 수 있음을 시사했다. 그가 가져온 자료 더미만 봐도 괴링에 대한 각별한 관심은 분명했다. 제국 원수와 관련된 자료는 다른 어떤 피고인에 관한 것보다 압도적으로 많았다.

켈리가 피고인들에게 공통된 일탈적 성격, 이른바 나치 "병균"을 찾아낼 수 있기를 기대했다면, 그런 증거는 거의 없었다. 대신 그는 그들의 성격에서 자신이 신경증이라 부른 특성을 발견했다. 이러한 특성들은 드물지 않은 정신의학적 결함으로, 분명 그들을 괴롭히고 잔혹함을 부추길 수는 있었지만 정상 범주의 바깥으로 밀어내지는 못했다. 켈리는 양심의 가책은 느끼지 않고 자기애에 이끌리는 괴링 같은 사람들이 현실에 셀 수 없이 많다고 믿었다. 그는 이렇게 썼다. "그들은 기업가나 정치인으로, 때로는 범죄 조직과 결탁한 사기꾼으로 커다란 책상 뒤에 앉아 중대한 일들을 결정하며 하루하루를 보낸다. (…) 괴벨스 같은 교활하고 겉만 번지르르한, 양심 없는 연설가들과 글쟁이들, 리벤트로프 같은 말주변이 좋은 거물급 세일즈맨들, 그리고 주변에 들러붙어 이득을 챙기는 금융계와 법률계의 온갖 추종자들은 우리가 얼굴만 봐도 알아볼 수 있는 인물들 가운데 수두룩하다."

수감자들과 오래 지내는 동안 켈리는 그들이 몇 가지 공통된 성향을 지녔다는 확신을 갖게 되었다. 통제되지 않은 야심, 빈약한 윤리 의식, 그리고 옳다고 보기 어려운 행위까지도 정당화해 버리는 과도한 애국심이었다. 게다가 나치들은, 그 가운데 가장 엘리트이면서 가장 영향력 있는 자들조차도, 괴물도 아니고 악행을 저지르는 기계도 아니었으며 영혼과 감정이 없는 로봇도 아니었다. 가족을 염려하는 괴링, 시를 사랑한 시라흐, 압박 속에서 두려움을 드러낸 칼텐브루너의 모습은 켈리의 마음을 움직였고, 그가 다루었던 옛 수감자들 또한 다른 사람들과 다름없는 감정과 반응을 지녔다는 점을 납득시키기에 충분했다. 켈리

는 이렇게 경고했다. "그들의 활동과 행동이 혐오와 증오를 불러일으
킨다는 이유만으로 그들을 깎아내리고, 그 탓에 제3제국을 얕잡아 본
다면 큰 실수를 저지르는 것이다." 그들이 비교적 정상적이었다는 사
실은 불길한 물음을 남겼다. 그처럼 설명할 수 없는 행위를 우리는 어
떻게 이해해야 하는가. 나치들을 제대로 이해하지 못하고 그들의 정신
병도 특정하지 못한 채, 켈리는 그저 마지못해 엄청나게 많은 사람들이
전범들처럼 행동할 잠재력을 지니고 있다고 결론지을 수밖에 없었다.

　정신의학적 증거를 찾지 못하자 켈리는 독일인을 이해하기 위해 사
회학과 역사, 그리고 코르지브스키의 일반 의미론으로 눈을 돌렸다. 그
는 이렇게 적었다. "광기는 나치를 설명하지 못한다. 그들도 모든 인간
과 마찬가지로 환경이 빚어낸 산물이었고, 동시에 대부분의 인간보다
훨씬 더 적극적으로 자기 환경을 만들어 낸 존재였다." 제3제국의 부
상을 두고 의문을 품은 많은 이들처럼, 켈리는 나치 이념의 성장과 독
일 문화에 오래전부터 뿌리내린 야만적 성향과 편견 사이에 연관성이
있다고 보았다. 19세기 말부터 제1차 세계대전까지 독일의 지도자들은
적을 학살해야 하고, 독일 민족이 이웃 민족들보다 우월하며, 다른 민
족을 정복할 운명을 지녔다는 필연성을 설파했다. 나치들은 총통 원칙,
민족을 구할 영웅, 모두를 이끌 엘리트의 존재 같은 개념을 새로 만들
어 낼 필요가 없었다. 이미 민족적 분위기 속에 깔려 있던 것을 활용했
을 뿐이다. 켈리는 일반 의미론을 끌어와 이렇게 말했다. "감정의 중추
인 시상으로 생각하는 사람은 지적 기능을 담당하는 대뇌피질로 사고
할 수 없다는 점은 확립된 과학적 사실이다. 히틀러는 독일 민족 전체
가 뇌의 감정 중추인 시상으로만 생각하게 만들었다. 그런 상태에서는
사람들이 괴벨스, 슈트라이허, 라이 같은 선전가들의 쉬운 먹잇감이 되
었다." 그런 개념들은 "이미 문화 속에 박혀 있었기 때문에 이를 끌어다
활용하는 데 특별한 자질은 필요하지 않았다. 필요한 것은 리더십뿐이

었다.

나치들에게 공통 요소가 광기가 아니라면 무엇이었을까? 켈리가 뉘른베르크 피고인들 사이에서 찾아낸 공통점은 두 가지뿐이었다. 첫째는 일에 쏟아붓는 어마어마한 에너지였다. 괴링과 동료들은 엄청난 일 중독자였다. 켈리는 이렇게 적었다. "그들 모두 믿기 어려울 만큼 긴 시간 동안 일했고, 거의 잠을 자지 않았으며, 세상을 나치화한다는 과업에 삶 전체를 바쳤다." 그러면서 한숨 섞인 듯한 어조로 덧붙였다. "그들은 노예처럼, 광신적으로 일했다. 안타깝게도 우리는 민주주의를 제대로 작동시키는 데 그만한 에너지를 쏟지 못하고 있다." 또 하나, 켈리가 알아낸 공통점은 나치들이 일을 추진할 때 목적에만 집중하고 그 목적을 이루는 수단에는 큰 관심을 두지 않았다는 점이었다. 그 목적은 나치즘의 확산부터 개인적 권력과 영광의 추구에 이르기까지 사람마다 달랐다.

히틀러는 뉘른베르크 교도소에서 오가는 모든 대화를 지배했지만 정작 켈리의 손이 닿지 않는 인물이었다. 그럼에도 켈리는 정신과 의사로서 그의 동기와 본성을 이해하려고 온 힘을 다했다. 몽도르프와 뉘른베르크에서 켈리는 히틀러의 측근과 주치의, 비서들, 그 밖에 그의 삶을 가까이서 아는 이들을 두루 인터뷰했다. 그는 이렇게 판단했다. "히틀러는 자신의 능력을 과대망상에 이를 만큼 깊이 확신하고 있었다. 자신만이 제3제국을 성공으로 이끌 수 있다고 굳게 믿었고 때로는 그 임무를 하늘이 자신에게 맡겼다고 느끼는 듯했다." 히틀러에게 맞선 사람은 누구나 그의 무시무시한 분노를 감당해야 했다. 켈리가 보기에 그런 과대망상이 있다고 해서 히틀러가 사석에서 참모들에게 종종 친절했고 말투도 부드러웠으며, 여성과 아이들 그리고 노인들에게 공손했고, 맛있는 음식과 삶의 소박한 즐거움을 사랑했다는 사실이 모순되지는 않았다.

히틀러의 동료들에게서 모은 증언을 분석한 끝에 켈리는 히틀러가 다른 많은 남성들보다 성적 욕구가 덜하고, 괴링처럼 그 에너지를 일로 전환했을지 모른다고 보았다. "히틀러는 모든 면에서 보통 남자들과 다를 바 없이 정상적이었다"라고 괴링은 켈리에게 말했다. 그 말은 꽤나 소름이 끼쳤다.

더글러스 켈리가 히틀러의 정신을 분석하려 든 최초의 정신과 의사나 심리학자는 아니었다. 1942년 케임브리지대학교 교수 조지프 매커디Joseph MacCurdy는 총통의 반유대주의를 해부하며, 그 반유대주의가 전장에서 그의 병력이 패배하기 시작하면서 히틀러의 정신 상태가 점점 더 망상과 좌절로 치닫게 된 사실을 반영한다고 보았다. 정신분석가 월터 C. 랭어Walter C. Langer와 심리학자 헨리 머리Henry Murray도 전쟁 중 미국 전략사무국의 작전을 기획하는 데 중요한 참고 자료가 된 히틀러 분석 보고서를 작성했다.

그러나 켈리는 결국 그의 행동을 이해하는 열쇠로 히틀러의 잘 알려진 위장 장애, 곧 20년에 걸친 가스와 복통의 병력에 초점을 맞추었다. 히틀러의 주치의들은 기질성 원인을 찾지 못했고, 켈리는 그 문제를 "신경성 복통에 불과하다"라고 진단했다. 그는 그런 증상들이 무엇을 뜻하는지 이렇게 설명했다. "위에 대한 집착을 동반한 불안 신경증을 가리키지만, 정신병원에 강제 입원시킬 정도는 아니다. 그는 죽음을 두려워했다. 많은 중대한 결정들이 성급히 내려지고, 마찬가지로 성급하게 실행되었다." 예컨대 켈리는 1941년 히틀러가 괴링에게, 자신의 위장 상태가 점점 더 나빠지고 있기 때문에 소련 공격은 즉시 실행되어야 한다고 말했다는 사실을 알게 되었다. 그는 자신이 위암일지 모르는 데다 머지않아 죽을지도 모른다고 두려워했다. 그 결과 히틀러는 성공적이던 영국에 대한 공세에서 시선을 거두고, 결국 패배로 끝난 동부 전역에 매달렸다. 켈리는 이렇게 썼다. "이 결정이 빚어낸 참상은 널리 알려져 있다. 지휘권을 쥔 한 정신신경증 환자가 심한 히스테리성 위경련과 강박적 두려움에 사로잡힌 탓에 전쟁 전체가 촉발되었다고 생각하면 소름이 끼친다." 같은 이유로 암이 자신을 덮치기 전에 서둘러야 한다는 강박 속에서 히틀러는 부하들에게도 장시간 노동을 요구했다. 히틀러에게 실제로 위암이 있었다는 증거는 없었다. 그는 자신의 두려움을 확인하고 싶지 않다며 위의 엑스레이 촬영도 거부했다. 히틀러의 주치의 가운데 한 사람인 카를 브란트는 히틀러가 말년 내내 상상 속 질병을 막겠다며 비타민과 포도당 주사를 계속 맞았다고 켈리에게 말했다.

동시에 최대 다섯 명의 주치의를 거느릴 정도로 확연했던 히틀러의 죽음에 대한 공포는 켈리가 그의 자살에 대한 태도를 파악하는 데도 단서가 되었다. 처음에 히틀러는 자신 앞에서 자살 이야기를 꺼내는 것조차 허락하지 않았다. 전세가 자신에게 불리하게 기울던 시기에도 그는 이렇게 말하곤 했다. "나약하거나 바보 같은 자가 아니고서야 자살 따위는 하지 않는다." 그러나 나치의 패배가 잦아지고 건강이 악화되자 생각이 달라졌다. 1944년 이후 히틀러는 의사들이 히스테리에서 비롯된 증상이라고 진단한 왼손과 왼쪽 다리의 떨림과 쇠약에 시달렸다. 켈리는 이렇게 적었다. "히틀러는 건강을 잃은 사람이 스스로 목숨을 끊는 심정을 얼마든지 이해할 수 있다고 말하곤 했다고 한다. (…) 그는 이 병증이 오른손으로 번질까 봐 끔찍히 두려워했다. 어느 날 그는 그런 일이 일어나면 스스로 목숨을 끊겠다고 단호히 말했다."

히틀러가 자살에 끌린 또 하나의 요인은 동료 파시스트 독재자 베니토 무솔리니Benito Mussolini의 최후였다. 무솔리니의 적들은 그를 처형한 후 시신을 공공장소에 매달아 모욕했다. 그 만행의 사진을 본 뒤 괴링은 켈리에게 이렇게 말했다. "히틀러는 완전히 광분했소. 사진들을 움켜쥐고 복도를 이리저리 오가며 '이런 일이 절대 내게 일어나서는 안

돼!' 하고 고함을 질렀소. 사진을 쥔 채 마구 흔들어 대기도 했지. 그 뒤로 히틀러는 몇 차례나 먼저 그 이야기를 꺼내더이다." 이어 괴링은 한 마디를 더 보탰다. "히틀러는 자신이 결코 생포되지 않을 것이며, 분노한 독일인들이 자신의 시신을 더럽힐 기회 따위는 절대 없을 것이라며 맹세했소." 이런 까닭에 히틀러는 적에게 시신을 빼앗길까 두려워 러시아군과의 마지막 결전을 직접 지휘하러 나서지 않았다고 괴링은 말했다. 결국 베를린의 벙커에서 에바 브라운Eva Braun과 함께 자살하기 며칠 전, 히틀러는 유언에 이렇게 적었다. "아내와 나는 수치와 실각 혹은 항복을 피하고자 죽음을 선택한다." 켈리는 히틀러의 심리에서 다른 특이점들도 찾아냈다. 장갑을 끼지 않으면 동물을 만지려 하지 않았고, 말에 대해선 관심과 두려움을 함께 보였으며, 일과를 강박적으로 반복했고, 개인 위생에 유난히 까다로웠다. 그러나 그를 정신병자나 광인으로 낙인찍을 만한 증거는 없었다.

켈리는 나치가 전례 없는 규모의 잔혹 행위와 전쟁 범죄를 저질렀다는 사실을 알고 있었다. 독일 지도자들조차 자신들이 무엇을 저질렀고 어디까지 가버렸는지 깨닫고 놀랄 지경이었다. 그런데도 정상 범주에 속하는 성격의 사람들이 이런 만행을 촉발했다는 사실은, 켈리에게 이 일이 다시 일어날 수 있다는 불안을 갖게 했다. 그는 《뉴요커》 기자에게 "라이 박사를 제외하면, 그 무리 가운데 미친 사람은 한 명도 없었습니다"라고 말했다. 또 이렇게 쓰기도 했다. "지도자들은 특별한 부류가 아니었다. 그들의 성격 유형을 보면, 사회적으로 바람직한 인물들이 아니긴 하지만 그들과 같은 사람들은 미국에서도, 다른 어디에서도 흔히 찾아볼 수 있다는 것을 알 수 있다." 따라서 그는 심리적으로 유사한 가해자들에 의해 홀로코스트와 인류에 대한 범죄가 되풀이 될 수 있다고 두려워했다. 이 우려는 1961년 이스라엘에서 열린 아돌프 아이히만 재판을 다루며 "악의 평범성banality of evil"을 말한 한나 아렌트Hannah Arendt의 관점과는 달랐다. 아렌트는 나치들이 상부의 명령을 따르고 그 명령을 일상적 절차로 여겼으며 자신의 행동을 대수롭지 않게 받아들였다고 보았다. 반대로 켈리가 연구한 다수의 나치들은 자신들의 체제와 그 안에서의 자기 역할을 여전히 특별하며 인류 진화의 흐름이 선택한 것으로 여겼다. 그런 사고가 괴링으로 하여금 옛 동료를 숙청하고 살인 명령을 내리게 했고, 사랑하는 가족과의 삶을 누리면서도 권력을 향유하게 했다.

정신과 의사인 그는 뉘른베르크에서의 연구를 근거로 나치들을 사이코패스이거나, 한나 아렌트가 말한 그 유형으로 규정하는 결론을 얼마든지 받아들일 수도 있었다. 독일인들이 독특한 문화적 특성을 지녔기에 그런 자들이 오직 특수한 여건에서만 권좌에 올랐다고 믿으며 편히 지낼 수도 있었다. 하지만 그는 자신을 충격과 불안에 빠뜨리게 하는 전혀 다른 결론에 도달했다. 최고위 나치들이 끔찍한 행위를 자행하고 묵인하도록 이끈 자질은 세계 곳곳에서 살아가는 수많은 사람들 안에도 존재한다는 것이었다. 물론 나치가 독일에서 집권할 수 있었던 데는 그 나라의 문화적 훈련이 일정 부분 작용했다. 하지만 "그들은 특별한 사람들이 아니다"라고 켈리는 1946년 가을, 사형이 집행된 뒤 미국 각지에서 열린 강연에서 말했다.

그들은 세계 어느 나라에나 있는 사람들입니다. 그들의 성격은 결코 이해하기 어려운 게 아닙니다. 다만 그들은 특이한 욕구를 지닌 사람들, 권력을 쥐고 싶어 하는 사람들입니다. 여러분은 그런 이들이 여기에는 없다고 말할지 모르지만, 저는 미국에도 그런 사람들이 분명히 있다고 말하겠습니다. 그들은 나머지 절반을 지배할 수만 있다면 미국인 절반의 시체를 밟고서라도 기꺼이 그 자리에 오르려는 자들입니다. 이들은 오늘도 민주주의의 권리를 반민주적으로 이용하며 떠들어 대고 있는 사람들입니다.

뉘른베르크에서 나치들을 관찰하면서 켈리는 이론적으로 독일의 문제가 미국의 문제가 될 수 있음을 깨달았다. 미국인들은 흔히 소수가 다수를 지배할 수 없고, 문명이 그 정도의 야만으로 추락할 리 없으며, 민주주의 전통이 전체주의를 용납하지 않을 것이라고 스스로를 안심시켰다. 켈리는 그런 낙관을 순진하다고 보았다. 그는 "오늘날 미국에는 나치와 비슷한 형태의 국가가 들어서는 것을 막아줄 만한 것이 거의 없다"라는 확신을 굳혔다. 더 나쁜 것은 파시즘적 편견이 이미 미국 문화 곳곳에 퍼져 있다는 점이었다. 그는 한 강연에서 이렇게 말했다. "미국인들 속에도 반소수자 정서가 구석구석까지 스며 있다는 사실을 알게 됐습니다."

켈리는 미시시피의 상원의원 시어도어 빌보Theodore Bilbo와 하원의원 존 E. 랜킨John E. Rankin, 조지아 주지사 유진 탤매지Eugene Talmadge 같은 백인 우월주의 정치인들이 히틀러와 그 지지자들이 했던 방식 그대로 인종 신화를 악용한다고 주장했다. "그들은 인종주의를 개인적 권력을 쥐고, 정치적 세력을 키우며, 사적 부를 축적하는 수단으로 사용한다. 우리는 여기서 그런 목적을 위해 인종주의가 사용되도록 두고 있다. 이런 신화가 이 나라에서 계속 사용된다면 우리가 문명의 하수구에서 나치 범죄자들과 한통속이 되리라는 것을 나는 확신한다." 그는 미국에 대한 위협이 당장 임박한 것은 아니라고 했다. 다만 휴이 롱Huey Long 같은 인물들이 벌인 정치 공작과 경찰권 장악을 예로 들며, 미국의 일부 지역에서는 선동 정치가들 사이에 나치식 권력 장악 기법이 이미 상당히 진전되어 있다고 지적했다. 히틀러가 뮌헨이라는 이념적 본거지에서 파시즘 운동을 시작했던 것과 같다는 것이다.

켈리는 나치의 극단주의와 잔혹성을 피하려면 미국인들이 자국의 문화와 정치를 면밀히 들여다봐야 한다고 결론지었다. 어떤 의미에서 슈트라이허와 로젠베르크가 미국에 곧 격변이 닥칠 것이라 경고한 점은 들어맞았다. 다만 미국에 가장 큰 위협이 되는 것은 그 두 나치가 예견했던 흑인과 유대인을 둘러싼 인종적 혼란이 아니라 이념적 선동가들이었다. 켈리는 미국이 "독일인들의 비참한 운명을 피하려면 우리의 생각과 교육, 우리의 정책과 정치적 방법"을 엄밀히 점검해야 한다고 생각했다.

그 결과 켈리는 이런 성향의 인물들이 미국에서 정치 권력을 쥐지 못하도록 해야 한다고 주장했다. 반공 히스테리와 시민권 저항이 커지던 때라, 미국에는 극단적 민족주의자와 인종주의 광신자가 얼마든지 있다고 그는 지적했다. 독일인들은 오랫동안 북유럽 인종의 우월성, 민중 속에서 영웅이 나타나 승리를 이끈다는 이야기, 엘리트 지배층이 나머지 사회를 거칠게 밀어붙이는 것이 정당하다는 개념을 교육해 왔다. "미국인들은 이제 막 그것을 주입받기 시작했다"라고 켈리는 말했다. 이런 위협에 맞서기 위해 켈리는 모든 미국 시민의 선거권에 대한 제한을 전면 폐지하고, 가능한 한 많은 사람이 실제로 투표하도록 설득해야 한다고 했다. 또한 일반 의미론적 훈련을 통해 학생들이 비판적 사고를 기르고, "강한 정서적 반응"에 휘둘리지 않게 할 수 있도록 교육 제도를 개편해야 한다고 주장했다. 마지막으로 그는 어떤 집단의 인종이나 종교를 "정치적 이득"을 위해 이용하거나, 상대의 혈통과 출신, 도덕성을 직간접적으로 거론하는 후보에게는 표를 주지 말자고 호소했다. 그는 이런 변화를 거치기 전까지 "미국은 결코 제대로 된 미국이 될 수 없다"라고 했다.

미국의 전통과 잠재력을 신뢰한다고 주장하면서도, 켈리는 정치인과 그 영향력 아래 있는 평범한 미국인들에 대해 불신을 드러냈다. 그의 눈에 공직자들은 흔히 사람을 조종하고 권력에 굶주린 사람들이었고, 유권자들은 무지하고 잘 속는 사람들이었다. 켈리는 지적으로 깨어 있는 사람들이 경계를 하지 않는다면 파시즘은 언제든 고개를 들 수 있다고 보았다. 권위는 언제나 사악했다. 자신도 모르는 사이에, 정부 제도와 공무원을 의심하는 그의 태도는 편견에 사로잡힌 많은 반대자들과 닮아 있었다.

1946년부터 켈리는 나치에 관한 자신의 견해를 퍼뜨리고, 당시 준비 중이던 책의 수요를 만들기 위해 강연 일정을 빽빽하게 잡았다. (《콜리어스Collier's》에 실린 불운한 제목의 에세이 〈불어라, 나치여, 불어라Squeal, Nazi, Squeal〉를 포함해 몇 편의 글을 쓰기도 했다.) 그는 강연 섭외를 도와줄 인맥이 많은 캘리포니아에 집중했다. 주 전역을 돌며 뉘른베르크 재판의 심리학적 요인, 전시 정신의학의 전략, 최근 독일사의 생리학적 토대 등 다양한 주제를 다뤘다.

1946년 말 원고가 대부분 완성되자 켈리는 뉴욕의 여러 출판사 문을 두드렸지만 뜻밖에도 줄줄이 거절당했다. 결국 그린버그 출판사와 겨우 300달러라는 초라한 선인세로 계약해야 했다. 제이컵 그린버그Jacob Greenberg와 데이비드 그린버그David Greenberg가 22년 전에 세운 이 출판사는 서부 소설, 요리책, 동성애를 다룬 에로물부터 역사, 사회학, 범죄학, 건축서에 이르기까지 다루는 분야가 다양했다. 출판사의 위상이 켈리가 바랐던 수준에는 못 미쳤지만 그가 받은 제안 중에는 그린버그가 최고였고, 어떤 형태로든 책이 나오기만 하면 주목을 끌고 학계 경력에 보탬이 되리라 믿었을 것이다. 책의 제목은『뉘른베르크 교도소의 22개 감방22 Cells in Nuremberg』으로 정해졌고, 그린버그가 책을 편집하고 출간하는 데는 수개월이 걸릴 예정이었다. 책으로 부자가 될 수 없다는 사실은 명확했으므로 켈리는 당장 일자리가 필요했다.

1946년 내내 그는 자신의 모교인 캘리포니아대학교 버클리에서 강사 자리를 잡으려고 애썼다. 미 육군 의무대에서 함께 일했던 동료이자 친구인 신경과 전문의 하워드 D. 페이빙Howard D. Fabing은 훗날 이렇게 회상했다. "켈리는 버클리에서 강사직을 제안받았고, 얌전히 잘 지내면 한 20년 뒤쯤 조교수가 될 수도 있다는 말까지 들었다." 하지만 그런 제안을 받아들이기엔 자신과 자신의 재능에 대한 그의 자부심이 너무 컸다. 켈리는 뉘른베르크 피고인들을 담당했던 전직 정신과 의사라는 이력에 더 걸맞은 자리를 찾아 다시 구직에 나섰다.

머지않아 켈리는 채터누가의 집에서 약 580킬로미터 떨어진 지역에서 새 일자리를 구했다. 노스캐롤라이나 윈스턴세일럼에 있는 웨이크포레스트대학교Wake Forest University 산하 보먼그레이 의과대학Bowman-Gray School of Medicine의 정신과 부교수 자리였다. 미군 시절 상관이었던 로이드 톰프슨이 몇 주 전 신경정신과를 세운 참이었다. 처음에는 강의가 중심이었으나, 1년이 채 지나기 전에 켈리는 환자 진료 현장으로 돌아왔다. 1947년 여름 문을 연 의과대학 산하 35개 병상 규모의 정신 재활 및 요양센터인 그레일린의 소장을 맡게 된 것이다. 그레일린은 알 제이 레이놀즈 토바코 컴퍼니R. J. Reynolds Tobacco Company의 전 사장 겸 회장 보먼 그레이와 그의 아내 내털리의 노르만 부흥 양식 대저택을 개조해 사용했다. 보먼이 세상을 떠난 뒤 내털리와 아들들이 그 저택과 부지를 웨이크포레스트대학교에 기증했다. 방문객들은 잘 다듬어진 잔디와 정원 사이를 굽이굽이 가로지르는 진입로를 따라 6만 평이 넘는 부지로 들어섰다. 그레일린은 크고도 넓게 펼쳐진 대저택이었다. 한 기자는 이를 "오랫동안 부를 축적한 미국인만이 지을 법한 영국 풍 대저택"이라고 평한 바 있었다. 집 안은 금속 공예품, 고급 타일, 값비싼 가구들로 가득했다.

이 일자리는 결혼 이후 처음으로 켈리 부부에게 제대로 정착할 기회를 주었다. 그들은 12월에 윈스턴세일럼으로 이주해 벽돌집 한 채를 구했다. 집 안에는 켈리가 보유한 2.7톤 분량의 정신의학서를 들여놓을 만큼 넉넉한 서재가 있었다. 켈리는 이 장서를 미국에서 가장 큰 개인 정신의학 장서 가운데 하나라고 설명했다.

흥미로운 군 경력을 갓 마친 36세의 촉망받는 정신과 의사로서, 켈리는 그레일린의 간판 인물로 영입되어 환자 진료 전반을 감독했다. (그레일린의 다른 직원들과 마찬가지로 켈리는 고정급을 받았고 개인 진료는 하지 않았다.) 대학은 그 건물을 각종 검사 장비와 설비로 가득 채워놓았다. 그레일린은 인슐린쇼크요법, 작업 치료, 전기경련요법 등 다양한 치료를 제공할 수 있었다. 의사들은 정신외과 수술 기법인 로보토미 lobotomy*도 시험해 볼 수 있었는데, 켈리는 수술 환자의 절반 정도에서 그 효과가 "상당한" 수준에서 "경이로운" 수준에 이른다고 평가했다. (로보토미는 심각한 수술 부작용, 낮은 실제 효과, 향정신성 약물의 발전 때문에 결국 전 세계적으로 거의 쓰이지 않게 되었다.)

켈리는 전쟁 중 외상을 입은 장병들을 상대로 처음 시행했던 집단 정신 치료를 그레일린에 도입했다. 그는 환자 집단을 다룰 때, 진지함과 누가 봐도 드러나는 영민함, 칠판에 그래프와 그림, 절차를 재빠르게 그려 설명하는 능숙함을 함께 보여주었다. 치료의 범위를 넓히기 위해 그는 그레일린에 관람석이 있는 작은 무대를 마련해, 심리극이라 불리는 새로운 방식의 치료 장면을 상연할 계획도 세웠다. 환자들이 무대

---

*　　뇌엽(주로 전두엽) 일부를 절제하거나 절단해 정신질환을 치료하려 했던 과거의 정신외과 수술.

에서 자신의 불안을 연기하면, 객석의 다른 환자들이 그것을 함께 토론했다. 이런 집단 상호작용의 핵심은 환자들의 고립감을 덜어주는 것이었다. 윈스턴세일럼에 부임한 직후 켈리는 한 기자에게 이렇게 말했다. "신경증 환자는 으레 자기 문제는 아주 특이해서 누구도 겪어본 적이 없다고 생각합니다. 우리는 물론 다른 환자들도 똑같은 문제를 겪은 사람이 많다는 점을 알려줍니다. 그리고 우리는 각자가 자신의 걱정을 어떻게 극복할 수 있는지 보여주려 합니다."

켈리의 감독 아래 그레일린은 그가 정신의학의 치료 범위 밖이라고 본 "정신박약자"나 사이코패스는 받지 않았다. 이곳의 환자 대부분은 신경증이거나 경도의 정신병 증상을 보였고, 켈리는 그런 환자들이 그레일린의 도움으로 가장 큰 혜택을 볼 수 있다고 여겼다. 알코올 의존 환자도 소수 받았는데, 사이코패스 성향이 없는 경우에 한했다.

켈리 자신은 술을 즐기곤 했지만, 직업적으로 알코올 중독 문제를 외면하지는 않았다. 그는 여러 해 동안 문제 음주자를 안타부스Antabuse라는 새 약물로 치료하자고 주장했는데, 당시에는 작은 흰 알약 형태로 시험적으로 쓰였다. 켈리는 이렇게 못 박았다. "그 누구도 안타부스가 일으키는 괴로운 증상을 버텨가면서 취할 정도로 위스키를 마실 사람은 없다. 약이 알코올에 거부 반응을 일으키고 나면 첫 잔을 넘기는 사람도 거의 없다." 이 약은 체내 알코올과 반응해 아세트알데하이드를 만들어 두통, 호흡곤란, 극심한 메스꺼움을 일으킨다. 켈리는 이런 격렬한 병적 반응이 음주자에게 조건 반응을 일으켜 술잔을 비워둔 채 더는 마시지 않게 만들 것이라고 믿었다. 켈리는 1948년 한 기자에게 이렇게 말했다. "그레일린에서 시험해 본 안타부스는 진심으로 치료를 원하기만 한다면 어떤 알코올 의존 환자에게도 큰 도움이 되도록 보장해 주는 약입니다. 그런 효과는 지옥의 형벌을 운운하는 협박이나 술 판매를 제한하는 법으로는 결코 얻을 수 없습니다." 그는 자금만 충분하다면 연구자들이 알코올 중독에 실효성 있는 치료법을 훨씬 더 많이 찾아낼 수 있다고 보았다. 그래서 이런 연구의 재원을 마련하기 위해 주류 판매에 새로운 세금을 매기자고 자주 제안했다.

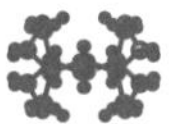

언어가 인간의 행동에 어떤 영향을 미치는지를 다루는 일반 의미론은, 전쟁 전에 알프레드 코르지브스키와 함께 공부했던 분야로 그레일린에서 사용하는 정신과적 치료 도구 가운데 하나가 되었다. 그레일린이 문을 열기 직전, 켈리는 코르지브스키가 학문 발전을 위해 설립한 일반 의미론 연구소Institute of General Semantics 부소장직을 수락했다. 그는 질병 치료에서 감정이 아니라 이성을 작동하게 만드는 소통 방식으로서 일반 의미론이 정신의학에 유용하다고 여겼다. 켈리는 이렇게 설명했다. "우리는 실제로 환자들의 사고를 재훈련해, 그들이 삶의 문제를 지적으로 또 과학적으로 대면할 수 있게 할 것입니다."

신경증이나 경도 정신병으로 고통받는 환자들뿐만 아니라 전투 충격을 겪은 제대한 군인들도 켈리의 전문성을 기대하며 그레일린에 많이 입원했다. 1948년 가을, 《윈스턴세일럼 저널 앤드 센티널Winston-Salem Journal and Sentinel》의 기자 체스터 S. 데이비스Chester S. Davis가 그런 환자 가운데 한 명의 치료를 지켜보았다. 이름은 조너선 워스(아마도 켈리의 요청으로 데이비스가 붙인 가명)였고, 알래스카 알류샨열도의 애투섬에서 벌어진 전투 중 폭발을 겪고도 살아남은 인물이었다. 그곳은 일본군이 그 전해 섬을 점령한 뒤 1943년에 치열한 전투가 벌어진 곳이었다. (애투 전투Battle of Attu는 제2차 세계대전 동안 미 영토에서 벌어진 유일한 지상전이었다.) 전투는 워스의 몸에는 상처를 남기지 않았지만 마음에는 깊은 상처를 남겼다. 그는 자신을 무력하게 만든 당시의 폭발은 전혀 기억하지 못하면서도, 무력감과 만성 두통을 호소했다. 기질적 원인이 없는 증상을 뜻하는 정신신경증 진단을 받았고 그레일린에서 막 제대한 군인 환자에게 통상 적용하던 치료 과정을 밟았다. 워스는 3주 동안 인슐린 주사를 맞았는데, 혼수와 각성을 오가게 해 환자의 심신을 완전히 쉬게 하려는 치료였다. 켈리는 인슐린 과다 투여가 식욕을 돋우고 체중을 늘리게 하며 중추신경계를 회복시키는 데도 도움이 된다고 생각했다.

인슐린 치료를 받고 나서 워스는 기분도, 겉모습도 한결 나아졌지만 두통은 가시지 않았다. 이제 켈리는 자신이 즐겨 쓰던 정신 치료 보조 수단 가운데 하나를 활용하는 다음 단계로 넘어갔다. 환자를 자신의 진료실로 옮긴 뒤 소듐 아미탈이나 소듐 펜토탈을 투여해 마취하최면의 졸음 상태로 빠져들게 하고, 축음기에는 특이한 녹음을 틀었다. 워스가 반쯤 잠든 채 축 늘어진 사이 방 안은 큰 음량의 전투 소리로 가득 찼다. 상륙정이 바위 해안에 부딪히고, 비행기가 급강하하며 날카로운 소리를 내고, 폭탄이 휭 하고 소리를 내며 날아가 표적을 산산이 부수고, 기관총이 탄환을 뿜어댔다. 애투의 소리 혹은 그것과 매우 비슷한 소리가 졸음에 잠긴 워스를 둘러쌌다.

갑자기 그가 소파에서 벌떡 일어났다. "잠시 뒤 조녀선 워스는 애투 상륙을 다시 체험하기 시작했다. 그때까지 그의 기억 속에서는 공백이었던 장면이었다"라고 데이비스는 썼다. 켈리의 유도에 따라 워스는 자신이 미군 상륙정의 선두 기관총수 자리로 돌아간 듯했다고 말했다. 그는 해안의 일본군 진지를 향해 사격했고, 많은 병사가 자신의 공격에 쓰러지는 것을 보았다. 그러나 상륙하고 나서야 그가 사살한 "적"이 사실은 미군이었다는 걸 알게 됐다. 다가가 보니 그들 가운데 한 명이 아버지와 닮아 보였다. 충격에 휩싸인 그는 바위 더미 위에 쓰러졌고, 이후 병원으로 후송되었다.

데이비스는 이렇게 썼다. "조너선이 약 기운에서 깨어나자 켈리 박사가 그와 대화를 나눴고, 그가 저지른 일은 사고였으며 죄책감은 충분히 이해할 수 있지만 불필요하다는 점을 납득시켰다." 회복을 위해 병실로 돌아간 뒤에도 워스는 여전히 두통에 시달렸다. 켈리는 워스와 아버지의 관계로 시선을 돌렸다. 죽은 병사가 정말로 아버지와 닮았을 가능성은 낮다고 보고, 왜 워스가 희생자의 얼굴에 아버지의 얼굴을 겹쳐 놓았는지 이해하고자 했다. 정신 치료 시간에 켈리는 워스의 아버지가 주정뱅이였고 아내와 아들을 폭력적으로 대했으며, "때로는 아기였던 조너선을 손등으로 후려쳐 방 건너편으로 날려 보내기도 했다"라는 사실을 알게 되었다고 데이비스는 썼다. 워스는 그 남자를 사랑한다고 말하면서도 마음속 깊이 살의를 품고 자랐다.

"켈리 박사는 이야기를 이렇게 재구성했다"라고 데이비스는 썼다. "실제 해안에 도달해 시신 무더기 쪽으로 달려가던 조너선은 두 가지에서 충격을 받았다. 하나는 자신이 미군을 죽였다는 사실이었고, 또 하나는 그 충격으로부터 자신을 보호하기 위해 평생 죽이고 싶어 했던 그 한 사람, 아버지를 죽였다고 스스로 믿게 되었다는 사실이었다. 이 사실들을 알고 나니 치료는 한결 수월해졌다." 켈리는 워스에게 아버지는 미움받아 마땅했고, 그가 실제로 아버지를 미워해 왔다는 점을 인정하도록 이끌었다. 또한 아버지에게 품은 분노는 전적으로 정상적이고 정당한 감정이라고 말해주었다. "이 가르침을 의식적으로 받아들이자 조너선의 근육 긴장이 풀렸고, 뒤통수 밑을 움켜쥐듯 조이던 목의 강한 힘줄이 힘을 놓았다. 조너선 워스는 지긋지긋한 두통이 사라진 삶이 주는 자비로운 안도감을 느꼈다." (존 허지John Hersey는 1945년 10월 《라이프Life》에 실린 〈얼랭어와의 짧은 대화A Short Talk with Erlanger〉에서 마취하최면으로 전시 트라우마를 극복한, 놀라울 만큼 비슷한 회복담을 소개한 바 있다.)

데이비스가 전한 워스의 진단, 치료, 문제 해결 이야기는 극적이면서도 논리 정연했고, 켈리는 실제로 일반 의미론을 바탕으로 한 자신의 작업에 이성적이고 과학적인 근거가 있음을 강조했다. 그는 왜곡된 인식을 이성적 인식으로 바꾸도록 환자를 이끄는 자신의 능력을 자부했다. 전투 소리 녹음을 활용한 데서도, 또 워스가 아버지에 대한 감정을 말할 때 "증오"라는 말을 스스로 입에 올리고 자기 감정으로 받아들이게 하면 치료에 유익한 효과가 있으리라 내다본 데서도 드러나듯, 일반 의미론은 그의 치료에서 계속 큰 비중을 차지했다. 그레일린이 제공한 다른 치료들과 함께 일반 의미론을 적용하면 심리치료만 단독으로 할 때보다 훨씬 빠른 회복을 이끌어 낼 수 있었다. 사람들이 더 이성적으로 생각한다면 "그렇게 엉뚱하게 굴지 않을 것"이라고 켈리는 자주 말했다.

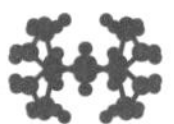

보먼그레이에 머무는 내내 켈리는 강연을 이어갔다. 주로 인근 중부 대서양 연안 주들이었다. 그는 캐롤라이나와 조지아, 펜실베이니아, 버지니아를 누볐고, 때때로 중서부와 서해안으로도 발길을 돌렸다. 강연 주제는 뉘른베르크에서 얻은 교훈부터 정신의학의 전망까지 다양했다. 1947년부터 1949년 사이에 그는 46회의 강연을 했고, 마술협회 총회에서 신경학 강연도 열었다.

켈리는 미국 대중의 미성숙한 감정을 자주 언급했다. 그는 샌프란시스코에서 한 청중에게 이렇게 말했다. "미국인들의 평균 감정 연령은 (⋯) 놀랄 만큼 낮습니다. 이런 말을 하기는 싫습니다만, 솔직히 말하면 인정하기도 두렵습니다. 우리가 아는 바를 종합해 보면 미국인 대다수의 감정 연령이 대략 5세에서 7세 사이에 머문다는 겁니다. 그것을

15세 수준까지 끌어올릴 수만 있다면 우리는 민족으로서도 국가로서도 안전할 것입니다."

그는 강연 전체를 자신이 보기에 병들어 있는 미국 대중의 정신 건강 문제에 할애했고, 아이를 기르는 방식을 바꿔서 "지능이 낮거나 감정적으로 미성숙한" 미국인의 비율을 줄이자고 권했다. 그는 한 청중에게 이렇게 말했다. "우리는 그런 사람들을 매일 볼 수 있습니다. 아이처럼 생떼를 부리는 어른, 원하는 것을 얻으려고 눈물을 무기로 쓰는 사람, 단백질 덩어리처럼 멍하니 앉아 주변에 아무 관심이 없는 사람, 그리고 그저 함께 어울리려 하지 않는 사람." 그건 동포들에 대한 연민도 낙관도 찾아보기 어려운 진단이었다. 켈리는 동료 정신과 의사들 가운데 "별난" 이들이 많다는 점도 인정했다. 그는 이를 "유감스럽지만 이해할 만한 일"이라고 불렀다. "불안정한 사람들이 정신과를 전공으로 택하는 일이 자주 있습니다. 의학의 여러 분야 중에서도 정신과는 아마 다른 어느 분야보다 별난 이들을 더 많이 끌어들였습니다"라고 윌크스배리에서 말했다. 그러나 동료들을 변호하듯 그는 "정신과 의사들이 언제나 저녁 만찬 자리에서도 상대의 행동을 해석하려 든다는 속설"을 한탄하며 이렇게 덧붙였다. "우리는 진료 시간에만 행동을 해석합니다."

강연 참석자들은 종종 괴링이 자살에 사용한 청산가리 캡슐을 어떻게 손에 넣었는지 물었다. 그는 확실히 알지는 못하지만, 제국 원수의 변호사가 법률 서류와 함께 건넸을지 모른다고 답했다. 켈리는 자신이 뉘른베르크 교도소의 정신과 의사로 있던 몇 달 동안 괴링이 청산가리 캡슐을 소지하고 있지는 않았다고 확신했다. 그가 직접 수감자들을 철저히 신체검사했지만 어떤 이물질도 발견되지 않았기 때문이다.

다른 강연에서 켈리는 전체주의 이념을 퍼뜨릴 가능성이 있는 외국인의 미국 입국을 막자고 제안했다. 그가 결정권을 쥔다면 모든 정치인과 국가 지도자들은 새로운 업무를 시작하기 전에 심리적 검증을 받아야 할 것이었다. 1947년 뉴욕의 브네이 브리스 반명예훼손연맹Anti-Defamation League[*] 강연에서 켈리는 이렇게 말했다. "가장 먼저 할 일은 위험을 인정하고 자각하는 것입니다. 아픈 게 아닐까 의심하면서도 의사가 정말 그렇다고 할까 봐 병원 가기를 미루는 환자처럼 굴어서는 안 됩니다. 뿌리는 이미 여기 있습니다. 남부에서의 흑인 차별, 이 지역에서의 유대인 차별, 서해안에서의 동양인 차별 같은 모든 형태의 반소수자 행위에서 그 뿌리를 확인하게 됩니다." 다만 그 제안의 이면에 깔린 강한 권위주의적 충동, 곧 누가 그 검열과 심사를 할 것인가 하는 문제에 대해서는 입을 열지 않았다. 의사인 그 자신이 아니라면 누구란 말이겠는가.

현장 강연에서 켈리는 나치의 성격에 관한 자신의 연구 결과를 꽤 극적으로 부각해 들려주곤 했지만, 책에서는 잠재적 나치를 가려낼 수 있다는 확신을 그렇게까지 드러내지 않았다. 그린버그는 마침내 1947년 초에 『뉘른베르크 교도소의 22개 감방』을 출간했고, 곧 2쇄도 나왔다. 켈리는 이 책을 뉘른베르크에서 도출한 로르샤흐 점수와 해석을 연대기처럼 풀어놓은 기록이 아니라, 나치 피고인들과 히틀러에 대한 자신의 전문적 견해를 요약하는 형식으로 만들었다. 그는 아직 그 검사 결과를 본격적으로 설명할 준비가 되어 있지 않았다.

이 책을 산 독자들 가운데 상당수는 나치가 미치광이들이었다는 통념, 괴링과 시라흐가 우스꽝스러운 동성애자라는 소문, 헤스의 기억상실이 완전히 꾸민 연기였다는 속설을 깨뜨리는 대목을 읽고 싶어 했다.

---

[*]　1913년 유대인 친목 단체인 브네이 브리스(B'nai B'rith)에 의해 설립된 비정부기구로 반유대주의를 비롯한 각종 혐오·차별·명예훼손에 대응하고 교육·옹호 활동을 하는 조직이다. 반유대주의를 비롯한 각종 혐오·차별·명예훼손에 대응하며 교육·옹호 활동을 펼친다.

당시에는 독일을 장악한 최고위 나치들이 매우 지적이면서도 정신의학적으로는 정상적인 사람들이었다는 그의 주장이 큰 주목을 끌었지만, 수십 년이 흐른 오늘날에는 대중의 기억 속에서 희미해진 듯하다.

켈리는 이 책이 출간되면 자신이 뉘른베르크에서 지낸 몇 달 동안 나치들의 사상이나 성격에 어떤 식으로든 매료되었다는 소문을 잠재우는 데 도움이 되기를 바랐다. 두키는 남편을 옹호하는 태도로 이렇게 썼다. "그는 어떤 면에서도 나치나 그들의 철학, 그들의 행위에 공감하지 않았습니다. 전혀요! 다만 진정한 과학자로서 그는 편견 없는 연구에 필요한 정보를 이끌어 내기 위해 자신의 혐오감을 통제할 줄 알았습니다. 그를 동정적이었다고 여기는 사람들이라면 아마 그렇게 해내지 못했을 겁니다."

한편 구스타브 길버트는 켈리가 심리 자료와 검사 결과, 관찰 기록을 챙겨 뉘른베르크를 떠난 일을 가볍게 받아들이지 않았다. 재판이 끝나고 제대하자마자 그는 서둘러 노트를 정리해, 감옥과 법정의 이면과 나치 인물들의 성격을 일반 독자가 읽을 수 있도록 엮은 책을 준비했다. 그 책은 『뉘른베르크 교도소의 22개 감방』이 나온 지 불과 몇 주 뒤 『뉘른베르크 다이어리Nuremberg Diary』라는 제목으로 출간되었다. 켈리의 책과 마찬가지로, 길버트의 책도 그와 켈리가 실시한 로르샤흐 검사를 직접 거론하지 않았는데, 아마도 저자 본인이 그런 결과를 해석하는 데 익숙하지 않았기 때문이었을 것이다.

그럼에도 길버트는 나치의 성격을 깊이 파고들어, 뉘른베르크에서 수감자들과 지낸 몇 달을 기록한 연대기를 내놓았고, 이는 훗날 많은 심리학자와 역사학자에게 영향을 주었다. 독일 지도자들에 대한 그의 해석은 종종 켈리와 달랐다. 길버트는 뉘른베르크 피고인들 가운데 몇몇을 정상적이거나 평범한 성격으로 보지 않고, 위험하고 독특한 인격 유형을 지닌 사이코패스로 여겼다. 길버트에 따르면 괴링은 충동적이고 자기중심적이며 도덕적 용기가 부족했고, 친절의 가면을 쓰고 있지 않을 때는 상대에게 거칠게 달려드는 성향이 있었다. 가족 외에는 거의 관심이 없었다. 괴링에게 전쟁은 국가 이익을 둘러싼 고상한 투쟁이 아니라 타인 위에 군림하려는 우월성을 과시하는 수단에 불과했다. 권력에 대한 그의 갈망은 냉소와 가학성, 탐욕을 끌어냈다. 길버트는 히틀러에 대한 괴링의 충성을 겉치레에 지나지 않는 형식적 태도로 설명했는데, 거대한 개인 권력에 대한 갈망을 채우기 위한 수단이었다는 것이다. 괴링의 자살 역시 그저 연출된 비겁한 쇼일 뿐이었다고 길버트는 단언했다. 길버트가 괴링의 이런 불쾌한 특성들을 정신병적 인격의 징후로 제시한 반면, 켈리는 그것을 사업과 정치에서 성공한 많은 사람들에게서도 흔히 보이는 성향으로 보았다. 또 모든 정치적 권위의 목적을 의심했던 켈리와 달리, 길버트는 나치즘을 특수한 조건에서만 뿌리내릴 수 있는 독특하고 유해한 권력 지배 형태로 보았다.

길버트의 책은 뜻밖에도 나치 인사 알베르트 슈페어에게서 지지를 받았다. 당시 그는 슈판다우 교도소에서 20년 형을 살고 있었다. "길버트가 그 분위기를 놀랄 만큼 객관적으로 재현했다는 점을 인정해야겠군요. 그의 평가는 전반적으로 정확하고 공정합니다. 나라도 크게 다르게 쓰진 않았을 겁니다." 슈페어는 뉘른베르크에서부터 줄곧 길버트의 작업을 지지해 왔고, 그 심리학자가 자신에게 "일종의 감사에 가까운 감정"을 남겼다고 털어놓았다. 길버트는 1950년에 나치 정권과 그 지도자들을 더 체계적으로 평가한 후속서 『독재의 심리학The Psychology of Dictatorship』을 내놓았다. 아마 켈리와 길버트의 책에서 가장 중요한 차이는, 길버트의 책이 승리의 도취와 도덕적 자기 확신에 젖어 있던 미국인들이 듣고 싶어 하던 설명을 해주었다는 점일 것이다. 그건 시대적 분위기에 꼭 맞았다.

그린버그는 『뉘른베르크 교도소의 22개 감방』의 영국 출판권을 현지 출판사에 넘기고, 이 책이 유럽 전역에서 어느 정도는 팔리기를 기대했다. 그런데 그린버그의 대표 중 한 사람이 켈리에게 이런 내용의 편지를 보내왔다. "그런데 알고 보니 길버트 그 친구가 우리보다 먼저 가 있었더군요. 아마 선생님도 길버트의 책이 3월 말에 나온다는 소식을《타임스Times》에서 보셨을 겁니다. 그래도 우리가 그보다 한발 먼저 책을 낸 게 그나마 위안이 되고, 사실 큰 이점이기도 합니다." 한편 뉘른베르크에서 켈리의 뒤를 이은 정신과 의사 레온 골든손이『뉘른베르크 교도소의 22개 감방』표지에 "교도소에서 피고인들과 가까이 지냈던 유일한 정신과 의사"라는 문구가 실린 데 대해 항의하자, 그린버그사는 해당 문구를 표지에서 삭제했다. "그를 두고 걱정할 필요는 없을 듯합니다"라고 그린버그 직원은 덧붙였다. (골든손은 나치들과 나눈 수많은 면담을 자신만의 상세한 노트로 남겼지만 그 노트들을 생전에는 책으로 출간하지 않았다. 노트들은 그가 사망한 지 45년이 지난 2005년에야, 제2차 세계대전 연구자 로버트 겔라틀리Robert Gellately가 편집한『뉘른베르크 인터뷰: 한 미국인 정신과 의사가 피고인 및 증인과 나눈 대화The Nuremberg Interviews: An American Psychiatrist's Conversations with the Defendants and Witnesses』라는 책으로 세상에 나왔다.)

　대중과의 소통을 마다하지 않던 켈리는『뉘른베르크 교도소의 22개 감방』홍보에 지칠 줄 몰랐다. 그만큼 대중에게 전해야 할 절박한 메시지가 있다고 믿었기 때문이다. 1947년 3월 그는 뉴욕에서 나흘 동안 책을 알리기 위한 순회 강연을 했다. 그사이 생방송 라디오 프로그램에 네 차례 출연하고, 한 회는 녹음 방송으로 남겼으며, 기자회견도 열었다. 그는 자신의 책이 정신과 의사나 다른 의사, 학계 전문가를 위한 것이 아니라 미국 대중의 사고와 행동에 영향을 주기 위한 것임을 거듭 강조했다. 켈리는 한 무리가 어떻게 한 나라를 잔혹하게 지배하게 되었고, 그런 권리가 자신들에게 있다고 믿게 한 자질이 무엇인지 독자들이 이해하길 바랐다. 나아가 누구라도 그들 같은 사람이 될 수 있고, 미국도 독일이 될 수 있음을 깨닫길 바랐다. 미국은 중대한 변곡점에 서 있었고, 그가 뉘른베르크에서 가져온 통찰이 앞으로 가야 할 올바른 길을 비춰줄 수 있다고 믿었다. 그는 경고했다. 운명이 조금만 달랐다면 나치는 다름 아닌 우리였을지 모른다. 전반적으로 낙관적이던 전후 미국에서 그의 목소리는 다소 편집증적으로 들렸다.

켈리는 이런 생각들을 확고히 믿어서 몇 해 뒤 어린 아들에게 『뉘른베르크 교도소의 22개 감방』을 읽히기까지 했다. 더그 켈리 주니어는 이렇게 회상했다. "그게 아버지에겐 아주 중요한 일이었어요. 아버지는 저를 앉혀놓고 책의 마지막 부분을 읽게 했죠. 어느 곳에서든 어떤 문화에서든 누구나 이런 체제를 만들어 낼 수 있다는 걸 이해시키려고요."

루이스 터먼은 심리학 학술지에 실은 『뉘른베르크 교도소의 22개 감방』 서평에서, 켈리가 곧 공개하겠다고 약속했던 나치 피고인들의 로르샤흐 검사 전사본과 관련 기록들이 훗날 출간되기를 기대한다고 썼다. 한편 켈리와 길버트는 공동 보고서의 저자 표기를 놓고 곧 신경전을 벌였고, 둘 다 '제1저자'를 원해 합의에 이르지 못했다.

켈리의 로르샤흐 검사에 대한 신뢰는 한 번도 흔들리지 않았으며, 그는 남은 경력 내내 이 검사를 진단 도구로 사용했다. 1940년대 후반에는 로르샤흐 연구소의 회장을 지내기도 했다. 그는 나치 피고인들의 로르샤흐 자료를 『뉘른베르크 교도소의 22개 감방』에서 대중에게 소개한 수준에 그치지 말아야 한다는 직업적 책임감을 느꼈다. 그래서 1947년부터는 그가 신뢰하는 국제 전문가들에게 나치 피고인 일곱 명의 로르샤흐 자료를 공유했다. 이들 전문가에는 국제 로르샤흐 학회 초대 회장 마르그리트 로슬리-우스테리Marguerite Loosli-Usteri, 로르샤흐 기법에 관한 글을 자주 쓴 시카고의 정신과 의사 S. J. 벡S. J. Beck, 켈리의 오랜 로르샤흐 협력자 브루노 클로퍼 등이 포함됐다. 켈리는 그들에게 이렇게 말했다. "채점이나 해석 방식의 차이 혹은 이 기록들을 로르샤흐 기법의 검증에 쓰는 데는 관심이 없습니다. 제 관심사는 가능한 한 많은 전문가로부터 이 기록에서 이끌어 낼 수 있는 가장 완전한 성격 유형을 얻는 것입니다." 그는 또한 이 결과를 종합해 논문으로 내고 싶다고도 밝혔다.

많은 이들이 의견을 보내왔고, 그중에는 심혈을 기울인 장문의 글도 있었다. 그러나 켈리는 계획했던 논문을 끝내 발표하지 못했다. 그렇게 기여자들의 작업을 활용하지 못한 점은 로슬리-우스테리에게 몹시 못마땅한 일이었다. 그녀는 6년 뒤 켈리에게 항의하는 편지를 보내, 이제는 그런 연구를 할 수 있는 시기가 지나버렸다고 한탄했다. "그 일곱 남자의 심리에 관심을 가질 사람은 더 이상 아무도 없을 것입니다."

한편 1947년 런던에서 열린 세계정신건강연맹 제1차 국제학술대회 참석자들 사이에서는 나치 피고인들의 정신의학 기록을 평가하려는 별도의 시도가 이미 시작되고 있었다. 임상심리학자이자 로르샤흐 전문가인 몰리 해로어Molly Harrower는 동료 권위자 열 명을 초청해, 켈리와 길버트가 평가용으로 모은 17건의 기록과 그들과 무관한 대조 검사 결과 여덟 건을 함께 검토하도록 했다. (이 기록의 제공자는 길버트였다.) 그러나 위원회의 로르샤흐 검토에서는 아무 성과도 나오지 않았다. 해로어 역시 약속했던 해석을 제출하지 않은 이들 가운데 한 사람이었다. 1976년에 그녀는 자신이 그 약속을 지키지 못한 까닭을 이렇게 설명했다. "검사 결과는 우리가 기대했고 또 여론의 압력에 떠밀려 보게 되리라 여겼던 모습을 전혀 보여주지 못했습니다. 이 남자들이 전갈이 강아지와 다르듯 보통 사람과는 완전히 다른 정신이상자들이라는 인상 말입니다. 우리가 본 것은 심각한 신경증 환자들부터 놀라우리만치 잘 적응한 사람들에 이르기까지 매우 다양한 성격 유형이었습니다.” 그녀는 뒤늦게 평가 팀 구성원들이 선과 악을 흑백 논리로만 바라보았고, 잔혹 행위를 저지를 수도 있는 사람들의 성격을 더 미묘하게 구분할 여지를 신념 속에 허용하지 않았다는 사실을 깨달았다. 그래서 결국 대중 앞에서 최악의 나치와 같은 사람들이 우리 곁에 산다고 말할 용기를 낸 연구자는 오직 켈리 한 사람뿐이었다.

서서히 켈리의 초점은 임상 정신의학적 진료에서 멀어지기 시작했다. 겉으로는 보먼그레이에서 강의를 하고 그레일린에서 환자 치료를 지도하는 데 헌신하는 듯 보였지만, 뉘른베르크에서 보낸 몇 달과 나치 피고인들에게서 정신의학적 유발 요인, 나아가 공통적인 성격 유형조차 찾지 못한 경험은 범죄자의 정신을 더 깊이 이해하고 싶다는 갈증을 남겼다. 현대사에서 최악의 잔혹 행위를 저지른 수감자들을 몇 달간 연구한 끝에, 어떤 면에서는 정상적으로 보이는 사람들 안에 악이 깃들 수 있다는 사실을 확인했다. 그렇다면 정신의학의 도구로 과연 무엇을 유의미하게 밝혀낼 수 있을까. 켈리는 이런 사람들을 이해하기 위해 범죄학으로 방향을 틀었다.

그러나 범죄학을 받아들이면서 켈리는 위험을 감수해야 했다. 타인 안에서 악의 씨앗을 찾는다면 그는 자신의 사악한 면과도 마주해야 할 것이기 때문이었다. 범죄학은 일탈 행동의 이유를 설명해 주는 학문이었지만, 켈리의 어머니 준이 오래전에 그에게 보여준 어둡고 신뢰할 수 없는 세계, 위대한 인간의 성취를 좀처럼 인정해 주지 않는 인색한 그 세계를 다시 불러올 수도 있었다. 새 학문으로 방향을 틀면서 켈리는 자신의 가장 깊은 두려움이 드러날 위험을 무릅썼다.

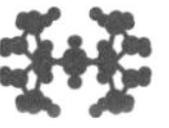

1947년부터 켈리는 생애 처음으로 시경 자문을 맡았다. 윈스턴세일럼 경찰국 소속 요원들에게 정신의학 기법을 가르치고 형사 사건 수사에도 협력했다. 그해 봄에는 강간 혐의로 기소된 랠프 버넌 리터럴 Ralph Vernon Litteral을 위해 변호인 측 증인으로 법정에 서서, 로르샤흐 검사 결과에 비추어 그에게 기질성 뇌손상이 있는 것으로 보인다고 증언했다. 그러나 리터럴은 결국 유죄 판결을 받았다. 이어 노스캐롤라이나 주요 신문의 헤드라인을 장식한 일이 벌어졌다. 켈리가 리터럴의 감형을 거부한 R. 그레그 체리R. Gregg Cherry 주지사와 공개적으로 설전을 벌인 것이다. 체리 주지사는 리터럴을 직접 면담한 뒤, 그가 법적으로 심신상실 상태였다는 켈리의 주장을 받아들이지 않았다. 그러자 켈리는 정신과 진료를 하고 싶다면 의사 면허부터 따야 할 거라고 반격했다. "주지사 노릇이란 게 애초에 정답이 딱 정해져 있는 일이 아니듯, 정신의학도 그처럼 모호하다고 봅니다"라고 체리는 응수했다. 이에 켈리는 이렇게 받아쳤다. "만약 이 남자가 옳고 그름을 분별할 수 있었는지 판단할 능력이 그에게 있다면, 우리는 정신과 의사 부족 문제를 벌써 해결한 셈입니다." 리터럴은 1947년 11월 사형이 집행됐다.

켈리는 형사 수사에 쓰는 마취하최면 기법을 다듬어 갔다. 특히 기억상실이나 히스테리성 기억 억압이 의심되는 경우 기존의 소듐 펜토탈과 소듐 아미탈 대신 치과에서 흔히 쓰는 마취제 솜노폼을 사용했다. 그는 이 약의 장점 가운데 하나로 미묘한 냄새를 꼽았다. 주사 바늘이 필요 없고 기체 형태로 투여하면 희미한 향만 나서 환자가 취기가 돌기 전까지는 냄새를 거의 알아차리지 못한다. 게다가 그쯤 되면 무슨 냄새인지 따질 겨를이 없다. 솜노폼은 90초 만에 효과가 나타나며 약 10분 동안 피검자를 취하게 만든다. 어느 날 그는 기자에게 이렇게 권했다. "한번 맡아보세요. 자, 냄새 좀 맡아보세요. 해롭지 않습니다. 가끔 술을 한 잔 더 마신 듯한 기분이 들게 하거든요." 켈리는 실제 체험을 바탕으로 말했다. 그는 이른바 "자백약truth serum" 약물들을 모두 자기 몸에 시험해 보았다. 그는 솜노폼에 관해 이렇게 말했다. "몇 번만 들이마시면 몸이 살짝 저릿저릿한 감각을 빼고는 점점 무뎌집니다. 그러다 잠이 오고, 자신이 둥둥 떠가는 듯한 느낌이 들지요. 잠시 뒤에는 세상의 모든 것이 근사해 보이고 긴장이 풀립니다. 눈앞에서 무언가 혹은 누군가가 녹아내리는 듯한 느낌이 계속됩니다." 그는 범죄 현장 수사에서도 쓸 수 있도록, 작은 병이나 다른 용기에 담아 솜노폼보다도 더 손쉽게 투여할 수 있는 마취하최면제를 찾아내길 바랐다.

전통 약물이든 새로운 약물이든, 마취하최면은 한동안 법 집행 현장에서 짧은 인기를 누렸다. 1940년대 말에서 1950년대 초 사이 캘리포니아와 오클라호마 등지에서는 경찰이 '자백약'으로 얻은 증거 때문에 살인 용의자들이 석방된 사례도 나왔다. 켈리와 다른 지지자들의 주장에 따르면 이 약물은 자백을 이끌어 내고, 누명을 쓴 용의자를 가려내는 데 도움을 주며, 목격자들의 기억 속에 억눌려 있던 사건의 세부 내용을 끌어낼 수 있었다. 켈리는 약물 영향 아래서도 사람이 거짓말을 할 수 있음을 인정하면서도, 아마 이 치료법의 가장 목소리가 큰 옹호자로 떠올랐고 자신의 극적인 성공담을 기자들에게 자주 들려주었다. 그중 한 사례는 10대 소녀였는데, 히스테리 발작 끝에 부모에 대한 기억을 잃어 부모를 전혀 모르는 사람처럼 여기게 된 경우였다. 켈리가 솜노폼을 사용하자 소녀는 암시에 잘 반응하는 상태로 들어갔고, 그 틈을 타 정신과 의사는 부모와의 경험을 포함해 자신의 삶에서 중요한 사건들을 모두 기억하라는 명령을 마음속에 심어주었다. 켈리의 주장에 따르면, 소녀는 마취하최면에서 깨어나 부모를 바라보며 "안녕, 엄마 아빠!" 하고 말했다. 켈리는 그녀에게 부모에 대한 거부, 곧 "부모 부정"이라는 진단을 내렸다. 그 장애는 여전히 치료가 필요했지만 마취하최면 덕분에 환자는 가장 극심한 증상에서는 벗어날 수 있었다.

수년 동안 정신의학과 범죄 연구의 권위자였던 허먼 모리스 애들러Herman Morris Adler는 캘리포니아대학교 버클리에서 비교적 새로운 학문 분야인 범죄학의 획기적인 학과 신설을 추진해 왔다. 그러나 1936년 애들러가 갑자기 세상을 떠나면서 그 계획은 사실상 중단되었다. 전쟁 후에야 다시 탄력을 받았고, 대학 측은 서부 최초이자 전국에서도 손꼽힐 범죄학 학술 프로그램을 이끌 적임자를 물색하기 시작했다.『뉘른베르크 교도소의 22개 감방』이 출간되어 주목을 받자 켈리의 이름이 거론되기 시작했다. 불과 몇 년 전만 해도 승진 전망이 희박한 강사직만 제안하던 대학이 이번에는 1949년 가을 학기부터 시작하는 범죄학 정교수직을 내밀었다. 켈리는 그 제안을 "진지하게 검토 중"이라고 인정하면서도, 보먼그레이 측과 상의한 뒤 최종 결정을 내리겠다고 했다.

켈리 부부는 1947년 말 첫아이 더그를 낳았다. (이어 1951년과 1953년에 각각 얼리샤와 앨런이 태어났다.) 마침 두키가 40만 달러를 상속받으면서 켈리는 진로를 바꿀 형편이 되었다. 버클리로 옮기면 더 많은 보수와 명성을 얻을 수 있었지만, 동시에 오랫동안 다져온 임상의로서의 전국적 이미지는 달라지게 될 터였다. 제안을 저울질하던 켈리는 이렇게 말했다. "강의와 연구만 맡는 자리일 것이다. 승낙한다면 임상에서 물러나 연구에만 전념할 것이다." 그는 끝내 유혹을 뿌리치지 못했다. 그레일린 개원과 함께 소장으로 부임한 지 두 해 만인 1949년 7월 31일자로 보먼그레이에는 사직서를 제출했다. 재직 기간 동안 그는 560명이 넘는 입원 환자 치료를 감독했고, 외래로 찾아온 전역 군인도 1,600명에 달했다.

몇 달 전『뉘른베르크 교도소의 22개 감방』은 이미 절판되었고, 그린버그는 판권을 250달러에 켈리에게 되팔았다. 전쟁과 그 후일담 그리고 재판에 지친 독자들은 히틀러와 측근들에 대해 더 알고 싶어 하지 않았다. 책은 세간의 관심에서 멀어졌지만 켈리에게는 명성을 안겨주었다. 그 명성은 버클리에서 그의 행보를 오랫동안 뒷받침해 주었지만, 어느 날 그 명성은 악명으로 뒤바뀌었다.

뉘른베르크,

나치와
정신과 의사

9

청산가리

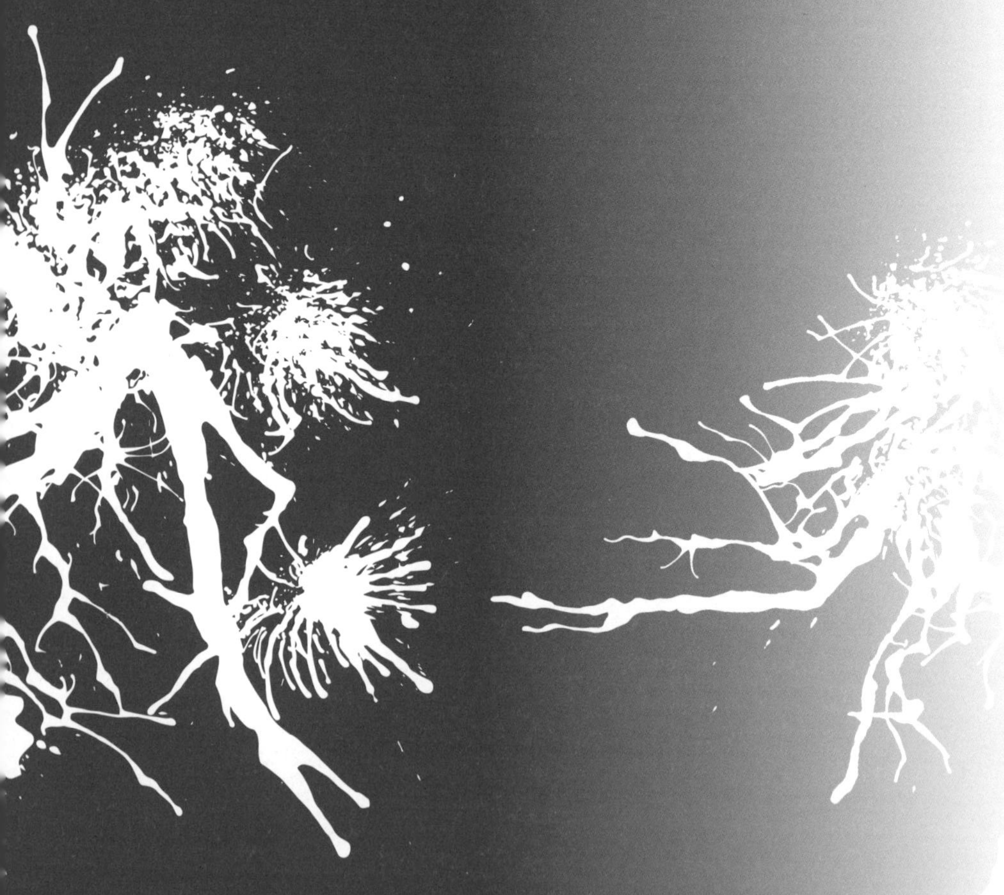

켈리는 언제나 관심의 중심에 서 있기를 좋아했다. 타고난 이야기꾼이자 흥을 돋우는 사람이었고 가르치는 일을 각별히 사랑했다. 1949년 캘리포니아대학교 버클리 캠퍼스의 범죄학부로 옮기면서, 뉘른베르크에서 그를 사로잡았던 연구 분야에 본격적으로 몰두할 기회를 얻었다. 그곳에서는 로스쿨 학생들, 미래의 법 집행자들, 머지않아 판사가 될 이들 앞에 서게 됐다. 윈스턴세일럼에서 경찰과 변호사 자문을 하며 점점 더 깊이 발을 들여놓았던 바로 그 세계였다. 담배꽁초가 널린 노스캐롤라이나의 경찰서와 커피 냄새 밴 법률사무소에서 캘리포니아 최대의 대학을 상징하는 종탑과 정돈된 잔디밭으로 자리를 옮긴 것이다. 연봉도 약 9,000달러로 파격적인 수준이었다. 그는 곧 자신이 그토록 좋아하던 거칠고 음습한 정의의 현장 속으로 파고들었다. 범죄학으로 전향한 일은 정신과 동료들의 호기심을 한껏 자극했다. 한 의사는 편지로 이렇게 물었다. "선생님 강의에 안락의자 탐정도 받아주십니까? 언젠가 기회가 되면 당신의 이번 새로운 시도에 대해 꼭 들어보고 싶습니다. 엘러리 퀸이나 네로 울프의 열렬한 추종자라면 어느 누가 그렇지 않겠습니까?"

버클리에서 맞은 첫 학기에 켈리는 범죄 정신의학과 기만 탐지 과목을 맡아 가르쳤다. 학생들은 의사 출신인 그가 전형적인 정신과 의사의 이미지와는 거리가 멀다는 것을 금세 알아차렸다. 그는 수업 중 농담을 섞었고, 강의 중간에 일부러 극적인 침묵을 두어 자신의 권위와 잘생긴 외모를 더 깊이 각인시키려 했으며, 칠판에는 동그라미로 가득한 도표들로 채워 마치 추상화처럼 만들어 놓곤 했다. 한편으로는 범죄와 관련된 물건을 모아 새로운 수집품을 만들고 있었는데 그 안에는 샌퀜틴 교도소San Quentin Prison 소장에게서 구해 온 날이 선 숟가락과 죄수들이 손수 만든 각종 무기들도 포함돼 있었다.

 "기만 탐지" 수업에서 켈리는 보는 시각과 처한 입장이 달라지면 같은 사실을 보고도 서로 논리적으로 다른 결론에 도달할 수 있다는 점을 가르쳤다. 그 개념을 설명할 때 그는 기꺼이 간단한 손기술 마술을 곁들였다. 강의실에서는 그가 '물 트릭'이라 부르는 마술을 자주 선보였다. 뜨거운 물, 실온의 물, 차가운 물을 담은 그릇을 늘어놓고 지원자들에게 손을 담그게 한 뒤, 한 온도에 손이 적응하면 손을 빼서 차가운 물이 담긴 통에 넣게 했다. 그러면 같은 찬물이 어떤 학생에게는 얼음장같이 차갑고 어떤 학생에게는 그저 서늘하고 또 어떤 학생에게는 따뜻하게까지 느껴진다고들 말해 늘 웃음이 터졌다. 켈리가 전하고자 한 요지는 분명했다. 무엇이 합법이고 무엇이 범죄인지에 대한 우리의 인식, 더 나아가 무엇이 정의로운가에 대한 인식은 우리 감각이 열어주는 관점에 따라 달라진다는 것이다.

 그는 여전히 마술사 역할을 즐겼고 "기만에 쓰이는 마술 기법을 배우면 범죄자의 의도적 거짓말 속에서도 똑같은 수법을 알아차릴 수 있다"라고 말하곤 했다. 20년 전 눈가리개를 하고 차를 몰거나 자물쇠 상자에서 빠져나와 버클리 사람들을 어리둥절하게 만들었던 것처럼, 이제는 단순하지만 효과는 그에 못지않은 마술을 보여주었다. 그는 수업 중 카드 한 벌을 꺼내 바닥 패에서 같은 카드를 연속으로 슬쩍 빼내며 학생들에게 모든 카드가 똑같다고 믿게 했다. 그러고는 카드를 돌려 확인하게 해서, 그 안에 실제로는 52장의 서로 다른 카드가 들어 있음을 알게 했다. 그는 감각이 우리를 속일 수 있다는 점을 거듭 강조했다. "제 수업에는 학생들이 한 명도 빠짐없이 출석합니다." 지루함을 허락하지 않겠다는 선생으로서의 자부심이 담긴 말이었다. 그는 곧 나치와의 경험, 일반 범죄자들을 다룬 경험 그리고 마술에서 익힌 기법을 효과적으로 한데 엮어 풀어낼 기만에 관한 책을 구상하기 시작했다.

　마흔을 넘긴 켈리는 혈색 좋은 얼굴에 단단하고 살집이 많은 마치 고깃덩어리 같은 체격의 남자로 변해 있었다. 배는 불룩했고 75킬로그램 남짓 되는 몸을 떠받치는 허벅지에는 살집이 잔뜩 붙어 있었다. 그는 아침마다 캠퍼스로 나가기 전 욕실 거울 앞에 서서 얼굴을 똑바로 바라보고 아, 에, 이, 오, 우 다섯 모음을 소리 내 말하며 목을 가다듬었다. 존재감을 지탱해 주던 그 우렁찬 목소리를 단련하기 위해서였다. 정작 본인 말고는 아무도 눈치채지 못한 사이, 이 신참은 자기 분야에서 국제적 지도자 반열에 올라 있었다. 당시 범죄학은 주목받지 못하는 학문이었고, 어느 범죄학자가 "거긴 우리 같은 겁쟁이들밖에 없었다"라고 표현할 정도로 튀는 걸 꺼리는 학자들만 모여 있었다. 켈리는 범죄학을 현실과 맞닿는 현장 학문으로 끌어내리는 일을 즐겼고, 조지프 미첼Joseph Mitchell의 『맥소럴리의 멋진 주점McSorley's Wonderful Saloon』과 데이비드 모러David Maurer의 『더 빅 콘The Big Con』처럼 거리의 감각이 살아 있는 책들을 학생들에게 과제로 내주곤 했다. 친구이자 동료 범죄학자인 하워드 페이빙은 한 동료에게 다음과 같은 감탄 섞인 편지를 쓰기도 했다. "게다가 켈리는 법정 정신의학 자문도 해주고, 강연도 하고, 이런저런 일을 하면서 돈도 꽤 짭짤하게 버는 것 같네."

　그 수입 중 상당 부분은 버클리 경찰국에서 나왔다. 켈리는 1949년 11월, 버클리에 오자마자 정신과 자문의로 영입됐다. 이 지역 경찰은 오래전부터 인근 대학의 전문성을 적극 활용해 왔다. 전설적인 경찰 국장 오거스트 볼머August Vollmer는 대학에서 형사사법을 가르친 바 있고, 범죄학부의 또 다른 간판 교수 폴 L. 커크Paul L. Kirk도 자주 지원해 경찰 자문을 맡았다. 맨해튼 프로젝트Manhattan Project*의 화학자 출신인 커크는 자신의 과학적 재능을 형사 사건의 미시적 물증 분석으로 돌렸고, 훗날 오하이오에서 벌어진 악명 높은 샘 셰퍼드Sam Sheppard 살인 사건에서는 피고인 측의 혈액 분석을 수행해 유죄 판결을 뒤집는 데 힘을 보탰다.

1950년대 내내 켈리는 버클리 경찰 총경 존 홀스트럼John Holstrom과 긴밀히 협력했다. 홀스트럼은 켈리에게 경찰 선서를 시켰고, 경찰 정신과장이라는 직함을 주었으며, 알라미다 카운티의 경찰 국장 배지까지 발급해 주었다. 켈리는 필요할 때면 그 배지를 카드의 바닥 패를 빼내듯 능숙하게 꺼내 보였다. 한번은 그가 아들과 함께 북부 캘리포니아의 고속도로를 과속으로 달리다 주 경찰관에게 정지 명령을 받았다. 더그는 이렇게 회상했다. "아버지가 불쑥 지갑을 꺼내 배지를 보여주더군요. 경찰관이 '아, 그러셨군요. 실례했습니다'라고 하더라고요. 저는 속으로 '위선자 같으니! 난 어떻게 해야 배지를 얻지?'라고 생각했죠."

켈리가 그 배지를 얻게 된 주된 이유는 버클리 경찰 신입 지원자들에 대한 심리 평가를 맡았기 때문이었다. 부임 직후 그가 맡은 첫 업무 가운데 하나는 순찰 경관과 순찰 및 사무 겸임 경관 지원자 13명을 검사하는 일이었는데, 그중 세 명에 대해 "해당 보직에서 잠재적 위험이 될 만큼 불안정하다"라는 결론을 내렸다. 정신과 의사가 탈락시킨 비율이 이렇게 높자, 홀스트럼은 모든 신입을 대상으로 정기 정신과 평가를 실시하는 일을 켈리에게 맡겼다. 켈리가 부적합한 지원자를 가려내는

---

*   제2차 세계 대전 중에 미국이 주도하고 영국과 캐나다가 공동으로 참여했던 핵폭탄 개발 프로그램.

솜씨가 갈수록 늘어나면서, 그는 경찰 지원자에 대한 엄격한 선발 제도를 옹호하는 인물로 전국적인 명성을 얻었다.

이상하게도 켈리는 범죄를 신고한 버클리 시민들 가운데 일부의 정신 건강 상태까지도 독자적으로 평가하기 시작했다. 1950년 한 해에만 반복 신고를 한 주민 일곱 명과 그중 두 사람의 가족까지 검사를 했다. 그는 이들 가운데 몇 명은 정신장애 소견이 있어 "수용 조치나 정신과 치료 의뢰가 필요하다"라는 결론을 내렸다. 그 결과 "괴상한 신고"가 눈에 띄게 줄어들 것이라고 그는 예상했다. 언론 인터뷰에서 그는 이렇게 말했다. "버클리가 다른 도시보다 유달리 더 미친 사람이 많다고는 생각하지 않습니다. 다만 거리를 배회하는 정신병자와 미치광이의 비율이 높은 편이죠. 일주일에 두 명 정도는 새로 발견합니다." 1953년에는 상습 위반 운전자에 대해서도 비슷한 캠페인을 벌였고, 교통법규를 자주 어기는 사람은 정신적으로 부적합하다고 분류할 수 있다고 주장했다.

그는 경찰 업무에 대한 전문성을 바탕으로, 법 집행을 주제로 자주 글을 쓰고 강연을 했다. 단골 화제 중 하나가 "멍청한 경찰"이었다. 그는 한 기사에서 이렇게까지 싸잡아 말했다. "이 나라 경찰의 3분의 1에서 절반은 시민을 보호하거나 범죄를 해결하기에 전혀 자격이 없습니다. 그들은 정서적으로 불안정하고 지적 능력도 낮고 심리적으로도 건강하지 않습니다." 더 나아가 거리에서 근무하는 경찰 가운데 편집증적이거나 가학적이거나 실제로 정신이상인 이들도 적지 않다고 주장했다. "그들은 차고 진입로의 덤불 뒤에서 튀어나와 등에 총을 겨누는 강도만큼이나 위험합니다." 그가 제시한 해법은 간단했다. 더 많은 경찰국들이 버클리에서 자신이 옹호한 것과 같은 선발 검사를 도입하라는 것이었다. 지능 검사와 로르샤흐 검사를 포함해 지원자 심사를 강화해야 한다는 주장이었다. 강연 자리에서 그는 종종 이런 일화를 들려주었다. 자신이 검사한 한 경찰 지원자가 로르샤흐 잉크 반점 카드를 보고 "반으로 잘려 짓밟힌 토끼"가 보인다고 말했다는 일화였다. 켈리의 말에 따르면 그 지원자는 그 검사에서 바로 탈락했다. 그는 과학적 근거에 기반한 선발 기준도 없이 사람을 뽑는 경찰 국장들을 자주 호되게 꾸짖었다. "그건 정말 끔찍한 일입니다"라고 말하곤 했다. 시간이 흐를수록 범죄와 탐지의 세계에 더 깊이 발을 담그면서, 켈리는 사회 전반의 범죄성을 점점 더 암울하게 바라보았고 형사들의 역량에 대해서도 점점 더 낮은 평가를 내리는 듯했다.

때로는 그가 공격한 대상들이 반격에 나서기도 했다. 1954년 여름, 뉴저지주 경찰국장협회는 회의 안건에 켈리의 최근 "멍청한 경찰" 기사 가운데 하나를 올려 논의했고, FBI에 공식 항의했다. 한 요원은 켈리의 견해가 "전반적으로 법 집행에 매우 불리하다"라고 평가했고, 이어 맥락과는 무관하게 켈리의 책 『뉘른베르크 교도소의 22개 감방』이 워싱턴 협동서점협회 간행물에서 호평을 받았다고 덧붙였다. 이 협회는 정치적으로 전복적 성향을 지닌 단체로 분류되어 있었다. 몇 주 뒤 국제 경찰국장협회 회의에 참석한 켈리를 FBI 요원들이 지켜보았으나, 그는 교통 위반자에 관해서만 말했을 뿐 미자격 경찰에 대해서는 한마디도 하지 않았다. FBI는 이 일을 메모로 남겼다.

켈리의 강연은 단일한 주제에만 머물지 않았다. 로스앤젤레스에서 그는 러시아인이 나치만큼 위험하며, 소련의 한국전쟁 개입에는 유화 정책이 아니라 단호함으로 대응해야 한다고 역설했다. 1951년 샌프란시스코에서는 많은 정신과 동료들이 분수에 넘치는 일을 하고 있으며, "자신이 무슨 말을 하고 있는지 모른다는 사실을 감추기 위해" 거창한 용어를 쓴다고 꼬집었다. 그는 사이코패스를 자주 화제로 삼았는데, 그 성격 유형은 코끼리처럼 정의하기는 어렵지만 "막상 눈으로 보면 바로 알아볼 수 있다"라고 말했다. 강연 대행사가 배포한 홍보 책자의 목록에는 "정신의학의 사실과 신화", "두려움: 사실과 허구", "유행, 사기, 바보들", "마음을 젊게 유지하는 법", "오직 진실만을" 같은 제목이 실려 있었다. 그는 청소년 범죄에 대해서도 열정적으로 말했는데, 젊은층 범죄 증가의 원인을 현대식 양육에서 찾았다. 아이들에게 나쁜 짓을 하고 싶은 충동을 억제하는 법과 그릇된 길로 갔을 때 죄책감을 느끼는 법을 가르치지 않는 경우가 너무 많다는 것이었다. 켈리의 눈에 인간 조건은 결함투성이였다.

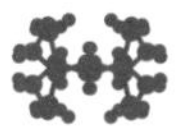

　켈리는 굵직한 형사 사건들에서도 자신의 정신의학 전문성을 발휘했다. 때로는 검찰, 때로는 변호인 측을 도우며 자문과 증언을 맡았다. 1949년 아내와 장인을 살해한 혐의로 기소된 레이 컬런Ray Cullen 사건, 두 자녀를 살해한 혐의로 1952년에 기소된 메리 에드나 글렌Mary Edna Glenn 사건, 남편의 상습적인 폭력에 시달리다 남편을 살해한 힐데가르트 펠턴Hildegard Pelton 사건, 아내를 살해한 혐의로 1955년 유죄 판결을 받은 로드니 셔런Rodney Sheran 사건, 아내가 한 의사의 진료를 받던 중 사망하자 이에 대한 보복으로 그 의사를 총으로 쏴 1957년 유죄 판결을 받은 보석상 솔 시드니 클래스Saul Sidney Klass 사건 등 베이 에어리어의 악명 높은 피고인들이 연루된 사건들에 관여했다. 그는 검찰의 도움을 받아 로스앤젤레스에서 일련의 "쾌락 살인"을 저지른 스티븐 A. 내시Stephen A. Nash를 자신이 정신과 의사라는 사실을 밝히지 않은 채 면담하기도 했다. 이후 법정에서는 내시가 법적으로 심신이 온전하다고 증언했다. 이런 사건들에서 그는 로르샤흐 검사에 대한 자신의 전문성을 십분 활용했고, 남은 경력 내내 이 심리 검사를 자문 도구 가운데 핵심으로 삼았다. 브루노 클로퍼와 1942년에 공저한 『로르샤흐 기법

The Rorschach Technique』은 그의 서재 책장 맨 앞자리에 꽂혀 있었다. 켈리는 이 검사를 둘러싼 수수께끼가 여전히 풀리지 않았음에도 유용한 도구라고 공개적으로 주장했다. 그렇지만 가끔은 로르샤흐 검사가 정확히 왜 효과가 있는지 자신도 의문스럽다고 슬며시 내비치곤 했다. 그는 1951년에 이렇게 썼다. "로르샤흐 기법은 등장한 지 29년 남짓한 세월 동안 매우 빠른 속도로 발전해 왔다. 하지만 그동안 얼마나 큰 진전을 이뤘는지는 단정하기 어렵다. 왜 이 검사가 효과가 있는지 우리는 여전히 거의 알지 못한다. 이론은, 그렇다, 무게로 잴 만큼 쌓여 있지만, 실증적 사실은 미량 저울로 겨우 달 수 있을 만큼밖에 없다."

마찬가지로 켈리는 각종 자백약과 진실 탐지 기법이 효과적이라는 자신의 확신을 굳게 고수했다. 켈리는 솜노폼을 범죄자의 자백을 이끌어 내고 기억상실을 극복하는 데 쓰는 치료제로 계속 옹호했다. 다만 병적 거짓말쟁이라면 솜노폼의 영향 아래서도 여전히 거짓말을 할 것이라고 인정했지만, 그런 사람은 흔치 않다고 보았다. 그는 더 나은 자백약도 여전히 바라고 있었다. 한 기자에게는 이렇게 말했다. "이를테면 연필 한 자루만 한 용기에 담을 수 있는 약을 찾고 있습니다. 그걸 손에 넣으면 정말 기쁠 겁니다."

1955년 14세 소녀 스테퍼니 브라이언Stephanie Bryan 살해 사건은 켈리를 그의 경력에서 가장 악명 높은 사건으로 끌어들였다. 캘리포니아 대학교 버클리 캠퍼스에서 몇 블록 떨어진 중학교에서 집으로 돌아오던 길에 지역 의사의 딸인 브라이언은 숲속 지름길로 빠졌다가 자취를 감추었다. 소녀의 시신은 결국 캘리포니아 북부 트리니티 카운티의 어느 급히 파낸 무덤에서 발견됐다. 유력한 용의자로 27세의 전 버클리 학생 버턴 애벗Burton Abbott이 지목됐다. 애벗은 어딘가 속을 알 수 없는 인물이었다. 마르고 영리해 보이는 인상에 말쑥하게 차려입은 그는 안경을 쓰고 가느다란 콧수염을 기르며 손톱까지 말끔히 다듬고 다니는 사람이었다. 한 기자는 그런 그의 모습을 보고 "세워둔 연필 같다"라고 표현하기도 했다. 경찰은 애벗을 심문하기 위해 켈리와 거짓말 탐지기 전문가 앨버트 리델Albert Riedel을 불러들였고, 그들의 심문은 능청스럽고 태연한 이 용의자의 가면을 점차 벗겨 내기 시작했다. 리델의 집요한 거짓말 탐지기 심문 뒤에 켈리가 바통을 이어받아 자신의 질문과 경청 기법을 활용했다. 여러 질문을 주고받던 중 켈리는 애벗에게 브라이언이 실종된 지름길 근처에 있는 클레어몬트 호텔에서 열린 동전 수집가 대회에 참석한 적이 있는지를 물었다. "동전 수집합니까?" 켈리가 찔러보자 용의자는 "아니요"라고 답하더니 자기 아내가 수집한다고 덧붙였다. "어떤 종류죠?" 켈리가 묻자 애벗은 "쓰는 종류요"라고 농담을 던졌다. 켈리는 웃지 않았고, 애벗의 부적절한 농담을 기억해 두었다. 다른 면담에서 켈리는 브라이언의 유해가 발견되었을 당시의 무덤 현장과 부패하고 짐승에게 훼손된 시신 상태를 자세히 알려주었다. 애벗은 그 설명을 다 들으면서도 아무런 감정의 기색도 보이지 않았다. "젠장, 오미어라O'Meara," 애벗이 방 안에 있던 다른 사람, 오미어라에게 말했다. "네가 약속한 햄 샌드위치는 어디 있어?" 켈리는 훗날 자신의 경력에서 직무상 면담한 사람들 가운데 "헤르만 괴링과 버턴 애벗이 가장 자기중심적이었다"라고 평가했다.

　애벗은 점점 그 정신과 의사를 싫어하고 두려워하게 되었다. 그는 켈리를 자기를 세뇌하는 사람이라고 부르며 "나에게 지옥을 맛보게 했어요"라고 불평했다. 켈리가 양심이 부족하고 감정적으로 미성숙하다고 지적하자, 그는 냉소로 맞받았다. 애벗은 이렇게 말했다. "그 사람이 하는 소리는 다 헛소리예요. 내 양심은 아주 멀쩡하다고요. 오히려 제가 피해망상이 생길 지경입니다. 켈리 박사는 자기가 얼마나 중요한 사람인지 스스로 감탄하는 것 같네요." 이런 말들은 켈리에게 자신의 질문이 진실에 다가가고 있다는 확신을 주었을 것이다. 살해된 소녀의 옷과 지갑이 그의 지하실에서 나왔는데도 애벗은 끝까지 유죄를 부인했지만, 1956년에는 유죄 판결과 함께 사형을 선고받았고 이듬해 샌퀜틴의 가스실에서 생을 마감했다.

이런 사건들은 켈리를 자문가로서 널리 알리게 했고, 그는 트래비스 공군기지, 샌퀜틴 교도소, 레터맨 육군 종합병원, 캘리포니아 법무 장관실, 원자에너지위원회, 오클랜드 경찰국 등에서 인사 선발과 범죄 관련 사안에 대한 자문을 맡게 되었다. 남는 시간은 얼마 없었지만 중남미와 파키스탄, 태국을 비롯한 세계 여러 지역에서 프리랜서 자문도 수행했다. 여기에 이스트베이 정신의학회East Bay Psychiatric Association 회장직까지 떠맡아 일정은 한층 더 빠듯해졌다. 1950년대 중반에는 기업 경영 분야에서 정신의학 자문 사업을 새로 시작하는 방안까지 검토하고 있었다.

캘리포니아로 돌아와서 할리우드의 부름을 받은 것은 어쩌면 필연이었을지 모른다. 1954년 영화 〈이유 없는 반항Rebel Without a Cause〉 제작에 앞서 감독 니컬러스 레이Nicholas Ray가 켈리에게 연락해 스튜어트 스턴Stewart Stern의 시나리오가 범죄학적으로 타당한지 자문을 구했다(이 시나리오는 레이와 어빙 슐먼Irving Shulman이 로버트 린드너Robert Lindner의 소설을 각색한 것이었다). 레이는 각본에서 청소년 폭력 집단과 청소년 비행을 어떻게 그렸는지에 주목해 달라고 했다. 켈리는 각본에서 몇 가지 부정확한 대목만을 지적했다. 그가 보기에 잘못된 부분은 경찰의 대사와 면담 기법, 제임스 딘James Dean과 살 미네오Sal Mineo가 연기한 인물들의 비현실적인 만남, 그리고 청소년 정신의학에 대한 관심 부족 등이었다. 다만 그는 정신의학에 비중을 더 두면 "극의 전개가 느려질 수 있다"라는 점을 인정했다.

같은 해 켈리는 NBC의 무대 마술 관련 텔레비전 프로그램에도 자문을 했다. 그리고 그 일로 받은 출연료를 들여 컬러 텔레비전을 샀다. 당시에는 엄청 비싼 데다 집에서 좀처럼 보기 힘든 가전제품이었다. 오래 전부터 그는 텔레비전의 서사 기법과 잠재적으로 큰 시청자층에 끌렸고, 그동안 범죄와 정신의학을 다루는 텔레비전 프로그램 기획안을 몇 차례 구상해 둔 상태였다. 그가 친구들과 논의한 기획 중 하나인 〈사기꾼, 사기와 바보들Fakes, Frauds and Fools〉은 매주 악명 높은 사기꾼이나 돌팔이 의사, 유랑 극장의 바가지꾼을 등장시켜 그들이 벌인 사기 수법을 함께 보여주려는 프로그램이었다. 이 시리즈의 착상은 그의 아버지가 받은 편지에서 나왔다. 이른바 "스페인 포로 유형의 사기* 편지로, 훗날 이메일함을 점령한 나이지리아 419 사기**의 전신이었다. 켈리는 판을 뒤집어 아버지를 노렸던 멕시코 사기꾼들을 설득해 거래를 마치러 남쪽으로 내려가겠다며 여비로 자신에게 50달러를 송금하게 만들었다. 켈리의 한 친구는 그 사기 프로그램 구상에 대해 이렇게 말했다. "그는 생각을 짜내거나 책을 읽지 않고도 5년, 10년은 거뜬히 버틸 만큼 대본 아이디어가 충분하다고 생각하죠. (…) 켈리는 범죄학 교수이자 과학자이자 정신과 의사이자 마술사로서 모든 역할을 도맡아 인간의 탐욕을 다루는 모든 문제에 해답을 알고 있다는 설정으로 제목까지 완결할 겁니다. 피해자와 사기꾼을 움직이는 기본 심리까지 포함해서요." 얼핏 듣기에는 그 말 자체가 하나의 사기처럼 들리지만, 캘리포니아대학교는 이 구상에 뜨겁게 호응했던 듯하다. 범죄학부는 프로그램과 교수진의 신뢰도와 대외적 홍보 효과를 얻게 될 것이고, 또한 "범죄

---

*　18~19세기부터 퍼진 고전적 편지 사기 유형으로, 스페인에 억류된 고위 신분 부호 또는 그 상속인을 자처하며 '거액의 재산을 빼내려면 먼저 소액의 비용(뇌물, 송금 수수료, 여행비 등)이 필요하다'고 속인다. 피해자가 돈을 보내면 더 큰 보상을 약속하며 추가 송금을 유도하고 결국 돈만 가로채는 방식이다.

**　'선입금 사기'의 현대형으로, 이메일이나 메신저 등으로 '큰돈을 보내주겠다며 대신 수수료, 세금, 송금 비용을 먼저 내라'고 유도해 돈을 뜯어낸다. 나이지리아 형법 제419조(사기 조항)에서 유래한 이름이다.

는 결코 득이 되지 않으며 버클리의 목자들이 미국의 어린 양들을 지켜보고 있다"라는 생각을 널리 퍼뜨리는 데 기여했다는 공로도 인정받을 것이라고 그 친구는 한 동료에게 전했다.

하지만 이 시리즈는 끝내 제작되지 않았다. 켈리는 또 몇몇 텔레비전 프로그램에 출연했다. 그중에는 〈과학의 실천Science in Action〉이라는 시리즈 열 편과 캘리포니아 의사회가 후원한 〈왜죠, 의사 선생님Why, Doctor?〉이 있었다. 그는 미시간주 앤아버의 교육 텔레비전과 라디오 센터Educational Television and Radio Center로부터 또 다른 프로그램 〈범죄자Criminal Man〉의 제작비로 거의 5만 달러를 지원받았다. 함께 제작을 맡은 동료는 고든 월디어Gordon Waldear라는 지역 작가이자 제작자였고, 그는 시험 비행 중 사고로 부상당한 뒤 언론인으로 전향한 인물이었다. 두 사람은 앞서 켈리가 정신의학과 범죄학의 접점을 다룬 경험과 견해를 모은 책 원고 작업에서 협업한 바 있었고 그때 월디어는 대필자로 참여했다. 두키의 뒤늦은 전언에 따르면 켈리는 월디어를 "사이코패스"라고 여기기까지 했다. 그녀는 이렇게 말했다. "책 작업을 하면서 더그는 그와 정말 힘든 시간을 보냈어요. 그가 겪은 좌절감과 압박감이 어느 정도였는지 상상하기 어려울 거예요. 아예 일을 시작하지 못할 때도 다반사였고, 약속을 지키지 않았고, 거짓말이 잦았고, 계약과 재정에서도 완전히 무책임했죠." 켈리의 평가는 과했을지 모른다. 월디어는 켈리가 바라던 만큼 치밀하게 일하지는 못했을지 몰라도 사이코패스와는 거리가 멀었다. 이후 수십 년 동안 월디어는 베이 에어리어의 다큐멘터리와 텔레비전 제작자들 사이에서 사랑받고 존경받는 인물이 되었다.

월디어가 지닌 부정할 수 없는 텔레비전 제작자로서의 재능 덕분에 〈범죄자〉는 순조롭게 진행되어 놀라운 성공을 거두었다. 20회로 구성된 이 시리즈는 범죄의 역사와 원인, 각종 범죄 유형, 범죄 대응 전략,

범죄 문제의 해결책을 다루었다. 프로그램 기획서 원안은 이 시리즈가 "대중이 범죄를 저지르는 사람을 더 잘 이해하도록 함으로써, 앞으로는 켈리 박사가 '단순한 보복'이라고 부르는 것에서 벗어나 가해자의 진정한 재활에 관심이 쏠리도록 하려는 취지다"라고 설명했다.

켈리는 텔레비전 프로그램 심지어 학술 프로그램도 대중의 흥미를 끌 수 있다고 믿었다. "왜 모든 교육 프로그램이 연극만큼 극적으로 흥미진진할 수 없단 말인가" 하고 그는 자문했다. 카메라 앞에서 그는 고리타분한 교수처럼 보이거나 들리지 않으려 애썼다. 설득력을 최대한 발휘해 목소리를 조절하고 때로는 음량을 높였으며 얼굴을 찡그렸다가 웃고 짙은 눈썹을 치켜세웠다. 범죄자에게 공통된 신체 특징이 있는지를 다룬 한 회에서는 시청자를 향해 "아니요" 하고 외쳤다. "범죄자형 같은 것은 없습니다. 그건 속설에 불과합니다. 세상이 평평하다고 말하는 것과 같습니다. 겉모습만 보고는 알 수 없습니다. 범죄자는 태어나는 게 아닙니다." 폭력의 원인을 다룬 또 다른 회에서는 켈리의 아들 더그가 북을 계속 두드려 아버지를 광분하게 만드는 아이로 출연했고, 켈리는 화가 난 아버지 역할을 맡았다.

샌프란시스코 KQED 스튜디오에서 촬영된 〈범죄자〉는 1957년 말이 되어서야 최종 완성되었고, 1958년 여름과 가을에 오늘날 PBS의 전신인 교육 방송국들을 통해 전국에 방영될 예정이었다. 하지만 켈리는 자신이 사랑하던 컬러 텔레비전은 물론 어떤 화면에서도 그 프로그램이 방송되는 것을 보지 못했다. 그 프로그램은 그의 경력에서 마지막 작업으로 남았다.

켈리의 아이들은 아버지가 위층에서 민감한 경찰 업무나 법률 관련

일을 할 때면 그가 어둠 속에 잠겨 접근하기 어려운 정신 상태로 빠져 든다는 것을 알고 있었다. 그는 어떤 방해도 용납하지 않았고, 그럴 때 면 서재에 틀어박혀 타악기 위주의 민속 음악이나 클래식 음악을 크게 틀어놓곤 했다. 더그는 이렇게 회상했다. "우리에게 그 음악은 아버지 가 맡은 가장 중요한 사건들과 같은 의미로 다가왔죠." 경찰관이나 피 의자, 검찰이나 변호인 측 인사들이 켈리를 만나러 집으로 찾아오는 일 도 잦았다. 켈리는 책상에 숨겨진 서랍을 달아 그 안에는 녹음기를, 재 떨이에는 마이크를 감춰두었고 이를 이용해 면담 내용을 몰래 녹음하 곤 했다. 한번은 정신감정을 받으러 한 남자가 집에 왔다고 더그는 기 억한다. "외투 속에서 엽총을 꺼내 사람들을 쏜 전과가 있는" 범죄자였 다. 켈리가 서재에서 내려올 때까지 소년은 거실에서 그 손님과 몇 분 간 함께 놀았다. 두 사람은 위층으로 올라가 서재 문을 닫았고, 곧 음악 소리가 크게 울려 퍼졌다.

　어린 시절의 더그는 아버지가 정신의학적 범죄학psychiatric criminology 에 끌린 두 가지 매력을 알아차렸다. 사건들이 주는 지적 퍼즐과 함께 "학교에서 제일 잘나가는 사람"처럼 느끼고 싶은 욕구가 맞물렸다는 것이다. 그 두 가지가 합쳐지니 경찰과 범죄 관련 자문은 그에게 거부 하기 힘든 유혹이 되었다. 하지만 경찰 업무는 켈리 안에 있는 두려움, 그것도 거의 편집증에 가까운 감정을 일깨우기도 했다. 타인의 범죄는 그를 불안하게 만들었고, 그가 인정하거나 마주할 수 없어서 억눌러 온 분노와 세계관을 뒤흔들었다. 그의 불안은 범죄자들이 집에 들이닥쳐 자신과 가족을 해칠지 모른다는 두려움의 형태로 드러났다. 그래서 그 는 버클리 경찰에서 받은 권총 두 자루를 탄약과 함께 가까이에 두었 고, 1층 창문에는 고급 잠금장치를 설치했다.

　뉘른베르크 정신과 의사로서의 그의 명성은 계속되었고, 때때로 나 치들과의 인연이 불쾌한 모습으로 되살아나곤 했다. 1952년 그는 히틀러의 전 비서 크리스타 슈뢰더Christa Schroeder에게서 분노에 찬 편지를 받았다. 슈뢰더는 뉘른베르크 교도소에 수감되어 있을 때 켈리와 면담을 한 적이 있는 인물이었다. 그녀는 4년 전 여러 신문과 『뉘른베르크 교도소의 22개 감방』에 실린, 자신에 대한 켈리의 묘사에 이의를 제기했다. 그 책에서 켈리는 그녀를 "40대 후반의 어머니 같은 노처녀로, 중간 키에 땅딸막하고 몸가짐이 단정치 못하며 북유럽계와 거리가 먼 외모"라고 썼다. 또한 히틀러에 대한 그녀의 충성심을 이렇게 평했다. "그의 잔혹함을 입증하는 증거가 더는 부인할 수 없게 된 뒤에도 히틀러는 여전히 그녀에게 영웅이었다. 따라서 그녀의 발언은 솔직하긴 하지만, 아돌프 히틀러에게서 위대함밖에 보지 않으려 한 사람의 말에 지나지 않는다."

슈뢰더는 켈리가 자신과 나눈 면담 내용을 어떤 출판물에도 쓰지 않기로 한 약속을 어겼다고 비난했다. 또 그의 묘사가 부정확하고 불친절했다며 따졌다. 교도소의 열악한 환경에서는 여성들이 외모를 제대로 가꿀 수 없다는 사실을 그 누구보다 켈리가 이해해야 했다고도 했다. 그녀는 그들이 만났을 때 이미 6개월째 수감 중이었고 독일의 붕괴로 심한 충격을 받은 상태였으며 "빗과 머리핀, 신발끈, 크림은 물론 손톱 손질하는 도구 같은 개인용품"조차 갖고 있지 못했다고 덧붙였다. 또 그녀는 당시 자신의 나이가 38세였다고 주장했다. "내 외모가 '북유럽계답지 않다'라는 말은 전혀 사실이 아닙니다." 그녀의 키는 170센티미터였다. 슈뢰더는 켈리에게 사과와 "모욕에 대한 합의와 보상"을 요구했다. 그가 유럽 언론에서 자신에게 불리한 보도가 나지 않게 하려면 그렇게 해야 한다는 것이었다. 켈리가 이에 대해 답장을 보냈는지는 알려지지 않았고, 이후 유럽 언론에서 그를 겨냥한 조직적인 공세가 벌어지지도 않았다. 슈뢰더는 이후 독일의 몇몇 기업에서 일했으며 1984년에 사망했다.

자문 수입과 교수 봉급 덕분에 켈리에게는 쓸 돈이 넉넉했다. 그리고 그는 그 돈을 아낌없이 썼다. 집 안 연구실에 들일 표본과 장비를 사고, 여행길에서 민속 예술품과 공예품을 사 모았고, 책과 온갖 주방 잡동사니까지 사들였다. 돈은 자신이 번 것이니 쓰는 게 마땅하다고 여겼다. 장래를 위해 저축해야 한다는 생각은 그에게 좀처럼 떠오르지 않았다. 두키의 생각은 달랐지만 말이다.

한편 켈리와 두키는 버클리 북쪽의 부촌인 켄싱턴의 하이게이트 로드에 자리한 매력적인 집으로 거처를 옮겼다. 교수와 의사, 변호사 들이 모여 사는 동네였다. 스페인풍 집은 붉은 기와지붕과 회벽 마감의 외벽이 눈에 띄었고, U자형 구조의 두 동 사이에는 널찍한 벽돌 파티오가 있었다. 초록색 대문을 열면 유칼립투스와 레드우드가 서 있는 정원이 펼쳐지고, 그 옆에는 아몬드와 체리 그리고 복숭아와 감이 열리는 작은 숲이 있었다. 집 부지는 단을 이루며 아래로 이어져 잔디밭을 지나 도로로 내려갔고 끝에는 이웃한 묘지와 맞닿았다. 돌길은 식물 사이를 따라 구불구불 이어졌다. 정원사는 따로 두었지만 두키는 때때로 햇볕을 쬐고 흙을 만지러 정원으로 나가곤 했다.

집 안으로 들어가면 키 큰 창으로 햇빛이 쏟아지는 길고 널찍한 복도에서 거실과 침실들이 갈라져 나갔다. 하지만 집 안은 어쩐지 어둑해 보였다. 도너 파티 유물, 화석, 식물과 동물 표본, 기묘한 수집품 들이 온갖 벽장과 구석구석을 점령해 시선을 끌었기 때문이다. 찰스 맥글래션이 진품 인증까지 붙여둔 도너 산장의 목편 조각이 담긴 바이알은 이 집에서 일종의 성물로 여겨졌다. 2층 벽장에는 묘한 물건들이 뒤섞여 있었다. 구속복과 작은 바퀴나 기호로 미묘하게 표시된 카드 덱들이 있었고, 작은 받침대 위에 올린 우스꽝스러운 나무 오리 오스카도 있었다. 켈리는 오스카의 머리와 부리를 기계장치로 움직여 관객의 손에 든 카드 덱에서 카드를 집어 올리게 할 수 있었다. 그는 더 이상 마술을 전문적으로 공연하지는 않았지만 쇼맨으로서 남을 놀라게 할 기회는 놓치지 않았다. 친구와 이웃들 앞에서, 동창회에서, 자신의 강의실에서 손기술 마술을 계속 선보였다.

위층의 집무실에서는 황홀한 전망이 펼쳐졌다. 골든게이트해협을 감싸는 언덕 사이로 안개가 흐르면 알카트라즈섬이 베일에 싸였다. 노을이 들면 방 안은 장밋빛으로 불타올랐다. 이곳은 켈리의 사적인 성역이었다. 아이들 더그, 얼리샤, 앨런도 허락 없이 들어가서는 안 된다는 것을 알고 있었다. 창 앞에는 티 하나 없이 말끔한 켈리의 책상이 놓여 있었다. 맞은편의 문 너머에는 의사의 연구실이 있었다. 그곳은 뼈와 식물 표본, 두개골 톱, 코르크 마개로 봉한 약품병, 각종 광물과 암석, 여러 과학 조사 장비가 가득한 경이롭고 기묘한 진열실이었다. 노스캐롤라이나에서 이사 온 뒤로 켈리의 서재는 더 커졌고, 이제는 생물학, 동물학, 화학, 천문학 분야뿐 아니라 미국 남서부 예술, 신화, 마법과 주술 같은 주제를 다룬 주목할 만한 책들도 갖추고 있었다. 그는 뉘른베르크에서 모아 온 나치 지도자들의 친필 서명본도 늘 가까이에 두었다.

검은색 계단은 아래로 내려가다 약 1.8미터 높이에 있는 넓은 계단참에서 한 번 끊겼다가 다시 이어졌고, 흰 난간으로 둘러싸인 그 계단참은 거실 어디서나 한눈에 들어왔다. 켈리는 마음을 비우고 싶을 때면 거실에 앉아 쉬었다. 계단 아래 벽감에는 잘 갖춰진 음반 컬렉션과 축음기, 라디오, 스피커를 갖춘 하이파이 오디오 세트가 들어 있었다. 이 모든 것들은 노스캐롤라이나에서 버클리까지 실어 온 맞춤 제작 나무 캐비닛에 수납되어 있었다. 음악은 켈리를 황홀경에 빠뜨렸다. 그는 하와이 음악, 아프리카 음악, 클래식 음악을 좋아했다. 맞은편에는 작은 그랜드피아노가 있었다. 벽 한편의 테라리움에는 뿔두꺼비와 도마뱀이 동상처럼 꼼짝도 하지 않은 채 있었다.

사각팬티에 흰 티셔츠 차림으로 켈리는 텔레비전 앞 초록색 가죽 의자에 앉아 긴장을 풀곤 했다. 그 의자는 더그와 얼리샤를 팔걸이에 나란히 앉히고 무릎에는 막내 앨런을 올려둘 수 있도록 특별히 주문해 만든 것이었다. 어떤 때에는 텔레비전에서 권투 경기를 보며 그 의자에 오래 앉아 있었고 옆 탁자에는 늘 팹스트 블루 리본Pabst Blue Ribbon 맥주 캔이 놓였다. 술을 더 마실수록 아이들에게는 점점 더 마음을 닫았다. 더그의 말에 따르면 그는 하루를 "알딸딸함과 고주망태 사이"쯤 되는 상태로 끝내는 날이 많았다.

아이들은 쌓여가는 맥주 캔을 보며 아버지가 새 과학적 질문을 탐구하는 건 아닌지 생각했다. 하루에 사람은 팹스트 블루 리본을 얼마나 마시고도 계속 생각하고 움직일 수 있을까? 그러나 켈리의 마음을 붙든 것은 전혀 다른 생각이었다. 그를 괴롭히면서도 매혹하던 학문, 범죄학이 불러일으키는 소용돌이에서 어떻게 빠져나올 것인가. 해답은 간단했다. 바로 팹스트였다.

집 안에는 거실이 있었고 복도를 따라가면 커다란 체리 나무 식탁과 가죽 팔걸이 의자가 놓인 식당이 나왔다. 두 공간은 온갖 보드게임과 체스, 즉흥적인 말놀이가 벌어지는 무대였다. 켈리와 두키는 웃음이 많았고 말장난과 살짝 들뜬 경쟁심 어린 언어유희가 집 안을 가득 채웠다. 그 흐름을 따라가는 건 아이들 몫이었다. "모르는 단어가 나오면 찾아봐야 했죠." 더그의 말이다. 아이들은 양말을 신고 달려가 거실의 반질반질한 벽돌 바닥을 끝까지 미끄러져 갔다. 밖에서는 주방 식료품 저장실 바깥벽에 쌓아둔 건초 더미가 한동안 활쏘기 과녁 노릇을 했다. 적어도 빗나간 화살 한 발이 창문을 뚫고 들어오기 전까지는 그랬다.

거실에서 복도를 따라가면 나오는 주방은 켈리의 영역이었다. 그가 완전한 통제권을 행사하던 곳이었다. "아버지는 보이스카우트 같아서 늘 만반의 준비를 하고 있었죠"라고 더그는 회상했다. 켈리는 25킬로그램짜리 콩과 쌀 자루와 비축해 둔 물을 주방과 바로 옆 식료품 저장실까지 가득 채워두었다. 그는 손잡이로 돌리는 분쇄기로 엄청난 양의 고기를 갈았다. 비축한 식료품은 냉장고 두 대와 냉동고 세 대를 가득 채웠고, 각종 향신료도 빠짐없이 비치해 두었다. 켈리는 요리란 지속적인 조정과 잦은 시식이 필요하다고 믿었고, "마르고 배고픈 요리사를 경계하라"라고 즐겨 말했다. 그는 자신의 대표 요리인 인디언 커리 만드는 걸 무척 좋아했지만 프레스드 덕pressed duck*이나 제비집 수프, 두툼한 베이컨, 심지어 곰발바닥 요리까지 만들어 내곤 했다. 가스버너 여덟 개가 빽빽이 달린 레인지 두 대와 섭씨 230도(화씨 450도)까지 달궈지는 패스트푸드용 철판까지 갖춘 덕분이었다.

　이웃과 친구들을 저녁 식사에 초대할 때면 켈리는 거창한 상을 차리곤 했다. 두키가 요리를 제대로 배워본 적이 없으니 준비는 언제나 자신이 맡아야 한다고 고집했다. 이런 자리에서 그는 으레 시선의 중심이 되지 않고는 못 배겼다. 단골 메뉴는 그가 아끼는 오리고기였고, 전용 압착기를 꺼내 오리를 넣고 큰 손잡이를 돌려 육즙을 짜내는 의식 자체가 연출의 한 부분이었다. 그는 특별한 소스 그릇에 그레이비를 따르고 접시마다 자랑스럽게 국자로 덜어 주었다. 시선을 끄는 방식은 또 있었다. 어느 날 집 정원의 파티오에서 모임을 갖고 있을 때 손님들이 마당을 살금살금 지나가는 큰 짐승을 발견했다. 오소리인지 주머니쥐인지 분간이 어려웠다. 늘 사회를 도맡던 켈리는 벌떡 일어나 그 짐승을 구석으로 몰았고, 그러자 놈은 본능적으로 죽은 척을 했다. 거기서 멈추지 않고 켈리는 꼬리를 움켜쥐어 번쩍 들어 올려 모두가 보게 했다. 짐승을 보라는 것이었을까 아니면 그를 보라는 것이었을까. 켈리는 끝까지 쇼맨이었다. 언제나 자신을 무대 한가운데, 사건의 한복판에 세우고자 했다. 설령 그게 아무리 기이한 일이더라도 말이다!

---

* 　　구운 오리의 뼈와 살을 전용 압착기에 넣고 눌러서 나온 피와 육즙으로 소스를 만드는 프랑스 고급 요리.

집에서도 밖에서도 켈리 부부는 정치 이야기를 하지 않았고, 아이들은 1952년 대선 때 두 사람이 아이크IKE* 배지를 달았던 일을 빼면 누구를 지지하는지 알지 못했다. 당시는 학계를 위협하는 매카시즘의 시대였고, 두키는 켈리에게 어떤 청원서에도 서명하면 절대 안 된다고 당부했다. 언젠가 남편의 이름을 더럽힐 수 있다고 본 것이다. 그들의 생각에는 이름, 곧 평판이야말로 가장 소중한 재산이었고, 무엇보다 지켜야 하는 것이었다. 긴장과 경계가 팽팽하던 시절이었다.

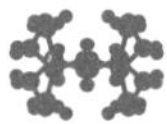

켈리는 여름 방학이나 안식년이면 아이들을 데리고 자주 길을 나섰다. 서부 토박이이자 베이 에어리어에서 자란 사내 기질이 그럴 때마다 드러났다. 그는 느닷없이 네 달짜리 휴가를 선언하고, 아이들과 각종 캠핑 장비를 구형 디소토 차에 실었다. 뒷자리 보조 좌석을 떼어 내 거의 사륜 구동 지프처럼 개조한 차였다. 애리조나와 뉴멕시코를 돌며 가족은 원주민의 땅을 찾아가고, 고고학 관련 수집품과 공예품을 모으고, 길목에서 만나는 현지의 음식과 문화와 종교라면 무엇이든 파고들었다. 이 모든 경험들은 아이들의 지적 호기심에 불을 붙이려 그가 마련한 진지한 배움의 여정이었다.

그는 길에서 만나는 낯선 음식이라면 뭐든 아이들에게 먹여보려 했다. 한번은 전복을 먹여보려 했지만 그건 싫다고 얼리샤가 선을 그었고, 그 바다 생물을 삼키게 하려는 아버지의 어떤 시도도 통하지 않았다. 그는 매번의 여정을 아이들에게 학습의 기회로 만들고자 애썼다. 아이들은 좀처럼 쉴 틈이 없었다. 집으로 돌아올 때면 디소토에 실을

---

*　　　1952년, 1956년 미국 대통령 선거에 공화당 후보로 나와 당선된 아이젠하워의 별명.

수 있는 최대한의 유물과 기념품을 잔뜩 가져왔다. 그 물건들은 곧 과학과 인류학, 역사로 통하는 창을 여는 그의 소장품에 하나씩 더해졌다. "아버지는 온갖 것을 긁어모으는 거미 같았어요"라고 아들 더그는 회상했다. 그렇게 무자비한 그의 수집벽은 곧 하이게이트 로드에 있는 집을 가득 메웠다. 켈리는 친구에게 자기 수집품에 고래 태아 하나를 더하고 싶다며 "그걸 손에 넣을 수만 있다면 샌프란시스코만이라도 헤엄쳐 건너가겠다"라고 말하곤 했다.

　그는 여행을 다녀오면 기운이 다시 솟았다. 수십 년 전 트러키 근처의 허물어져 가는 도너 오두막 터를 자주 찾아가 마음의 평정을 구하곤 했던 그의 외할아버지처럼. 켈리도 익숙한 환경을 벗어나는 효과를 믿었다. 다른 장소, 새로운 유물의 사냥터, 낯선 자연과 문화에 깊이 빠져들수록 힘이 되살아남을 느꼈다. 그리고 그는 변호사였던 외할아버지처럼 경청의 힘도 활용했다. 면담자나 환자 그리고 의뢰인이 하는 말을 모조리 집중해서 듣는 연기를 하고, 초록빛 눈길로 상대의 속을 찌르듯 들여다보며 마음을 달래고 비밀을 풀어내게 하는 기술이었다.

　가족은 자주 트러키와 도너 호수로 끌려가다시피 했다. 그곳을 그는 자신의 뿌리라 여겼다. 평생 그는 외가인 맥글래션 집안을 자신이 존경할 만한 영웅적 조상으로 생각했고, 아버지 쪽 뿌리는 애써 찾지 않았다. 산으로 가던 어느 날 그는 맥주를 마시며 운전하다가 취해버렸다. 거친 그의 운전은 아이들을 겁에 질리게 했다. "운전은 정말 잘했지만 늘 위험을 무릅썼죠"라고 더그는 말했다. 조수석의 두키는 굳은 표정으로 말없이 앉아 손마디가 새하얘질 만큼 손을 꼭 쥐고 있었다. 위험한 그의 운전 습관과 가족과 함께 있을 때 스며 나오던 분노는 그의 내면에 남아 있던 아픈 불씨를 나타냈다. 강의와 경찰 자문, 정신의학과 범죄학에 관한 쏟아지는 원고, 결혼과 가장의 책임까지 모든 것이 그의 어깨를 짓눌렀다. 그는 사교적이면서도 고집이 강해 몇몇 동료 교수들과 부딪혔고 학내 정치도 그를 지치게 했다. 또한 사소한 일에도 신경질적이고 옹졸해져 작은 이견을 다툼으로 키우곤 했다. 한번은 두키의 엑스레이 촬영료로 병원이 청구한 17달러 50센트에도 언짢아했다. 그는 무려 병원장에게까지 이렇게 비아냥거리는 편지를 써서 보냈다. "상도의에 비추어 볼 때 이 청구액은 다소 높은 듯합니다. 뭐, 병원에는 병원 나름의 기준이 있겠지요."

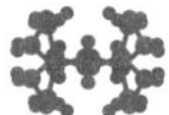

그러나 켈리의 내면에 있는 분노는 이른바 성취와 경쟁에 매달리는 성격 유형에서 오는 스트레스만으로는 설명되지 않았다. 그가 자란 집은 늘 시끄럽고, 불만과 불평이 뒤섞인 소란스러움으로 가득했다. 아버지의 명성과 안위를 위해 자신을 바쳤던 영특하고 이른 나이에 두각을 나타낸 변호사 준 켈리는 말년에 이르러 냉정하고 냉소적인 사람으로 변했다. 그녀는 아들이 가진 것에 결코 만족하지 않도록 키웠고 언제나 더 많이 알고, 더 많이 얻고, 더 높은 곳에 오르고, 더 큰 자격을 갖추어야 한다고 가르쳤다. 준의 정신적 격랑이 어디서 비롯됐는지는 알 수 없지만, 그녀의 삶은 어둠과 분노와 두려움 속에 있었다. 위험은 어디에나 도사리고 있었고, 준은 아들에게 재빠르게 판단해 위협을 찾아내라고 가르쳤다. 켈리가 아들로서 맡은 역할은 어머니를 정서적으로 떠받치고, 그녀가 버텨내도록 하는 일이었다.

어릴 적부터 켈리는 어느 한편으로는 재미를 추구하고 재치가 넘치며 장난과 놀이를 좋아하는 사람이었다. 그런 유쾌함은 그가 결코 가깝게 느껴보지 못했던 치과의사 아버지 닥에게서 물려받은 것이었다. 닥은 두각을 드러낸 인물은 아니었고, 샌프란시스코 어빙가의 같은 진료실에서 거의 50년을 일했을 뿐이었다. 그의 집은 그 위층에 있었고, 리

넨으로 덮은 가구와 두툼한 커튼을 친 창문들 때문에 시간이 멈춘 듯했다. 반면 켈리는 다른 한편으로는 칭찬을 먹고 사는 듯한 미친 듯이 성취를 좇는 사람이어서 아무리 높은 데까지 올라가도 만족을 모르곤 했다. 그 끈을 쥐고 흔든 이는 준이었다. 아들 더그는 이렇게 말했다. "아버지는 어린 더글러스 켈리와 어른 더글러스 켈리가 함께 놀게 하는 법을 몰랐어요." 배우고 정보를 모으는 일은 그를 달리게 했지만 끝내 그를 만족시키는 결론으로 이끌어 주지는 못했다. 그가 범죄학에서 정말로 필요로 했던 것은 자신이 왜 감정적으로 폭발하는지, 왜 그토록 인정을 갈구하는지에 대한 설명이었다. 그러나 그의 연구와 강의는 끝내 그에게 답을 주지 못했다. 그는 일할 때 폭주하듯 치달았고 쌓인 좌절감을 쏟아 냈다. 더그는 이렇게 표현했다. "아버지는 뭐든지 다 빨아들이는 스펀지이면서도 동시에 날뛰는 황소 같았어요. 각성제를 먹고 달리는 만능형 인간이었죠."

뉘른베르크에서 그가 깨달은 사실, 즉 현대의 가장 악랄한 범죄자들의 행동을 그 어떤 정신의학적 유형이나 특정한 정신질환으로도 설명할 수 없다는 점은 계속해서 그를 뒤흔들었고, 그는 연구와 작업에 더욱 열을 올렸다. 거기에 술기운까지 더해지면 종잡을 수 없이 가족에게 분노를 퍼부었다. 아이들은 그를 두려워했다.

두키는 불같은 남편을 사랑했고, 그런 남편을 곁에서 지켜주려고 애썼다. 그녀는 강인했고, 켈리도 자신이 믿을 만한 동반자를 곁에 두고 있음을 알고 있었다. 두 사람에겐 실제로 '가족의 멜로디'가 있었는데, 켈리가 집 안팎에서 그녀를 찾을 때면 입술을 오므려 높은 음 한 번, 낮은 음 두 번을 휘파람으로 불었다. 두키가 그 소리에 응답하면 말없이도 서로가 연결되어 있음을 확인하곤 했다. 두키는 남편이 자신을 사랑한다는 것을 알면서도 그 사랑이 더 부드럽고 다정한 시선으로 전해지지 못하는 점을 내심 아쉬워했다. 대개의 경우 그녀는 켈리의 기분을 잘 다스렸고, 그가 짊어진 짐들에 짓눌려 무너지지 않도록 붙잡아 주었다. 그렇지만 아직 살아 있는 시어머니와 켈리 사이의 끈끈한 유대감만은 못마땅해했다. 두키는 켈리가 자기보다 어머니와 더 친한 사람이라고 늘 불평했다. 또한 두 사람의 말다툼은 종종 이렇다 할 논리도 뚜렷한 이유도 없이 격해지곤 했다. 〈내 직업을 맞혀봐요What's My Line*〉의 힌트가 무슨 뜻인지에서부터 신문 배달 소년이 왜 신문을 엉뚱한 데 두고 갔는지에 이르기까지 무엇으로든 다툼이 일어날 수 있었다. 말다툼이 커질수록 켈리의 목소리는 한층 거칠어졌다. 두키의 목소리는 날카롭고 결코 약하지 않았지만, 그의 고함에 언제나 묻혀버렸다.

두 사람 사이에서는 무슨 일이든 벌어질 수 있었다. 어느 저녁엔 말다툼 끝에 유리잔이 산산이 부서졌고, 두키는 자신이 다친 줄도 모른 채 자기 피가 잔뜩 묻은 접시에 음식을 담아 더그에게 내왔다. 더그가 그걸 가리키자 그녀는 수건으로 조심스레 피를 닦아 내고 아무렇지 않은 표정으로 접시를 다시 건넸다. 또 어떤 날엔 아이들이 켈리의 집무실로 이어지는 햇빛 가득한 2층 복도에서 켈리와 두키가 서로 고함치는 모습을 얼어붙은 듯 지켜보았다. 그들은 마술 벽장 앞에서 서로를 마주 보고 서 있었다. 아이들은 거의 늘 불안 속에 살았지만 켈리가 아내를 향해 총구를 겨누는 모습까지 보게 될 줄은 꿈에도 몰랐다. 그의 손가락이 방아쇠를 당겼고, 집 안 전체에 총성이 울려 퍼졌다. 켈리는 탄환이 발사되기 직전, 찰나의 순간에 총구를 아래로 내렸고 총알은 두키의 발치 밑 나무 바닥에 깔끔한 구멍을 남겼다. 그녀는 나중에 그 자리를 러그로 가려두었다. 그 모든 게 그저 엄청 요란한 쇼가 아니었을까? 그러나 아이들의 머릿속에서는 생각들이 질주했다. "아버지가 엄마를 쐈다면, 우리도 쐈을까?" 더그는 그런 생각을 했던 걸 기억하고

---

*   1950~1960년대 미국 CBS에서 방영된 퀴즈 쇼로, 패널들이 질문을 던지며 일반 출연자의 직업을 맞히는 형식의 프로그램.

있었다. "바로 그게 우리 가족이 간직해 온 비밀이었다. 우리 아버지는 때때로 완전히 미쳐버리곤 했다." 더그는 그 후로도 종종 위층으로 올라가 "복도 바닥의 총알 자국을 들여다봤다."

두키에게도 남편을 향해 분노할 만한 이유가 있었다. 1950년 버클리로 이사 온 지 얼마 지나지 않아, 두키의 아버지는 이 정신과 의사의 분노가 폭발한 것을 본 적이 있었다. 그건 폭력으로 번질 가능성이 명백했다. 온화하고 조용한 성품의 힐 씨는 딸이 그런 대우를 받는 모습에 격분했다. 그는 한동안 마음을 가라앉히지 못했고 곧 뇌졸중으로 쓰러져 세상을 떠나고 말았다. 두키는 아버지의 죽음뿐 아니라 자신이 품어 온 이상적인 가정상을 망가뜨린 것 역시 켈리 탓이라고 여겼다. 클래런스 데이Clarence Day의 밝고 따뜻한 소설들에서 일부 빌려 온 그녀의 가정상은 사랑과 온기, 깊어지는 헌신이 있는 모습이었다. 두키는 그런 정서적 분위기를 원했지만, 켈리의 욱하는 성질과 억눌린 분노가 그것을 불가능하게 만들었다. 분노가 폭발해 마음이 밑바닥으로 가라앉을 때면, 두키는 옷가지 몇 벌을 싸고 지갑과 어린 두 아이를 챙겨 베이 에어리어에 있는 친척 집에서 하루이틀을 보내곤 했다. 더그는 이렇게 기억한다. "한번은 아버지에게 엄마와 동생들이 정말 보고 싶다고 말했다. 아버지도 '그래, 나도 보고 싶구나. 엄마와 동생들 데리러 가자'라고 했다. 우리는 곧장 엄마와 동생들을 데리고 집으로 돌아왔다."

어쩌면 예정된 일이었는지 모른다. 수집가이자 분석가이고 인간 정신의 어두운 구석을 파헤치는 탐구자였으며 한때 마술사이기도 했던 켈리는 맏아들을 비범한 아이로 키우는 것을 자신의 목표로 삼았다. 그리고 어린 더그는 신생아실에서 나오는 순간부터 지적 발달을 재촉하기 위한 공격적인 기법들의 실험 대상이 되었다. 아버지의 실험 대상은 괴링, 헤스, 로젠베르크에서 아들 더그로 바뀐 셈이었다. 집에서는 끝없는 과외와 지식 주입, 혹독한 두뇌 훈련이 이어졌다. 더그는 지금도 아버지가 늘 실제 상황처럼 꾸며 시키곤 했던 관찰 훈련의 압박과 고통을 생생히 기억한다. 거실에 앉아 켈리는 아들에게 샅샅이 살펴보며 될 수 있는 대로 세세한 것까지 기억해 두라고 했다. 그러고는 아이를 방 밖으로 내보낸 뒤 실내 배치를 아주 조금 바꿔놓았다. 커피 테이블 위 연필을 살짝 옆으로 밀어놓는 정도로만 손을 댈 때도 있었다. 아들이 들어오면 켈리는 "어디가 달라졌지?" 하고 다그치듯 물었다. 그 연습은 더그에게 두려움과 공황에 가까운 불안감을 불러일으켰지만, 맞혀냈을 때는 흥분과 만족도 안겨주었다. 묘하게 뒤섞인 감정들이었다.

"난 늘 지능 검사를 연습했어요." 더그의 말이다. 켈리는 보통 150대 중반이었던 더그의 지능 지수를 학교 관계자들과 옛 지인인 루이스 터먼에게 보고했다. 터먼은 여전히 스탠퍼드대학교에서 영향력 있는 영재아 연구를 이끌고 있었다. 1952년, 4세이던 더그는 지능 지수가 높은 사람들과 터먼의 연구를 다룬 《새터데이이브닝포스트Saturday Evening Post》 기사에서 가족과 함께 소개되었다. 함께 실린 사진에는 소파에 앉아 인형을 꼭 끌어안고 기대에 찬 눈빛으로 뒤를 돌아보는 더그와, 그에게 몸을 굽힌 두키가 보였다. 곁에는 여동생 얼리샤가 앉아 있었다. 켈리는 가족들 뒤에 우뚝 서 있었다. 사진 속에서 유일하게 서 있는 사람이었고, 가족 가운데서 가장 똑똑해 보였다. 켈리는 빛을 받아 반짝이는 실크 넥타이를 매고 있었고, 꿰뚫는 듯한 그의 시선은 더그의 정수리 위를 향하고 있었다.

켈리는 아들에게 기억력 훈련을 시켰고, 더그는 스탠퍼드대학교와 캘리포니아대학교 버클리 캠퍼스를 자주 찾아가 당대 최고 권위자들인 브루노 클로퍼, 알프레드 코르지브스키, S. I. 하야카와S. I. Hayakawa에게서 심리 검사와 지능 검사를 받았다. 어느 날 문득 더그에게 천문학 공부가 필요하다고 판단하면 켈리는 가장 가까운 천문관을 운영하는 천문학자를 집으로 불러 개인 지도를 받게 했다. 그는 더그를 학교에서 무려 3년 반이나 월반시켰다. 자신은 반박을 좀처럼 용납하지 않는 강압적 권위를 내세우면서도 아들에게는 남의 권위에 의문을 제기하라고 가르쳤다. 어린 더그는 아버지가 정해놓은 어떤 훈련이든 매일 빠지지 않고 치러야 했다. "아침에 눈을 뜨면 아버지가 단백질 셰이크를 내밀고 난방기 옆에 서서 그날 외울 단어가 적힌 종이를 건네셨죠." 켈리는 아버지 역할을 지극히 엄격하고 성마르며 한 치의 융통성도 없이 해냈다. 그리고 아이를 가능한 한 높은 수준의 사고를 하는, 가장 예리한 관찰자이자 이성적으로 분석하는 존재로 만들려고 했다. 이성적 사고의 길잡이이자 전문가를 자처한 켈리는 모든 것을 안다는 듯한 자신감을 풍겼다. 더그의 회상대로 그의 최종 목표는 "이성적 결론에 이르는 법을 가르치고, 그다음에는 한발 물러서서 남들이 자신을 어떻게 보고 있는지 살펴보게 하는 것"이었다.

　한편으로 켈리에게는 타인의 반응이 중요했다. 칭찬, 즉 조금이나마 만족감에 가까운 감정은 결국 외부인에게서만 올 수 있었기 때문이다. 그렇다고 해서 더그에게 타인을 면밀히 관찰하는 습관의 이점을 가르칠 때 염두에 둔 것이 그것뿐만은 아니었다. 켈리는 다른 사람들의 행동을 유심히 관찰하면 그들의 다음 행동을 예측할 수 있다고 믿었다. 그는 아들에게, 이렇게 사람을 살펴 행동을 예측하는 능력은 '텔레공감'이라고 부르는 특별한 능력으로 이어질 수 있으며, 이를 통해 타인이 무엇을 느끼고 무엇을 생각하는지까지 알 수 있다고 말했다. 켈리 자신은 이 기술의 달인이었다. 모임에서 사람들의 시선을 끌었고, 설득력 있게 말했고, 넘치는 유능함을 드러냈으며, 마술 공연장에서 관객의 분위기를 읽어냈다. 최소한 그의 강압적인 가르침은 아들에게 타인의 감정을 헤아리는 그 능력만큼은 전해주었다. 더그는 어떤 장소의 분위기와 그곳 사람들의 기분을 읽어내는 법 그리고 자신의 목표를 가로막는 이를 비켜 가는 요령을 자연스레 익혀갔다.

"나는 어떤 방이 어떤 느낌인지 금세 알아챌 수 있어요. (…) 그 능력의 가치는 엄청나지만 그만큼 짊어져야 할 무게와 짐은 끔찍하죠." 더 그의 말이다. 그는 아버지에게 배운 그 재능으로 집 안의 분위기를 살피며 오늘이 아버지가 폭발하는 날이 될지 아닐지를 가늠하곤 했다. 하지만 아이는 어른들의 복잡한 심리와 충동을 이해하려 애쓰지 않아도, 자기 생각과 감정만으로도 이미 벅차기 마련이다. 그래서 사춘기가 다가오자 더그는 아버지의 가르침이 전제로 삼은 것들을 거부하기 시작했다. 그는 이렇게 말했다. "성취하고 싶지 않았고 이끌고 싶지도 통제하고 싶지도 않았어요." 더그는 아버지가 상상하는 사람이 되는 것을 거부하고 계속해서 "자신의 한 부분을 사랑하기로" 했다. 어떤 반대 의견도 용납하지 않는 아버지에 대해 반감을 품었던 그는 11세부터 술을 마시고 마리화나를 피우기 시작했다. 또 그는 주변에서 무슨 일이 벌어지고 있는지 파악하려 애쓰지 않도록 남몰래 자신을 길들였다. 그렇게 더그는 아버지가 끝내 이해하지 못했던 가치인 타인의 개성을 존중하는 법을 서서히 배워나갔다. 독일에서 돌아온 뒤부터 삶이 끝날 때까지 줄곧 켈리를 사로잡았던 유일한 과업은 애초부터 파국이 예정된 탁월하고 완벽한 아들, 진정한 '맥글래션가의 후계자'를 만들어 내려는 시도였다. 마치 켈리는 나치의 어두운 정신을 들여다본 뒤 그들에게서 자신이나 다른 이들과 근본적으로 구분되는 무엇을 찾지 못했기 때문에, 아들만큼은 더 뛰어나고 더 강인하며 더 이상적인 존재로 만들려고 결심한 듯했다. 그가 만들고자 한 존재는 인간 조건의 어떤 약점에도 휘둘리지 않고, 그 참혹한 전시의 만행을 가능하게 했던 취약성으로부터 자유로운 사람이었다. 어쩌면 켈리가 아들의 미래에 그토록 큰 희망을 걸었던 것은 자신의 실패를 깨닫기 시작했기 때문일지도 모른다. 그는 분명 고통받는 인간이었다. 아버지가 아들을 미리 준비시키고 범죄와 무지와 옹졸함 그리고 분명 악이 도사리는 세상에 맞설 힘을 길러줄 수 있다면, 더그만은 그런 운명에서 벗어날 수 있으리라 여겼을지도 모른다.

"우리 아버지는 늘 우리 생일이면 선물을 주셨어요. 우리가 가고 싶어 하는 곳이 있으면 어디든 데려가 주셨고, 장난도 자주 치셨죠." 더그의 말이다. 하지만 켈리 자신이 겪는 좌절 때문에 그는 좋은 아버지가 될 만한 능력도 여유도 별로 없었다. "우리는 아버지와 다르고, 단지 아버지의 자식만은 아니라는 걸 그는 끝내 이해하지 못했죠." 7세의 더그는 자신이 아버지로부터 도망칠 방법을 냉정하게 궁리하고 있음을 깨달았다. "손도끼를 들고 냉장고 위에 올라가면 아버지가 눈치채기 전에 머리를 내려칠 수 있을까?" 하고 생각했던 걸 더그는 기억한다. 하지만 그는 폭력적인 아이가 아니었다. 그는 말했다. "입을 다물고, 배고픔을 견디고, 살아남는 법을 배웠어요. 하지만 나는 아버지에게서 벗어나 자유로워지고 싶었어요."

더글러스 켈리를 아버지로 둔 것은 축복이자 저주였다. 더그는 지식의 즐거움과 호기심이 이끄는 모험을 배웠다. 사람을 읽는 능력을 갖게 되었으며, 자신의 정신을 가꾸며 즐거운 시간들을 보내기도 했다. 동시에 그는 심각한 내적 갈등에 시달리는 한 인도자의 전면적인 영향을 고스란히 감당해야 했다. 고통에 시달리면서도 정작 자신은 정신과 진료를 받지 않는 정신과 진단 분야의 그 최고 권위자말이다. 아버지로서 켈리는 사랑할 능력은 있었지만 아이들에게 마음을 여는 법은 잘 몰랐다. 그가 다가서기만 하면, 그 안에 해소되지 않은 분노가 아이들을 얼어붙게 했다. 그는 폭주 기관차처럼 아이들의 삶을 휩쓸고 지나갔다.

이 모든 짐은 지하실 침실에서 자신의 운명을 곱씹던 더그의 어깨

위에 내려앉았다. "나도 분노에 휩싸여 미쳐 날뛰며 방을 난장판으로 만들어 버리고는 다시 정리해 놓곤 했어요. 아버지가 언제 술에 취해 내려와 때릴지 몰랐기 때문에 잠도 깊이 잘 수 없었죠." 더그는 아버지의 폭력이 도를 넘지는 않으리라 믿었지만 그래도 두려웠다. "어느 정도 위험하다는 걸 알고 있었어요." 켈리는 이유가 있든 없든 버럭 화를 낼 수 있었다. 하지만 때로는 그 정신과 의사가 단지 이마에 입을 맞추러 내려오기도 했다. 계단에서 묵직한 발자국 소리가 들릴 때마다 더그는 그날은 어떤 아버지가 오고 있는지 알 수 없었다.

그는 화가 치밀 때면 머릿속으로 아버지와 언쟁을 벌이곤 했다. "아버지가 모든 걸 안다고 생각할지 모르지만 내 본질은 가질 수 없어요. 날 꺾을 수도 없고, 여기에 닿을 수도 없어요." 더그는 가슴을 가리키며 말을 이었다. "내 안의 그 작은 핵심은 못 가져가요. 그러려면 날 죽여야 할 거예요." 가끔 더그는 위층 창문을 빠져나가 지붕 위에 걸터앉아, 도무지 이해하기 어려운 아버지를 곱씹곤 했다. 그는 이렇게 털어놓았다. "그토록 유능해서 남을 도울 수 있는 사람이 왜 자기 자신은 도울 수 없었는지 이해하기 힘들었어요. 지금도 좀 이해가 안 돼요." 켈리의 지인과 동료들은 그가 심리적으로 얼마나 심각하게 흔들리고 있었는지 거의 알지 못했다.

켈리 부부의 침실 옆에는 복도로 나 있는 작은 벽장이 하나 있었고, 부모가 벼락 치듯 격하게 다툴 때면 아이들은 그 안으로 숨어들어 문을 닫고 벽 너머에서 스며드는 날 선 목소리에 귀를 기울이곤 했다. "나는 거기 들어가서 엄마의 모피 코트를 푹 뒤집어쓰고 듣곤 했어요." 더그는 말했다. "둘 다 미쳤다고 생각했죠. 아버지의 분노는 차갑고 이성적이었지만, 엄마의 분노는 그보다 한층 부드러웠어요. 아버지는 너무 압도적이었고요. 텔레비전에서 베넷 서프Bennett Cerf*가 한 말을 두고 벌어진 큰 말싸움이 기억나요. 그땐 엄마가 옳다고 생각했죠.” 그러나 결국 이긴 쪽은 켈리였다. “나는 둘 중 한 사람이 죽을까 봐 두렵기도 했어요. 엄마가 두려워한 건 아버지가 끝내 가족을 파괴하거나 스스로를 무너뜨릴 거라는 거였죠. 그렇게 대단한 사람은 ‘내게 문제가 있어’라는 말을 못 하더라고요.”

켈리의 생각에 동료 정신과 의사에게 도움을 구하는 일은 자신의 권위를 깎아먹는 일이었다. 그가 로르샤흐의 세계적 권위자이고 부적격 경찰을 가려내는 경찰 자문이자 폭력 및 범죄 행위 전문가라는 사실을 모를 만한 사람을 대체 어떻게 찾을 수 있었겠는가. 가장 절망적이고 분노에 휩싸인 순간마다 속으로 탄식했을 것이다. 세기 최악의 범죄자들인 나치를 치료하던 그가 정작 자기 안에서 터져 나오는 발작을 이해하지 못하는데, 도대체 누가 그를 이해할 수 있겠는가? 또 그 일을 입 밖에 내지 않고 비밀을 지켜줄 사람이 누가 있겠는가? 그는 유능함과 권위, 합리성, 통제력을 바탕으로 찬란한 공적 이미지를 쌓아 올렸다. 집에서는 그 겉모습을 벗어던지고 반바지에 티셔츠 차림으로 술을 마시며 수시로 폭발 직전의 기색을 드러내곤 했지만 말이다. 두키는 훗날 아들에게, 아버지는 워낙 “유명한 사람”이어서 정신과에 가는 모습이 남의 눈에 띄는 건 있을 수 없는 일이었다고 털어놓았다.

그래서 켈리의 좌절과 분노는 속에 갇힌 채 쌓여갔다. 내면의 혼란을 잊으려고 스스로 떠안은 온갖 책임의 끊임없는 요구 속에서 그의 감정은 일과 폭력 사이를 오가며 주기적으로 요동쳤다. 그는 수업과 범죄 자문, 텔레비전 출연, 강연, 경찰 선발, 집필, 남편과 아버지 노릇 사이

---

*　미국의 출판인이자 작가로 도널드 클로퍼(Donald Klopfer)와 함께 랜덤하우스(Random House)를 공동 설립한 인물이다. 〈내 직업을 맞혀봐요〉의 장기 패널로도 널리 알려져 있다.

를 쉴 새 없이 오갔다. 밤마다 저녁을 만들고 사이코패스들을 만나 분석하고 아직 사춘기도 오지 않은 아이들을 지적으로 끌어올리려 애썼으며 대중 앞에서 사람들을 즐겁게 하기도 했다. 그러는 동안 그는 정작 자기 안의 격정과 정신을 돌아보지 못했다. 체중도 스트레스와 함께 조금씩 늘었다. 시간이 지나며 십이지장궤양 특유의 찌르는 듯한 통증도 느끼기 시작했지만, 매운 음식을 향한 입맛을 꺾을 만한 정도는 아니었다. 그는 괴링이 파라코데인을 군것질하듯 먹었던 것처럼 텀스Tums*를 수시로 집어 먹었다. 그의 주치의 해리 보르손Harry Borson은 그 궤양이 아마 과로에서 오는 스트레스 때문일 거라고 경고했다. 그러나 켈리는 정작 자신을 돌보는 데 전혀 마음을 쓰지 않았다.

주변 사람들은 켈리의 지나치게 빠르고 가혹한 행보가 위험하다는 것을 알고 있었다. 루이스 터먼은 일을 너무 방대하게 벌이는 것은 위험하다고 경고했다. 그는 1955년 켈리에게 보낸 편지에서 이렇게 썼다. "자네가 관여하고 있는 활동의 양을 보면 놀라울 따름이네. 장기적으로 봤을 때 자네 직업적 미래에 있어 너무 많은 것은 아닌지 우려하지 않을 수 없군." 켈리가 어릴 적부터 알고 지낸 한참 선배인 터먼은 자신 역시 켈리와 비슷한 일중독 성향을 지니고 있다며 그 버릇을 후회하고 있다고 털어놓았다. 이에 대해 켈리는 방어적으로 답하며 모든 일을 끝내기 위해 업무 속도를 높여 더 효율적으로 처리하고 있다고 설명했다. "예컨대 강연이나 논문 준비는 대규모 연구 프로젝트가 아닌 한 보통 20~30분이면 끝납니다." 그러면서도 양육과 강의와 연구를 예전처럼 균형 있게 해내기는 더 이상 어렵다는 점을 인정했고, 터먼의 경고를 유념하겠다고 약속했다. 그러나 그는 끝내 그러지 못했다. 그를 갉아먹던 내면의 악마가 너무 집요했기 때문이다. 공교롭게도 그해에

---

* 속쓰림·위산 역류용 제산제 브랜드 이름.

어머니 준이 세상을 떠났다. 기록으로 남기지는 않았지만 그에게 큰 타격이었을 것이다.

켈리 가족과 가까운 조지 드레허George Dreher는 켈리가 얼마나 큰 짐을 지고 있는지 눈치채고 있었다. 1957년 가을 무렵, 그는 켈리가 과중한 업무에 압박감을 느끼고 있다는 것을 알아챘다. 그리고 몇 달 뒤 두키에게 보낸 편지에서 이렇게 적었다. "하지만 이제서야 저는 그게 켈리의 내면에 얼마나 큰 부담을 의미했는지 실감하고 있습니다. 아마 저뿐만 아니라 켈리를 이해하고 도와야 했던 많은 이들까지도, 그가 너무도 능력 있고 활기찬 모습을 보였기 때문에 제때 반응하지 못했을 겁니다." 그러나 드레허가 편지를 쓸 무렵에는 이미 너무 늦은 뒤였다.

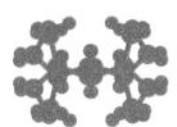

더글러스 M. 켈리가 45세가 되었을 때, 그의 직업적 압박과 내면의 불만과 좌절, 그리고 결혼 생활의 불행이 한순간 폭발하듯 터져 나왔다. 더그는 그 악몽 같은 장면을 마음속에서 희미하게 흔들리는 재생 화면처럼 되풀이해 떠올릴 수 있다. 1958년 새해 첫날 늦은 오후, 그가 열 번째 생일을 치른 지 딱 하루가 지난 때다. 거실 구석에는 크리스마스 트리가 여전히 서 있고, 8세이던 여동생 얼리샤와 4세인 남동생 앨런이 벽난로 앞 바닥에서 함께 놀고 있다. 컬러 텔레비전 화면에는 미식축구 경기가 나오고 있으며, 더그와 할아버지인 닥은 그 경기를 보고 있다. 켈리와 두키는 부엌에서 저녁을 준비하고 있다.

부엌에서 소동이 일어난다. 무슨 일이 생긴 모양이다. 목소리가 점점 커지고 있다. 무슨 말인지 알아들을 수 없지만 톤이 올라간다. 닥이 고개를 들어 귀를 기울인다. 켈리와 두키가 번갈아 가며 서로에게 고함을 지르고 있다. 싸우는 중이다. 의심의 여지가 없다. 아버지가 문을 휙 열고 거실로 성큼성큼 들어올 때까지 싸움은 계속된다. 그는 횡설수설하며 분노로 뒤섞인 소리를 쏟아 낸다. 더는 못 참겠다고 고래고래 소리를 지른다. 그는 몸을 홱 돌려 모퉁이를 돌아 계단을 뛰어올라 집무실로 들어가 문을 쾅 닫는다. 푸른 도자기 문받침이 덜덜 떨리더니 쓰러지며 산산조각 나고, 2층에서 거실로 파편이 우수수 쏟아진다. 두키가 거실로 들어와 닥을 보며 이렇게 말한다. "이번엔 정말 심해요."

닥이 일어나 아이들을 방 밖으로 내보내기 시작한다. 얼리샤와 앨런은 밖으로 나가고 더그는 소파 뒤, 피아노 옆 오목한 틈에 몸을 웅크린 채 자리를 잡는다. 무슨 일이 벌어지는지 꼭 봐야 한다고 느낀 것이다. 몇 초가 흐르고 마침내 일이 벌어진다. 아버지가 집무실에서 나와 계단 위에 모습을 드러낸다. 그는 손바닥에 무언가를 쥐고 있다. 두키가 소리 없이 미끄러지듯 계단 아래로 다가간다. 켈리는 계단참까지 내려와 연설가처럼 아내와 아버지, 아들을 마주한다. "더는 이 꼴 못 참겠다!" 그가 악을 쓴다. "이걸, 이 청산가리를 삼키면 난 30초 안에 죽을 거다. 내가 이걸 먹어도 아무도 신경 쓰지 않겠지!"

두키가 말한다. "더그, 그러지 마." 닥이 외친다. "안 돼!"

끝없는 정적과 슬로모션의 순간, 켈리 안에 끓어오르던 분노와 스트레스, 좌절과 두려움이 한데 뭉친 괴물이 마침내 비어져 나온다. 그 괴물은 하늘을 뒤덮은 먹구름처럼 가족의 눈앞에 선명하다. 지금껏 이렇게 노골적으로 모습을 드러낸 적 없던 존재가 끔찍할 정도로 실재하며 켈리의 영혼을 장악해 버린다. 괴물은 지금 벌어지는 일이 얼마나 강렬한 극적 상황인지 그리고 자신이 무력한 관객들을 얼마나 꼼짝할 수 없게 속박하고 있는지 잘 알고 있다. 그 지배 아래 아버지가 손바닥을 펴고 입에 무언가를 털어 넣는다. 그리고 삼킨다.

"안 돼, 더그, 안 돼." 두키가 말한다.

켈리가 줄이 풀린 마리오네트처럼 힘없이 꼬꾸라져 아래쪽 계단에 부딪힌다. 괴물은 허공으로 흩어져 사라진다. 두키가 헐레벌떡 계단을 올라가 남편에게 손을 뻗고, 그를 계단 맨 아래까지 끌어 내린다. 켈리는 아직 살아 있다. 그는 믿을 수 없다는 듯한 눈을 하고 숨을 헐떡인다. 두키가 그의 머리를 품에 받쳐 안고 몇 마디를 주고받는다. 공연의 무엇인가가 잘못되었다. 환영은 이렇게까지 멀리 가서는 안 됐다. 두키와 닥은 함께 켈리를 현관 옆 욕실까지 질질 끌고 간다. 두키가 도움을 청하러 뛰쳐나가고, 닥은 켈리의 입에 물을 부어 독을 씻어 내려 애쓴다.

여전히 소파 뒤에 서 있던 더그는 얼이 빠져 있다. 곧 누군가가 아이들을 현관으로 데리고 나간다. 더그는 바닥에 쓰러진 아버지 곁을 지나가면서, 상반신은 욕실 세면대 아래에 처박히고 두 다리는 복도 쪽으로 뻗어 있는 그 얼굴을 힐끗 바라본다. 경련에 뒤틀어진 눈은 벌겋게 튀어나와 있고 입가에는 거품이 흐른다. 아이는 속으로 중얼거린다. '나는 절대 저렇게는 죽고 싶지 않아.' 그러고 나서 더그는 아버지의 빈 껍데기에서 억지로 떼어 내지듯 끌려 나가고, 아이들은 이웃집에서 몇 시간을 보낸다. "엄마가 집에 돌아와 그렇게 말해줄 때까지는 아버지가 정말 죽을 거라고는 상상도 못 했어요. 어떻게든 버텨낼 줄 알았거든요." 더그의 말이다. 오후 4시 56분, 버클리의 헤릭 메모리얼 병원 Herrick Memorial Hospital에 도착했을 때 의사들은 켈리가 이미 숨졌다고 사망 선고를 내렸다.

그날 밤 홀스트럼 총경이 집에 왔다. 그는 한동안 더그를 바라보다가 아이를 방으로 데려가 말을 고르고 이렇게 말했다. "정말 끔찍하구나. 이 일에 매달려 있지는 마라. 아버지는 네 마음속에 여전히 살아 있을 거야. 그래도 앞으로 나아가야 한다. 아버지를 마음에 품은 채로 말이다." 앞으로 나아가라. 이 일이 네 삶을 규정하게 두지 마라. 더그는 그 경관의 친절을 잊지 못했다.

두키는 유치한 변명으로 더그의 마음을 달래보려 했다. 그녀는 이렇게 말했다. "그날 엄마, 아빠가 다투고 있었단다. 그러다 아빠가 프라이팬에 데였던 거지." 하지만 그녀의 말은 더그가 눈앞에서 본 일을 전혀 설명하지 못했다. 아버지가 주방에서 음식을 엎질러 죽은 게 아니라는 사실을 그는 알고 있었다. 두키는 끝내 이해하지 못하면서도 남편 켈리에게 변함없이 충실했다. 그녀에게 남편의 자살은 영원히 설명되지 않는 일이었다. 켈리는 한 줄의 유서도 남기지 않았다. 두키는 그 일이 있고 나서 40년이 훨씬 지난 뒤, 샌프란시스코의 한 기자와 인터뷰를 하면서 이렇게 거듭 말했다. "왜 그랬는지 전혀 모르겠어요. 남편은 불행하지도 않았거든요. 그냥 머릿속에서 지워버렸어요. 애써 떠올리고 싶지도 않고요. 생각하고 싶은 일이 아니에요. 지금도 그저 수수께끼일 뿐이에요."

더그는 아버지의 죽음을 두고 끊임없이 곱씹어 왔다. 그는 켈리의 아들이었고 아버지를 더 알고 싶었다. 더그는 그 비극은 피할 수 있었다고 믿었다. 청산가리를 손에 들고 돌이킬 수 없는 일을 저지르기 전까지는 켈리 스스로 멈출 수 있었다는 것이다. 진정으로 위대한 인물이었다면 분명 분노를 다스리고 불길을 껐을 것이다. 그러나 켈리는 결국 누구와도 다를 것이 없었다. 더그는 아버지가 그 계단참에서 과시적으로 행동하다가 마음속에 쌓인 감정과 내적 고통의 힘에 휩쓸렸다고 결론지었다. 아들은 켈리가 일반 의미론을 통해 설파하던 그 이성적 사고가 바로 그 순간 그를 떠나버렸다고 생각한다.

그의 죽음이 자연사가 아니었기 때문에 카운티 당국은 부검을 실시했고, 그 결과 그를 절망에 빠뜨렸을 법한 질병은 발견되지 않았다. (켈리가 심각한 위장 질환이나 장 질환이 진행되면서 괴로워했다는 소문이 돌기는 했다.) 화장된 켈리의 유해는 자살 이틀 뒤 트러키의 맥글래션 일가 묘역에 안치되었다. 그곳에서는 찰스 맥글래션의 기념비가 켈리의 묘비는 물론 다른 모든 비석들까지 압도하고 있었다. 조문객은 많지 않았다. 두키는 아이들이 상처받을까 두려워 추도식에 보내지 않았다. 하이게이트 로드의 집은 한층 더 어두워졌다.

　며칠 동안 켈리의 자살 소식이 베이 에어리어 신문 지면을 메웠다. 거의 모든 기사에는 그의 죽음에 충격을 받은 친구와 동료들의 반응 그리고 그 이유를 찾으려 분투하는 모습이 실렸다. 그들은 과로, 치명적 질병, 범죄의 교활함을 갑자기 깨닫고 절망했을 가능성을 거론했다. 그의 죽음이 불가피했을지 모른다는 주장도 있었다. 《버클리 가제트Berkeley Gazette》의 한 기자는 침통해하며 이렇게 회상했다. "켈리 박사는 예전에 정신과 의사의 직업 수명은 15년쯤이라고 말했습니다. 그 뒤로는 미치거나 스스로 목숨을 끊는다고요. 그는 1940년부터 진료를 해왔습니다." 그 어떤 기사도 그의 마지막 행동에 앞서 말다툼이 있었음을 언급하지 않았다. 심지어 많은 기사는 그가 청산가리를 삼키기 직전 두키를 포옹하고 새해 인사를 건넸다고까지 썼다. 《샌프란시스코 이그재미너San Francisco Examiner》는 "모두가 아는 한, 그의 삶에는 어두운 비밀이란 것이 단 한 조각도 없었다"라는 황당한 논평을 덧붙이기도 했다.

　청산가리의 출처와 의미를 두고는 온갖 추측이 순식간에 나돌았다. 켈리가 제국 원수에게 독을 제공했던 것일까? 켈리의 자살을 보도한 기자들은 그가 청산가리 치사량을 뉘른베르크에서 기념품으로 가져왔거나, 괴링에게서 선물로 받았다고 제각기 보도했다. 어떤 의미에서는 그랬다고 할 수도 있겠지만, 분명 문자 그대로 그랬다고는 볼 수 없다. 그러나 괴링의 사례가 보여주듯 언젠가 독약이 필요해질지 모른다고 두려워하는 사람은 독약을 늘 손이 닿는 곳에 두기 마련이다.

　사람들은 두키를 배려한답시고 어찌 보면 다소 무심하게도 그 일에 대해 아무도 캐묻지 않고 그냥 덮어버렸다. 그녀가 경찰에 진술을 하기는 했지만, 어떤 공식 수사관이나 기자도 그 뒤로 그녀를 다시 찾아와 묻는 사람은 없었다. 두키는 이렇게 잘라 말했다. "켈리의 죽음과 괴링의 죽음 사이에 직접적 연관이 있다는 주장은 가소롭기 짝이 없을 뿐 아니라, 그런 주장을 하는 사람 자신의 문제에서 비롯된 어떤 숨은 의도를 드러내는 일종의 비이성적인 연상일 뿐이에요. 분명 정보에 근거한 사고에서 나온 게 아니죠." 그녀는 남편이 괴링의 자살을 도왔다면 비윤리적일 뿐 아니라 불법적인 행위였을 것이라고 짚으면서, "그렇게 말하는 사람들은, 자기라면 그런 짓을 했을 거라고 생각하는 건가요?"라고 되물었다. 그리고 괴링이 켈리에게 청산가리 캡슐을 줬을 거라는 생각은 한마디로 "미친 소리"라며 일축했다.

두키는 켈리가 그 청산가리를 캡슐 형태로 삼켰는지조차 의심했다. 켈리는 "거실 건너편에서 볼 때는 가루처럼 보이는 것"을 들고 있었다. 그녀는 1985년에 이렇게 썼다. "그게 담긴 통은 직접 보지 못했지만 그가 손바닥에 감춰 들고 있던 모양을 보면, 아마 둥글고, 다른 손으로 그 '가루'를 잽싸게 움켜쥐어 입에 털어 넣고 단숨에 삼킬 수 있을 정도의 크기였을 거예요." 또한 그녀는 닥이 켈리의 입에 물을 붓고 있는 동안 그가 거의 바로 죽었다고 생각했다. "전화를 하고 있는데 쿵 하는 소리가 들렸고, 그때 그가 바로 쓰러져 숨이 멎은 거 같았어요. 아주 빨리 아무런 고통도 없이요." 그녀의 이야기는 어딘가 희망 섞인 자기 위안에 기대고 있었다. 더그가 보기에는 켈리의 죽음은 결코 고통 없는 죽음이 아니었다. 켈리의 주치의는 기자들에게 그 누구도 청산가리를 삼킬 계획을 미리 세우지 않는다고 말했다. 그 물질은 목구멍을 "고통스럽게 태워버리기" 때문이다. 게다가 두키가 끝내 답하지 않은 가장 명백한 질문이 남아 있었다. 왜 하필 그는 청산가리를 사용했을까?

그의 서재에는 총이 있었다. 스스로 총을 쐈다면 훨씬 더 빨랐을 것이며, 적어도 본인에게는 더 깔끔했을 것이고 또 그게 더 남자다운 방식이었을 것이다. 새해 첫날 켈리가 멜로드라마를 원했다면 왜 총이나 칼을 내보이며 지켜보던 이들에게 전율을 안기지 않았을까? 왜 손바닥에 감춘 동전처럼, 정체도 알 수 없는 물질을 손에 쥔 채 서 있었을까? 범죄 수법에 훤한 의사로서, 켈리는 청산가리를 삼키는 건 인간에게 가할 수 있는 죽음 가운데 가장 고통스럽고 불쾌한 방식에 속한다는 걸 몰랐을 리가 없었다.

켈리가 굳이 그 독극물과 그처럼 극히 드문 자살 방식을 선택한 배경에는, 과시적인 행동이나 한순간의 격정으로는 다 설명되지 않는 훨씬 더 복잡한 일련의 생각이 있었다. 청산가리는 괴링의 도발적 자살과 궁지에 몰린 제국 원수의 영웅적 자세를 의도적으로 불러내는 장치였다. 켈리가 청산가리를 집어 들었을 때, 그는 눈앞에 놓인 죽음보다 더한 운명에 맞서 마지막 결전에 나서겠다는 신호를 스스로 보낸 셈이었다. 죽음은 모든 면에서 짓눌린 그에게 수치스러운 미래, 곧 자기 불안, 책임과 압박 앞에서 무능으로 전락할 앞날로부터 벗어나는 가장 빠르고 어쩌면 가장 고결한 탈출구였다. 괴링이 자신에 대한 과도한 자존심 때문에 교수형의 치욕을 견디지 못했듯, 켈리도 자신을 칭찬받고 인정받을 자격조차 없는 서투른 인간으로 보이게 둘 수는 없었다. 죽음의 고통은 살아남아 겪어야 할 더 큰 고통을 끝내는 길이기도 했다.

구스타브 길버트는 1950년 출간한 『독재의 심리학』에서, 괴링이 나치즘에 깊이 빠져든 까닭을 이렇게 설명했다. "그를 사로잡은 것은 화려하고 빠른 삶의 흥분과 영웅을 연기하는 쾌감이었다." 켈리 역시 경외 어린 눈으로 바라보는 사람들 앞에서, 감정이 격렬하게 요동치고 빠르게 가속하는 그런 극적인 인생을 사랑했다. 두 사람의 이런 공통점은 그들 사이의 각별한 유대감을 설명해 주는 것이라고 할 수 있다. 하지만 그 영웅적 행로가 쓰디�쓴 종착역에 다다르자 두 사람 모두 탈출을 선택했다. 인체에 특유의 극적 효과를 일으키는 유독성 물질인 청산가리가 그들의 탈출 수단으로 선택된 것은 결코 우연이 아니다.

부고 기사와 공개 추도사는 켈리의 장점을 한껏 칭송하는 한편, 이 정신과 의사가 자신의 사생활을 지인들에게 얼마나 효과적으로 숨겨왔는지도 밝혀주었다. 동료 마술사 다리얼 피츠키Dariel Fitzkee는 이렇게 썼다. "거의 30년 동안 우리는 무척 가까운 친구였다. 그 모든 세월 내내 그가 충동적으로 무슨 일을 저지르는 모습을 본 적이 없다. (…) 아마 다른 사람들에게도 그랬겠지만, 더그는 내게 아무도 자기 한계가 어디인지 진짜로는 알지 못한다고 말하곤 했다." 피츠키는 켈리가 스스로를 극한까지 몰아붙이다가 그 압박에 결국 무너져 생을 마감했을 것이라고 짐작했다. "그처럼 복잡한 사람일지라도, 답은 그렇게 단순하다."

결국 언론의 자살 보도는 잦아들었고 조문 카드도 더 이상 쏟아지지 않았다. 이제 남은 켈리 가족은 그들끼리만 덩그러니 남겨진 것이다.

뉘른베르크,

나치와
정신과 의사

10
사후 진단

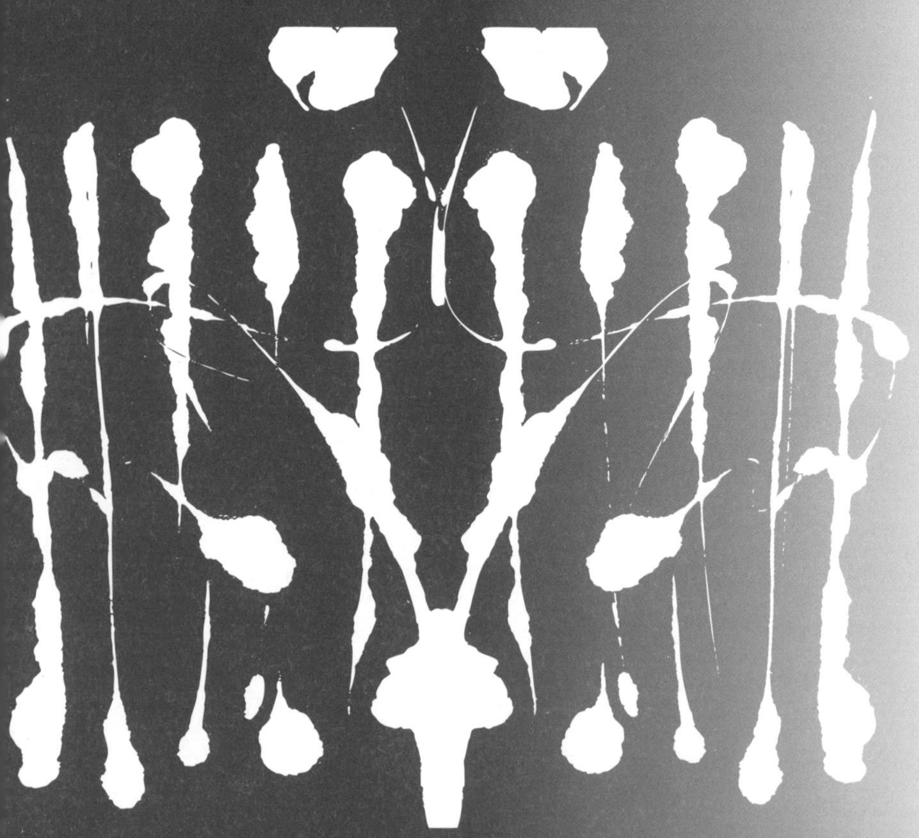

  경찰이 떠나고 남편의 시신을 화장하여 유골을 묻은 뒤, 남겨진 가족이 하이게이트 로드의 집으로 돌아오자 두키는 가족을 수습하려 애썼다. 마치 역마차 마부가 총에 맞아 쓰러지고, 그녀가 날뛰는 말들의 고삐를 대신 붙잡아야 하는 상황과도 같았다. 그녀를 둘러싼 것은 켈리의 실험 기구와 책, 수집품과 갖가지 장치들이었다. 그 모든 것에 의미와 생명을 불어넣던 주인 켈리는 더 이상 그 곳에 없었다. 두키는 늘 자녀들에게 다정한 존재였지만 적극적으로 양육을 해본 적은 없었다. 훈육과 운전, 생계와 아이디어를 내는 일은 모두 남편의 몫이었다. 요리도 켈리가 도맡아 왔다. 두키는 밥 한 끼 제대로 차리는 법도 몰랐다.

  남편이 죽은 지 1년이 채 지나기도 전에 그녀는 그의 소장품 상당수를 매물로 내놓았다. 수정, 막자사발, 비커와 피펫, 분젠 버너, 멸균기, 현미경, 식물 표본 슬라이드, 조류藻類 표본, 독성 식물 표본 묶음, 기포 육분의, 사람 두개골 두 개, 캘리포니아 입체 지도, 플래시 달린 폴라로이드 카메라, 책상 서랍에 있던 녹음기, 정유 공장 모형 키트, 증기 기관 모형 같은 것들이었다. 그러나 그녀는 그보다 더 많은 것들을 간직했다. 뉘른베르크에서 지낸 몇 달 동안 모아 온 기념품들과 함께, 정신과 의사가 남긴 방대한 의무 기록과 문서, 노트, 로르샤흐 검사 결과들을 그대로 보관했다.

또한 두키는 남편의 생각과 의견이 계속 회자되도록 애썼다. 1961년에는 『뉘른베르크 교도소의 22개 감방』 재발간을 허락했다. 『안네의 일기The Diary of Anne Frank』 같은 홀로코스트 관련 증언들이 독자들의 관심을 끌기 시작했지만, 많은 이들에게 나치 전범 이야기는 이미 식상한 뉴스에 가까웠다. 켈리의 책은 판매가 부진했다. 더 큰 찬사는 그의 텔레비전 시리즈 〈범죄자〉가 받았다. 이 프로그램은 남편이 세상을 떠난 다음 해 전국의 교육방송에서 방영되었고, 제작사인 KQED에 텔레비전 제작 우수상인 실바니아 어워드를 안겨주었다. 두키는 그 성공을 발판으로, 켈리가 고든 윌디어와 함께 집필을 시작해 오래 묵혀둔 범죄학 원고를 다시 세상에 내놓고자 했다. 윌디어는 몇 달을 들여 탈고한 뒤 출판사의 관심을 끌고자 애썼지만, 책은 끝내 세상에 나오지 못했다. 역동적인 더글러스 M. 켈리가 직접 나서 홍보하고, 특유의 몰입감 넘치는 강연에서 다뤄주지 못한다면 대중적 반향을 얻기 어렵다는 것이 출판사들의 판단이었다.

이 책이 출판계의 관심을 얻는 데 실패하자 두키는 더 멀리 손을 뻗었다. 남편의 생각과 업적이 사라지는 것을 원치 않았던 것이다. 켈리의 경력이라면 드라마 시리즈의 토대가 될 수 있다고 보고, 〈루트 66Route 66〉과 〈U.S. 마셜U.S. Marshal〉 에피소드로 알려진 텔레비전 작가 프랭크 L. 모스Frank L. Moss에게 연락해 제작자를 끌어들이려 했다. 하지만 기획은 "범죄와 범죄학의 세계에서 모험을 벌이는 자문 정신과 의사" 수준으로 쪼그라들더니, 끝내 흐지부지 사라졌다.

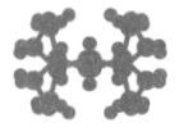

1961년 여름, 가족은 하이게이트 로드의 집을 떠나 더 높은 언덕 위

에 자리한 새집으로 이사했다. 바닥부터 천장까지 이어지는 큰 창 너머로 만 전체가 시원하게 내려다보였고 집 안으로 빛이, 빛이, 빛이 쏟아져 들어왔다.

시간이 지나 켈리의 자살이 점점 과거 일이 되어가자, 지인들은 가끔 두키에게 남자를 소개해 주려 했다. 어느 날은 자기 배로 당일 여행을 가자고 한 남자와 약속을 잡고 아이들을 데려갔는데, 시작부터 어그러졌다. 아들 앨런이 배로 올라가는 판자에서 굴러떨어져 물에 빠진 것이다. "난 혼자도 괜찮은데. 왜들 자꾸 나를 소개하려고 하지?" 그녀는 종종 아이들에게 이렇게 투덜거리곤 했다. 스스로 길을 열어가면서, 그녀는 굳이 자신을 "성가시게" 할 남자가 곁에 있을 필요는 없다는 사실을 깨달았다. 자신은 이미 만날 수 있는 가장 좋은 상대와 결혼했다고 믿었다. 인내심이 강하고 의리가 깊은 미국 남부 출신 여자였던 그녀는 결혼 생활의 설렘과 만족만을 기억했고, 나쁜 기억들은 묻어두었다. 그녀는 남편을 늘 "더그"라고 불렀는데, 자신과 '더그'가 주어진 운명 안에서 최선을 다했다고 여겼다.

하지만 선택적 기억만으로는 켈리의 참담한 죽음이 남긴 상처에서 가족 모두가 회복될 수 없었다. "우리는 산산조각이 났다. 아버지의 자살이 각자 다른 방식으로 우리 모두에게 영향을 미쳤다." 더그는 이렇게 말했다. 막내 앨런은 두키에게 여전히 '엄마 품의 아이'였고, 두키는 그를 각별히 돌봤다. 얼리샤는 어머니와 더욱 돈독한 사이가 되었고, 어머니를 살뜰히 챙겼다.

반면 더그는 아버지가 가르쳐 준 것들을 의식적으로 거부했다. "나는 권력과 남을 이끈다는 생각 자체가 질색이었다"라고 그는 말했다. 부모의 교육 덕분에 그의 학업 성취는 매우 빨랐고, 중학교 1학년이 되었을 때 더그의 나이는 고작 9세였다. 테네시주의 군사 기숙학교에 잠깐 다니다 온 후에는 엘세리토고등학교El Cerrito High School를 졸업했다.

그 뒤 몇 해 동안 더그는 히피 문화와 대학, 직장, 결혼을 유람하듯 오갔다. 눈에 띄지도 두각을 드러내지도, 아버지가 원하던 '성취하는 사람'이 되지도 않으려 했다. 결국 그는 미국 우정국에서 우편물을 분류하는 일을 택해 그 일에 자리를 잡았다. 건물에서 벌어지는 일이라면 모르는 게 없는 사람으로 동료들에게 소문이 났다. 그의 텔레공감 능력이 여전히 작동하며 늘 경계 태세를 유지하고 있었던 것이다. 한동안 우편 업무를 함께 했던 동료들 중에는 조지아 애벗Georgia Abbott이라는 사람이 있었다. 그녀는 버턴 애벗의 아내이자, 애벗 집 지하실에서 스테퍼니 브라이언의 소지품을 발견한 당사자였다. 더그의 아버지는 그녀의 남편을 가스실로 보내는 데 일조한 바 있었다.

　조지 "닥" 켈리는 91세가 될 때까지 샌프란시스코에서 치과의사로 일했고, 아들보다 거의 14년을 더 살았다. 1971년, 닥은 트러키의 공동묘지에서 아들 켈리 곁에 잠들었다.

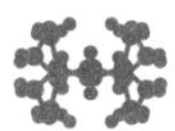

　그 무렵 뉘른베르크 교도소의 22개 감방을 채웠던 남자들 가운데 살아 있는 사람은 세 명뿐이었다. 지구 반대편 베를린 슈판다우 교도소에서는 루돌프 헤스가 여전히 철창 신세였다. 1948년, 미 육군 자문으로 일하던 메이요클리닉Mayo Clinic 소속 정신과 의사 모리스 N. 월시Maurice N. Walsh는 헤스를 정신 감정했다. 그보다 몇 해 전, 월시는 메이요에서 도미니카공화국의 독재자 라파엘 트루히요Rafael Trujillo를 환자로 만나면서 정치적 폭군들의 정신세계에 관심을 갖게 되었다. 그는 명목상 정기 검진을 위해 왔지만 실제로는 매독 치료가 필요한 상태였다. 트루히요와 이야기를 나누면서 월시는 그를 "조현병으로 진단했고, 정상적인 죄책감이나 사랑과 온정의 감정을 느끼지 못하는 '사람'"이라고 판단했다. 윌시는 그런 사람이 어떻게 한 나라를 다스리고 충성스러운 추종자를 끌어모을 수 있는지 의문을 품었다. 그러면서 많은 독재자들이 인간의 생명과 인권을 얼마나 냉담하게 여기는지에 점점 더 관심을 기울이게 되었다.

슈판다우 교도소에서는 연합국 대표들이 윌시와 함께 면회실을 가득 메우고 있어서 정상적인 정신과 면담이 어려웠다. 윌시는 이렇게 썼다. "여전히 잦은 복통에 시달리며 수척해 보이던 헤스는 2시간 동안 이어진 면담에서 상냥하고 공손했다. 면담은 대부분 미군 통역을 통해 이루어졌다." 기억상실은 사라진 듯했고, 헤스는 과거 대부분의 일을 또렷이 기억했다. 다만 영국에서 보였던 기억상실 발작만은 떠올리는 데 어려움이 있었고, 뉘른베르크에서의 기억상실은 꾸민 것이었다는 주장을 되풀이했다. 윌시는 이렇게 기록했다. "이후 헤스는 진술을 해도 되겠느냐고 물었다. 그는 품위를 잃지 않은 채 또렷한 어조로, 지금의 수감이 자신에게 불명예스럽고 부당한 처우라고 정중하게 말했다. 그는 교도소에서 자신과 동료들이 때때로 충분한 식사를 제공받지 못하고, 뉘른베르크 재판의 선고에 어긋나는 중노동을 강요받고 있다고도 했다. 그리고 자신을 석방해 줄 것을 요청한다고 덧붙였다." 윌시는 면담 직후 그가 환각이나 망상을 겪고 있지 않고 기분도 정상이며, 정신병적 상태는 아니라는 내용을 군에 보고했다. 윌시는 헤스가 보여준 감정의 깊이가 예상했던 것보다 더 크다고 말했다. 또 헤스를 "지적 능력이 뛰어나고 분열성 성격 특성을 지닌 인물"이라고 규정하고, 정서적 스트레스로 인해 과거 히스테리성 기억상실을 경험한 적이 있다고 평가했다.

그러나 수십 년 뒤 그 면담을 회고하면서 윌시는 헤스를 전혀 다르게 규정했다. 그의 기억 속에 비친 헤스는 이렇다. "잠재성 조현병을 앓고 있었다. 그의 정신질환은 본질적으로 정신병적 성격을 띠었고, 수

년 동안 반복적인 정신병적 발작을 겪어왔다는 데 의심의 여지가 없었다. 이는 참으로 놀라운 상황이었다." 월시는 헤스의 계속된 수감에도 이의를 제기했다. 그는 이렇게 털어놓았다. "미군 당국은 나에게 헤스의 진단 결과를 공개하지 말라고 명령한 적이 있다. 내가 그곳을 방문한 당시는 베를린 공수 작전이 진행 중이라 러시아 측이 매우 예민해져 있었고, 그 진단이 그들을 자극할 수 있다는 이유에서였다."

소련은 헤스에 대한 어떤 사면이나 감형도 완강히 거부했고 그의 수감은 계속되었다. 미국이나 영국의 통상적 사법 절차였다면 헤스는 애초에 재판에 회부되지 않았을지도 모른다. 그러나 소련은 선고를 바꿀 수 없다고 끝까지 주장했다. 1970년대에 들어 마지막으로 남아 있던 수감 동료들인 발두어 폰 시라흐와 알베르트 슈페어가 석방되고, 슈판다우 교도소의 유일한 수감자로 헤스 한 사람만 남게 되자 영국에서는 시민위원회가 꾸려져 전 총통 대리의 사건 재검토를 요구했다. 이어 헤스의 아내와 아들도 그를 더 이상 범죄자로 취급해서는 안 된다고 호소하는 움직임에 동참했다. 그럼에도 연합국 가운데 소련만은 헤스 처벌의 조건을 바꾸는 데 반대했다. 소련은 끝내 헤스를 석방하지 않았다.

뉘른베르크에서 켈리의 첫 통역을 맡았던 존 돌리부아는 1984년 마지막으로 한 번 헤스를 스치듯 보았다. 그는 아내와 함께 미 육군 베를린 여단을 방문했다가 헬리콥터를 타고 시내 상공을 둘러보았다. 헬기는 저공으로 비행하며 슈판다우 교도소 상공에 머물렀다. "비스듬한 각도에서 내려다보니, 교도소 정원 오솔길을 천천히 걷는 외로운 사람 한 명이 눈에 들어왔다"라고 돌리부아는 회상했다. 헤스는 병약해져 점점 더 안으로 움츠러들었고, 누구와도 말하려 하지 않았으며 가족도 만나려 하지 않았다. 돌리부아가 기억하는 그 완강한 남자는 더 이상 없었다. "구부정한 그는 발을 질질 끌며 느릿느릿 걸었다." 3년 뒤 93세이던 헤스는 전기 연장선을 목에 감고 스스로 목을 졸라, 상상하기 힘든 방식으로 생을 마감했다. 네오나치들이 그곳을 성지로 삼는 일을 막기 위해 슈판다우 교도소는 곧 철거되었다.

감옥에서 헤스가 점점 쇠약해져 가는 동안, 켈리와 구스타브 길버트가 그와 괴링 그리고 다른 뉘른베르크 피고인들에게 실시했던 로르샤흐 검사를 어떻게 해석해야 할지를 두고 뜨거운 논쟁이 일었다. 많은 심리학자들은 이 기록들에 여러 문제점이 있다고 지적했다. 권좌에서 막 끌려 내려온 나치 피검자들은 체포와 수감 생활로 인한 극심한 스트레스 상태에 있었고, 나치 전체를 대표한다고 보기도 어려웠으며, 수감자 신분인 만큼 검사자에 비해 철저히 종속적인 위치에 놓여 있었다는 것이다. 그럼에도 이들 기록이 나치 수뇌부의 정신세계를 엿보게 하는 매혹적인 단서를 제공한다고 여겨진 탓에, 이 로르샤흐 검사 자료는 역사상 가장 치열한 논쟁이 벌어진 로르샤흐로 남았다.

논쟁은 크게 두 갈래로 나뉜다. 한쪽에는 로르샤흐 검사 결과에서 "나치 정신"이라 부를 만한 뚜렷한 공통성이 보이지 않는다는 켈리의 견해에 동의하는 이들이 있다. 이 진영의 일부는, 적절한 조건이 갖춰지면 정신적으로 건강하다고 여겨지는 많은 사람들도 나치와 비슷한 방식으로 행동할 수 있다고 주장한다. 켈리가 바로 그 어두운 결론에 도달했을 때 그를 압도했던 것도 같은 생각이었다. 다른 쪽에는 나치 지도자들이 정신장애의 징후를 공유했다는 것을 로르샤흐 검사 자료가 가리키고 있다고 보는 연구자들이 있다.

후자 진영의 선봉에는 구스타브 길버트가 있었다. 1961년, 롱아일랜드대학교Long Island University 심리학과의 중견 교수로 있던 그는 예루

살렘에서 열린 홀로코스트 설계자이자 나치 도주범 아돌프 아이히만 재판에 전문가로 출석해 논쟁에 불을 지폈다. 법정은 나치 범죄자들의 심리를 이해하고자 했다. 안경을 쓴 길버트는 아돌프 아이히만이 지켜보는 가운데 증인석에서 신중하고 정중하게 진술했다. 그의 말에 따르면 뉘른베르크 수감자들의 로르샤흐 점수를 분석한 결과 그들은 반사회적 성향과 타인의 고통에 대한 무관심을 포함하는 공통적이고 편협한 성격 유형에 들어맞았다. 이는 켈리의 해석과는 정반대였다. (길버트는 나치 심리를 다룬 자신의 학술 논문 두 편에 제목도 의미심장하게 이렇게 붙였다. 하나는 "살인 로봇 친위대의 정신세계The Mentality of SS Murderous Robots"였고, 또 하나는 "괴링, 상냥한 사이코패스Goering, Amiable Psychopath"였다.)

나치의 심리적 특성이 특별할 것 없다는 켈리의 견해에는 1963년 스탠리 밀그램Stanley Milgram의 유명한 실험이 힘을 보탰다. 자원자들이 타인에게 해롭거나 치명적인 수준의 전기를 가하라는 지시를 어디까지 따르는지를 본 연구였다. 그는 개인의 성격은 중요하지 않다는 점을 보여주었다. 실험 참가자의 잔혹성을 다룬 스탠퍼드 교도소 실험Stanford Prison Experiment으로도 잘 알려진 동료 필립 짐바르도Philip Zimbardo에 따르면, 제2차 세계대전의 여파가 밀그램의 연구에 영감을 주었다. 짐바르도는 이렇게 말했다. "밀그램은 '홀로코스트가 미국에서도 일어날 수 있을까' 하고 걱정했어요. '히틀러가 누군가를 감전시키라고 하면 당신은 그렇게 하겠습니까?' (…) 모두가 이렇게 말했죠. '아니, 스탠리, 우리는 그런 사람이 아니야.' 그런데 심지어 그가 겨우 고등학생이었을 때 한 말은 이거였어요. '그런 상황에 놓여보지 않고서야 그걸 어떻게 알아?'"

밀그램의 초기 연구가 나온 뒤 10년이 지나자, 나치 로르샤흐 검사 기록에는 먼지만 쌓여갔다. 사실 두키가 집에서 상자에 넣어 보관하

던 켈리의 기록 대부분은 연구자들의 시야에서 벗어난 상태였다. 1940
년대 말 뉘른베르크 검사에 대한 합의점을 모아보려 했던 그 로르샤흐
연구자 몰리 해로어는 30여 년이 지나 다시 한번 시도에 나섰고, 이번
에는 훨씬 더 많은 성과를 거두었다. 플로리다대학교 교수로 있던 그녀
는 상대를 똑바로 바라보는 단호한 눈빛을 지녔고, 앞선 조사를 중단했
던 일을 후회하고 있었다. 그녀는 길버트가 모아둔 괴링, 헤스, 리벤트
로프와 다른 나치 다섯 명의 검사 기록을 로르샤흐 해석 전문가 15명
에게 건넸다. 편견을 막기 위해 나치들의 신원은 가린 채였다. 대조군
으로는 병원 환자와 성직자들에게서 나온 로르샤흐 기록 여덟 건을 함
께 제공했다. 1970년대에 접어들었는데도 로르샤흐 점수 해석은 아직
표준화되지 않은 상태였다. 해로어는 전문가들에게 평가 방식도 지시
하지 않았다. 전문가들은 일부 피검자의 정신장애 징후를 정확히 가려
낼 수 있었지만, 나치들의 결과를 해석하는 데서는 서로 공통점을 찾지
못했다. 해로어는 이렇게 결론지었다. "전문가들이 공통점을 찾지 못
했다는 사실은 전쟁 범죄가 정신장애 때문에 일어났다는 생각을 더 이
상 성립하기 어렵게 만든다." 실제로 전문가들은 리벤트로프를 제외한
모든 나치들을 정상적으로 적응했거나 탁월한 적응력을 보인 사람으
로 판단했다. 로르샤흐 기록만으로는 나치와 보통 사람을 구별할 방법
이 없었다. 어찌 되었든 해로어의 생각에 따르면 개인의 성격적 특성은
나치 정권의 잔혹성과 그들이 저지른 만행과는 큰 관련이 없었다. 독일
파시즘의 부상을 결정지은 요인은 신화, 선전 조작, 기만, 공포에 쉽게
휘말리는 보통 사람들의 취약성에 있었다. 그리고 그 취약성은 우리 종
의 기본적인 특성에 속했다. 그녀는 켈리의 말을 되풀이하듯 단언했다.
"여기에서도 일어날 수 있다."

　비슷한 시기, 브루노 클로퍼의 제자이자 수십 년간 로르샤흐 검사를
다뤄왔고 전쟁 직후 해로어가 자문을 구했던 전문가 가운데 한 사람

이었던 플로렌스 미알레Florence Miale와 마이클 셀저Michael Selzer가 팀을 이루어 나치 로르샤흐 기록을 직접 조사하기 시작했다. 뉴욕시립대학교 브루클린칼리지 정치학과에서 강의하던 셀저는 1975년 두키에게 편지를 보내 켈리의 결과 자료 열람을 요청했다. 두키는 여러 핑계를 대며 이를 차일피일 미뤘다. 켈리의 서류가 너무 방대해 자신이 일일이 살펴볼 수 없고, 그의 속기체는 도무지 읽을 수 없으며, 많은 정보가 그의 머릿속에만 남아 있었다는 식이었다. 그러나 훗날 그녀가 한 친구에게 털어놓은 진짜 이유는 따로 있었다. 셀저가 구상하는 최고위 나치 인물들에 대한 상세한 정신분석을 켈리가 결코 찬성하지 않았으리라고 생각했기 때문이었다. 어쩌면 마음 깊은 곳에서 두키는 기록이 자기 손을 떠나는 것을 두려워했을지도 모른다. 두키는 스위스 로르샤흐 연구소가 보낸 자료 열람 요청도 마찬가지 이유로 거절했다.

셀저와 미알레는 결국 길버트의 기록을 입수해 책을 냈고, 1975년에 출간된 『뉘른베르크 정신: 나치 지도자들의 심리The Nuremberg Mind: The Psychology of the Nazi Leaders』의 결론은 그들을 길버트의 진영에 확고히 자리 잡게 했다. 실제로 이 책의 서문도 길버트가 썼다. 길버트는 그 기회를 틈타 켈리를 은근히 비판했다. 그는 이렇게 적었다. "켈리는 독일어를 하는 심리학자가 오는 줄도 모른 채 일부 검사를 통역을 통해 시행해, 나치들에게서 온전한 로르샤흐 기록을 얻으려는 시도를 모두 망쳐놓았다. 그 때문에 검사의 완전성과 정확성 모두가 다소 의심스러워졌고, 피검자들이 떠올리는 심상에도 방해가 되었다." (이 서문은 1977년 세상을 떠나기 전 길버트가 남긴 마지막 글들 가운데 하나였다.)

이어 이 책의 저자들은 본격적으로 자신의 주장을 펼쳤다. 아렌트와 밀그램, 켈리 같은 이들은 "주요 나치 전범이 우리 모두와 근본적으로 다르지 않은 정상적인 보통 사람이라는 점을 우리에게 설득하지 못했다"라고 못 박았다. 반대로 그들은 뉘른베르크 피고인들이 정신장애를 특징으로 하는 공통된 성격 유형을 공유하고 있다고 보았다. 로르샤흐 해석에 근거해 많은 나치들을 죄책감을 느끼거나 타인에게, 심지어 정치적·철학적 행동 기준에도 자신을 결부시키는 능력이 제한된 사이코패스로 분류했다. 나치의 독기 어린 이기심이 그들의 행동을 좌우하는 최우선의 것이었으며, 바로 이 점이 그들을 대부분의 사람들과 구분 짓는 동시에 비정상적이고 심리적으로 건강하지 못한 존재로 만들었다는 것이다.

이 결론은 모든 면에서 켈리의 견해와 배치되는 듯 보인다. 그가 살아서 이 책을 보았다면 셀저와 미알레를 격렬하게 비난했을 것이다. 그렇지만 간극이 보이는 것만큼 크지는 않다. 이스라엘의 정치학자이자 역사학자인 호세 브루너Jose Brunner는 셀저와 미알레가 한 가지 가능성의 문을 열어두었다고 지적했다. 정치인과 기업주, 예술가 등 규모가 크고 사회적으로 영향력 있는 집단이 나치의 특성을 공유할 수도 있다는 점이다. 그 부분에는 켈리도 동의했을 것이다.

해로어는 셀저와 미알레가 피검자 나치들의 경력과 범죄를 이미 알고 있었다는 사실 때문에 그들의 결론이 치명적으로 편향됐다고 지적했다. 또 기록을 누구의 것인지 모르는 상태에서 검토하지도 대조군과 비교하지도 않았다고 비판했다. 그녀는 "그들의 로르샤흐 결과 해석은 나치의 정신세계에 대한 그들 자신의 기대를 반영했다"라고 보았다. 달리 말하면, 셀저와 미알레는 애초에 짜놓은 결론을 향해 책을 써 내려간 셈이었다.

1978년, 논쟁에 새로 뛰어든 롱아일랜드대학교의 심리학자 배리 리츠러Barry Ritzler는 자의적 해석을 피하기 위해 나치의 로르샤흐 자료에 통계 기반의 정량적인 기준을 적용했다. 그리고 과거 비슷한 방식으로 평가된 수천 건의 검사 결과가 축적된 데이터베이스와 비교할 수 있도록 반응을 표준화했다. 리츠러의 해석은 해로어와 셀저·미알레의 중간쯤에 위치했다. 나치들의 반응이 정상 범주와 차이를 보이긴 했지만, 그렇다고 그들을 정신의학적으로 뚜렷한 장애가 있는 집단으로 단정할 정도는 아니라는 것이다. 그의 말에 따르면 뉘른베르크의 피고인들은 주변에 미칠 영향을 개의치 않고 자기 자신과 지위를 높일 기회를 이기적으로 활용하는 "성공한 사이코패스"에 가까웠다. 다만 타인에게 적극적으로 해를 가하는 사이코패스에서 나타나는 심각한 증상은 보이지 않았다.

리츠러가 사용한 로르샤흐 평가법은 시카고의 심리학자 새뮤얼 J. 벡Samuel J. Beck이 고안한 것이었다. 켈리는 1947년에 자신이 수집한 나치 로르샤흐 기록 일부를 벡에게 보낸 바 있었다. 벡이 사망한 지 여러 해가 지난 1992년, 연구자 르노 케네디Reneau Kennedy가 시카고 정신분석 연구소Institute for Psychoanalysis in Chicago에 보관된 벡의 문서에서 그 기록들을 찾아냈다. 그 결과 두키가 어떻게 해서든 자기 손안에 두려 했음에도 켈리의 나치 기록 일부가 처음으로 세상에 모습을 드러냈다.

켈리의 기록이 공개되자 리츠러와 해로어, 심리 평가 전문가 로버트 P. 아처Robert P. Archer 그리고 이 논쟁에 오랫동안 참여해 온 드렉셀대학교의 심리학자 에릭 질머Eric Zillmer가 함께 나서 나치 로르샤흐 결과를 가장 광범위하게 재검토하는 작업에 착수했다. 이 팀은 1995년에 켈리와 길버트의 자료를 바탕으로 한 『나치 성격의 탐구: 나치 전범들에 대한 심리학적 조사The Quest for the Nazi Personality: A Psychological Investigation of Nazi War Criminals』를 출간했다. 그들은 로르샤흐 기록만으로 나치들을 뚜렷한 정신의학적 범주로 묶는 일은 불가능하다는 결론에 이르렀다. 괴링과 헤스 그리고 그들의 동료들이 몇몇 성격 특성을 공유했을 가능성은 있다. 이를테면 문제를 해결하려 할 때 우물쭈물하며 갈등하는 경향 같은 것인데, 이는 미국인 약 20퍼센트에게서도 보이는 특성이다. 그러나 그런 특성 때문에 그들이 비정상적이거나 사이코패스가 되는 것은 아니며, 아마 많은 정치 지도자들과 다른 이들에게도 흔히 나타나는 성향일 것이다. 연구 팀은 이렇게 썼다. "실제로 이 집단 구성원들 사이의 차이가 유사성을 훨씬 능가했다." 그들은 많은 개인들이 자신의 행동을 설명해 줄 만한 진단 가능한 장애 없이도 잔혹 행위에 가담했다고 결론지었다. 정신병적 가학성이 나치 엘리트가 정상에 오르는 하나의 경로가 되었을 수는 있지만, 뉘른베르크의 피고인석에는 그 밖의 여러 성격 유형을 지닌 남자들이 함께 앉아 있었다. 정신의학과 심리학에서는 사조가 주기적으로 바뀌는 것으로 잘 알려져 있다. 나치 기록에 대한 길버트의 견해가 언젠가 다시 고개를 들지도 모른다. 하지만 이 논쟁에서 리츠러, 해로어, 아처, 질머는 단호히 켈리의 손을 들어주었다. 다른 누군가가 이를 뒤집기 전까지, 최신 연구는, 켈리를 비껴갔고 길버트를 매혹시켰으며 많은 연구자를 유혹했던 '나치 성격'이 신화에 불과함을 시사한다.

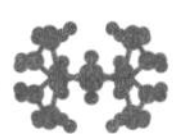

　아버지가 세상을 떠난 뒤 더그 켈리가 두키와 화해할 수 있겠다고 느끼기까지는 28년이 걸렸다. 그는 오랫동안 켈리의 감정 기복으로부터 자신을 지켜주지 못한 점과 자신을 키우는 과정에서 한 역할을 두고 두키를 원망해 왔다. 그러다 1980년대 중반, 두키에게 정의를 요구하는 것은 결국 그녀에게 큰 대가를 치르게 할 뿐이라는 걸 깨달았다. 그녀는 남편과의 삶에서 겪은 고통스러운 장면들을 다시 떠올리고 싶어 하지 않았다. 더그는 그녀가 아버지의 결점과 과오를 인정해 주길 바라는 마음을 내려놓기로 했다. 1987년 그는 캘리포니아주 샌타바버라에 있는 그녀를 찾아갔다. 그녀는 바다 전망이 아름다운 집에서 살고 있었다. 겉으로는 새 컴퓨터를 쓰는 법을 도와주러 간 방문이었다. 그

때부터 둘의 관계는 회복되기 시작했다. 더그는 이렇게 회상한다. "그건 '사랑해요. 우리는 가족이에요'라는 말을 전하는 방식이었죠. 그때부터 나는 두키에게 더글러스도 아니고 그저 그녀의 아들도 아닌, 서로 마음을 터놓고 말할 수 있는 동등한 상대 '더그'였어요."

그 무렵 켈리에 대한 두키의 기억은 빛나는 재능과 끝없는 호기심이라는 이미지로 굳어져 있었다. 더그는 그를 자신만의 방식으로 사랑을 주었던 아버지로, 아들이 도저히 견딜 수 없는 길로 이끌었던 사람으로, 평생 자기 힘으로는 통제하지 못한 악령에 시달렸던 사람으로 기억했다. 2007년 두키가 세상을 떠나자, 더그는 아버지가 60년 전 유럽에서 들고 온 너덜너덜한 서류 상자들과 의무기록, 메모를 물려받았다.

여동생 얼리샤는 2006년에 교통사고로 세상을 떠났고, 남동생 앨런은 중병과 장애로 고통받으며 살아가고 있다. 그래서 이 숨겨진 기록들의 유일한 수호자는 더그 한 사람뿐이다. 기록들은 또한 폭풍 같은 사연을 품은 또 하나의 맥글래션 가문 소장품이기도 하다. 더그는 여전히 아버지의 수집품을 많이 간직하고 있다. 운석 한 조각, 유리 안에 봉인된 오래된 잎사귀들, 아프리카 목조품들, 반질반질 윤이 나도록 닦은 수정들. 누군가 부탁하면 그는 도너 파티 오두막에서 나온 나무 파편 하나를 꺼내 보일 것이다. 조그만 유리 바이알 안의 기름 위에 떠 있는, 과거의 고난이 응축된 조각이다. 속눈썹보다도 조금 더 실체가 느껴질까 말까 해서, 정말 본 게 맞는지 확인하려면 눈을 한 번 깜빡여야 한다.

이제 60대 중반이 된 더그는 마른 체형이지만 몸은 탄탄하고, 얼굴에는 주름이 깊게 파였고 머리숱은 듬성듬성하다. 그는 뒤섞여 있던 아버지의 서류를 정리해 뉘른베르크 피고인들의 이름을 붙인 폴더에 차곡차곡 꽂아두었다. 그가 정리해 둔 이 기록 더미에서는 담배 연기와 마른 종이, 빛바랜 사진의 향기가 스며 나온다. 목걸이 케이스만 한 작은 상자도 세 개 들어 있다. 그 속에는 기묘한 보물들이 담겨 있다. 하나에는 로베르트 라이의 뇌를 여러 단면으로 보여주는 유리 표본 슬라이드 한 세트가 들어 있고, 다른 하나에는 빨간 밀랍 자국이 남은 채 아직 봉인된 종이봉투 여섯 개가 들어 있다. 루돌프 헤스가 독이 들었다고 믿었던 설탕과 초콜릿, 그 밖의 식품들이 그 안에 있다. 마지막 작은 상자에는 솜을 깔아놓았고, 그 위에 하얀 파라코데인 정 100알가량이 담긴 유리 바이알 하나가 놓여 있다. 헤르만 괴링의 개인 약상자를 엿보게 해 주는 작은 조각이다.

이 모든 소장품은 박물관이나 기록 보관소에 들어가야 마땅하지만, 더그는 그것을 넘기지 않고 곁에 두고 있다. 그는 호기심이 많아 여전히 더 알고 싶어 한다.

감사의

말

감사의

이 책은 더그 켈리의 도움이 없었다면 시도조차 하지 못했을 것이다. 그는 내가 다룬 인물 더글러스 M. 켈리의 장남이다. 나는 2008년 더그가 어렴풋하게나마 아버지의 경력을 기억하고 있기를 바라며 그를 찾아 나섰다. 그런데 켈리 박사가 뉘른베르크에서 보낸 시간은 물론 그 전후까지를 기록한 방대한 문서와 사진을 그가 소장하고 있다는 사실을 발견하고 압도되었다. 더그는 기꺼이 자신의 삶 속으로 나를 초대했고 내 질문을 반갑게 받아들여 주었다. 통찰력 있고 유머 감각도 뛰어난 그는, 때로는 고통스럽고 당혹스러웠던 '더글러스 M. 켈리의 아들'로 살아온 기억을 아낌없이 이야기해 주었다. 켈리 박사의 이야기를 이해하려 애쓰는 동안 내게 열정과 환대를 보여준 더그와 그의 동반자 크리스틴 스트라우브Christine Straub에게 깊이 감사한다.

더글러스 M. 켈리와 함께 몽도르프와 뉘른베르크에서 일했던 분들 가운데, 아마 마지막 생존자들일지도 모르는 분들을 인터뷰할 수 있었다니 얼마나 큰 행운이었는지 모른다. 시간과 생각을 나누어 주고 인내해 준 존 돌리부아와 하워드 트리스트에게 감사드린다. 미네소타대학교의 스티븐 마일스Steven Miles, 그리고 마이클 겔스Michael Gelles와의 인터뷰에도 깊이 감사드린다.

여러 기관과 기록 보관소가 나의 자료 조사를 도왔다. 캘리포니아대학교 샌타크루즈 특수 소장 자료 및 기록 보관 부서의 루이사 하다드Luisa Haddad와 아낌없이 도움을 주신 동료들, 메이요클리닉 의학사 도서관의 힐러리 레인Hilary Lane, 메릴랜드주 실버스프링에 있는 미 국립문서보관소 직원들, 코넬대학교 법학도서관 윌리엄 도너번 뉘른베르크 재판 소장 자료의 기록 보관 담당자들에게 감사한다.

다양한 방식으로 집필을 도와준 많은 분들께도 감사드린다. 프레드 아펠Fred Appell, 아널드 E. 애런슨 박사Dr. Arnold E. Aronson, 메이지Maisy와 버트 애런슨Bert Aronson, 앤 바우어Ann Bauer, 로리 브릭클리Laurie Brickley, 캐서린 에번Katherine Eban, 카를라 에크달Karla Ekdahl, 코넬리아 엘제서Cornelia Elsaesser, 낸시 가드너Nancy Gardner, 엘리자베스 조르지Elizabeth Giorgi, 앤 호지슨Anne Hodgson, 유진 호프먼Eugene Hoffman, 피터 허치슨Peter Hutchinson, 존 클라버캄프Jon Klaverkamp, 빌 매그달린Bill Magdalene, 메리 미한Mary Meehan, 브래드 슐츠Brad Schultz와 막스 스완홀름Marx Swanholm, 그리고 로라 웨버Laura Weber에게 감사드린다.

더글러스 M. 켈리와 헤르만 괴링에 관해 처음 쓴 글은 2011년 《사이언티픽 아메리칸 마인드Scientific American Mind》에 실린 기사였다. 그 원고를 세심하게 이끌어 주고 낯선 주제에도 열린 태도를 유지해 준 편집자 카렌 슈록Karen Schrock에게 감사한다.

미솔로지 엔터테인먼트Mythology Entertainment의 브래드 피셔Brad Fischer, 라에타 칼로그리디스Laeta Kalogridis, 제이미 밴더빌트Jamie Vanderbilt에게도 내 작업에 관심을 가져주고 지원해 준 데 대해 감사의 말을 전한다.

늘 그랬듯 출판 에이전트 로라 랭글리Laura Langlie의 신뢰와 경험, 조언에서 큰 도움을 받았다. 그녀의 분별력과 침착함은 언제나 빛을 발했다. 공연권 에이전트 빌 콘타르디Bill Contardi의 헌신적인 지원에도 감사드린다. 케네스 와인리브의 법률 전문 지식 역시 이 책을 쓰는 데 큰 힘이 되었다.

퍼블릭어페어스PublicAffairs의 클라이브 프리들은 이 프로젝트의 초기 단계부터 변함없이 지지해 주었다. 이처럼 훌륭한 출판사의 한 식구로 글을 쓸 수 있었던 것을 큰 행운으로 생각한다.

가끔은 이유를 묻지 않고 글 쓸 자리를 내어주는 곳이 필요하다. 그럴 때마다 나는 동네의 카리부, 던 브라더스, 퀵소틱, 세바스찬 조스 커피숍을 찾았다. 이제 그곳 사람들은 내가 커피 대신 차를 마신다는 걸 다 안다.

끝으로, 엉뚱한 생각을 받아주고, 원고를 꼼꼼히 읽어주며, 글방 밖의 삶을 기대하게 해 준 아내 앤 애런슨Ann Aronson에게 깊이 감사한다. 아내와 두 딸 내털리Natalie, 사샤Sasha는, 내가 집착에 빠져 있을 때마다 많은 것을 감내해 주었다. 나의 모든 사랑을 그들에게 바친다.

옮긴이의

말

옮긴이의

말

“그는 내 앞길을 막고 있었소.”

이 문장을 처음 만났을 때 나는 잠시 책을 덮었다. 전범들의 심리를 정면으로 분석하는 책이라면 적어도 악의 동기와 정신 병리의 도표가 먼저 펼쳐질 줄 알았다. 그런데 이 책은 정반대의 방식으로 시작한다. 한 사람의 정신과 의사가 ‘20세기 최악의 범죄자들’과 같은 공간에서 숨을 쉬며 그들의 말과 표정, 작은 습관을 수집해 나가는 과정을 거의 소설처럼 따라가게 한다. 각 장의 제목은 종종 ‘이제는 분석 파트겠지’ 하고 방심하게 만들지만 막상 그 장을 열면 상황은 예상치 못한 방향으로 미끄러지고 나는 매번 그 미끄러짐에 더 깊이 끌려 들어갔다.

이 책의 흡인력은 ‘사건’이 아니라 ‘장면’에서 만들어진다. 예컨대 뉘른베르크 교도소에 도착한 루돌프 헤스를 묘사하는 대목을 보자. “애벌레처럼 짙은 눈썹” 아래로 굳어 있는 눈가, 휘장 하나 없는 제복과 “뱀처럼 구불거리는 지퍼”가 달린 부츠. 이런 디테일은 인물을 살아 있는 몸으로 끌어올린다. 이 책은 역사책의 ‘인물’이 아니라 오늘도 숨 쉬는 ‘사람’을 보여준다. 그래서 더 위험하다. 우리에게 익숙한 괴물의 얼굴이 아니라 너무도 인간적인 얼굴이 등장하기 때문이다.

더글러스 M. 켈리 대위가 맡은 공식 임무는 단순하다. 피고인들이 재판을 치를 만한 정신 상태를 유지하도록 관리하는 일이다. 그러나 그는 거기서 멈추지 않는다. 스스로 "짜릿한 개인 과제"를 부여한다. "나는 이 남자들의 성격 유형을, 그리고 어느 정도는 그들이 권력을 얻고 유지하기 위해 사용한 기법을 분석하기로 마음먹었다." 그가 겨눈 것은 한 개인의 병명이 아니라 '권력의 작동 방식'이다. 책의 큰 질문은 결국 이것이다. '나치 성격'은 존재하는가? 아니면 그 끔찍한 범죄는 우리와 같은 정상성의 토양에서 자랐는가?

켈리는 이 질문을 회피하지 않는다. 그는 유럽이 폐허가 된 이유를 '전쟁의 광기' 같은 막연한 말로 처리하지 않는다. 오히려 더 차갑게 말한다. "유럽이 폐허가 되고 (…) 우리는 나치가 어떻게 성공할 수 있었는지를 반드시 배워야 한다." 이 문장은 내게도 일종의 서약처럼 들렸다. '배워야 한다'는 것은 기억하자는 말보다 훨씬 공격적인 요구다. 기억은 감정으로 끝나지만 학습은 행동을 바꾸기 때문이다.

그 학습의 첫 번째 장애물은 '매력'이다. 켈리의 기록에서 괴링은 단순한 악당으로만 그려지지 않는다. 그는 "감옥에서 가장 뛰어난 인물"이었고 "아주 강하고 역동적인 인물"로 묘사된다. 문제는 그 역동성이 '선'의 에너지와 닮아 있다는 데 있다. 어떤 시대든 어떤 나라든 사람들은 자신감과 유머, 결단을 '리더십'으로 착각하기 쉽다. 괴링은 재판 중에도 식탁 상석을 차지하며 말한다. "우리는 일종의 팀이오. (…) 물론 내가 앞장설 것이오." 감옥의 좁은 식탁에서도 권력의 습관은 사라지지 않는다. 그는 권력을 잃어도 권력의 언어로 세상을 재배열한다.

가장 소름 끼치는 순간은 '괴물의 비정상성'이 아니라 '보통의 정상성'이 튀어나올 때다. 괴링이 켈리에게 던진 한마디가 그렇다. "히틀러는 모든 면에서 보통 남자들과 다를 바 없이 정상적이었다." 켈리가 "꽤나 소름이 끼쳤다"라고 덧붙인 이유를 우리는 직감적으로 안다. 히틀러가 '정상'이라면 우리는 어디에 안전지대를 둘 수 있을까? 악을 병리로만 밀어 넣는 순간 악은 우리 사회의 책임에서 빠져나간다.

이 책이 우리가 기대한 '분석'의 틀을 깨는 두 번째 지점은 정신의학이 가진 한계와 유혹을 동시에 보여준다는 데 있다. 켈리가 택한 도구 가운데 하나는 로르샤흐 검사이다. 그는 "모든 말을 빠짐없이 기록하며 매우 신중하게" 그 과정을 진행했다고 말한다. 로르샤흐는 '진실을 강제로 끌어내는 장치'가 아니라 해석자의 훈련과 욕망이 개입하는 "얇은 파이 한 조각"이기도 하다. "얇은 조각 하나만으로도 파이 전체가 어떤지 충분히 짐작할 수 있다." 그렇기에 이 도구는 매혹적이고 동시에 위험하다. 우리는 너무 쉽게 한 조각을 '전체'로 착각한다.

그래서 전범 처벌을 둘러싼 질문은 자연스럽게 '정신 병리'로 기운다. 미국 하원 청문회에서 에밀리 태프트 더글러스는 말한다. "우리는 전쟁 범죄에 대해 모릅니다. (…) 전쟁 범죄의 심리를 이해하지 못합니다." 이 절박함은 이해할 만하다. 이해하지 못하면 반복을 막을 수 없으니까. 그러나 이해가 곧 면죄로 흘러갈 때 심리학은 가장 위험한 변명 제조기가 된다.

책의 후반부는 이 유혹을 정면으로 꺾는다. 1995년의 재검토 연구는 로르샤흐 기록만으로 나치들을 하나의 범주로 묶기 어렵다고 결론 내린다. "실제로 이 집단 구성원들 사이의 차이가 유사성을 훨씬 능가했다." 그리고 최신 연구는 '나치 성격'이 신화에 가깝다고 말한다. 이 결론이 불편한 까닭은 명확하다. 악은 '특수한 인간들'의 병이 아니라 '평범한 인간들'의 가능성일 수 있기 때문이다.

그 가능성은 어디에서 작동할까? 책은 신화, 선전, 기만, 공포가 보통 사람들을 얼마나 손쉽게 휘감는지를 보여준다. 그리고 이를 한 문장으로 압축한다. "여기에서도 일어날 수 있다." 나는 이 문장을 보면서 자꾸만 현대 사회의 모습이 겹쳐 보였다. 어느 나라에서는 전쟁이 '특별 군사 작전' 같은 이름으로 포장되고 침략이 '방어'로 해석되며 폭격이

'해방'으로 자막 처리된다. 러시아의 우크라이나 침공 이후 우리가 반복해서 목격한 것은 포탄의 궤적만이 아니었다. 폭력이 시작되기 전에 그 폭력을 방어나 해방으로 보이게 만드는 말이 먼저 퍼졌다. 그 말이 사람들의 판단을 정렬한 뒤에야 현실의 폭력이 뒤따랐다.

이 책이 오늘의 세계와 맞닿는 지점은 바로 그 '말이 현실을 정당화하는 방식'이다. 즉 언어의 구조다. 켈리가 사랑한 '일반 의미론'과 마술의 비유는 선전과 자기기만을 읽는 강력한 렌즈가 된다. "마술은 그 작동 방식을 이해하는 순간 더 이상 우리를 속이지 못한다." 그리고 "어떤 것의 구조를 이해하면 우리는 기만과 자기기만을 피할 수 있다". 선전도 그렇다. 작동 방식을 이해하지 못하면 우리는 '이야기'에 끌려가고 이해하는 순간 우리는 '구조'를 볼 수 있게 된다.

하지만 구조를 본다는 것은 결국 '우리 자신'을 본다는 뜻이기도 하다. 정신과 의사 브릭너는 나치 독일을 편집증의 사회로 진단하며 경고한다. 편집증은 "제어되지 않으면 살인으로 끝날 수" 있고 "살인은 그런 편집증적 세계관이 낳는 논리적 결말"이라는 것이다. 무엇보다 섬뜩한 부분은 그다음 문장이다. "어떤 정치 체제 아래서든 (…) 권력을 이상하리만치 집요하고도 공포스러운 방식으로 휘두르는 집단"이 문제라는 것이다. 이 문장은 특정 국가를 지목하지 않기에 더 강력하다. 인간이 권력을 다루는 방식이 바뀌지 않는 한 위험은 언제든 되돌아올 수 있기 때문이다.

뉘른베르크 재판은 단지 과거의 처벌이 아니라 미래를 위한 규범의 실험이기도 했다. 수석검사 로버트 잭슨은 "오늘 우리가 이 피고인들을 심판하는 그 기록이, 훗날 역사가 우리를 심판하는 바로 그 기록"이라고 말한다. 이 말은 재판정 밖의 우리에게도 그대로 돌아온다. 우리는 어떤 기록을 남기고 있는가. 증오의 기록인가, 책임의 기록인가, 침묵의 기록인가.

이야기의 속도감은 뉘른베르크가 '재판'이면서 동시에 '무대'였다는 사실에서 나온다고도 생각한다. 법정 한쪽에는 유리 부스에 통역사들이 앉고 바닥에는 마이크와 헤드폰을 잇는 전선이 어지럽게 깔린다. 피고인 샤흐트가 사람들이 껌을 씹는 모습을 보고 "시각적 착란"을 느꼈다는 장면까지 이 법정은 실제보다 더 현실 같은 '현장'으로 다가온다. 전범 재판이 단지 판결을 위한 절차가 아니라 세계가 지켜보는 거대한 중계였다는 사실이 절감된다.

실제로 앤드러스는 언론의 속도를 이렇게 묘사한다. 괴링이 작은 소리로 욕설을 내뱉기만 해도 "그 욕설이 몇 분 만에 전 세계로 퍼져나갔다". 헤스가 읽는 책의 제목 하나가 다음 날이면 수백만 명에게 알려졌다는 대목은 우리가 '바이럴'이라는 단어로 부르는 현상을 이미 1940년대에 목격하고 있었음을 보여준다. 그래서 나는 러시아의 우크라이나 침공을 비롯해 세계 곳곳에서 벌어지는 분쟁을 떠올릴 때마다 전장의 포연만큼이나 정보의 속도, 거짓과 진실이 뒤섞인 채 확산되는 속도가 전쟁을 오래 끌어가는 연료가 된다는 사실을 실감한다. 이 책은 '선전'이 어떻게 현실을 선행하는지, 그리고 그 선전이 대중의 감정과 도덕적 판단을 어떻게 재배치하는지 아주 구체적인 장면들로 보여준다.

그런 점에서 이 책은 정신의학이 '정치로부터 독립적'일 수 없었던 순간들도 숨기지 않는다. 수십 년 뒤 정신과 의사 월시는 자신이 "헤스의 진단 결과를 공개하지 말라"라는 지시를 받았다고 말한다. 공개하면 러시아인들을 자극할 수 있다는 이유였다. 치료와 진단의 언어조차 국제정치의 긴장 속에 묶여버리는 장면에서 나는 오늘의 세계를 본다. '사실'이 무엇인지보다 '누가 어떻게 받아들일지'가 먼저 계산되는 순간 우리는 과학과 윤리의 기준을 잃을 위험에 놓인다.

또 한 가지, 이 책이 마지막까지 긴장을 놓지 못하게 만드는 이유는 켈리 자신이 완전히 '안전한 관찰자'로 남지 않기 때문이다. 구스타브 길버트는 괴링이 나치즘에 빠져든 이유를 "영웅을 연기하는 쾌감"이라고 설명하고 켈리 역시 "극적인 인생"을 사랑했다고 말한다. 두 사람이 끝내 같은 방법의 '탈출' 수단을 선택했다는 서술은 독자를 멈춰 세운다. 악을 연구한다고 해서 악의 중력에서 면제되는 것은 아니라는 사실. 심지어 어떤 경우에는 악을 응시하는 일이 자기 내면의 균열을 더 빨리 벌려놓을 수도 있다는 사실 때문이다.

그래서 나는 자꾸 "그 일곱 남자의 심리에 관심을 가질 사람은 더 이상 아무도 없을 것입니다"라는 로슬리-우스테리의 편지가 떠올랐다. 하지만 우리는 여전히 관심을 가진다. 아니, 가져야만 한다. 전쟁 범죄의 형태는 바뀌고 미디어는 더 빨라지며 '정당화의 문장'은 더 세련되어졌지만 인간이 자신에게 유리한 이야기를 믿는 방식은 크게 달라지지 않았기 때문이다.

이 책을 한국어로 옮기며 가장 신경 쓴 것도 바로 그 '문장'의 촉감이었다. 가해자들의 말에는 변명과 과장이 섞여 있고 목격자의 말에는 떨림이 있으며 기록자의 문장에는 냉정함 속의 흔들림이 있다. 그 차이를 지우지 않기 위해 가능한 한 문장마다 호흡을 다르게 가져가려 했다. 또한 루프트바페, 로르샤흐, 각종 인물과 기관처럼 독자에게 낯설 수 있는 용어들은 옮긴이 주로 길을 내고자 했다. 옮긴이 주가 독서의 흐름을 방해하지 않기를 바라는 마음으로 필요한 곳에만 최소한으로 달았다.

나는 이 번역을 하며 '악의 심리'를 설명하는 단정적인 문장보다 악이 일상 속에서 어떻게 '설득'되는지를 보여주는 장면들에 더 오래 머물렀다. 괴링이 옛 친구를 죽이라고 명령한 이유가 "내 앞길을 막고 있었기" 때문이라고 말하는 순간 우리는 거대한 이념의 논리보다 아주 개인적이고 사소한 동기가 얼마나 쉽게 대량 살상과 접속하는지 보게 된다. 또 그가 "죽을 거라고 마음먹었기에, '넘버원' 나치로 기억되고 싶어 한다"라는 켈리의 진단은 악이 끝까지 자기 이미지와 서사를 구축하려 든다는 사실을 드러낸다.

그래서 이 책은 결국 나치의 이야기이자 '우리의 취약성'에 관한 이야기다. 우리는 종종 '저들은 미쳤다'라는 문장으로 마음의 거리를 확보하려 한다. 하지만 이 책이 밀어붙이는 결론은 그렇게 안전거리를 둘수록 위험이 커진다는 역설이다. '특별한 악'이라는 신화를 버릴 때에만 우리는 일상 속 작은 선전, 작은 기만, 작은 혐오의 언어를 조기에 알아차릴 수 있다.

마지막으로 이 책을 '나치 연구'로만 읽지 말기를 바란다. 오히려 가장 현실적인 읽기는 자기 점검의 읽기다. 우리가 어떤 정보에 분노하고 어떤 이야기에 쾌감을 느끼며 어떤 집단을 너무 쉽게 '단순화'하는지 그 흔들림을 세심하게 관찰해 보면 좋겠다. 전쟁은 종종 국경에서 시작되지만 전쟁을 가능하게 하는 마음은 국경 없이 전염된다.

"여기에서도"라는 말은 단지 공포를 선동하기 위한 문장이 아니다. 그것은 책임을 요구하는 문장이다. 누구도 악의 면역을 가진 적이 없으니 우리는 학습해야 한다. 켈리가 말했듯 "우리는 나치가 어떻게 성공할 수 있었는지를 반드시 배워야 한다". 그 배움의 끝에서 우리는 더 단단한 인간이 될 수 있을까. 적어도 나는 이 책이 그 가능성을 포기하지 않는다는 점을 믿고 싶다.

2026년 2월

채재용

참고문헌

• "Abbreviated Clinical Record: Hermann Goering." 1945. MS. Douglas M. Kelley Personal Papers.

• Abrahamsen, David. *Crime and the Human Mind*. Montclair, CA: Patterson Smith, 1969.

• Abramson, Paul D., to Douglas McGlashan Kelley, March 6, 1950. MS. Special Collections, University of California, Santa Cruz.

• Alexander, Leo. "Medical Science under Dictatorship." *New England Journal of Medicine* 14 (July 1949): 39–47.

• Andrus, Burton C. *I Was the Nuremberg Jailer*. New York: Coward–McCann, 1969.

• ———. Memorandum to William Donovan, November 2, 1945. MS. Donovan Nuremberg Trials Collection, Cornell University Law Library.

• ———. Memorandum: "Psychiatric Consultation on Rudolf Hess." 1945. MS MLR P 20, Box 4. National Archives and Records Administration.

• ———. "Prison Regulations." 1945. MS. Douglas M. Kelley Personal Papers.

• ———. "SOP, for Reception of Visitors." 1945. MS. Douglas M. Kelley Personal Papers.

• ———. "Statement on Ley's Suicide." 1945. MS MLR P 20. National Archives and Records Administration.

• ———, to Commanding General, Third Army, November 3, 1945. MS. Douglas M. Kelley Personal Papers.

• Anspacher, Carolyn. "Nazi Has Plan to Save Youth He Corrupted." *San Francisco Chronicle*, October 17, 1946.

• ———. "Nuernberg Psychiatrist Fears Nazism in U.S." *San Francisco Chronicle*, n.d. Douglas M. Kelley Personal Papers.

• ———. "Psychiatrist Says Hitler Was Neurotic, Not Insane." *San Francisco Chronicle*, October 12, 1946.

• ———. "SF Psychiatrist for Doomed Nazi Tells How They'll Die." *San Francisco Chronicle*,

1946. Douglas M. Kelley Personal Papers.

• "Army Psychiatrist Gives Picture of Nuernberg Trials Principals." *Bakersfield Californian*, December 2, 1946.

• "Autopsy Shows Dr. Kelley Didn't Have Fatal Illness." *San Francisco Chronicle*, January 3, 1958.

• Barnes, John W., and Douglas McGlashan Kelley. "Combat Neurosis." n.d. MS 229, Box 3:2. Special Collections, University of California, Santa Cruz.

• Barton, William S. "How Drug Released Inhibitions Told." *Los Angeles Times*, May 21, 1950.

• "Berkeley Zanies Drive Cops Crazy." 1951. Douglas M. Kelley Personal Papers.

• Blank, Gerald. "Nuremberg Psychiatrist Has Test for Nazis." *World*, March 26, 1947.

• Book Contract. MS File 1946. Douglas M. Kelley Personal Papers.

• Bosch, William J. *Judgment on Nuremberg; American Attitudes Toward the Major German War-crime Trials*. Chapel Hill: University of North Carolina Press, 1970.

• Brickner, Richard M. *Is Germany Incurable?* Philadelphia: J.B. Lippincott, 1943.

• "Bride of Dr. Douglas Kelley, of San Francisco." *Chattanooga Express*, October 20, 1940.

• Bromberg, Walter. *Crime and the Mind: A Psychiatric Analysis of Crime and Punishment*. New York: Macmillan, 1965.

• Brunner, Jose. "'Oh Those Crazy Cards Again': A History of the Debate on the Nazi Rorschachs, 1946–2001." *Political Psychology* 22, no. 2 (2001): 233 – 261.

• Case, Bill. "Army Doctors' New System Salvages 'Mentally Wounded'." *Chattanooga Free Press*, 1945. Douglas M. Kelley Personal Papers.

• "Cherry Answers Kelley Comment." *Winston-Salem Journal*, November 18, 1947.

• Crassweller, Robert D. *Trujillo: The Life and Times of a Caribbean Dictator*. New York: Macmillan, 1966.

• Curnutte, Mark. "Interrogator Recalls Talks with Hitler's Inner Circle." *Cincinnati Enquirer*,

November 15, 2009.

• "Daughter of Truckee Historian Is Dead." October 11, 1955. Douglas M. Kelley Personal Papers.

• Davidson, Eugene. *The Trial of the Germans: An Account of the Twenty-two Defendants before the International Military Tribunal at Nuremburg.* Columbia: University of Missouri, 1966.

• Davis, Chester S. "Civilization Now Offers Hope to Victims of 'Civilization'" *Winston-Salem Journal and Sentinel,* September 26, 1948.

• ———. "How Graylyn Is Reviving Some of Our Sick Minds." *Winston-Salem Journal and Sentinel,* September 16, 1948.

• Davis, Louise. "Hitler Gang Just Ordinary Thugs, Psychiatrist Says." *Nashville Tennessean,* January 29, 1946.

• Dodd, Christopher J., and Lary Bloom. *Letters from Nuremberg.* New York: Crown Publishing, 2007.

• Dolibois, John. E-mail Interview with Author, February 2012.

• ———. *Pattern of Circles: An Ambassador's Story.* Kent, OH: Kent State University Press, 1989.

• Dos Passos, John. "Report from Nurnberg." *LIFE,* December 10, 1945.

• "Dr. Conti Dead in Nuremberg." n.d. Douglas M. Kelley Personal Papers.

• "Dr. Conti Suicide Revealed by Army." n.d. Douglas M. Kelley Personal Papers.

• "Dr. D. McG. Kelley Arrives to Take Post at Bowman Gray" [Winston-Salem]. 1947. Douglas M. Kelley Personal Papers.

• "Dr. George Frank Kelley Dies at 91." November 19, 1971. Douglas M. Kelley Personal Papers.

• "Dr. Kelley Broadcasts in New York." *Winston-Salem Journal,* March 24, 1947.

• "Dr. Kelley Is Star Witness for the Defense." *Statesville Daily,* May 28, 1947.

• "Dr. Kelley Kills Self." n.d. Douglas M. Kelley Personal Papers.

• "Dr. Kelley Leaves Post at Graylyn" [Winston-Salem], 1949. Douglas M. Kelley Personal Papers.

• "Dr. Kelley Made News in Sensational Cases." *San Francisco Chronicle,* January 2, 1958.

• "Dr. Kelley Named Officer of Semantics Institute." *Winston-Salem Journal,* June 28, 1947.

• "Dr. Kelley Resigns Post on Medical School Faculty." *Winston-Salem Journal*, August 1, 1949.

• "Dr. Kelley Suicide Laid to Overwork." January 2, 1958. Douglas M. Kelley Personal Papers.

• Dreher, George E., to Alice Vivienne Kelley, January 4, 1958. MS. Douglas M. Kelley Personal Papers.

• Early, Don, to Douglas McGlashan Kelley, February 18, 1947. MS. Douglas M. Kelley Personal Papers.

• Ehrenfreund, Norbert. *The Nuremberg Legacy: How the Nazi War Crimes Trials Changed the Course of History*. New York: Palgrave Macmillan, 2007.

• Essig, E. O. "Charles Fayette McGlashan." *Pan-Pacific Entomologist* (January 1931): 97 – 99.

• Everts, William H., to Alice Vivienne Kelley, May 19, 1945. MS. Douglas M. Kelley Personal Papers.

• Executive Command. "Carrier Sheet, HQ Com Z, to Senior Consultant in Neuropsychiatry." 1945. MS. Douglas M. Kelley Personal Papers.

• "Experts on Semantics Deliver SF Lecture." *San Francisco Examiner*, August 11, 1952.

• Fabing, Howard D., to Edward A. Byron, May 9, 1953. MS. Special Collections, University of California, Santa Cruz.

• "Faculty Will Not Examine Float Entries." *Daily Californian* [Berkeley], February 26, 1932.

• Farrell, Harry. *Shallow Grave in Trinity County*. New York: St. Martin's, 1997.

• "File on Douglas McGlashan Kelley." n.d. MS. Federal Bureau of Investigation.

• Fitzkee, Dariel. "Obituary, Douglas M. Kelley." n.d. Douglas M. Kelley Personal Papers.

• "Former Local Boy Given Major Scholarship in East." *Sierra Sun* [Truckee], August 10, 1939.

• Forsyth County Historic Resources. "Graylyn," November 15, 2012. http://www.cityofws. org/Assets/CityOfWS/Documents/Planning/HRC/Local_Landmarks/LHL_Sheets/72_ Graylyn.pdf.

• Freakonomics Radio Podcast. "Fear Thy Nature." Transcript. September 14, 2012. http:// www.freakonomics.com/2012/09/14/fear-thy-nature-a-new-freakonomics-radio-podcast/.

• Freeman, Walter. *The Psychiatrist; Personalities and Patterns*. New York: Grune & Stratton, 1968.

• Friedman, Howard S., and Leslie R. Martin. *The Longevity Project: Surprising Discoveries for*

Health and Long Life from the Landmark Eight-decade Study. New York: Hudson Street, 2011.

• Fry, Helen. *Inside Nuremberg Prison: A Biography of Howard Triest*. n.p.: Kindle Ebook, 2011.

• Gaillard, Ernest, Jr. Certificate. 1944. MS. Douglas M. Kelley Personal Papers.

• Gelles, Michael. Telephone Interview with Author, October 2009.

• "General Semantics—Science of the Effect of Words." *San Francisco News*, August 7, 1952.

• Gilbert, Gustave Mark. "Goering." 1945. MS. Douglas M. Kelley Personal Papers.

• ———. "Hess Test Notes." 1945. MS. Douglas M. Kelley Personal Papers.

• ———. "Hess Thematic Apperception Test." 1945. MS. Douglas M. Kelley Personal Papers.

• ———. "Keitel Interview." 1945. MS. Douglas M. Kelley Personal Papers.

• ———. "Ley's Final Psychiatric Interview." 1945. MS. Douglas M. Kelley Personal Papers.

• ———. "Notes on Rudolf Hess." 1945. MS. Douglas M. Kelley Personal Papers.

• ———. *Nuremberg Diary*. New York: Da Capo, 1995.

• ———. *The Psychology of Dictatorship: Based on an Examination of the Leaders of Nazi Germany*. Westport, CT: Greenwood, 1979.

• ———. "Trial Notes." 1945. MS. Douglas M. Kelley Personal Papers.

• "Goering Interview Notes." 1945. MS. Douglas M. Kelley Personal Papers.

• "Goering Was Child in Adult World, Says Brain Expert." 1946. Douglas M. Kelley Personal Papers.

• Göring, Emmy. *My Life with Goering*. London: David Bruce and Watson, 1972.

• ———, to Hermann Göring, October 10, 1945. MS. Douglas M. Kelley Personal Papers.

• Göring, Hermann. Autobiographical Statement, 1945. MS. Douglas M. Kelley Personal Papers.

• ———, to Douglas McGlashan Kelley, September 9, 1945. MS. Douglas M. Kelley Personal Papers.

• ———, to Emmy Göring, October 10, 1945. MS. Douglas M. Kelley Personal Papers.

• ———, to Emmy Göring, October 28, 1945. MS. Douglas M. Kelley Personal Papers.

• Green, Edwin. "General Semantics and Human Affairs." *Los Angeles Daily News*, March 16, 1942.

• Greenberg Publisher to Douglas McGlashan Kelley, January 20, 1949. MS. File "1949." Douglas M. Kelley Personal Papers.

• Gregor, Neil. *Haunted City: Nuremberg and the Nazi Past*. New Haven, CT: Yale University

Press, 2009.

- Gunkel, Christoph. "How a Top Nazi's Brother Saved Lives." *Der Spiegel*, May 2, 2012. http://www.spiegel.de/international/germany/new-book-on-hermann-goering-good-brother-albert-goering-a-830893.html.

- Hale, Nathan G. *The Rise and Crisis of Psychoanalysis in the United States: Freud and the Americans, 1917–1985*. New York: Oxford University Press, 1995.

- Halleck, Seymour L., ed. *Psychiatric Aspects of Criminology*. Springfield, IL: Charles C. Thomas, 1968.

- Hansen, Ken. "Professor Uses Tricker in Class." *Daily Californian* [Berkeley], December 5, 1950.

- Harrower, Molly. "Rorschach Records of the Nazi War Criminals: An Experimental Study after Thirty Years." *Journal of Personality Assessment* 40, no. 4 (1976).

- ———. "Were Hitler's Henchmen Mad?" *Psychology Today* (July 1976): 76 – 78.

- Hastings, Donald W., and David G. Hastings. *Psychiatric Experiences of the Eighth Air Force: First Year of Combat, July 4, 1942 to July 4, 1943*. New York: Josiah Macy Jr. Foundation, 1944.

- "Head of Graylyn Offered University Post." 1949. Douglas M. Kelley Personal Papers.

- "Here and There with *Newsweek* Correspondents." *Newsweek* 1945. Unidentified magazine clipping in Douglas M. Kelley Personal Papers.

- Hess, Rudolf. "Statement before the IMT at Nuremberg." 1945. MS MLR P 20, Box 6. National Archives and Records Administration.

- "Hitler Gang's Personalities Are Discussed." *Richmond News Leader*, April 5, 1947.

- "Hitler's Own Physician Never Expected Trial for War Crimes, Dr. Douglas Kelley Reveals." n.d. Douglas M. Kelley Personal Papers.

- Holstrom, J. D., to Douglas McGlashan Kelley, July 5, 1950. MS. Douglas M. Kelley Personal Papers.

- Hoover, J. Edgar. "Hermann Göring, Ingestion of Paracodeine Tablets." 1945. MS. Douglas M. Kelley Personal Papers.

- "Immaturity Threatens Nation, Noted Psychiatrist Declares." *Hazelton Standard-Sentinel*, January 27, 1948.

- "Ink Blots Test Hess's Sanity." *Philadelphia Inquirer*, October 14, 1945.

• "Interview with Baldur Von Schirach." 1945. MS. Douglas M. Kelley Personal Papers.

• "Interview with Hans Fritzsche." 1945. MS. Douglas M. Kelley Personal Papers.

• J. E. S. Memorandum to William Donovan, n.d. MS. Donovan Nuremberg Trials Collection, Cornell University Law Library.

• Joyce, Nick. "In Search of the Nazi Personality." *Journal of the American Psychological Association* 40, no. 3 (2009): 18.

• Juchli, Rene H. "Emergency Call for Dr. Robert Ley." 1945. MS. Douglas M. Kelley Personal Papers.

• Kaempffert, Waldemar. "New Test for Drunks." *New York Times*, November 16, 1941.

• Kelley, Alice Vivienne. "Faux Invitation." 1942. MS. Douglas M. Kelley Personal Papers.

• ———. "Inventory of Items for Sale." 1958. MS. Douglas M. Kelley Personal Papers.

• ———. Memorandum. n.d. MS. Douglas M. Kelley Personal Papers.

• ———, to Bill Mandel, September 1, 1985. MS. Douglas M. Kelley Personal Papers.

• ———, to Bill Mandel, February 4, 1986. MS. Douglas M. Kelley Personal Papers.

• ———, to Michael Selzer, n.d. Douglas M. Kelley Personal Papers.

• ———, to Melody Starr. January 25, 1959. Douglas M. Kelley Personal Papers.

• Kelley, Alicia, to Alice Vivienne Kelley, 1958. Douglas M. Kelley Personal Papers.

• Kelley, Doug, Interviews with Author, August 2008, September 2009, March 2012, and June 2012.

• Kelley, Douglas McGlashan. "Annual Ward Report." 1943. MS. Douglas M. Kelley Personal Papers.

• ———. "Appraisals of Prisoners." 1945. MS. Douglas M. Kelley Personal Papers.

• ———. Bound Notebook of Interview Notes. 1945. MS. Douglas M. Kelley Personal Papers.

• ———. "Clinical Reality and Projective Technique." *The American Journal of Psychiatry* 107, no. 10 (1951): 753–757.

• ———. "Clinical Summary of Neurological and Psychiatric Examination of Internee #31G 350013." 1945. MS. Douglas M. Kelley Personal Papers.

• ———. "Conjuring as an Asset to Occupational Therapy." *Occupational Therapy and Rehabilitation* 19, no. 2 (1940): 71–82.

• ———. "Examination of Hermann Goering." 1945. MS. Douglas M. Kelley Personal Papers.

• ——. "Gifted Children Followup." 1955. Douglas M. Kelley Personal Papers.

• ——. "Gravatt's Four-ace Trick." *GENII* (n.d.).

• ——. Handwritten Note. 1927. MS. Douglas M. Kelley Personal Papers.

• ——. "Hess Rorschach." 1945. MS. Douglas M. Kelley Personal Papers.

• ——. "History of Psychiatric Service." 1945. MS. Douglas M. Kelley Personal Papers.

• ——. "Mania and the Moon." *The Psychoanalytic Review* 29, no. 4 (1942): 406 – 426.

• ——. "Medical Report on Rudolf Hess." 1945. MS File "Prison Psychiatric Reports." ARC 6291444, MLR P 20. National Archives and Records Administration.

• ——. "Medical Status of Prisoner Ernst Kaltenbrunner." 1945. MS. Douglas M. Kelley Personal Papers.

• ——. "Memorandum on the Death of Leonardo Conti." 1945. MS. Douglas M. Kelley Personal Papers.

• ——. "Mental Examination of Robert Ley." 1945. MS. Douglas M. Kelley Personal Papers.

• ——. "The Nuremberg Trial." Lecture. 1946. Douglas McGlashan Kelley Archival Collection, University of California, Santa Cruz.

• ——. "Personal File, to 1937." n.d. MS. Douglas M. Kelley Personal Papers.

• ——. Personal letter. "File to 1937." Douglas M. Kelley Personal Papers.

• ——. "Preliminary Studies of the Rorschach Records of the Nazi War Criminals." 1945. TS. Douglas M. Kelley Personal Papers.

• ——. "Prison Psychiatric Reports." 1945. ARC 6291444, MLR P 20. National Archives and Records Administration.

• ——. "Psychiatric Evaluations." 1945. MS. Douglas M. Kelley Personal Papers.

• ——. "Psychiatric Profiles of Nazi Defendants." In "Prison Psychiatric Reports." 1945. MS. ARC 6291444, MLR P 20. National Archives and Records Administration.

• ——. "Psychiatric Service." 1943. MS. Douglas M. Kelley Personal Papers.

• ——. "Record of Professional Assignments." 1946. MS. Douglas M. Kelley Personal Papers.

• ——. "Rorschach Report on Hermann Göring." 1945. MS. Douglas M. Kelley Personal Papers.

• ——. "Rorschach Report on Joachim Von Ribbentrop." 1945. MS. Douglas M. Kelley

Personal Papers.

• ———. "Rorschach Technique." 1943. MS. Douglas M. Kelley Personal Papers.

• ———. "Rudolf Hess." 1945. MS. Douglas M. Kelley Personal Papers.

• ———. "Statement on Hess." 1945. MS. MLR P 20, Box 4. National Archives and Records Administration.

• ———. "TAT Test Results: Goering." 1945. MS. Douglas M. Kelley Personal Papers.

• ———, to Alice Vivienne Kelley, August 20, 1935. MS. File "To 1937." Douglas M. Kelley Personal Papers.

• ———, to Burton C. Andrus, October 26, 1945. "Mental Examination of Prisoner [Ley] to Commanding Officer." Douglas M. Kelley Personal Papers.

• ———, to C. C. Carpenter, July 26, 1949. MS. Douglas M. Kelley Personal Papers.

• ———, to Chief Administrator, July 18, 1955. MS. Special Collections, University of California, Santa Cruz.

• ———, to Commanding Officer, Internal Security Detachment, October 14, 1945. "Psychiatric Status of Internee." MS. Douglas M. Kelley Personal Papers.

• ———, to J. D. Holstrom, January 30, 1950. MS. Douglas M. Kelley Personal Papers.

• ———, to Lewis Terman, July 6, 1955. MS. File "To 1937." Douglas M. Kelley Personal Papers.

• ———, to William Donovan, October 26, 1945. Donovan Nuremberg Trials Collection, Cornell University Law Library.

• ———, to William Donovan, November 9, 1945. Douglas M. Kelley Personal Papers.

• ———, to William Donovan, November 10, 1945. Donovan Nuremberg Trials Collection, Cornell University Law Library.

• ———, to William Donovan, November 13, 1945. Donovan Nuremberg Trials Collection, Cornell University Law Library.

• ———, to William Donovan, November 17, 1945. Douglas M. Kelley Personal Papers.

• ———, to William Donovan, November 22, 1945. Donovan Nuremberg Trials Collection, Cornell University Law Library.

• ———, to William Donovan, November 26, 1945. Donovan Nuremberg Trials Collection, Cornell University Law Library.

• ———. *22 Cells in Nuremberg; a Psychiatrist Examines the Nazi Criminals*. New York: Greenberg, 1947.

• ———. "Use of General Semantics and Korzybskian Principles as an Extensional Method of Group Psychotherapy in Traumatic Neurosis." *The Journal of Nervous and Mental Disease* 114, no. 3 (1951): 189–220.

• ———. "The Use of Narcosis Therapy in the ETO." 1943. MS. Douglas M. Kelley Personal Papers.

• ———. "Von Schirach." 1945. MS. Douglas M. Kelley Personal Papers.

• Kelley, Douglas McGlashan, and Gordon Waldear. "The Criminal." 1957. MS. Douglas M. Kelley Personal Papers.

• Kelley, Douglas McGlashan, and Howard Whitman. "Squeal, Nazi, Squeal!" *Collier's*, August 31, 1946.

• Kelley, Douglas McGlashan, and Terry Hansen. "Dumb Cops Are Dangerous." n.d. Douglas M. Kelley Personal Papers.

• "Kelley Says Dictatorship Is Danger." *Winston-Salem Sentinel*, March 27, 1947.

• "Kelley Suicide Mystery Deepens." January 3, 1958. Douglas M. Kelley Personal Papers.

• "Kelley Teaches Battle Psychiatry." *Chattanooga Free Press*, April 7, 1944.

• Kirkland, E. H., to Douglas McGlashan Kelley, January 26, 1946. "Promotion." MS. Douglas M. Kelley Personal Papers.

• Kitchin, Thurman, to Douglas McGlashan Kelley, August 13, 1946. MS. Douglas M. Kelley Personal Papers, File "1946."

• Klam, Najeeb, and Douglas McGlashan Kelley. "Clinical Lab Report on Leonardo Conti." 1945. MS. Douglas M. Kelley Personal Papers.

• Kodish, Bruce I. *Korzybski: A Biography*. Pasadena, CA: Extensional Publishing, 2011.

• Koehli, Harrison. "Ponerology 101: Psychopathy at Nuremburg—Science of the Spirit—Sott. net." *SOTT.net*, September 6, 2010. http://www.sott.net/articles/show/214764-Ponerology-101-Psychopathy-at-Nuremburg#.

• Koopman, John. "Gordon Waldear – State's Film Chronicler." *San Francisco Chronicle*, April 27, 2002.

• KQED Television. "Application for a Grant from the Educational Television and Radio

Center." n.d. MS. Douglas M. Kelley Personal Papers.

• "KQED Wins TV Award." January 29, 1959. Douglas M. Kelley Personal Papers.

• "Lawmen Hear Crime Cause from Savant." [Logan, Utah], 1951. Douglas M. Kelley Personal Papers.

• Lebert, Stephan, and Norman Lebert. *My Father's Keeper: Children of Nazi Leaders.* New York: Little, Brown, 2000.

• Lecture Contracts 1947. MS File "1947." Douglas M. Kelley Personal Papers.

• Lecture Engagements 1947 – 1949. TS File "1947." Douglas M. Kelley Personal Papers.

• Lecturing Contracts 1946. MS File "1946." Douglas M. Kelley Personal Papers.

• Ley, Robert. Last Will and Testament. n.d. MS. Douglas M. Kelley Personal Papers.

• ———. Statement. n.d. MS. Douglas M. Kelley Personal Papers.

• "Ley's Brain Sent to U.S. for Study." *San Francisco Chronicle*, November 1, 1945.

• Long, Tania. "Hess Tells Court He Faked Illness as 'Tactical' Move." *New York Times*, December 1, 1945.

• Loosli–Usteri, Marguerite, to Douglas McGlashan Kelley, December 8, 1953. Douglas M. Kelley Personal Papers.

• "Magic and Mickey Mouse." *Time*, November 24, 1941.

• "Magic Helps Treat Insane." *San Francisco News*, November 17, 1941.

• "Magicians Will Present Stunt at 10 Today." *Daily Californian* [Berkeley], February 24, 1932.

• Malloy, George D., to Douglas M. Kelley, June 28, 1952. Douglas M. Kelley Personal Papers.

• Mandel, William, to Alice Vivienne Kelley, August 2, 1985. "Kelley Project: Notes On: Description of Suicide." Douglas M. Kelley Personal Papers.

• Manvell, Roger, and Heinrich Fraenkel. *Goering: The Rise and Fall of the Notorious Nazi Leader.* New York: Skyhorse, 2011.

• McEwen, Jim. "Somnoform Promises Magic Aid to Victims of Amnesia." *Winston-Salem Journal and Sentinel*, July 3, 1949.

• McGlashan, M. Nona. *Give Me a Mountain Meadow: The Life of Charles Fayette McGlashan, 1847–1931, Imaginative Lawyer-editor of the High Sierra, Who Saved the Donner Story from Oblivion and Launched Winter Sports in the West.* Fresno, CA: Pioneer, 1977.

• McIlwain, Bill. "Liquor Can Curb Its Own Problems." *Twin City Sentinel*, August 6, 1949.

• "Mental Health Held Serious U.S. Problem." *Wilkes-Barre Record*, January 28, 1948.

• Miale, Florence R., and Michael Selzer. *The Nuremberg Mind: The Psychology of the Nazi Leaders*. New York: Crown Group, 1976.

• Miles, Steven, Interview with Author, October 2009.

• Miller, Clint L. "Hermann Göring, Progress in Reduction of Paracodeine." 1945. MS. Douglas M. Kelley Personal Papers.

• ————. "Medical Report on PWS with Serious Illness." 1945. MS. Douglas M. Kelley Personal Papers.

• "Miss Alice Hill Weds Dr. Kelley." n.d. Douglas M. Kelley Personal Papers.

• "Modernism Blamed for Delinquency." *San Francisco Chronicle*, April 7, 1951.

• Mosley, Leonard. *The Reich Marshal; a Biography of Hermann Goering*. Garden City, NY: Doubleday, 1974.

• Moss, Frank L., to Alice Vivienne Kelley, February 4, 1961. MS. Douglas M. Kelley Personal Papers.

• "Mrs. Pelton Not Insane, Declares UC Psychiatrist." 1952. Douglas M. Kelley Personal Papers.

• Muir, Jean. "Profile of Douglas M. Kelley." n.d. MS. Archives and Special Collections, University of California, Santa Cruz.

• "Mystery in UC Suicide Deepens." *San Francisco Examiner*, January 3, 1958.

• "Nazis No Longer Swagger at Trial." 1945. Douglas M. Kelley Personal Papers.

• Neave, Airey. *On Trial at Nuremberg*. Boston: Little, Brown, 1978.

• "Neurosis Victims Return to Battle." n.d. Douglas M. Kelley Personal Papers.

• Newton, Dwight. "The Criminal Man." *San Francisco Examiner*, August 12, 1958.

• Noyes, Arthur. "Ley Hangs Himself in Cell." *Stars and Stripes*, October 28, 1945.

• *The Nuremberg Nazi Trial: Excerpts from the Testimony of Hermann Goering, Albert Speer, Auschwitz Commander Rudolf Hoess, and Others*. St Petersburg, FL: Red and Black, 2010.

• "Nuremberg Rorschach Tests." 1945. TS. Douglas M. Kelley Personal Papers.

• Outline of the Training Plan in Clinical Psychology for the Department of Psychiatry, the Bowman Gray School of Medicine of Wake Forest College. 1947. MS File "1947." Douglas M. Kelley Personal Papers.

• Overy, Richard J. *Interrogations: The Nazi Elite in Allied Hands.* New York: Viking, 2001.

• Palm, Henry. "Psychiatrist Says There Is No 'Criminal Type'." *San Francisco Examiner*, July 22, 1951.

• Perkin, Robert L. "Time-Benders Watch Their P's and C's." *Rocky Mountain News* [Denver], July 23, 1949.

• Pick, Daniel. *The Pursuit of the Nazi Mind: Hitler, Hess, and the Analysts.* Oxford: Oxford University Press, 2012.

• "Politicians Should Get Mental Exams; and So should the Psychiatrists!" *Twin City Sentinel*, February 18, 1948.

• "Private Rites Mark Funeral for Dr. Kelley." *Berkeley Gazette*, January 3, 1958.

• "Psychiatrist Has Criticism for Pals." *San Francisco News*, November 12, 1951.

• "Psychiatrists Using Shell Game to Treat Insane." *San Francisco Examiner*, November 18, 1941.

• "Psychiatry and Crime." *Greensboro Record*, November 17, 1947.

• "Quarter of U.S. Police Held Unfit." September 24, 1952. Douglas M. Kelley Personal Papers.

• Randebaugh, Charles. "Theories, but Not One Fits Kelley Suicide." *San Francisco Chronicle*, January 4, 1958.

• Rathgeb, Douglas L. *The Making of Rebel without a Cause.* Jefferson, NC: McFarland, 2004.

• Rees, J. R., to Douglas McGlashan Kelley, December 4, 1945. MS. Douglas M. Kelley Personal Papers.

• Rickman, Joel Y. "2 Deputies Balk Jail Probe Lie Test." San Jose Mercury News, September 10, 1950.

• Rogers, Marian. "Faster Mental Cures Found during War, Kelley Asserts." *Tulsa World*, December 4, 1947.

• Rosenberg, Alfred, to Douglas McGlashan Kelley, December 26, 1945. MS. Douglas M. Kelley Personal Papers.

• Rosenberg, Lee G., to Alice Vivienne Kelley, May 30, 1960. MS. Douglas M. Kelley Personal Papers.

• ———, to Alice Vivienne Kelley, August 23, 1960. MS. Douglas M. Kelley Personal Papers.

• Ross, Helen. "Dr. Douglas Kelley Analyzes Neuroses of Hitler, Nuremberg Trial Principals."

Cataba New Enterprise (1947).

• Roth, Marschal, Jr. "Dr. Kelley Was Not Fooled by Hess's 'Faking of Amnesia'." *Chattanooga Daily Times*, January 31, 1946.

• "Rudolf Hess: Report of British Observation and Findings." n.d. MS. Douglas M. Kelley Personal Papers.

• Ryan, Joan. "Mysterious Suicide of Nuremberg Psychiatrist." *San Francisco Chronicle*, February 6, 2005.

• Sauckel, Fritz, to Douglas McGlashan Kelley, 1945. MS. Douglas M. Kelley Personal Papers.

• Schacht, Hjalmar Horace Greeley. *Confessions of "the Old Wizard"; Autobiography*. Boston: Houghton Mifflin, 1955.

• Schaefer, Virginia Chumley. "Virginia's Reel" [Chattanooga], 1945. Douglas M. Kelley Personal Papers.

• Schirach, Baldur von. "*Dem Tod*." ["To Death"]. 1945. MS. Douglas M. Kelley Personal Papers.

• Schroeder, Christa, to Douglas McGlashan Kelley, April 1, 1952. MS. Douglas M. Kelley Personal Papers.

• Schurr, Cathleen. "The Gods Come Down." 1946. MS 229, Box 3:9. Special Collections, University of California, Santa Cruz.

• Schwarz, Wolfgang. "Hermann Rorschach, M.D.: His Life and Work." *Rorschachiana: Journal of the International Society for the Rorschach* 21, no. 1 (1996): 6–17.

• Sears, Robert R., to William Mandel, September 8, 1985. Douglas M. Kelley Personal Papers.

• "Semantics Held Key to Clarity in Thought." Denver Post, July 21, 1949.

• "SF Doctor Predicts How 11 Nazis Will Die." *San Francisco Examiner*, October 15, 1946.

• "S.F. Psychiatrist Is Amazed at Goering Suicide." *San Francisco Chronicle*, October 16, 1946.

• Shurkin, Joel N. *Terman's Kids: The Groundbreaking Study of How the Gifted Grow Up*. Boston: Little, Brown, 1992.

• Sprecher, Drexel A. *Inside the Nuremberg Trial: A Prosecutor's Comprehensive Account*. Vols. I–II. Lanham, MD: University of America, 1999.

• Stack, Robert I. "The Capture of Goering." n.d. 36th Infantry Division Association. http://www.kwanah.com/36division/ps/ps0277.htm.

- "Streicher's Lewd Sex Library May Play Part in Trial." October 20, 1945. Douglas M. Kelley Personal Papers.

- Stringer, Ann. "Hess's Aloofness Fails: Talks to Old Partners in World Crime." *Dunkirk Evening Observer*, November 20, 1945.

- Summers, Scott. "Graylyn Ready for Treatment of Mental Ills." August 17, 1947. Douglas M. Kelley Personal Papers.

- Teich, Frederick. "Inventory: Alfred Rosenberg." 1945. MS MLR P 20, Box 3. National Archives and Records Administration.

- ———. "Inventory: Hermann Goering." 1945. MS MLR P 20. National Archives and Records Administration.

- ———. "Inventory: Rudolf Hess." 1945. MS MLR P 20, Box 4. National Archives and Records Administration.

- "Tells Need of Training People to Grow up." *Los Angeles Evening Herald Express*, April 1, 1952.

- Terman, Lewis, to Douglas McGlashan Kelley, June 23, 1955. MS. File "1955." Douglas M. Kelley Personal Papers.

- "Therapeutic Progress." *The American Practitioner* 48 (1914): 601－602.

- "They Can't Tie Him." *Oakland Post-Inquirer*, February 24, 1932.

- "Time-Bender Idea Bodes Ill for Russ." *Associated Press*, 1947. Douglas M. Kelley Personal Papers.

- "Totalitarianism Discussed." *Winston-Salem Sentinel*, June 26, 1947.

- "The Trial of Adolf Eichmann (Session 55, Part 1)." n.d. *Nizkor.org*, http://www.nizkor.org/hweb/people/e/eichmann-adolf/transcripts/Sessions/Session-055－01.html.

- "The Trial of Adolf Eichmann (Session 55, Part 9)." n.d. *Nizkor.org*, http://www.nizkor.org/hweb/people/e/eichmann-adolf/transcripts/Sessions/Session-055－09.html.

- Triest, Howard. Telephone interview with author. January 2012.

- Tucker, George. "Doctors Seek Way to Clear Hess's Mind, Put Him on Trial." *Fresno Bee*, November 5, 1945.

- ———. "Hess Gloomily Views Newsreels of Himself." *San Francisco Examiner*, November 9, 1945.

- ———. "'I Feel Better,' Hess Says after Confessing Ruse." *Los Angeles Times*, November 30, 1945.

- Tusa, Ann, and John Tusa. *The Nuremberg Trial*. New York: Atheneum, 1984.

- "UC Criminologist Dr. Douglas Kelley Killed by Poison." *Berkeley Gazette*, January 2, 1958.

- "UC Doctors Use Drug to Aid Psychiatric Test." *San Francisco Examiner*, January 22, 1942.

- "U.C. 'Houdini' Sirkus Stunt." *Oakland Post-Inquirer*, February 24, 1932.

- "UC Man Develops New 'Truth Serum' Method." *Berkeley Gazette*, 1950. Douglas M. Kelley Personal Papers.

- "UC Man Reports Better Truth Serum." 1949. Douglas M. Kelley Personal Papers.

- "UC's Dr. Kelley, Crime Expert, Commits Suicide." *San Francisco Chronicle*, January 2, 1958.

- University of California. "U.S. Neglects Mental Disease Research." 1942. Douglas M. Kelley Personal Papers.

- University of California, Berkeley. School of Criminology. Press Release. September 30, 1954. Douglas M. Kelley Personal Papers.

- Untitled News Clip. 1945. Douglas M. Kelley Personal Papers.

- Urban, Markus. *The Nuremberg Trials: A Short Guide*. Nürnberg: Sandberg, 2008.

- "U.S. Experts to Study Dr. Ley's Damaged Brain." *Chicago Daily Tribune*, November 1, 1945.

- Volz, Matt. "Montana Pilot, 99, Recalls Flying Goering." *Azcentral.com*, January 29, 2011. http://www.azcentral.com/offbeat/articles/2011/01/29/20110129montana-pilot-recalls-goering-flight-ON.html.

- Waggoner, Walter H. "Walter Langer Is Dead at 82; Wrote Secret Study of Hitler." *New York Times*, July 10, 1981.

- Walker, James. "Lessons of War Will Help Now." *Greenville News*, February 19, 1947.

- Walker, Keith. *A Trail of Corn*. Santa Rosa, CA: Golden Door, 1995.

- Waller, Douglas C. *Wild Bill Donovan: The Spymaster Who Created the OSS and Modern American Espionage*. New York: Free, 2011.

- Waller, James. *Becoming Evil: How Ordinary People Commit Genocide and Mass Killing*. Oxford: Oxford University Press, 2002.

- Walsh, Maurice N. "Historical Responsibility of the Psychiatrist." Archives of General

Psychiatry 11, no. 4 (1964): 355 – 359.

• ———. Memorandum: "Interview with Prisoner #7." 1948. MS. History of Medicine Collection, the Mayo Clinic.

• ———. *War and the Human Race*. New York: Elsevier, 1971.

• "Wedding Announcement." n.d. Douglas M. Kelley Personal Papers.

• Wertham, Frederick. "A Psychiatrist Examines the Master-criminals at Nuremberg: Review of *22 Cells at Nuremberg*." *New York Times*, February 2, 1947.

• West, Rebecca. *A Train of Powder*. New York: Viking, 1955.

• Whitman, Howard. "Blots on Your Character." *Woman's Home Companion* (January 1947). Douglas M. Kelley Personal Papers.

• "Wife Who Killed Sons Called Insane." 1952. Douglas M. Kelley Personal Papers.

• Williams, Lena. "Dr. Gustave Gilbert Dead at 65: Trial Psychologist at Nuremberg." *New York Times*, February 7, 1977.

• Wilson, O. W., to Douglas McGlashan Kelley, July 26, 1949. MS. File "1949." Douglas M. Kelley Personal Papers.

• "WWII Adolf Hitler Profile Suggests 'Messiah Complex'." BBC News, April 4, 2012. http://www.bbc.co.uk/news/world-europe-17949037.

• Wyllie, James. *The Warlord and the Renegade: The Story of Hermann and Albert Goering*. Stroud, UK: Sutton, 2006.

• Zillmer, Eric A., Molly Harrower, Barry A. Ritzler, and Robert P. Archer. *The Quest for the Nazi Personality: A Psychological Investigation of Nazi War Criminals*. Routledge, 1995.

찾아보기

뉘른베르크, 나치와 정신과 의사

악마와의 두뇌 게임, 괴링에 빠져들다

초판 1쇄 찍은날　2026년 3월　3일
초판 1쇄 펴낸날　2026년 3월 18일
지은이　잭 엘하이
옮긴이　채재용
펴낸이　한성봉
콘텐츠제작　안상준
디자인　최세정
마케팅　오주형·박민지·이예지·정효인
경영지원　국지연·송인경
펴낸곳　히포크라테스
등록　2022년 10월 5일 제2022-000102호
주소　서울 중구 필동로8길 73 [예장동 1-42] 동아시아빌딩
페이스북　www.facebook.com/dongasiabooks
전자우편　dongasiabook@naver.com
블로그　blog.naver.com/dongasiabook
인스타그램　www.instagram.com/dongasiabook
전화　02) 757-9724, 5
팩스　02) 757-9726

ISBN　979-11-93690-17-8　03900

※ 히포크라테스는 동아시아 출판사의 의치약·생명과학 브랜드입니다.
※ 잘못된 책은 구입하신 서점에서 바꿔드립니다.

만든 사람들
편집　김선형·전인수·이동현
크로스 교열　안상준
디자인　페이퍼컷 장상호
본문 조판　인텍스타